中国REITs操作手册

第2版

中国基础设施公募REITs操作指南

林华◎主编

李开孟　李耀光　张平　许余洁◎副主编

中信出版集团 | 北京

图书在版编目（CIP）数据

中国 REITs 操作手册 / 林华主编；李开孟等副主编
.—2 版 .-- 北京：中信出版社，2022.2（2024.11重印）
ISBN 978-7-5217-3895-7

Ⅰ.①中… Ⅱ.①林… ②李… Ⅲ.①房地产投资—信托基金—手册 Ⅳ.① F293.33-62 ② F830.59-62

中国版本图书馆 CIP 数据核字（2021）第 268266 号

中国 REITs 操作手册（第 2 版）
主编：　林华
副主编：　李开孟　李耀光　张平　许余洁
出版发行：中信出版集团股份有限公司
（北京市朝阳区东三环北路27号嘉铭中心　邮编　100020）
承印者：　北京盛通印刷股份有限公司

开本：787mm × 1092mm　1/16　印张：37.75　字数：470 千字
版次：2022 年 2 月第 2 版　印次：2024 年 11 月第 2 次印刷
书号：ISBN 978-7-5217-3895-7
定价：149.00 元

中国 REITs 操作手册（第 2 版）

主　编　林　华

副主编　李开孟　李耀光　张　平　许余洁

参与作者　翟晨曦　胡　喆　胡　峰　郁冰峰

陈府申　林德良　王洪辉　马　麟

谢采含　葛乾达　王立荣　马小峰

许　楠　宋　鑫　李　峰　赵　琳

王鹏理　任　春　陈诣辉　荣　毅

前言

过去10余年来，我一直从事资产证券化与REITs领域的研究与实践，与一批志同道合的朋友合作，出版了资产证券化与REITs相关的系列成果。

从会计角度看，传统的融资主要聚焦于资产负债表右边，通过扩大企业的资产负债表，为企业寻求资金，这属于公司金融（corporate finance）的范畴，其会计分录为：借现金，贷负债/权益。而资产证券化和REITs则属于资产负债表左边的融资工具，通过真实销售和破产隔离，将资产出表，属于结构化金融（structured finance）的范畴，其会计分录为：借现金，贷资产/利润。

资产负债表左边有几大类资产，分别为现金或现金等价物、应收账款、不动产、长期股权投资。我们把出售应收账款进行融资的过程称为资产证券化（ABS）；银行应收账款的证券化，即出售信贷资产进行融资的过程称为信贷资产证券化；而非银机构出售应收账款进行融资则称为企业资产证券化（如小贷、供应链等）。我们把出售不动产进行融资的过程称为REITs（不动产投资信托基金），境外市场以商业不动产为主，而我国以基础设施为主。

应收账款与不动产虽然都属于资产负债表左边的科目，但是两者有以下几点重要差异：第一，应收账款的本金回收，属于摊销，不能用于抵扣所得税，而不动产资产的初始投资回收，属于折旧，折旧成本可以抵扣所得税。第二，应收账款转让到SPV（特殊目的载体），一般是平价转让，而不动产资产在持有期间由于土地和上盖物业的增值，通常有较高的所得税和土地增值税。相对而言，产权类资产（如高科技园区、仓储物流）比特许经营类资产在发行REITs时所面临的税务成本相对高一些。第三，在发行后的存续运营阶段，其税务安排和处理与资产证券化产品也存在较大的差异。从这个角度来看，税务筹划是REITs实际操作中的核心问题。

从会计报表的角度看，我国的企业证券化，如企业发行债券、发行股票，已经非常成熟。资产负债表左边的资产证券化，其发行规模也超过10万亿元，然而资产负债表左下角的不动产证券化，最近几年也做了诸多尝试，其中包括CMBS（商业房地产抵押贷款支持证券）、类REITs（私募REITs），而市场一直在呼吁真正的REITs。

2020年4月30日，中国证券监督管理委员会（简称“中国证监会”）与中华人民共和国国家发展和改革委员会（简称“国家发展改革委”）正式颁布了《关于推进基础设施领域不动产投资信托基金（REITs）试点相关工作的通知》（证监发〔2020〕40号）。2020年8月6日，中国证监会公布了《公开募集基础设施证券投资基金指引（试行）》。这些文件的发布，宣告我国基础设施公募REITs正式启航。从某种意义上而言，REITs是证券化领域的最后一颗明珠。

虽然REITs与资产证券化作为融资工具，都可以使企业获取增量资金，但REITs与资产证券化还是有本质的差异。第一，REITs

可以为企业融资服务，但是REITs不是普遍意义上的融资工具，而是直接融资工具。目前可以发行REITs的主体都是拥有优质资产且体量较大的企业，它们的间接融资成本相对较低，如果只是从融资的角度来看REITs，企业融资计算现金分红率、杠杆率以及税务重组成本，可能会使部分企业误判REITs真正的意义和价值。第二，相对于融资的视角，更深层次的视角是把REITs看作资本运作平台，发行REITs的本质是将资产"IPO"（首次公开募股），企业获得一个基础设施资产的资本运作平台。企业前端可以进行投资建设，后端可以通过REITs退出，收回资金进行循环投资，意义重大。第三，如果再往深层次思考，REITs最重要的意义在于通过构建资本运作平台，不断循环地将新资产装入其中，形成管理资产的规模优势，方便投入更多的资金以提升基础设施资产的运营效率，从而提升我国基础设施运营的技术水平。技术的首次使用成本高，而边际成本低，维持规模化的运作，才能不断投入资金，提升技术水平，这一点在时代大背景下显得尤为重要。所以，REITs首次发行之后，如何持续扩募，避免做成"孤品"，十分重要！

REITs是一项系统性工程，需要构建Pre-REITs、REITs以及科技驱动的运营公司。本书首次系统性提出通过Pre-REITs培育基础设施不动产项，待Pre-REITs资产进入成熟运营阶段后，可以通过发行公募REITs退出并进行循环再投资。通过技术手段，培育一批具有技术实力的运营机构，参与资产的运营与管理。

2018年1月，我主编出版了《中国REITs操作手册》（第1版），曾经得到诸多监管部门领导和市场同人的认可和帮助，公募基金+资产证券化的模式也得到了市场验证。现在我国的公募REITs正式推出，我再次邀请了业内专家撰写更新《中国REITs操作手册》（第2版）。各位专家基本都参与了公募REITs规则的探讨与制定过程，并参与了第一批项目的遴选以及项目发行工作。

本书以项目实操为导向，结合境内外的项目案例，对 REITs 的流程进行了分解，从不同参与机构的角度出发，详细介绍了 Pre-REITs、私募 REITs 到公募 REITs 的管理与发行环节，并对其中的法律实务、会计和税务实务、资产评估、REITs 投资等方面进行了全面的阐述和解释。衷心希望本书可以对我国 REITs 从业者起到帮助作用，助力我国公募 REITs 行业稳健发展。

林华

目录

第一章
中国境内 REITs 市场的发展

第一节　REITs 的概念与分类

一、基本概念

不动产投资信托基金（Real Estate Investment Trusts，简写为 REITs），是按照信托原理设计，以发行收益凭证的方式汇集投资者的资金，交由专门投资机构进行投资经营管理，并将投资综合收益按比例分配给投资者的一种金融投资产品。通常情况下，REITs 收购不动产持有并经营，获得租金收入后按一定比例派发给投资者，投资者在自担风险的前提下享受投资收益。对于不动产的所有者和建设方而言，REITs 提供了一种盘活不具备流动性的不动产资产，体现其价值的方法。对于中小投资者而言，REITs 使他们能够在不需要巨额资金的情况下，直接参与不动产的投资，分享不动产价值增长的机会。

REITs 最早产生于 20 世纪 60 年代的美国，并逐步扩展至全球 43 个国家和地区，截至 2020 年第四季度，全球 REITs 市场总市值接近 2 万亿美元，资产种类从住房、公寓、写字楼，逐步扩展到仓储物流、工业园区、铁路、高速公路、数据中心等。我们将在第二章中专门介绍 REITs 在全球市场的发展历史和具体情况。

二、主要分类

国际市场上，从不同的角度划分，REITs 有不同的分类。根据资产组成和投资收益来源的不同，REITs 可以分为权益型和抵押型（2010 年 12 月以后，美国已将混合型 REITs 统一纳入抵押型 REITs 统计）；从组织形式和交易结构特点出发，REITs 可以分为公司型和契约型；按照 REITs 的募集和流通特点，可以分为私募和公募；按照行业和物业资产类型，上面的大类又可以进一步细分为不同的小类，比如酒店类、公寓类、办公类、零售类、工业类、基础设施类、数据中心类和医疗类等。

（一）权益型 REITs 和抵押型 REITs

1. 权益型 REITs

权益型 REITs 指的是投资者拥有不动产，并对其进行运营以获得收入。投资者收益不仅来源于租金收入，还来源于不动产的增值收益。

权益型 REITs 可以为投资者提供差异性的投资策略。比如某些权益型 REITs，如经营三方净租赁业务的 REITs，资产增值的潜力较小，速度较慢，但是能提供稳定的现金流分派率。其他权益型 REITs，可能拥有商业物业、酒店等不动产资产，其短期现金收益率可能会有波动，但是有较强的增值潜力。目前，权益型 REITs 是最主要的 REITs 类型，其市值占全球 REITs 总市值的 90% 以上。

2. 抵押型 REITs

抵押型 REITs 又被称为债权型 REITs，指的是直接向不动产所有者、物业或开发企业发放贷款，或者投资于抵押贷款的二级市场，拥有的是不动产的债权。其收益来源主要是手续费和抵押贷款利息。大多数抵押型REITs，仅向现有物业发放抵押贷款，并利用抵押型证券和对冲型工具管理风险。抵押型REITs不会为投资者提供很高的资产增值收益，因为大部分抵押型REITs不持有可能增值的实体性物业资产。从投资角度讲，只有在利率水平稳步下降的时期，抵押型REITs才会出现显著的市价提升。反之，若利率水平上扬，抵押型REITs的市价便有可能下跌。

（二）公司型REITs、契约型REITs和合伙型REITs

1. 公司型REITs

公司型REITs是由一批具有共同投资理念的投资者，依法组成投资于特定对象的，以营利为目的的股份制投资公司，该类公司通过发行股票的方式募集资金，是具有独立法人资格的经济实体。组织形式上，它与股份有限公司相似，REITs公司资产为投资者（股东）所有，由股东选择董事会，由董事会选聘REITs管理公司，REITs管理公司负责管理REITs业务。公司型REITs的设立一般要在工商管理部门和证券监管机构注册或被其批准，同时还要在股票发行和交易的所在地登记。在美国、比利时、法国、德国、日本、韩国、土耳其、英国等国家，REITs的典型结构是公司型（见图1-1）。

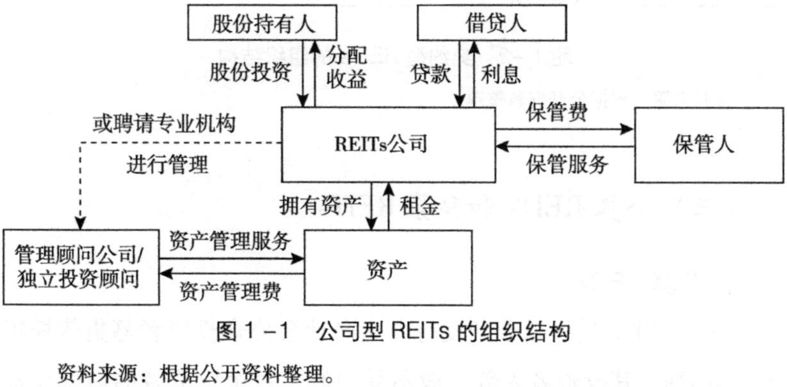

图1-1　公司型REITs的组织结构

资料来源：根据公开资料整理。

2. 契约型 REITs

契约型 REITs 是指投资者与投资公司或 REITs 管理人签订信托契约，后者又与 REITs 托管人订立托管协议，通过发行收益凭证而组建的投资信托基金。REITs 管理人是 REITs 的发起人，通过发行收益凭证将资金筹集起来组成信托资产，并根据信托契约进行投资；REITs 托管人根据托管协议负责保管信托资产，具体办理证券、现金管理以及有关的代理业务，一般由银行担任。在澳大利亚、加拿大、中国香港、马来西亚、新加坡、印度等国家和地区，REITs 的典型结构是契约型（见图 1 -2）。

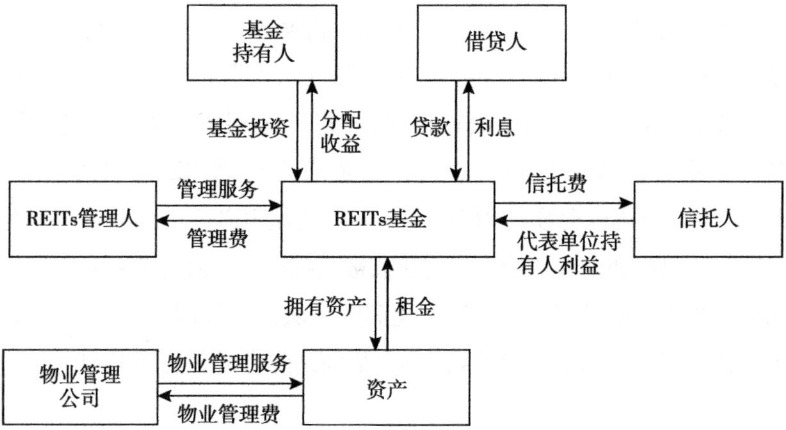

图 1 -2　契约型 REITs 的组织结构

资料来源：根据公开资料整理。

（三）公募 REITs 和私募 REITs

1. 公募 REITs

公募 REITs 是指以公开发行方式向社会公众投资者募集信托资金的 REITs，其投资者人数一般不受限制，每个投资者的最低投资数量一般没有限定。公募 REITs 是国际资本市场不动产金融产品的主流形式，与股票一样具有高流动性，可以上市交易，一般我们也将其称为标准 REITs，其交易结构见图 1 - 3。

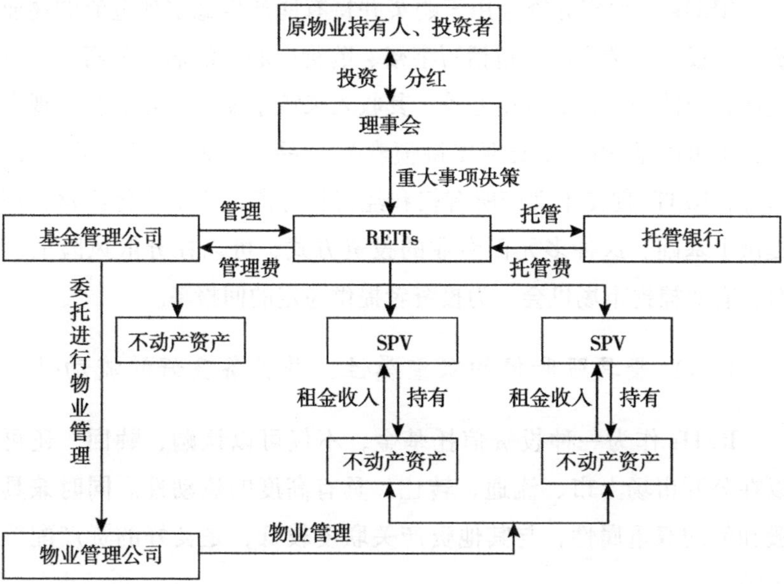

图 1 - 3　REITs 的典型交易结构

资料来源：根据公开资料整理。

2. 私募 REITs

私募 REITs 是指以非公开方式向特定投资者募集 REITs 资金，并以不动产为投资对象的投资信托。私募 REITs 对投资者的风险承受能力要求较高，监管相对宽松，各个国家和地区的法律法规明确限定了私募 REITs 持有人的最高人数（如 50 人、100 人或 200 人）和投资者的资格要求，否则私募 REITs 不得设立。

三、产品特征

境外成熟市场，公募 REITs 具有如下基本特征。

（一）投资于成熟不动产资产，依靠长期稳定的现金流进行收入分配

REITs 的大部分资金用于购买并持有能产生稳定现金流的物业资产，投向非常广泛，包括写字楼、购物中心、酒店、公寓、工业地产、仓储物流、数据中心等。其收入来源主要是经营的租金现金流，也可以是 MBS（抵押支持债券）产品、房地产相关贷款等。另外，REITs 促使不动产所有权和经营权分离，为专业化经营管理提供了基础。这种多元而专业的投资方式，可以在分散风险的同时，有效捕捉市场机会，为投资者提供稳定的回报率。

（二）兼具股和债的双重属性，并具备良好的流动性

REITs 作为一种投资信托基金，不仅可以认购、赎回，还可以在公开市场上市、流通、转让，具有高度的流动性。同时兼具股和债的双重属性，与其他资产关联度较低，是良好的资产配置种类。

（三）税收中性

REITs 不因本身的结构带来新的税收负担，某些国家和地区给予 REITs 产品一定的税收优惠。REITs 的主要优势和吸引力就是其在税收上的优惠待遇，这一点在美国尤为明显。REITs 结构的关键在于能够避免双重征税，其税法的特别规定及其修订是推动 REITs 诞生、调整和发展的最重要因素。

REITs 的最终应税收入为原始应税收入减去已经向投资者分配的股息，即如果 REITs 将应税收入全部支付给 REITs 份额持有人的话，则 REITs 持有的各个标的公司无须缴纳企业所得税。因此，如何能够被认定为 REITs 就显得尤其重要。比如表 1 - 1 就是美国对于如

何认定 REITs 的具体标准，REITs 必须满足一定的组织结构要求。①

表 1-1　美国 REITs 测试要求

主要方面	具体要求
组织结构（组织测试）	· 必须采用公司、信托或者协会的组织形式 · 必须由一个或多个受托人或董事管理 · 征税时视为国内公司法人 · 不能是金融机构或保险公司
股权结构（所有权测试）	· 其所有权益是由可以转让的股票或收益凭证来体现的 · 股东或受益人不得少于 100 人 · 在一个纳税年度的后半年，5 个或 5 个以下的个人持有的 REITs 股份不得超过 50%
资产结构（资产测试）	· REITs 总资产价值的 75% 以上应由不动产资产（包含房地产、其他 REITs 中的股份及由公开发行的 REITs 所发行的债务凭证），现金或现金等价物（包括应收账款），政府证券组成 · 除了上述政府证券之外，投资于证券的总资产不得超过 25% · 投资于不符合公开交易 REITs 债务工具的比例不超过 25% · 投资于应税 REITs 子公司证券的总资产不得超过 25% · 除了上述政府证券及应税 REITs 子公司之外，REITs 持有单个发行人的证券不得超过总资产的 5%，不得超过该发行人已发行有投票权证券余额的 10%，持有单个发行人的证券不得超过发行在外证券总价值的 10%
收入结构（收入测试）	· 下列收益必须占到总收入的 95% 以上：房地产租金、股利、利息，股票、证券和房地产处置收益，房地产相关税种的减税或退税，符合条件的房地产拍卖所得等 · 下列收益必须占到总收入的 75% 以上：房地产租金，房地产或房地产抵押担保债务孳生利息，房地产处置收益，从其他 REITs 投资中所得收益，房地产相关税种的减税或退税，符合条件的房地产拍卖所得等，符合条件的处置不动产收入，符合条件的临时投资收入

① REITs 主要是一个税法概念，不是一种特定的公司形式，而是符合特定要求的组织的一种报税形式。REITs 与有限合伙、公司等形式不同，其获得的税收减免并不来自该组织的组织形式本身，而是取决于是否满足了法规规定的相关条件。如 CorEnergy 公司，其在 2013 年至 2015 年获得了 REITs 身份，但是将来是否仍能满足 REITs 的条件，取决于是否满足美国国家税务局（IRS）要求的组织结构、股权结构、资产测试、收入测试等。

续表

主要方面	具体要求
收益分配	· 每年 95% *（2001 年 1 月 1 日降低至 90%）以上的应税收入必须作为股利分配给股东

*：作为 REITs，公司将把其获得的应税收入的 90% 以上用于向投资者分配，因此公司不能将收入及利润大规模用于再投资。通常情况下，REITs 公司需要通过发行优先股、重新举债等方式获得资金，但是通过重新举债等方式通常也伴随着杠杆率进一步攀升问题，通过扩大优先股发行规模通常伴随着因优先股权利扩张而导致普通股利益被侵占的问题，以及新股发行后原有股东的股份被稀释的问题。

资料来源：美国《国内税收法》。

（四）强制派息政策

在成熟的 REITs 市场，法定要求 REITs 的绝大部分收益必须分配给份额持有人，美国、日本、新加坡、中国香港、印度等国家和地区均要求 90% 以上的分红比例。鉴于大部分的 REITs 都投资于可产生稳定现金流的不动产物业，因此，REITs 可以保证投资者每年获取稳定的现金分配收益。

（五）低杠杆

同房地产上市公司一样，REITs 同样是杠杆经营，但 REITs 杠杆较为适中，其负债率低于一般的上市房地产公司，美国的 REITs 资产负债率长期低于 55%。在大部分国家和地区，法规中有明确的最高负债比率限制，比如中国香港和新加坡规定 REITs 的杠杆率不能超过 50%，所有中国香港和新加坡 REITs 的杠杆率均保持低于 45% 的水平。

（六）积极的管理、完善的公司治理结构

REITs 的运作需要以组织结构的稳定性为前提，管理人出色的

管理能力及其有效的资产管理措施，则是 REITs 产品与市场健康发展的关键。因此，全球市场 REITs 的组织模式和治理结构的制度安排虽然多样，但万变不离其宗，公开交易的 REITs 大多数为主动管理型公司，积极参与物业的经营全过程。同时，和上市公司一样，REITs 拥有比较完善的治理结构。

第二节　境内 REITs 的探索与发展

一、境内企业对 REITs 的境外探索

随着境外 REITs 市场日趋成熟，尤其 2000 年以后亚洲国家和地区，如日本、新加坡、中国香港和中国台湾地区等逐步引入 REITs 制度，针对 REITs 产品的研究，如何发展 REITs 市场以及我国境内企业如何利用 REITs 也逐步提上日程。但受限于经济以及金融发展阶段，境内金融体系尚不完善，存量基础资产也有限，推出 REITs 制度尚未具备条件。此时，少数企业已经持有存量的商业物业，具备开展 REITs 的条件，是否可以通过在境外发行 REITs 解决企业的存量资产盘活问题成为现实需要。随着中国香港、新加坡 REITs 市场的发展日趋成熟，政策稳定，尤其是部分企业为外商投资企业或有境外投资者参股，其股东对境外市场了解甚至拥有当地市场发行 REITs 的直接经验，起到了直接推动的作用。

（一）境外 REITs 的发展阶段

2006 年 7 月，建设部、商务部等六部委共同颁布了《关于规范房地产市场外资准入和管理的意见》（建住房〔2006〕171 号，简称“171 号文”），规定：“境外机构和个人在境内投资购买非自用房地产，应当遵循商业存在的原则，按照外商投资房地产的有关

规定，申请设立外商投资企业。”从发展阶段看，以 171 号文为分水岭，我们可以将中国境内企业到境外发行 REITs 分为两大阶段：离岸结构阶段和间接持有阶段。

1. 离岸结构阶段

171 号文颁布之前，实现境外 REITs 发行的案例只有在中国香港上市的越秀房地产投资信托基金。越秀房地产投资信托基金于 2005 年 12 月 21 日在香港联合交易所上市，是 2005 年香港证券及期货事务监察委员会修改《房地产投资信托基金守则》（Code on Real Estate Investment Trusts）开始接纳非香港物业组成的 REITs 后，在香港独立上市的全球首只以境内物业为注入资产的 REITs。

2. 间接持有阶段

171 号文颁布后，新设的 REITs 必须先在中国境内设立一家公司，再由离岸公司通过境内公司间接持有境内物业。相比离岸结构方案，间接持有的要求大大提高了税收成本及运营成本。受此影响，2006—2013 年，只有嘉茂中国商用产业信托［现已更名为凯德中国信托（CLCT）］、汇贤产业信托（香港首只以人民币计价在香港交易所上市的 REITs 产品）等少数资产实现境外上市。直到 2013 年以后，才有以物业持有和经营为主要业务的企业陆续探索境外 REITs。其中，开元产业投资信托基金作为第一只专注于中国境内酒店的 REITs，于 2013 年 7 月在中国香港挂牌上市。北京华联商业信托和运通网城房地产信托分别关注境内零售及物流物业，于 2015 年和 2016 年陆续在新加坡交易所挂牌上市。2019 年，招商局商业房地产投资信托基金作为首只央企 REITs 在中国香港上市。

（二）境外 REITs 的发行方式

从发行方式看，境外发行 REITs 主要包括两类：一类是境内企业或拥有离岸结构的境内企业整体打包资产在境外发行 REITs，即

IPO 模式；另一类是境外企业在境内持有资产，以境内资产装入境外 REITs 实现上市，即收购模式。

1. IPO 模式

IPO 模式主要包括境内企业赴中国香港和新加坡上市发行的 REITs，如越秀房地产投资信托基金、开元产业投资信托基金、北京华联商业信托、运通网城房地产信托；以及境外企业直接通过 IPO 模式实现上市的，如汇贤产业信托、凯德中国商用信托（CRCT）、春泉产业信托等。

2. 收购模式

收购模式实现境外上市的，既有境外知名 REITs 将同集团体系内基金持有的境内资产装入的模式，如北京宜必思三元酒店、北京诺富特三元酒店装入腾飞酒店信托等；也有境外 REITs 直接收购境内资产，如领展房地产投资信托基金收购欧美汇购物中心 1 号和 2 号等。

二、境外 REITs 持有的境内物业情况

截至 2020 年 12 月，中国香港及新加坡共有 16 只 REITs 持有位于中国境内的物业，其中新加坡 10 只，占新加坡全部上市 REITs 的 24%，其中包括雅诗阁公寓信托、凯德商用中国信托、丰树物流信托等知名 REITs 产品，以及境内赴新加坡上市的北京华联商业信托及运通网城房地产信托；中国香港 6 只，包括汇贤产业信托、开元产业投资信托基金、春泉产业信托、领展房地产投资信托基金、越秀房地产投资信托基金以及招商局商业房地产投资信托基金。中国香港共上市了 11 只 REITs，境内物业占中国香港 REITs 的 55%。

截至 2020 年第四季度，中国香港与新加坡上市 REITs 共计持有 112 处境内物业，其中新加坡 REITs 持有量居多，达 82 处。在地域分布上，两个交易所主要集中在一线和主要的二线城市（杭州、南

京、成都、苏州、天津、西安、武汉等)。其中中国香港 REITs 持有的境内物业中 60% 位于一线城市，位于二线城市的仅占 35%；新加坡 REITs 位于一、二线的物业分别占 19.2% 和 39%，在其他城市的物业占比达到 41.5%，地域分布相较中国香港更为均衡——这主要归因于新加坡交易所 REITs 中工业物流物业占比达到 38%，包括很多江浙沪和粤港澳大湾区的三、四线城市。中国香港 REITs 持有的境内物业见表 1-2，新加坡 REITs 持有的中国境内物业见表 1-3。

表 1-2　中国香港 REITs 持有的境内物业一览

中国香港 REITs	物业名称	城市	业态
春泉产业信托	华贸中心写字楼 T1&T2	北京	办公
领展房地产投资信托基金	欧美汇购物中心	北京	零售
	京通罗斯福	北京	零售
	企业天地 1 号 & 2 号	上海	办公
	西城都荟	广州	零售
	怡景中心城	深圳	零售
汇贤产业信托	东方广场	北京	商业综合体
	成都天府丽都喜来登酒店	成都	酒店
	重庆大都会广场	重庆	商业综合体
	重庆海逸酒店	重庆	酒店
	沈阳丽都索菲特酒店	沈阳	酒店
开元产业投资信托基金	杭州开元名都大酒店	杭州	酒店
	浙江开元萧山宾馆	浙江	酒店
	杭州千岛湖开元度假村	杭州	酒店
	宁波开元名都大酒店	宁波	酒店
	长春开元名都大酒店	长春	酒店
	开封开元名都大酒店	开封	酒店
越秀房地产投资信托基金	城建大厦	广州	办公
	财富广场	广州	办公
	越秀大厦	上海	商业综合体
	维多利广场	广州	零售
	白马大厦	广州	零售

续表

中国香港 REITs	物业名称	城市	业态
越秀房地产投资信托基金	国际金融中心	广州	商业综合体
	武汉财富中心及星汇维港购物中心	武汉	商业综合体
	杭州维多利商务中心	杭州	办公
招商局商业房地产投资信托基金	新时代广场	深圳	办公
	数码大厦	深圳	办公
	科技大厦	深圳	办公
	科技大厦二期	深圳	办公
	花园城综合商业	深圳	零售

表 1–3　新加坡 REITs 持有的中国境内物业一览

新加坡 REITs	物业名称	城市	业态
华联商业信托	力宝广场	上海	商业综合体
升禧环球房地产投资信托	仁和春天棕北店	成都	零售
丰树北亚商业信托	佳程广场	北京	办公
	展想广场	上海	办公
雅诗阁公寓信托	上海徐汇盛捷服务公寓	上海	服务式公寓
	苏州馨乐庭星海服务公寓	苏州	服务式公寓
	武汉馨乐庭沌口服务公寓	武汉	服务式公寓
	苏州馨乐庭星海服务公寓	苏州	服务式公寓
	天津盛捷奥林匹克大厦服务公寓	天津	服务式公寓
	大连盛捷天城服务公寓	大连	服务式公寓
	沈阳盛捷和平服务公寓	沈阳	服务式公寓
北京华联商业信托	北京华联万柳购物中心	北京	零售
	华联成都空港购物中心	成都	零售
	华联大连金三角店	大连	零售
	华联合肥蒙城路购物中心	合肥	零售
	华联合肥长江西路店	合肥	零售
	华联西宁花园店	西宁	零售

续表

新加坡 REITs	物业名称	城市	业态
凯德商用中国信托	凯德 Mall 大峡谷	北京	零售
	凯德 Mall 双井	北京	零售
	凯德 Mall 望京	北京	零售
	凯德 Mall 西直门	北京	零售
	凯德七宝购物广场	上海	零售
	广州乐蜂广场	广州	零售
	凯德广场新南店	成都	零售
	凯德新民众乐园	武汉	零售
	凯德广场学府	哈尔滨	零售
	凯德广场埃德蒙顿	哈尔滨	零售
	凯德广场雨花亭	长沙	零售
	凯德广场诺和木勒	呼和浩特	零售
	腾飞新苏	苏州	办公
	新加坡腾飞科汇城	西安	办公
	腾飞创新中心	西安	办公
	新加坡杭州科技园一期	杭州	办公
	新加坡杭州科技园二期	杭州	办公
运通网城房地产信托	崇贤港投资	杭州	工业物流
	崇贤港物流	杭州	工业物流
	富恒仓储	杭州	工业物流
	富卓实业	杭州	工业物流
	恒德物流	杭州	工业物流
	北港物流一期	杭州	工业物流
	武汉梅洛特	武汉	工业物流
	富阳电商产业园	杭州	工业物流
丰树物流信托	丰树上海西北物流园（一期）	上海	工业物流
	丰树上海西北物流园（二期）	上海	工业物流
	丰树欧罗物流园区	上海	工业物流

续表

新加坡 REITs	物业名称	城市	业态
	丰树洋山保税物流园	上海	工业物流
	丰树美国工业村	广州	工业物流
	丰树杭州大江东产业园	杭州	工业物流
	丰树武汉阳逻物流园	武汉	工业物流
	丰树成都双物流园	成都	工业物流
	丰树成都青白江物流园	成都	工业物流
	丰树西安配送中心	西安	工业物流
	丰树西安沣东工业园	西安	工业物流
	丰树武清物流园	天津	工业物流
	丰树天津西青现代产业园	天津	工业物流
	丰树长沙物流园一期	长沙	工业物流
	丰树长沙物流园二期	长沙	工业物流
	长沙空港物流园	长沙	工业物流
丰树物流信托	丰树南昌物流园	南昌	工业物流
	丰树济南物流园	济南	工业物流
	丰树郑州国际物流园	郑州	工业物流
	丰树无锡物流园	无锡	工业物流
	丰树无锡新区物流园	无锡	工业物流
	丰树沈阳物流园	沈阳	工业物流
	丰树青岛黄岛现代物流园	青岛	工业物流
	丰树贵州龙里物流园	贵州	工业物流
	丰树嘉兴物流园	嘉兴	工业物流
	丰树南通崇川物流园	南通	工业物流
	丰树镇江物流园	镇江	工业物流
	丰树南通经开区物流产业园	南通	工业物流
	丰树常熟物流园	常熟	工业物流
	丰树慈溪产业园	慈溪	工业物流

续表

新加坡 REITs	物业名称	城市	业态
砂之船房地产投资信托	重庆北部新区奥特莱斯	重庆	零售
	重庆市璧山奥特莱斯	重庆	零售
	合肥奥特莱斯	合肥	零售
	昆明奥特莱斯	昆明	零售
大信商用信托	大信新都汇斗门店	珠海	零售
	大信新都汇顺德店	佛山	零售
	大信新都汇坦背店	中山	零售
	大信新都汇石岐店	中山	零售
	大信新都汇小榄店	中山	零售
	大信新都汇远洋店	中山	零售
	大信悠客街溢彩荟	中山	零售

资料来源：彭博，戴德梁行估价及顾问服务部。

业态方面，新加坡 REITs 所持有的中国境内物业业态较丰富，以零售与工业物流物业占比最高：零售物业共 30 处，数量占比 36%，业态主要为购物中心，包括凯德商用中国信托持有的 12 处、北京华联商业信托持有的 6 处，砂之船房地产投资信托持有的 4 处，大信商用信托持有的 7 处，以及升禧环球房地产投资信托持有的 1 处；工业物流物业共 38 处，数量占比 46%，包括丰树物流信托 30 处、运通网城房地产信托 8 处。中国香港持有物业业态较单一，集中在办公、零售、酒店及商业综合体，并没有涉及服务式公寓及工业物流业态。其中酒店 9 处，占比 30%，含开元产业投资信托基金持有的 6 处及汇贤产业信托持有的 3 处（指独立酒店，不包括商业综合体中的酒店）；办公物业共计 9 处，占比 30%。而相较于新加坡，香港 REITs 在境内持有的商业综合体数量更多，达 5 处，包括越秀房地产投资信托基金旗下 3 处及汇贤产业信托旗下 2 处。

三、境内私募 REITs 与不动产证券化市场探索

（一）境内私募 REITs 与不动产证券化市场发展

除了部分企业到境外发行 REITs，在境内公募 REITs 法规正式出台之前，境内的 REITs 探索也持续不断。随着我国经济由外贸拉动到投资拉动，再到消费拉动的逐步转型，境内不动产市场规模逐步积累，各种资产类型不断扩充，市场面临大量的资产存量盘活需求。在这种情况下，随着 2013 年以来，境内市场借助资产证券化政策的重启，市场看到了盘活不动产的希望，开始了私募 REITs 与不动产证券化的市场探索（我国境内私募 REITs 一般被称为“类 REITs”，为与境外私募 REITs 区分，本章节把我国境内私募 REITs 称为类 REITs）。

从类 REITs 与不动产证券化几只标志性的产品发行，可以看到市场和监管是如何一步一步发展出基础设施公募 REITs 的。

2014 年是中国类 REITs 的开局之年，随着中信启航专项资产管理计划、中信华夏苏宁云创资产支持专项计划两单重要项目的发行，为类 REITs 的技术探索、市场开拓奠定了基础，起到了行业标杆的作用。2014 年 4 月，中信启航专项资产管理计划的发行标志着中国类 REITs 发展的开始。该项目在交易结构、发行安排、交易流程、资产重组、产品结构上做出了重要创新，成为范例。

2016 年 8 月，境内首单交易所 CMBS（商业房地产抵押贷款支持证券）高和招商 - 金茂凯晨专项资产管理计划发行成功，其采用的双 SPV 结构（专项计划 + 信托）、信托贷款受益权作为基础资产的模式成为后续市场上多数已发行/开展中 CMBS 产品的模仿范本和标杆，具有较强的开创性与示范效应，获得了交易所等监管机构的支持和认可。

2017 年 3 月，在国家发展改革委和中国证监会发布推进 PPP（政府和社会资本合作）项目资产证券化相关工作的通知后不到 5

个月的时间，首批 4 单 PPP 项目资产证券化正式挂牌。从此，基础设施类项目通过资产证券化方式进行盘活正式开启，为后续基础设施公募 REITs 的推出打下基础。

2017 年 10 月，保利租赁住房类 REITs 的推出，成为我国境内首单“一次审批、分期发行”的类 REITs。

2019 年 1 月，我国境内首单可扩募类 REITs——菜鸟仓储物流类 REITs 正式审议通过。这单项目创造性引入了扩募机制，可以实现同一 REITs 下新资产的持续注入，进一步将公募 REITs 的特性纳入类 REITs 产品中。

2019 年 9 月，沪杭甬徽杭高速类 REITs 成功发行，是我国境内首单基础设施类 REITs 产品，是传统基础设施在类 REITs 领域的第一次尝试，对后续基础设施公募 REITs 发展有重要意义。

截至 2020 年 12 月 31 日，境内成功发行的不动产资产证券化产品共计 284 单，累计发行规模 5 985.5 亿元，其中类 REITs 93 单，发行规模 1 752.1 亿元（见图 1 -4）；CMBS 163 单，发行规模 3 747.1 亿元；CMBN（商业房地产抵押贷款支持票据）28 单，发行规模 486.3 亿元（见图 1 -5）。

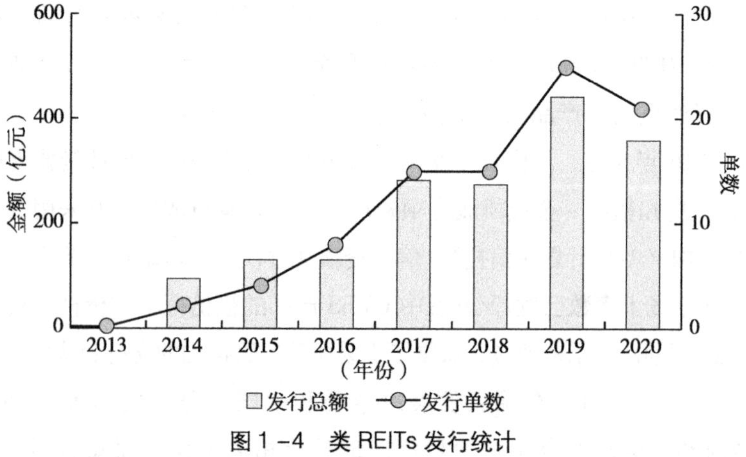

图 1 -4 类 REITs 发行统计

资料来源：中国资产证券化分析网。

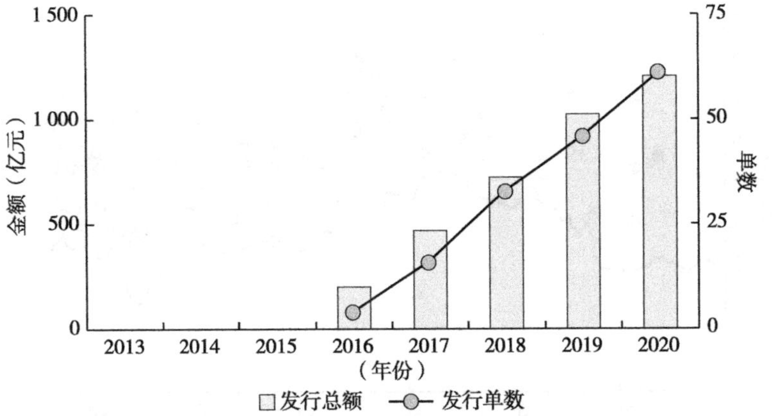

图 1－5　CMBS/CMBN 发行统计

资料来源：中国资产证券化分析网。

发行利率方面，2014—2016 年，随着央行实行宽松的货币政策，市场资金成本进入下降通道，随后市场利率攀升，2018 年类 REITs、CMBS 产品利率达到市场高点，优先级利率分别达到 5.6% 和 6.1%。2018—2020 年，市场利率再次出现下降趋势，2020 年发行的类 REITs 优先级平均利率达到约 4.5%，CMBS 产品优先级平均利率为 4.3%。类 REITs 发行利率见图 1－6，CMBS/CMBN 发行利率见图 1－7。

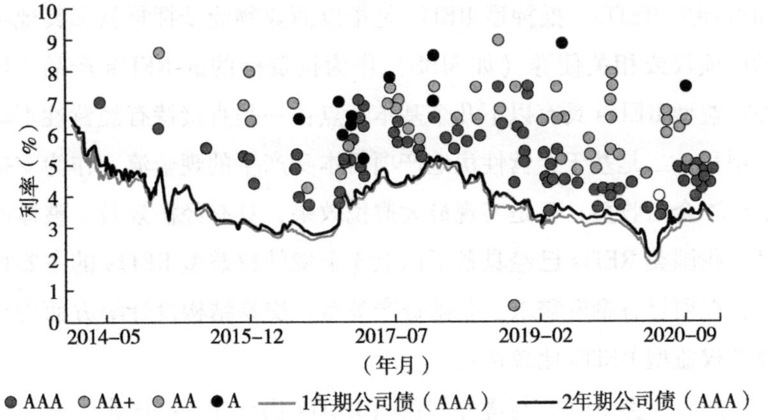

图 1－6　类 REITs 发行利率

资料来源：中国资产证券化分析网。

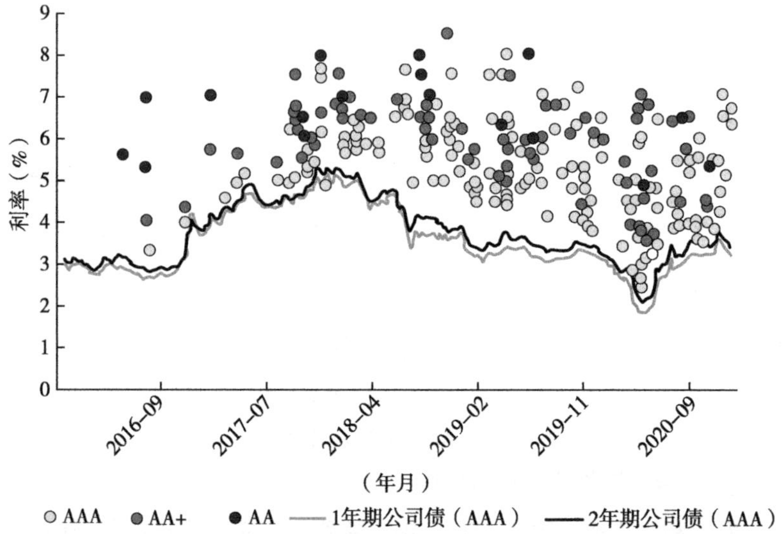

图1-7　CMBS/CMBN发行利率

资料来源：中国资产证券化分析网。

（二）境内类REITs与境外权益型REITs的比较

就产品分类而言，境外成熟市场REITs可以分为权益型REITs和抵押型REITs。抵押型REITs是指以商业物业抵押贷款和其他不动产债权或相关债券（如MBS）作为投资标的的REITs产品。境外权益型REITs具有以下几个基本特点：一是直接持有经营性不动产项目；二是基于经营性房地产项目本身产生的现金流，作为支持偿付本金与收益；三是实现最大避税效果，具有经济效益。整体而言，我国类REITs已经具备了以上3个境外权益型REITs的主要特性，在项目方融资需求、基础资产类型、交易结构设计等方面均与境外权益型REITs比较接近。

同时，类REITs与境外权益型REITs仍存在一些区别。从发行方式及投资者范围来看，类REITs仅向合格投资者私募发行，而境外权益型 REITs 则是向公众投资者公募发行。从产品流动性来看，类 REITs 由于是私募发行，产品流动性较弱；而境外权益型 REITs 的二级市场交易非常活跃，可以为产品提供足够的流动性支撑。从产品属性来讲，境内类 REITs 份额本质上仍以固定收益产品为主，以物业租金覆盖专项计划的预期收益，以项目方回购或第三方转让作为本金第一偿付来源；而境外权益型 REITs 的投资者在持有基金份额期间享受分红，并通过在二级市场交易实现退出。境内类 REITs 与境外成熟市场 REITs 的具体对比见表 1－4。

表 1-4　境内类 REITs 与境外成熟市场 REITs 的具体对比

	成熟市场 REITs	境内类 REITs
发行方式	一般为公募发行	私募发行
二级市场流动性	较强	较弱
产品属性	权益型为主，抵押型和混合型为辅	固定收益产品为主，权益型和混合型为辅
入池物业	通常为多个物业，强调分散，产品存续期入池物业可新增或出售	目前主要为单一物业，存续期内物业为静态，资产构成不发生变化
资产管理	对物业进行主动管理，可以新增投资或出售物业	对物业以被动管理为主
投资范围	物业产品，地产相关股票，债权、贷款，其他 REITs 或 CMBS	项目公司股权＋债权，监管部门规定的合格投资
融资方式	银行贷款或发债	产品本身不融资，可分级
产品期限	永续或长期限	有存续期，且有效久期相对较短
投资者退出方式	以二级市场证券交易为主	到期通过主体回购或物业处置收益退出；也可通过二级市场交易退出，但市场流动性较弱
增信措施	极少部分产品具有对于期间租金收益的差额补足增信	多有租金差额补足增信，大部分产品还通过主体回购作为本金偿付增信

四、中国 REITs 发展的经验总结

境内类 REITs 和不动产证券化市场的诞生，是在公募 REITs 诞生遇到阻力，但又面临市场需求情况下的次优选择。经过市场 5 年多的探索，不仅适应了发展迅速的市场需求，而且也给公募 REITs 做了非常好的铺垫和准备。

首先，为我国公募 REITs 的产品结构奠定了基础。在我国目前的法律法规基础下，通过公募基金 + 资产证券化的方式来实现公募 REITs 是最快、最可行的路径。而这正是从 2014 年中信启航项目到后续一系列的创新产品，完善出的一种经过市场和监管检验，各方都认可并能达成共识的产品模式。

其次，培养和磨合出一批优质的市场参与主体，包括金融机构、中介机构与监管机构的磨合，包括原始权益人、证券公司、基金与资管公司、银行、律师事务所、会计师事务所、评估机构等，为后续推动公募 REITs 奠定了非常好的合作基础。

再次，拓展了底层资产的种类，并为最终探索出以基础设施作为底层资产的 REITs 试点做出贡献。

最后，类 REITs 发展阶段，投资者以专业的机构投资者为主，具有较强的风险识别能力，随着市场投资者对产品的认知提高和群体的扩大，为公募阶段培育了投资者资源。而债权型产品到权益型产品的过渡发展，相关资产服务机构和专业投资者逐渐出现。

第三节　境内基础设施公募 REITs 开闸

纵观全球 REITs 市场，多数国家均是在经济转型或者经济面临困境时推出公募 REITs 这一金融产品。这是因为公募 REITs 与资产证券化一样，属于边际货币政策，是定向货币供给的金融产品，可

以为国家经济需要的领域和产业定向增加货币供应。目前我国处于百年未有之大变局，经济要逐步形成以国内大循环为主体、国内国际双循环相互促进的新发展格局。在这种大背景下，我国推出公募 REITs 可以说是恰逢其时。

2020 年 4 月 30 日，中国证监会与国家发展改革委联合发布《关于推进基础设施领域不动产投资信托基金（REITs）试点相关工作的通知》（简称“《REITs 通知》”或“40 号文”），标志着中国境内公募 REITs 市场正式开启。该通知明确了基础设施 REITs 试点的基本原则、试点项目要求和试点工作安排，属于基础设施公募 REITs 试点阶段顶层制度设计。

在此之后，中国证监会发布《公开募集基础设施证券投资基金指引（试行）》（中国证券监督管理委员会公告〔2020〕54 号，简称“证监会 54 号文”），就产品定义、参与主体专业胜任要求、基金份额发售方式、投资管理与项目运营管理、信息披露、监督管理等方面进行了规范。国家发展改革委发布《关于做好基础设施领域不动产投资信托基金（REITs）试点项目申报工作的通知》（发改办投资〔2020〕586 号，简称“586 号文”），明确了基础设施申报的具体要求，标志着中国基础设施公募 REITs 试点工作从前期政策调研、顶层制度设计已经进入正式实际操作的新阶段，《国家发展改革委关于进一步做好基础设施领域不动产投资信托基金（REITs）试点工作的通知》（发改投资〔2021〕958 号，简称“958 号文”）进一步扩大了基础设施公募 REITs 的试点区域范围与资产范围。中国证券投资基金业协会（简称“基金业协会”）、中国证券业协会（简称“证券业协会”）、上海证券交易所（简称“上交所”）、深圳证券交易所（简称“深交所”，与上交所合称“沪深证券交易所”）等自律组织与证券交易场所，发布了 REITs 发行与交易相关的系列规则与规范文件，共同构成了公募 REITs 发行的制度保障

（相关法规制度文件解读详见本书第七章）。

我国不动产投资信托基金是以基础设施领域作为主要投资方向，以合法合规及稳定现金流作为底层项目要求，以公开募集证券投资基金作为发行载体，以“公募基金＋资产支持专项计划”的双SPV为结构，以网下机构投资者询价作为主要定价参考的沪深证券交易所集中竞价交易的公募金融产品，产品名称为公开募集基础设施证券投资基金（简称“基础设施基金”）。

在境内公募REITs试点范围尚未扩大至基础设施以外的领域前，如未特别说明，“基础设施REITs”、“基础设施基金”与“境内公募REITs”含义相同。

一、基础设施领域是公募REITs试点方向

境内公募REITs的推出，旨在贯彻落实党中央、国务院关于防风险、去杠杆、稳投资、补短板的决策部署，积极支持国家重大战略实施，深化金融供给侧结构性改革，强化资本市场服务实体经济能力，进一步创新投融资机制，有效盘活存量资产，促进基础设施高质量发展。

基础设施投资是全社会固定资产投资的重要组成部分，是为社会生产和生活提供基础性、公共性服务的工程设施，包括交通运输、仓储和邮政业，电信、广播电视和卫星传输服务业，互联网和相关服务业，水利、环境和公共设施管理业等行业的投资。

基础设施的发展和现代化是任何国家经济增长的核心，是一个国家或者区域增加竞争力，实现经济高质量、可持续发展的重要保障。根据世界经济论坛（WEF）发布的《2019全球竞争力报告》，国际竞争力强的国家，其基础设施质量也排在前列，更具竞争力的经济体更关注基础设施更新投资、创新能力，该报告中排名靠前的国家和地区为新加坡（全球竞争力排名第1、基础设施质量排名第

1)，美国（全球竞争力排名第2、基础设施质量排名第13），中国香港（全球竞争力排名第3、基础设施质量排名第3），荷兰（全球竞争力排名第4、基础设施质量排名第2），瑞士（全球竞争力排名第5、基础设施质量排名第4），日本（全球竞争力排名第6、基础设施质量排名第5），德国（全球竞争力排名第7、基础设施质量排名第8）。中华人民共和国成立70多年来，特别是经过改革开放40多年的持续快速发展，我国非常重视基础设施建设，积累了丰富的基础设施存量，基础设施质量也从2006年的全球排名第60位上升至2019年的全球排名第36位，推动中国在全球竞争力整体排名第28位，较2006年第54位提升26名。这说明我国基础设施建设为国家经济发展奠定了坚实基础，同时相对于国际先进水平，我们仍然需要不懈努力地补充基础设施领域的短板。

基础设施建设具有典型的资本密集属性，其价值具有长期性，回报周期也比较长，基础设施领域的建设与发展需要资本市场与金融市场的支持与推动。在REITs出台前，我国缺乏成熟期基础设施项目盘活的有效手段，导致基础设施投资无法退出，使得前期专业投资者的资金在存量项目不断沉积而后续投资资金匮乏，存量项目资产负债率高，高杠杆一方面消耗了基础设施所产生的现金流，另一方面也积累了金融风险。前期PPP模式的推出与实践有效扩宽了基础设施投资者群体，引入股权投资有利于降低项目杠杆率。不过我国金融市场长期投资者有限的情况，限制了PPP模式功能的发挥，PPP也需要理想的投资退出途径。公募REITs的启动对于基础设施投资建设与PPP领域的价值是根本性的，至少体现在两个方面：一方面，处于成熟期，能够产生稳定现金流的基础设施项目可以通过发行公募REITs实现资产的盘活，以类似于IPO的模式实现前期建筑企业及专业投资者的退出，使其可以将退出资金作为资本金投资开发新的基础设施项目；另一方面，一旦REITs将基础设施项目的退出途径打开，那么就可以较为精确地通过模型测算建设和运营期投资的回报水平，既有利于投资者更好地选择投资项目或进行成本控制、绩效优化，又能吸引更多的投资者（特别是基于财务模型投资的财务投资者）参与到基础设施的前期开发与运营投资。与此同时，我国过去几十年积累的大量的基础设施优质资产，已具备开展公募 REITs 试点工作的市场条件和政策基础。

二、REITs 试点成功的关键在于聚焦优质资产

REITs 运行成功与否，本质是看其所包含的资产，把握基础资产质量是保障基础设施 REITs 试点能够成功的基础。40 号文指出，“支持重点领域符合国家政策导向、社会效益良好、投资收益率稳定且运营管理水平较好的项目开展基础设施 REITs 试点”。这说明开展基础设施 REITs 试点的项目及资产需要满足的基本条件——符合国家政策导向、社会效益良好、投资收益率稳定且运营管理水平较好。

（一）基础设施 REITs 试点资产范围

根据 40 号文及配套文件，全国各地符合条件的项目均可申报，同时基础设施 REITs 试点范围包括“重点区域”和“重点行业”两个维度：（1）重点支持位于京津冀协同发展、长江经济带发展、粤港澳大湾区建设、长三角一体化发展、海南全面深化改革开放、黄河流域生态保护和高质量发展等国家重大战略区域，符合“十四五”有关战略规划和实施方案要求的基础设施项目。（2）聚焦重点行业指的是优先支持基础设施补短板行业，包括仓储物流、收费公路等交通设施，水电气热等市政工程，城镇污水垃圾处理、固废危废处理等污染治理项目。鼓励信息网络等新型基础设施，以及国家战略性新兴产业集群、高科技产业园区、特色产业园区等开展试点。958 号

文纳入了能源基础设施、停车场项目、保障性租赁住房，同时研究在具有供水、发电等功能的水利设施，自然文化遗产、国家AAAAA级旅游景区等具有较好收益的旅游基础设施开展试点。

1. 重点区域省市覆盖

试点推出的586号文，首先划定的重点区域与《京津冀协同发展规划纲要》《河北雄安新区规划纲要》《长江经济带发展规划纲要》《粤港澳大湾区发展规划纲要》《长江三角洲区域一体化发展规划纲要》《海南自由贸易港建设总体方案》等国家重大战略区域范围相一致，与十九大报告提出的“以疏解北京非首都功能为‘牛鼻子’推动京津冀协同发展，高起点规划、高标准建设雄安新区；以共抓大保护、不搞大开发为导向推动长江经济带发展；支持资源型地区经济转型发展”相一致。试点覆盖了北京、天津、河北、上海、江苏、浙江、安徽、江西、湖北、湖南、重庆、四川、云南、贵州、广东、海南等省市，REITs通过优先对接这些重点区域的基础设施项目，为发挥城市群协同发展以及中心城市引领作用提供支撑，服务于国家重大战略部署的实施，同时培育优质案例以便试点成功后、条件成熟时向全国推广。

在首批基础设施REITs项目成功试点后，985号文将黄河流域生态保护和高质量发展区域纳入重点支持范围，增加了青海、四川、甘肃、宁夏、内蒙古、山西、陕西、河南、山东九省（自治区）。同时，明确规定全国范围内符合条件的项目均可申报REITs项目。

2. 重点行业覆盖

试点重点行业的划定与国务院办公厅于2018年10月发布的《关于保持基础设施领域补短板力度的指导意见》（国办发〔2018〕101号）中补短板领域是相一致的，同时囊括了新型基础设施领域，内涵非常丰富。其中补短板的重点领域包括：（1）仓储物流项目，（2）收费公路、铁路、机场、港口项目，（3）城镇污水垃圾处理及资源化利用、固废危废医废处理、大宗固体废弃物综合利用项目，（4）城镇供水、供电、供气、供热项目。新型基础设施是以新发展理念为引领，以技术创新为驱动，以信息网络为基础，面向高质量发展需要，提供数字转型、智能升级、融合创新等服务的基础设施体系，可以包括：（1）数据中心、人工智能、智能计算中心项目，（2）5G、通信铁塔、物联网、工业互联网、宽带网络、有线电视网络项目，（3）智能交通、智慧能源、智慧城市项目等。从国际对比的角度看，基础设施 REITs 试点划定的重点行业范围囊括了美国 14 种 REITs 资产类型细分，包括但不限于“基础设施、工业地产、仓储、数据中心”4 类，此 4 类的市值在 2020 年占比接近美国整个 REITs 市场的一半，而且在 2020 年全球新冠肺炎疫情期间的市场表现显著好于其他 REITs 类型。

在首批基础设施 REITs 试点成功后，958 号文纳入了能源基础设施（包括风电、光伏发电、水力发电、天然气发电、生物质发电、核电等清洁能源项目，特高压输送电项目、增量配电网、微电网、充电基础设施项目，分布式冷热电项目）、市政基础设施中的停车场项目、保障性租赁住房（包括各直辖市及人口净流入大城市的保障性租赁住房项目），同时提出在其他基础设施领域开展试点：（1）具有供水、发电等功能的水利设施；（2）自然文化遗产、国家 AAAAA 级旅游景区等具有较好收益的旅游基础设施，其中自然文化遗产以《世界遗产名录》为准。

3. 产业新区与开发区覆盖

试点范围中专门强调了要支持国家级新区、有条件的国家级经济技术开发区开展试点。这就意味着“国家级新区”“国家级经济技术开发区”内的园区设施等资产，即使地理位置不在上述六大区域范围内，仍可以开展基础设施 REITs 试点。根据 40 号文及监管部门要求，纳入基础设施 REITs 试点的产业集群和园区项目要满足 3 个条件：（1）位于国家发展改革委确定的战略性新兴产业集群，或《中国开发区审核公告目录》（2018 年版）确定的开发区范围内；（2）业态为研发、创新设计及中试平台，工业厂房，创业孵化器和产业加速器，产业发展服务平台等园区基础设施；（3）项目用地性质为非商业、非住宅用地。具体来说：

（1）根据《国务院关于加快培育和发展战略性新兴产业的决定》（国发〔2010〕32 号）和《战略性新兴产业分类（2018）》（国家统计局令第 23 号），战略性新兴产业是以重大技术突破和重大发展需求为基础，对经济社会全局和长远发展具有重大引领带动作用，知识技术密集、物质资源消耗少、成长潜力大、综合效益好的产业，主要包括新一代信息技术产业、高端装备制造产业、新材料产业、生物产业、新能源汽车产业、新能源产业、节能环保产业、数字创意产业、相关服务业等九大领域。根据《国家发展改革委关于加快推进战略性新兴产业集群建设有关工作的通知》（发改高技〔2019〕1473 号），公布了第一批 66 个国家级战略性新兴产业集群名单，涵盖了新一代信息技术、高端装备、新材料、生物医药和节能环保等领域。

（2）根据国家发展改革委、科技部、国土资源部、住房城乡建设部、商务部、海关总署发布的《中国开发区审核公告目录》（2018 年版），一共包括 2 543 家开发区，其中国家级开发区 552 家和省级开发区 1 991 家。其中东部地区有 964 家开发区，中部地区有 625 家开发区，西部地区有 714 家开发区，东北地区有 240 家开发区。这些开发区可以作为公募 REITs 试点资产选择的基础范围，可以从中选择经营成熟，具有稳定现金流的园区等资产推进 REITs 试点。

4. 试点不包括住宅与商业地产项目

需要注意的是，基础设施 REITs 试点根据相关法规要求不包括商业地产与住宅地产，明确提出酒店、商场、写字楼等商业地产项目不属于试点范围。项目土地用途原则上应为非商业、非住宅用地，租赁住房用地以及为保障项目正常运转而无法分割的办公用房、员工宿舍等少数配套设施用地除外。

将商业地产和住宅地产为代表的房地产项目排除在此次基础设施 REITs 试点范围外，与当前宏观调控政策以及“房住不炒”要求是相一致的。同时，958 号文将保障性租赁住房加入试点范围，突出强调保障性，有利于进一步盘活存量保障性住房项目，在有效化解地方政府债务风险的同时，提高保障性住房项目的社会供给。

（二）REITs 试点项目要求合规合法，权属清晰

40 号文要求“项目权属清晰，已按规定履行项目投资管理，以及规划、环评和用地等相关手续，已通过竣工验收。PPP 项目应依法依规履行政府和社会资本管理相关规定，收入来源以使用者付费为主，未出现重大问题和合同纠纷”。

REITs 试点要求取得基础设施项目完全所有权或经营权利。试点的基础资产根据行业和领域的差异包括所有权、特许经营权和经营收益权益等，其中对于属于所有权的资产类型需要根据《物权法》等法律法规要求完成确权登记等手续，特许经营权和经营收益权益的转让也需要满足相关法律法规或合同约定。如果相关权属或者持有相关权属的项目公司被不止一位持有人（机构或个人）拥有，则需要所有持有人一致将其持有的权属转让给 REITs。如果有关法律法规、政策文件、投资管理手续、土地出让转让手续、项目合同协议、园区管理办法等各种相关规定或协议中，对项目土地使用权、公司股权、经营收益权、建筑物及构筑物等转让或相关资产

处置，有任何限定条件或特殊规定、约定的，均需按照穿透式原则沟通相应主管部门，并取得其关于同意支持公募 REITs 项目以 100% 股权转让方式发行 REITs，并转让项目的土地使用权和房屋所有权的无异议函。对 PPP（含特许经营）类项目，PPP（含特许经营）协议签署机构、行业主管部门，应对项目以 100% 股权转让方式发行基础设施 REITs 无异议。

试点项目要按规定履行项目投资管理以及规划、环评和用地等相关手续，就要具备投资建设（资产形成）阶段齐备的投资管理手续。鉴于在我国投融资体制历次重大改革中，投资项目管理要求也发生了显著调整，REITs 试点项目投资管理应以手续办理时的法律法规、规章制度、国家政策等为依据，满足相关手续的合法合规性。另外，针对特定行业或特种行业的基础资产，应该满足相应行业所要求的手续，比如节能、社会稳定等方面的评估。

（三）REITs 试点项目要求运营稳定，现金流回报良好

40 号文要求“具有成熟的经营模式及市场化运营能力，已产生持续、稳定的收益及现金流，投资回报良好，并具有持续经营能力、较好的增长潜力”。

基础设施 REITs 是一种权益型金融产品，其给予投资者持续稳定的分红回报依赖于项目本身的持续稳定经营和优秀的投资回报，而非发起人的担保或增信。这就要求 REITs 所投资的项目必须经营稳健，并且能够提供良好的现金流回报。

对于项目的稳定性，586 号文及 958 号文要求基础设施 REITs 试点项目开始运营时间原则上不少于 3 年，对已能够实现长期稳定收益的项目，可适当降低运营年限要求。不少于 3 年的经营时间对于绝大多数资产而言，可以证明其已经处于较为稳定的运营阶段，也能够提供相对较长且稳定的历史数据供投资者进行未来经营分析

和投资回报分析。“原则上”则是监管部门充分尊重不同行业的基础设施运营特征，基础设施行业运营期限及其经营收入受到行业技术经济特征的影响明显，其运营模式差异性使得有些资产尽管经营不满 3 年，但已经拥有了较好的经营稳定性，或者在运营后短时间内就可以进入成熟期，所以监管部门可以对此类资产进行专门的核准与判断。与此同时，“现金流持续稳定且来源合理分散，投资回报良好，近 3 年内总体保持盈利或经营性净现金流为正”的要求，则说明试点项目对于历史运营的关注重点还是在运营效果上。这里要求的是 3 年内总体保持盈利或经营性净现金流为正即可，对于不少以成本法入账的固定资产类项目，因为每年存在较多的摊销折旧费用，导致财务净利润为负数的情况，只要其经营性净现金流为正，就仍可以考虑纳入试点范围。

项目收益持续稳定且合理分散，直接或穿透后来源于多个现金流提供方。基于商业模式或者经营业态等原因，现金流提供方较少的，重要现金流提供方应当资质优良，财务情况稳健。

对于项目的现金流回报，基础设施 REITs 试点要求“预计未来 3 年净现金流分派率（预计年度可分配现金流/目标不动产评估净值）不低于 4%”。根据国际市场历史经验，REITs 是一种中等风险稳定收益的产品，其风险收益特征经常被形容为介于股、债之间，结合我国资本市场情况，在 REITs 试点初期设定一个现金流分派率的门槛值，有助于统一市场预期，促进市场发展。需要注意如下几点：首先，此处预计未来 3 年净现金流分派率不低于 4% 是一种基于历史经营情况对未来经营的合理预测，并不表示如果项目未来净现金流分派率达不到 4% 就要补足或担保。其次，这里的 4% 在计算时用到的分子是“年度可分配现金流”，一方面其计算过程中不需要减除摊销折旧等非付现成本，另一方面也要考虑项目收入的“收现情况”，实现收入后只有“应收账款”而未能收回现金的情况是不利于 REITs 操作的。最后，这里的“不低于 4%”是申报 REITs 试点时所要满足的一项审核要求，并不代表该 REITs 后续发行时的实际分派率就是 4%，REITs 发行时将参考网下投资者询价来确定发行价格，继而得到该基金的实际分派率。

基础设施 REITs 应当将 90% 以上合并后基金年度可供分配金额以现金形式分配给投资者，且收益分配在符合分配条件的情况下每年不得少于 1 次。因此，基础设施 REITs 在正常情况下属于具有稳定现金分配的金融产品。

（四）基础设施 REITs 允许对外借款，需要控制杠杆率及资金用途

财务借款或杠杆是国际资本市场上 REITs 产品经常使用的，通过借入成本低于资产收益率的外部负债，发挥正向杠杆作用，可以为 REITs 份额投资者提供高于资产收益率的权益收益率。不过如果杠杆率（国际惯例通常是金融负债与资产的比例）太高，则容易诱发财务风险，因此主要国家和地区的 REITs 杠杆率都控制在 50% 以内。

根据证监会 54 号文等相关制度的规定，境内试点的基础设施 REITs 也是可以引入财务杠杆的。制度规定基础设施基金成立前，基础设施项目已存在对外借款的，应当在基础设施基金成立后以募集资金予以偿还，满足第二十八条规定且不存在他项权利设定的对外借款除外。基础设施基金直接或间接对外借入款项，应当遵循基金份额持有人利益优先原则，不得依赖外部增信，借款用途限于基础设施项目日常运营、维修改造、项目收购等，且基金总资产不得超过基金净资产的 140%。其中，用于基础设施项目收购的借款应当符合下列条件：（1）借款金额不得超过基金净资产的 20%；（2）基础设施基金运作稳健，未发生重大法律、财务、

经营等风险；（3）基础设施基金已持基础设施和拟收购基础设施相关资产变现能力较强，且可以分拆转让以满足偿还借款要求，偿付安排不影响基金持续稳定运作；（4）基础设施基金可支配现金流足以支付已借款和拟借款本息支出，并能保障基金分红稳定性；（5）基础设施基金具有完善的融资安排及风险应对预案；（6）中国证监会规定的其他要求。

基础设施基金总资产被动超过基金净资产 140% 的，基础设施基金不得新增借款，基金管理人应当及时向中国证监会报告相关情况及拟采取的措施等。

从上述数据可以看出，境内试点的基础设施 REITs 相对于境外市场是更加稳健的，一方面，相关比例在计算时不仅包括了金融负债，也包括了其他负债（比如保证金、预付款等）；另一方面，绝对比例也比较低，“基金总资产不得超过基金净资产的 140% ”，如果用“负债与资产的比例”来计算杠杆率约为 28. 57% 。

（五）基础设施 REITs 强调规模性与成长性，明确试点项目具备扩募潜力

958 号文明确规定首次发行的基础设施 REITs 项目，当期目标不动产评估净值原则上不低于 10 亿元。发起人（原始权益人）具有较强扩募能力，以控股或相对控股方式持有，按有关规定可发行基础设施 REITs 的各类资产规模（如高速公路通车里程、园区建筑面积、污水处理规模等），原则上不得低于拟首次公开发行基础设施 REITs 资产规模的 2 倍。

参考国际经验，REITs 成长性在 REITs 市场发展中发挥了重要作用，优质的 REITs 项目均具有很强的成长性，有能力通过并购等手段吸纳符合 REITs 投资策略的优质资产，使得 REITs 规模得到不断提升，规模效应、协同效应和风险分散能力不断体现。同时，随

着 REITs 规模扩大带动市值提升，有机会纳入主流权益指数，吸引指数基金、配置基金等多元化投资者参与，为 REITs 的进一步发展提供资金支持。通过对于初始发行规模以及扩募能力的规定，有利于推动存量资产储备丰富的行业龙头企业参与试点。

（六）基础设施 REITs 回收资金用于基础设施补短板建设

根据 958 号文的要求，基础设施 REITs 发行后的回收资金应明确具体用途，包括具体项目、使用方式和预计使用规模等。在符合国家政策及企业主营业务要求的条件下，回收资金可跨区域、跨行业使用。90%（含）以上的净回收资金（指扣除用于偿还相关债务、缴纳税费、按规则参与战略配售等的资金后的回收资金），应当用于在建项目或前期工作成熟的新项目。鼓励以资本金注入的方式将回收资金用于项目建设。

我国基础设施 REITs 在试点阶段对于发行后回收资金的使用要求是明确的，也比国际上多数资本市场的 REITs 回收资金使用要求更具体，比如新加坡和中国香港地区的 REITs 均未对募集资金用途进行明确规定。当前 REITs 处于试点阶段，明确的回收资金使用用途，有利于推动扩大基础设施领域资本金投资，并带动更大规模的有效投资，能够更积极地发挥 REITs 的宏观价值。不过，相关要求也限制了基础设施项目前期财务投资者的投资退出，在一定程度上制约了财务投资者参与基础设施项目前期投资的意愿。

第二章
全球 REITs 市场概况与发展经验

第一节　美国 REITs 市场

一、美国 REITs 市场概览①

（一）市场总览

美国作为最早推出不动产投资信托基金的国家，也是目前全球最大、最重要、最成熟的 REITs 市场，市场规模占全球市场总规模的近 2/3。美国 REITs 拥有的各类资产总额超过 3.5 万亿美元，其中在交易所上市的 REITs 拥有的资产超过 2.5 万亿美元，在全美各处有超过 50 万个商业地产项目，为 180 万户美国个人住宅提供融资。

截至 2021 年 1 月，美国 REITs 数量超过 220 个，市值超过 1.2 万亿美元，其中在纽交所上市的 REITs 为 185 个，市值超过 1 万亿美元。2021 年年初，全美约有 1.45 亿美国投资者通过退休金账户

---

① 如无特殊说明，资料来源于美国房地产投资信托基金协会（NAREIT），《REITs 观察报告》（REITWatch），2020 年 11 月期。

或其他投资基金的形式参与 REITs 股票的投资。在过去的 20 年，美国家庭直接或间接投资 REITs 股票的比例从 23% 增加到 44%（见图 2－1），预计投资人数达到 1.45 亿，参与度非常高。

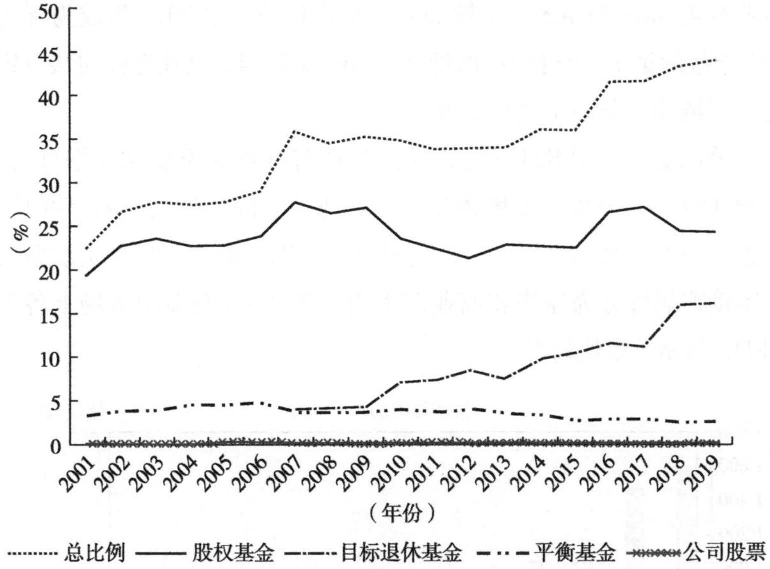

图 2－1　美国家庭以各种形式投资 REITs 的比例

资料来源：美国房地产投资信托基金协会。

（二）美国 REITs 的种类

美国 REITs 一般可以按照投资的资产类型和收入的性质分成两大类：权益型 REITs 和债权型（或称抵押型）REITs。权益型 REITs 一般直接持有不动产，收入主要来自不动产的租金；而抵押型 REITs 一般不直接持有不动产，而是通过发行或购买抵押贷款或抵押支持证券来为不动产投资者提供融资，收入主要以利息为主。2011 年之前，美国市场上还有第三类——混合型 REITs，即同时投资不动产和抵押贷款或抵押支持证券的 REITs。但是这类混合型 REITs 规模比较小，数量很少，所以在 2010 年 12 月，美国房地产投资信托基金协会将当时仅剩的 4 只混合型 REITs 并入了抵押型 REITs，不再单列为一类。

在投资的行业归类上，美国的权益型 REITs 在标准普尔的全球行业分类标准（GICS）中被归入房地产行业，于 2016 年成为标普 500 指数的第 11 个行业；而抵押型 REITs 则因为其业务性质接近银行，而继续保留在金融行业内。

美国的权益型 REITs 可以按照其持有的物业类型继续细分为，基础建设、办公楼、零售物业、工业地产、医疗健康、酒店娱乐、数据中心等一系列类别；而债权型 REITs 则一般按照抵押贷款融资的不动产属性分为住房和商业两大类。图 2－2 是美国市场上各类 REITs 和相关市值情况。

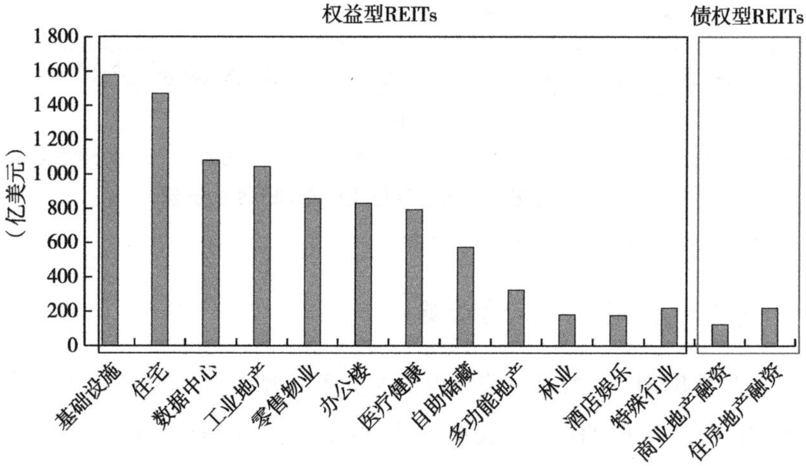

图 2－2　美国 REITs 持有的资产类型和市值

虽然很多 REITs 在成立之初都有目标资产类型，但是随着美国 REITs 法规和监管的不断开放和不动产市场的需求变化，REITs 持有资产的种类越来越多，很多 REITs 也相应地不断调整或改变所持资产的类型，实现 REITs 类型的变身。一个比较典型的例子就是一只叫科洛尼资本（Colony Capital）的 REITs。

科洛尼资本成立于1991年，当时的美国正经历储蓄贷款公司危机，1/3的储贷公司面临破产，美国政府为了减少这场危机的影响，成立了两家资产处理公司：联邦储蓄和贷款保险公司（The Federal Savings and Loan Insurance Corporation，简写为FSLIC）和重组信托公司（Resolution Trust Corporation，简写为RTC）来集中快速地处理这些储贷公司的不良资产。科洛尼资本就是从重组信托公司购买了一些次级债权而成立的。2005年以前，科洛尼资本一直是以投资各类债权为主的投资公司。2005年开始，科洛尼资本开始直接投资不动产，2008年又成立次贷信用投机基金，成为典型的债券和不动产混合型投资公司。2009年上市之后的几年，科洛尼资本通过购买与合并其他公司，并参与收购次贷危机中倒闭的银行的不良资产而继续壮大，2016年正式注册并在2017年选择成为REITs。当时的科洛尼资本管理着430亿美元的资产，主要集中在医疗、工业和酒店，属于典型的传统地产行业权益型REITs。过去的3年，科洛尼资本意识到移动通信和数字驱动行业的潜力，开始逐步转型，不断变卖传统的不动产，集中资本在全球范围内投资“数字不动产”，即为移动通信和数据中心服务的基础设施。2020年，科洛尼资本宣称自己是全球目前唯一的一个拥有、管理和运作数字生态系统所有主要基础设施（包括数字中心、信号塔、光缆网络和小型基站）的REITs，管理的近470亿美元资产中有近一半是数字不动产，在类型上正蜕变成目前市场上最热的数据中心REITs。这个转型也使得科洛尼资本在2020年由新冠肺炎疫情导致的REITs危机中，没有遭受和其他传统行业REITs（特别是购物中心、办公楼和酒店）一样程度的冲击，股价在重挫后得以快速回升。

（三）二级市场交易量

美国REITs市场能吸引众多投资者，与REITs二级市场的活跃度是分不开的。美国房地产投资信托基金协会官方提供的 REITs 数据显示，在过去 10 年，美国上市 REITs 的日交易额从 30 亿美元左右一度上升到超过 150 亿美元，2020 年由于新冠肺炎疫情引发的危机，成交量一度下跌，但在低点还是保持在日交易额 70 亿美元的水平，2020 年年底又回到高于 80 亿美元的水平，日均换手率在 0.8% 左右，接近美国股市整体水平。如图 2 –3 所示。

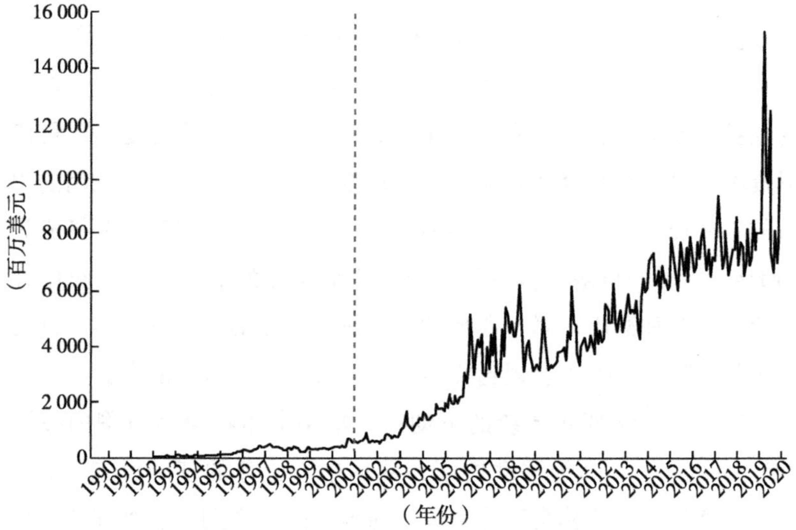

图 2 –3　美国 REITs 的日均交易量

注：虚线为上市 REITs 被允许纳入标准普尔指数的年份。

资料来源：美国房地产投资信托基金协会，《REITs 观察报告》，2020 年 12 月期。

（四）再融资功能

据美国房地产投资信托基金协会数据，从 2014 年开始，REITs 在美国市场的融资发行中每年的 IPO 数都少于 10 笔，融资规模低于 50 亿美元。相比之下，美国 REITs 的二级再融资规模则明显占融资的主导，每年增发的股票和债券超过 120 笔，过去两年都超过

200 笔，规模远超 IPO。2020 年，REITs 在美国市场增发的股权和债权的融资规模分别为 283 亿美元和 728 亿美元（见表 2－1）。

表 2-1 近年美国 REITs 的 IPO 和再融资发行数量和金额

（金额单位：百万美元）

年份	总发行		IPO		股权二级市场					债权二级市场	
					普通股		优先股		续发	非担保债权	
	发行数	融资额	发行数	融资额	发行数	融资额	发行数	融资额	融资额	发行数	融资额
2013	254	80 243	19	5 732	121	35 756	28	4 755	3 260	86	30 739
2014	219	67 910	6	4 067	102	24 106	24	4 618	4 648	87	30 934
2015	162	62 777	7	1 423	75	23 433	8	2 236	3 534	72	32 201
2016	196	76 833	4	1 690	75	26 158	36	4 655	7 707	82	37 261
2017	263	100 146	9	2 950	75	27 875	52	10 970	8 379	127	50 767
2018	129	55 633	5	3 264	53	16 654	10	1 580	8 913	61	25 222
2019	246	112 948	2	220	84	31 995	27	4 454	13 134	133	63 146
2020	208	102 015	4	899	50	18 281	15	3 302	6 729	139	72 804

资料来源：美国房地产投资信托基金协会。

（五）收益率情况

不论是火爆的一级市场还是活跃的二级市场，REITs 市场本质的驱动力，还是 REITs 作为一个投资产品在风险和收益上的特点：相对比较稳定的分红水平，以及与其他投资产品之间较低的相关性。按照 2021 年年初的数据，美国 REITs 的平均派息率约为 3.84%，相比之下，标普 500 指数的派息率只有 1.51%，美国国债的利率则更低。从 1977 年到 2019 年这 40 多年的年化平均来看，REITs 的派息率约为 7.1%，美国 10 年期国债的利率为 6.0%，而标普 500 指数的股利回报率只有 2.7%。从较长的时间窗口看，REITs 的整体收益率（结合派息和增值）明显高于债券（见图 2－4），权益型 REITs 在过去 20 年的累计回报率一直领先于股票的整体回报率，直到2020年受到新冠肺炎疫情冲击后才回落到和股票基本持平（见图2－5）。

图2－4　REITs的分红收益率和美国10年期国债利息收益率的对比（1990—2020年）

资料来源：美国房地产投资信托基金协会。

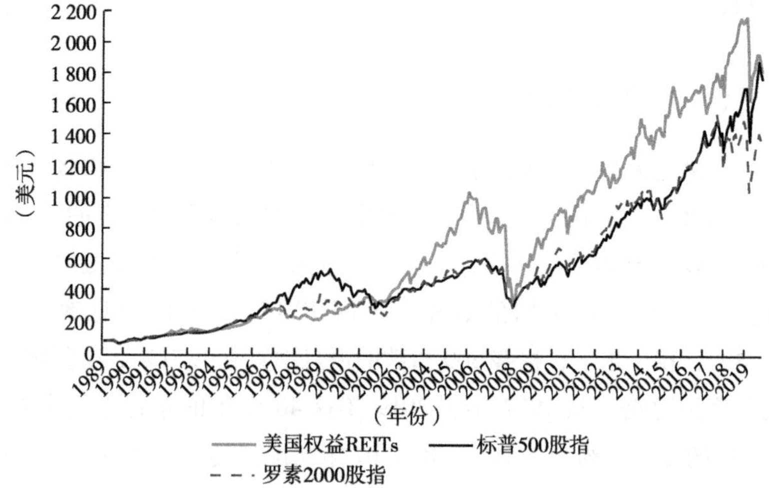

图2－5　REITs的总投资收益与股票市场整体收益的对比（1989—2020年）

注：本图以1989年12月31日投资100美元为基准。

资料来源：美国房地产投资信托基金协会。

美国不同类型的 REITs 派息率有很大差异，这与杠杆率和持有资产的类型等有很大关系。一般来说，抵押型 REITs 的杠杆率高，派息率也最高，过去几年一直维持在 10% 左右或更高。而权益型 REITs 中的特殊用途物业类的派息率较高，超过 6%；酒店娱乐和零售物业受疫情和经济转型的影响，估值比较低，派息率相对很高，维持在 5% ~6% 的水平，办公楼次之；数据中心和独户公寓（single family homes）属于最稳定的不动产投资，所以派息率最低（见表 2 -2）。这些和亚洲市场存在明显区别。

表 2-2　不同类型 REITs 的分红收益率和市值

REITs 类型	REITs 个数	派息率（%）	市值（千美元）
所有权益型 REITs	160	3. 55	1 172 708 175
权益型 REITs	151	3. 84	939 137 075
工业	13	2. 50	132 832 004
办公楼	19	4. 03	81 153 750
零售业	32	5. 01	127 654 874
购物中心	18	4. 82	44 379 207
区域商圈	4	5. 74	33 508 633
独立物业	10	4. 67	49 767 033
住宅	21	3. 15	167 496 640
公寓	16	3. 69	114 340 264
厂建房	3	2. 28	27 090 423
独户公寓	2	1. 58	26 065 953
多功能地产	15	5. 39	45 212 238
酒店娱乐	13	6. 12	32 002 658
医疗健康	17	4. 80	106 426 546
自助储藏	5	3. 50	69 680 140
林业	4	2. 53	31 114 051
基础设施	5	2. 35	202 457 049
数据中心	5	2. 22	124 950 820
特殊地产	11	6. 24	51 727 405
抵押型 REITs	34	9. 29	62 716 557
住宅房贷	21	9. 99	38 491 106
商业贷款	13	8. 11	24 225 451

资料来源：美国房地产投资信托基金协会。

二、美国 REITs 市场的发展历程

美国作为最成熟的 REITs 市场，其发展历程可以很大程度上解释 REITs 发展的关键逻辑，很多方面值得我国发展 REITs 参考和借鉴（见图 2 - 6）。

下面我们将美国 REITs 市场的 60 年发展分为六大阶段来回顾。

（一）缓慢成长阶段（1960—1967 年）

美国的私人房地产信托早在 19 世纪 80 年代就出现了，在当时的税法下，私人信托可以不用双重缴税。从 1913 年开始，美国的一般公司开始双重征税，即在公司层面缴了所得税之后，股东分到的利润还需要缴所得税。私人房地产信托比较庆幸，在 1913 年后还是可以通过把利润分给股东而避免在信托层面缴所得税。但是从 1936 年，美国对这类私人房地产信托也开始征税，而不管利润分不分给股东。美国的房地产行业对此表示不公，因为同时期的共同基金可以避免双重缴税（或者说税收中性，即在基金层面，对于分配给投资者的收入，免征所得税），但是房地产信托却不行。这个局面一直没有改变，直到 1960 年真正的 REITs 诞生。

美国的 REITs 首先立法于 1960 年美国《国内税收法》（Internal Revenue Code）。同年，美国国会通过《房地产投资信托基金法案》（Real Estate Investment Trust Act，也称“REITs 法案”），标志着 REITs 制度建立的开端。

1960 年美国《国内税收法》的核心是，赋予 REITs 和共同基金相同的税收优惠。在此之前，房地产信托在信托层面就需要缴纳高昂的所得税。比如，一个收入 50 万美元的信托，在信托层面就可能需要缴纳高达 25 万美元的所得税，剩余部分才可用于投资

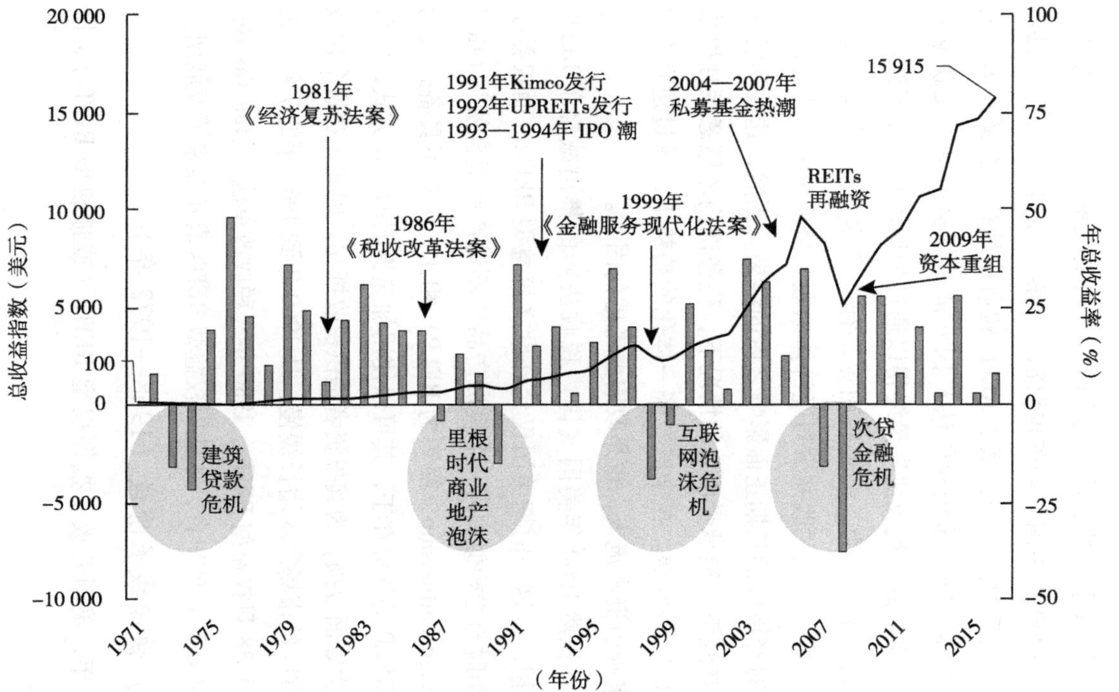

图 2－6　美国 REITs 历史收益率和相关重大历史事件

注：总收益指数以 1971 年投资 100 美元为基准。

者分红,[①] 而投资者拿到分红之后还需要缴纳所得税。这样的税收负担，极大地限制了房地产投资与其他投资产品的竞争。

现在，税收中性被公认为是 REITs 发展的关键，也被认为是理所当然的。1960 年美国《国内税收法》的推出也经历了诸多波折。当时最直接的反对意见是，赋予 REITs 税收中性待遇会减少国家的税源。1960 年美国《国内税收法》因此被时任美国总统艾森豪威尔否决过多次。这个税收法案最终得以通过的原因是，美国经济当时面临较大的下行压力，需要吸引更多社会资本参与投资。[②] 这是美国政府在综合权衡税收减少对经济体的短期负面影响和税收改革拉动投资对经济体的长期正面影响之后的结果。当然，这并不意味着，只有在经济环境承受压力的情况下，税务部门才愿意牺牲税收来支持 REITs 的发展。在全球经济一体化的趋势下，通过建立 REITs 市场来吸引资本流入，也是政府要考虑的因素。

然而，虽然 1960 年美国《国内税收法》的推出减轻了 REITs 的税收负担，但这一时期美国仅允许设立权益型 REITs。而权益型 REITs 和当时与之相似的另一个投资产品“不动产有限合伙”（Real Estate Limited Partnership，简写为 RELP）相比，仍然不具备强大的竞争力。RELP 的优势在于，其可以使用加速折旧的记账方式，使合伙企业产生账面亏损，为其投资者提供税收抵扣。因此，在这个初级阶段，REITs 的市场需求增长缓慢，从 1960 年到 1967 年的 7 年，美国只成立了 38 只权益型 REITs。1986 年《税收改革法》（the Tax Reform Act of 1986）的出台，才使得权益型 REITs 真正迎来了发展期。

（二）快速成长阶段（1968—1972 年）

1967 年，美国开放了抵押权型 REITs（或债权型 REITs）。恰

---

① 资料来源：A. Overton Durrett. The Real Estate Investment Trust：A New Medium for Investors.

② 资料来源：同上。

逢20世纪70年代初期的石油危机，美国通货膨胀严重，而当时法令对银行存款的利率设定了上限，低利息推动了大众资金大幅流向证券市场（包括REITs在内的有价证券的收益率不受利率管制的限制），REITs产品也在这波资本浪潮中受益。[①] 仅从1971年到1972年，美国REITs市场规模就从34只（14.94亿美元）增加到46只（18.81亿美元）。

（三）迅速萎缩阶段（1973—1978年）

由于短期的快速成长，许多REITs公司过度乐观而进行高度财务杠杆运作，在短期内扩张过速；而当时的REITs监管又禁止公司自行管理资产，只能由第三方管理。早期的资产管理公司处理资产的能力不佳，大多未能做好投资管理；再加上20世纪70年代中期银行信贷利率不断攀升、房地产过度开发、开发回报率高估、投资缺乏多样化、风控不力，以及这一阶段适逢美国经济整体衰退等一系列原因，导致这一阶段很多REITs被迫破产清算。从1972年到1974年的短短两年，REITs市场规模从18.81亿美元急剧缩减至7.12亿美元。[②]

1975年，美国对REITs法案中一条不利于抵押型REITs的规定进行修改。之前的REITs法案规定，如果抵押型REITs没收了借款人的抵押资产后在两年内卖掉，那么可能会被取消REITs身份。取消这一不公平规定后，抵押型REITs和权益型REITs在不动产处置上有了一样的自由度。

1976年之前税法规定，REITs不能是公司，经营损失不能用来

---

① 较多公开文献倾向于将1973年、1974年也划为这一阶段，但根据美国房地产投资信托基金协会的数据（www.reit.com/data-research/data/us-reit-industry-equity-market-cap），美国REITs市场的规模达到短期巅峰是在1972年，之后便进入断崖式下跌过程。

② 资料来源：美国房地产投资信托基金协会。

抵扣，虽然可以递延用于抵消以后的利润，但是只有 5 年期限。而在 20 世纪 70 年代初正好是 REITs 产品连续几年亏损的时期，考虑到这些损失将来没法用于抵利润，不少 REITs 主动取消了 REITs 的身份，这样就可以延长损失用于以后抵扣的时间。

美国政府于 1976 年修改了税收制度。作为 1976 年美国税法改革的一部分，时任美国总统福特签署《REITs 简化修正案》，特别允许 REITs 在原有商业信托的基础上以公司的形式成立，同时延长 REITs 经营损失递延抵扣的期限，使其和被取消 REITs 资格的基金一致，以鼓励 REITs 继续保持 REITs 身份。

1976 年美国税法改革还要求，REITs 的总收入（GPI）中必须要有 75% 来自不动产租金或抵押贷款利息；1976 年后，净收入（NOI）中需要分配给股东的部分由原先的 90% 提高到 95%，希望能借此健全市场，避免市场的继续恶化。从 1976 年开始，REITs 市场开始回暖。

（四）逐渐恢复阶段（1979—1985 年）

前一阶段的危机冲击，使 REITs 的运营方越来越重视投资的多样性和风险管理。大多数 REITs 在其组织文件中也都增加了保持低负债的条款，降低了运营风险。这一阶段 REITs 的负债率显著降低，负债率由 1973 年的 70% 降到了 1985 年的 50%。更重要的是，属于中短期负债的银行借款与商业本票融通只占 REITs 总负债的 25%。而财务杠杆的应用主要是资产本身的抵押担保，此类负债属于中长期借款，对绝大多数资产属长期性质的 REITs 而言，可大大降低负债的流动性风险。有许多 REITs 甚至没有利用财务杠杆。

风险管理的提升以及伴随着整体经济增长起来的房地产市场，使这一阶段的 REITs 市场得到了迅速恢复。至 1985 年，美国 REITs 市场容量达到了 76.74 亿美元，是 1972 年前期高点的 4 倍。

（五）快速增长阶段（1986 年以后）

1986 年《税收改革法》的通过，为权益型 REITs 的增长打开了快速通道。

1986 年以前，由于前文所述的 RELP 税收优惠，权益型 REITs 的竞争力较弱（RELP 在地产业务上的避税优势，使私人投资者省了几十亿美元）。[①] 1986 年《税收改革法》限制了 RELP 的减税优惠。一方面，该法案取消了房地产的加速折旧税收处理，地产投资中的损失不再被允许用于抵消其他领域的收入，这大大削弱了合伙企业通过产生账面亏损为其投资者进行税收抵扣的能力；另一方面，法案放松了 REITs 的准入标准，从而使 REITs 不仅可以拥有房地产，还可以在一定条件下经营管理房地产，这使得权益型 REITs 在所有权与资产经营管理上有更强的基础和利益趋同。同时，该法案也允许 REITs 可以直接经营管理其资产，不再需要通过第三方，这促使 REITs 注重投资策略和管理理念，强调用权益资产代替抵押贷款资产，降低负债比率，从而加强 REITs 的稳定性。

如表 2 – 3 所示，从 1986 年开始，REITs 基于流动性的优势，逐渐取代了 RELP。

也是从 1986 年起，权益型 REITs 开始快速增长：1986 年以前在总 REITs 中占比不到 40%；到 20 世纪 90 年代末期，占比已经超过 95%，这从图 2 – 7 中可以看到。

---

① 资料来源：美国房地产投资信托基金协会，《REITs 发展 45 年历程中的 45 件大事》。

表2-3　美国历年投资于 RELP 与 REITs 的金额变化　　　（单位：十亿美元）

年份	RELP	REITs
1987	10.1	2.9
1988	5.8	3.1
1989	3.2	1.5
1990	1.5	1.2*
1996	0.25	12
1997	0.21	30.3
1998	0.17	20.2

*：1989—1991 年，美国经历了自 1930 年经济大萧条以来最严重的一段房地产低迷期。

资料来源：梅建平，廖咸兴，李阿乙. 不动产投资概论［M］. 上海：上海人民出版社，1999.

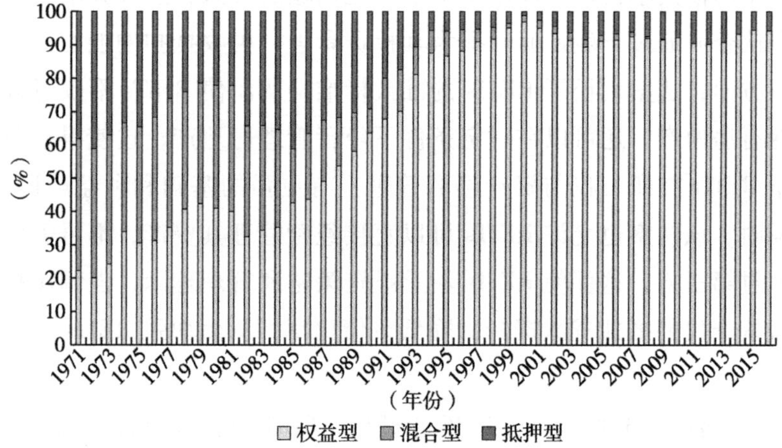

图 2-7　不同类型 REITs 的占比

（六）新 REITs 时期

20 世纪 80 年代末到 90 年代初，受亚洲金融危机影响，REITs 通过公开发行股票进行融资的渠道断裂，不得不在私人资本市场寻求资金支持，通过私募或者机构投资者和个人组建联合企业的方式解决资金短缺的问题。

1992 年，塔博曼购物中心有限公司（Taubman Centers，Inc.）的上市，标志着一种新型 REITs 产品——伞形 REITs（Umbrella Partnership REITs，简写为 UPREITs）的诞生。UPREITs 是指房地产公司和私人业主将自己的物业以股份兑换而不是出售的方式纳入 REITs 旗下（就像笼罩在 REITs 的伞下），从而避免或延迟支付因出售物业获得资本收益的所得税。由于税收上的这一优势，UPREITs 开始以有限合伙人权益凭证的方式，而不是现金来取得物业，对不动产卖家来讲也更具吸引力。在 UPREITs 结构中，REITs 通常并不真正拥有物业，它拥有的只是子公司的合伙控制权益，旗下的子公司才是物业的直接拥有人。许多传统 REITs 看到了这个新结构的优势，纷纷比照 UPREITs 的做法，转化成 UPREITs；或是通过和业主合伙，成立下属合伙 REITs（DOWNREITs），来取得类似的税收延迟优势。有关 UPREITs 和 DOWNREITs 的结构，我们会在本节第五部分进一步介绍。

1993 年 8 月，作为 1993 年《综合预算统一调解法案》中的一个部分，时任美国总统克林顿签署了《五个或更少》（Five or Fewer）法案，使养老金可以更容易地投资 REITs。该法案将养老金投资者视为持股计算单位，这样有效规避了养老金的大额投资有可能违反 REITs 的“5－50 规定”，即 REITs 的前五大持股人不得持有超过 50% 的股份。

1996 年，经过美国房地产投资信托基金协会 3 年的游说和努力，美国国家税务局（IRS）终于同意，允许住宅类 REITs 向其租户提供有线电视服务。这也成为一系列关于 REITs 可以为租户提供各种延伸性增值服务的开端，为 REITs 拓展收入范围和服务领域铺路。

1997 年，作为当年纳税减免法案的一部分，时任总统克林顿签署了 1997 年《REITs 简化法案》。该法案进一步拓宽了 REITs 可以提供的增值服务范围。美国财政部修改税收条款，允许所有美国以外的投资者只需支付15%的REITs投资所得税。这也开启了海外资金进入美国REITs市场的大门。

1999年，作为当年工作许可证与工作奖励促进法案的一部分，时任美国总统克林顿签署了《REITs现代化法案》，开始允许REITs成立正常纳税子公司（Taxable REIT Subsidiaries，简写为TRS）。TRS的成立使得REITs能够进行房地产以外的业务，但是比例上会有所限制。

2003年，美国和英国重新修正并批准了互惠税收条款，允许英国的养老金投资美国REITs，而不需要对其红利缴纳任何税款。此后，美国对日本也实施同样的互惠税收政策。

2004年，时任总统小布什签署美国《创造就业法案》，其中包括若干REITs改良法规。如取消所有国外投资者在投资美国公开交易的REITs产品时候的差别对待；改变了过去法律中有关在违反REITs税收条例时取消REITs注册资格的规定，改为可以改正错误或接受罚款处罚。

2007年，随着美国金融危机的爆发，REITs也进入了一段艰难时刻，之前一度扩张的市场一下消退了一半。为拯救REITs市场，美国在2008年通过了《住房和经济复苏法案》，采纳了2007年《REITs投资多元化和授权提案》中的大部分关于REITs的提议。该法案对REITs在变卖不动产的持有期，TRS的资产限制，医疗产业的管理和一些资产和收入违规惩罚等方面都降低了要求，希望通过更宽松的规章来帮助房地产行业渡过难关。

美国REITs在金融危机期间迅速调整，2009年上半年，通过去杠杆和再融资的形式来强化资产负债表，提高收益率的稳定性，这些措施取得了投资者和评级机构的认可，所以REITs得以强势反弹并继续发展壮大。

2017 年时任美国总统特朗普签署了《减税与就业法案》（TC-JA）。该法案大幅降低了美国企业的税率，同时也为 REITs 投资者提供了进一步的税收优惠，使得 REITs 投资者在税收上继续保持对一般公司投资者的优势。该法案允许 REITs 投资者（高收入人群的优惠会受限制）免缴 20% 的本应按照正常收入纳税的 REITs 分红，这大大提高了投资者的税后收益率，使得 REITs 这个投资产品更具吸引力。

1986 年至今，美国 REITs 市场规模保持了接近 20% 的复合年化增长率，总投资回报率超过其他债券和股票的平均水平，但几十年来也经历了几次大起大落。而 REITs 也正是在美国经济和市场的几个大的危机后才体现出其功能和价值，成功地快速恢复并高速发展。

1979—2019 年美国 REITs 的历史市值，见图 2－8。

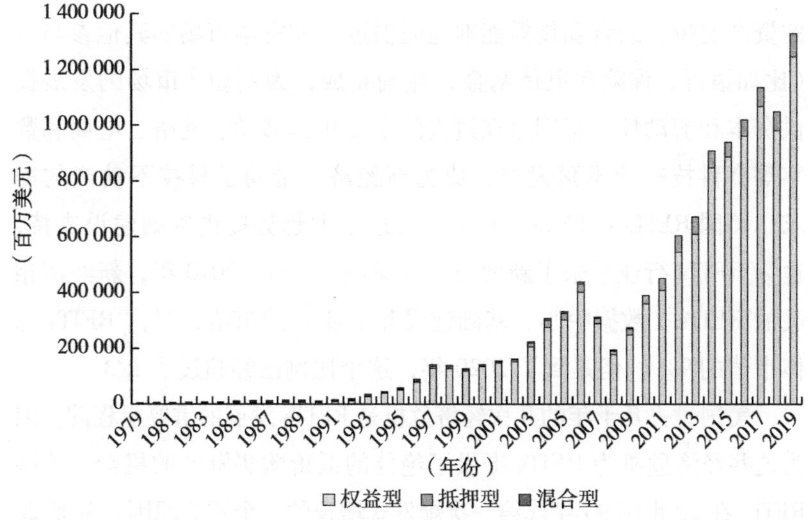

图 2－8　美国 REITs 的历史市值

三、美国 REITs 发展的重要推动力

回顾美国 REITs 的发展史，我们总结出几个推动 REITs 市场快速发展的重要因素和事件。

（一）资产供给：不动产供应的拓展和危机带来了投资机遇

美国 REITs 的发展是基于其不断增长的资产规模。自 1960 年 REITs 初创以来，随着 REITs 的不断创新、监管的逐步放开和投资者对产品的认知升级，纳入 REITs 的资产种类日渐丰富，不动产供应链逐步打通。从最早的以购物中心和商场物业为主，发展到几乎涵盖所有不动产的种类，REITs 的分类逐渐细化，管理也是更趋专业，成功地满足了不同投资者对不同产业的需求。

值得我们学习的是，美国 REITs 能够坚持“不动产是为经济服务的”这一原则，紧随着经济的发展变化在不断调整。美国 REITs 的资产定位、组合和规模能够与时俱进，和资本市场的其他参与者（比如银行、保险和退休基金）相辅相成，为不动产市场的发展提供资本和流动性。特别是在过去的十几年，移动、网络、电商和数字等高科技行业迅猛发展，成为新经济，带动了科技不动产的需求，美国 REITs 积极参与其中，为这个大趋势提供基础建设支持，也为 REITs 行业带来了新增长点（见图 2 –9）。2010 年，新经济相关的 REITs（数据中心、基础建设和工业）的市值，只占 REITs 总体市值的 9%，但是到了 2020 年，这个比例已经超过了 1/3。

美国过去几十年的几次经济危机是 REITs 发展的重要里程碑，因为这些经济危机为 REITs 提供了绝佳的低价购买资产的机会。美国 REITs 在 20 世纪 90 年代第一次爆发式增长的一个重要原因，就是 20 世纪 80 年代美国的储蓄贷款公司危机。当时美国 3 000 多家储贷公司有 1/3 在 1986 年到 1995 年的 10 年间破产。当时美国政府接管了这些倒闭的储贷公司后，成立了联邦储蓄和贷款保险公司、重组信托公司，来集中处理这些储贷公司账上的不良资产，特别是商业地产。

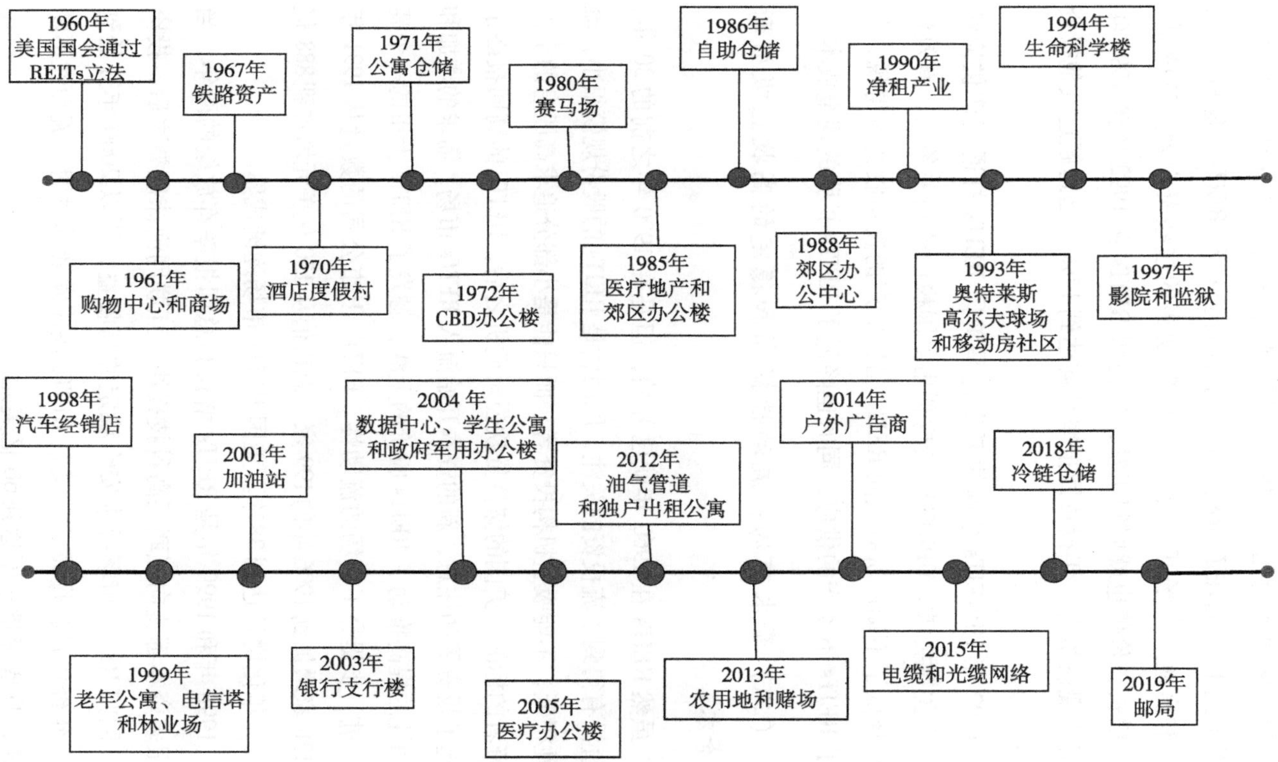

图2-9 美国 REITs 不动产种类的纳入史

为了使市场快速消化这些资产，美国政府进行了“促销”，很多资产以不到10%的账面价格甩卖给了投资公司和REITs。危机之后，经济和房地产市场开始复苏，REITs购买的这些资产闲置率降低，租金增长，价值也就回归正常，这使得REITs在1992年到1996年的资产规模攀升，年投资回报率平均达到17%，远远超过其他投资产品。

1992年UPREITs结构的诞生也是美国REITs打通资产供应端的一个关键突破。UPREITs结构利用美国税法的相关条款，有效延迟和降低了不动产所有人向REITs出售资产的资本收益所得税，刺激了REITs不动产的供应，同时也降低了REITs扩张的现金成本。

（二）资本市场：流动性提高和稳定的高收益吸引新的资本

虽然REITs在1960年就已开始，但是在1990年之前的30年，一直没有得到主流投资的关注，原因就是REITs的股份规模很小，流动性很低，不能吸引机构投资者，而只能是小部分追求高股息的个人投资者的标的。美国的储蓄贷款公司危机之后，REITs的高回报终于引起了投资界的注意，新的资本开始流入REITs市场，需求的增加和流动性的提高推动了REITs股价的上涨，触发了REITs上市的一个高潮，进一步提高了市场的流动性。REITs上市公司的数量从1991年的138家增加到1996年的199家，总市值从130亿美元增加到888亿美元，年化增长达到38%。美国REITs市场逐渐成熟。

1998年和1999年是REITs增长和总回报率都放缓的两年，当时很多资本都流向互联网高科技板块。互联网泡沫破裂之后，投资者又回归REITs市场寻求安全稳定的高收益，所以2000年开始到2007年经济危机爆发前，又是REITs快速发展的时期，流动性不断提高，日成交量一度达到60亿美元。

REITs 在 2007 年开始的全球金融危机中受到重挫，但是在 2009 年就开始强势回归。在经济危机后的低利率大环境下，REITs 稳定的高股息和流动性凸显了优势，吸引了大量的资本流入。1972—2019 年，美国 REITs 历史回报率分析见图 2 - 10。

（三）专业机构和基金经理的关注和参与

专注于投资 REITs 的机构和基金的出现与壮大，也是 REITs 市场不断发展和成熟的一个重要因素。1986 年，马丁·科恩（Martin Cohen）和罗伯特·斯蒂尔斯（Robert Steers）成立了第一家专注于投资不动产证券的共同基金公司科恩 - 斯蒂尔斯公司（Cohen & Steers, Inc.），并于 6 年后成立专投美国 REITs 的开放式共同基金。其他专注于投资不动产证券的共同基金也于 1989 年纷纷成立，到目前已经有超过两百个这样的专业基金，成为投资 REITs 的主力军之一。

根据绿街顾问公司（Green Street Advisors）2020 年 2 月发布的基金行业报告，其对 2019 年 179 家权益型 REITs 的投资者进行了分析，包括 1.4 万只基金和近 6 000 家机构。该报告发现，专注于投资 REITs 的机构和基金的比重越来越高，占这些 REITs 投资者的 36%，其中主动管理基金占 23%，被动管理基金占 13%。相对于其他投资类别或行业，以上这些比例是非常高的。该报告还指出，退休基金作为美国资本市场最大的投资者之一，虽然在过去 20 年增加了对不动产的投资分配，但是并没有增加太多对 REITs 的投资比例，而是更多通过直接投资来参与不动产行业，这其中的原因可能是 REITs 在提供高回报的同时，也会因市价的实时变化带来收益的大幅波动。所以，虽然专注于投资 REITs 的主动管理基金没有占大多数，但是对 REITs 的影响力却是很高的，是 REITs 投资者里的中坚力量。专注于投资 REITs 的机构和基金，是 REITs 市场成熟稳定的一个重要标志。

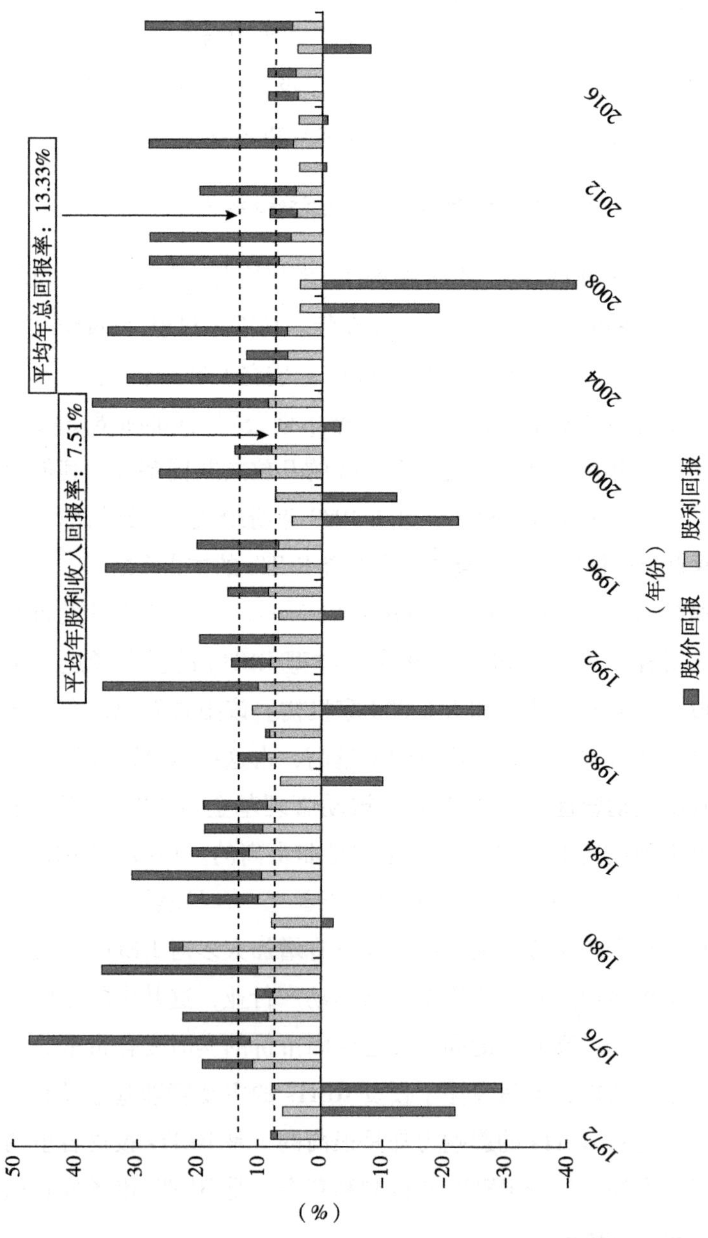

图 2－10　1972—2019 年美国 REITs 历史回报率分析

（四）投资者和管理人的利益趋同

美国 REITs 在开始的 20 多年里，在管理模式上和共同基金有点相似，聘用外部经理和咨询机构来管理资产，外部管理人的工作比较局限，收入也一般是按照资产的规模来提取一定比例，和 REITs 本身的表现没有直接挂钩，所以投资者和管理人在利益上不是一致的。1986 年《税收改革法》允许 REITs 雇用员工来自行管理，不再要求一定要用第三方管理人。而且，该法案还允许 REITs 像房东一样，可以为所拥有产业的租客提供一些管理和租赁服务。REITs 通过员工持股来激励自己的管理团队，真正地对资产开始进行主动管理，实现 REITs 差异化经营，把管理团队和投资者的利益捆绑起来。

1997 年《REITs 简化法案》对 REITs 经营范围进一步放松，允许 REITs 提供一些之前不允许的增值服务，比如可以提供安装有线电视服务或是为公寓楼提供网球培训服务等。业务范围的扩大使得 REITs 更愿意雇用专业的经理人来提供更全面的服务，同时把经理人的收入和业务收入挂钩，而不是一味追求资产的规模扩张。

1999 年《REITs 现代化法案》进一步放宽了 REITs 业务范围，允许 REITs 的 TRS 提供更多的服务内容。这进一步提高了 REITs 的效率，使得 REITs 的管理人和投资者在利益上进一步趋同，在内部结构上为 REITs 的长足发展打好了基础。

（五）主流股指和行业分类的接纳，提升投资需求和流动性

美国 REITs 被资本市场普遍接受和认可，还得益于被主流股指纳入并在行业上被单独归类。

20 世纪 90 年代，REITs 行业发展迅速，成交量和市值不断增长，REITs 产品被越来越多的投资者（包括退休基金）加入他们的

投资组合中。标准普尔看到了这一趋势，于是在 2001 年第一次把一只 REITs 纳入标普 500 指数，这只 REITs 就是被誉为美国现代房地产之父的山姆 · 泽尔（Sam Zell）创立的，当时最大的办公楼拥有者办公物业投资信托（Equity Office Properties Trust，后被黑石集团收购）。一个月之后，同样是山姆 · 泽尔创立的当时最大的公寓楼拥有者（也是一个权益型信托）公平住宅信托（Equity Residential）也被纳入标普 500 指数。截至 2019 年年底，标普 500 指数中已经有 30 只权益型 REITs。进入主流股指不仅有利于这些个股的流动性、价格和知名度，更可以为整个 REITs 行业的表现提供标准，方便基金经理参考分析，刺激了更多更稳定的资本（特别是专注于 REITs 的共同基金）流入 REITs 板块。

虽然 REITs 的绝大部分投资都是和房地产相关，但是在开始的几十年却一直没有被归类为房地产板块。可能由于在 REITs 的起步阶段，美国的抵押型 REITs 数量多于权益型 REITs，而抵押型 REITs 的模式很像银行，所以在很长一段时间，投资者都认为 REITs 是财务金融类企业。20 世纪 70 年代后，权益型 REITs 虽然在数量和规模上都超过了抵押型 REITs，但是因为当时权益型 REITs 在房产管理和经营业务上的限制，REITs 在投资者的印象中和一般的房地产公司有所不同。标准普尔在 1999 年创立全球行业分类标准时，把 REITs 归类进入金融板块。

2016 年 9 月，标准普尔的全球行业分类标准把房地产行业单列出来，成为标普 500 指数的第 11 个行业，并把权益型 REITs 归入其中；而抵押型 REITs 则因为其业务性质接近银行，而继续保留在金融行业内。房地产作为标普 500 指数的单独一个行业板块，无疑进一步提升了投资者对 REITs 的兴趣和关注。机构和个人投资者很多都会按照行业来对投资组合进行额度分配，增加对 REITs 的需求和流动性，专注于房地产的基金也得到了进一步的发展。2016 年之后，标普 500 指数中权益型 REITs 市值开始超过 6 000 亿美元，在标普 500 指数中的权重比例也稳定在 2.75% 左右（见图 2－11）。

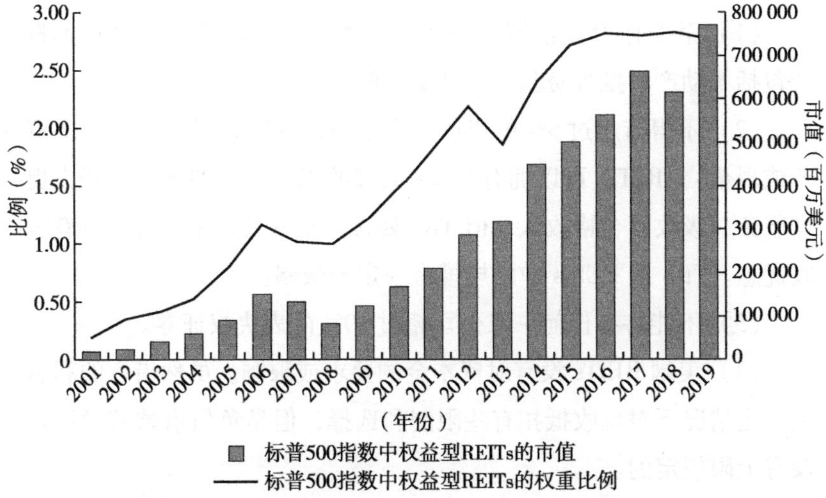

图 2－11　美国权益型 REITs 的历史市值

四、美国 REITs 市场的监管框架

（一）组织规范

从法律形式角度来看，美国 REITs 是按照税法认可而不是按照商业法或公司法定义的单位。美国 REITs 可以是公司、信托或按照公司来缴税的协会组织，比如有限合伙企业或是有限责任企业。

（1）REITs 有一人或一人以上的董事或受托人。

（2）REITs 证券可交易，但是不要求一定要上市。

（3）REITs 最少需 100 个股东，可以是个人或机构（有些机构可以作为个人股东来处理），也可以是本国或是外国股东。

（4）REITs 对每位股东没有最小投资额的要求，但前五大股东不得持有超过50%股份。

（二）资产、负债和资本的要求

（1）至少有75%的资产是不动产类资产或现金（不动产类资产包括不动产、抵押贷款、其他REITs证券）。

（2）不得有超过5%的资产集中投资在一家公司（不动产类资产或现金）。REITs可以拥有100%股权的TRS，由TRS为承租人提供服务，吸收不合格收入，但TRS要按照正常公司来缴税，没有税收优惠。TRS在REITs中的规模有一定的限制。

（3）不能持有任何一家公司超过10%的表决权证券。

（4）美国REITs没有对资本金的要求或限制。虽然借款的利息在一定情况下对税收抵扣有些限制和选择，但是负债借款的额度是没有上限规定的。

（三）收入来源

（1）来自不动产租金、抵押贷款利息、出售不动产收入、拥有其他REITs证券的利息和不动产节税收益的收入，至少占总收入的75%。

（2）来自上述规定的收入项目和股利及利息收入之和，至少占总收入的95%。

（3）不动产持有期未达4年即出售的收入和股票或债券持有期未达6个月即出售的所得，必须小于总收入的30%。

（四）收益分配和税收

REITs每年度90%或以上的节税所得，必须以股利形式分配给投资者，而其保留的所得或资本利得需要缴纳普通公司税。如果REITs没有分配至少85%的当年正常所得，95%的当年资本增值收入和100%的以前年度的未分配利润，低于这些标准的部分将被征收额外的4%执行税。

REITs的主要好处在于股东层面，仅纳税一次。然而，也正是REITs在分配上的限制，其能保留的盈余是相当有限的，不足以为信托的壮大提供内部资金。因此，REITs若要成长，需要考虑从资本市场获得额外资金。

（五）公开发行规范

美国REITs按照发行和交易属性分为三类：公开交易REITs、公开非交易REITs和私募REITs。前面两个都属公开发行，须向美国证券交易委员会（SEC）以及所在州证券主管机关登记注册。公开发行对于发行要件、发起人条件有比较严格的规定。公开交易REITs在全国性的证券交易中心进行交易，流动性高。公开非交易REITs不在全国性的证券交易中心进行交易，虽然流动性差一点，但可以避免市场引起的估值波动。

私募REITs不公开发行，不用向美国证券交易委员会登记，这样可以避免披露很多信息，但是根据相关法规对投资者的限定，比如只能接受符合条件的个人或机构投资者，流动性相对比较差，交易成本也会比较高。

（六）信息披露规范

1. 初次披露义务

依据美国《证券法》第五章规定，不动产投资信托发行人需先向美国证券交易委员会申报注册报告书。该报告书依据S－10的格式规定，要求详细披露关于业务、财产、管理及财务的重大事项，其中包括完整的财务报表。

2. 后续披露义务

依据美国《证券交易法》第十三章规定，不动产投资信托应于每会计年度结束后的 90 天内，及第一、第二、第三季度结束后的 45 天内向管理部门申报最近年度或最近一季度的业务及财务状况。

五、美国 REITs 的结构

美国 REITs 的结构比较有特色，是顺应美国相关的税务和法规的变化创新发展而成。美国现有 REITs 的基本组织结构可以分为 UPREITs 与 DOWNREITs 两个类型。

在 1992 年之前，美国 REITs 的结构和普通的公司没有太多差别，即 REITs 通过发行股票和债券来筹资，并用筹集的资金来直接购买不动产。在这种传统 REITs 的结构下，股权投资者其实就是按照股权比例相应也持有相同比例的 REITs 的资产和业务。

由于美国不动产买卖的资本利得，在用资金或股票交易的情况下需要缴所得税，所以不动产拥有人在出售资产给 REITs 的时候会产生很高的税务负担。特别是美国的私人房地产投资，一般都是通过有限合伙来进行的，而美国的税法允许房东按照一定的使用年限来对不动产进行折旧（土地价值除外），所以在持有房地产多年之后，资产的增值和会计折旧，加上又通过再贷款的形式套现了很多资金之后，很多私人房地产的税基其实很低或是已经是负数了，所以一旦出售，资本利得将会非常高，往往会出现买卖所得还不够缴税的情况。1992 年，塔博曼购物中心有限公司开创了 UPREITs，以一种新的 REITs 结构形式成功上市，为这个不动产买卖资本利得税的问题提供了一个解决方案。

（一）UPREITs

和传统结构的 REITs 不同，UPREITs 结构的 REITs 通过伞形有限合伙制实体（UPREITs operating partnership）发行权益凭证，来购买和持有子公司和不动产。这个伞形有限合伙制实体在整个结构中承担着一个“通道”的作用。巧妙的是，这个伞形有限合伙制实体可以利用《美国税法》第721条的资产互换条款，使用权益凭证而不是现金或REITs的股票来收购不动产，从而使得原不动产拥有者延迟支付因出售不动产获得资本收益的所得税。资产互换条款规定，同类权益的互换不会触发资本收益的征税，而伞形有限合伙制实体的权益和不动产拥有人对原资产的权益（合伙权益）属于同类，而现金或是REITs的股票则不符合同类条件。

UPREITs结构的REITs通常并不真正拥有物业，而是通过合伙权益来间接持有不动产。从程序上来讲，REITs先发行UPREITs合伙权益来交换相关物业，这种合伙权益可按一定比例在未来转换为现金或是REITs的股票，并在公开市场上套现。UPREITs旗下的子公司拥有物业，出租、管理和收取租金和其他收入，并将收益输送给合伙权益的持有人。这样的交易结构设计，可以让REITs和原业主形成双赢的局面，即原物业持有方可以递延高额的资产转让增值税，并可以以降低物业出让价的方式来与REITs一起分享这一利益。同时，REITs可以成立一个或多个TRS，开展房地产开发，维护和管理等业务，并可能从事有线电视服务等附加服务。UPREITs结构见图2-12。

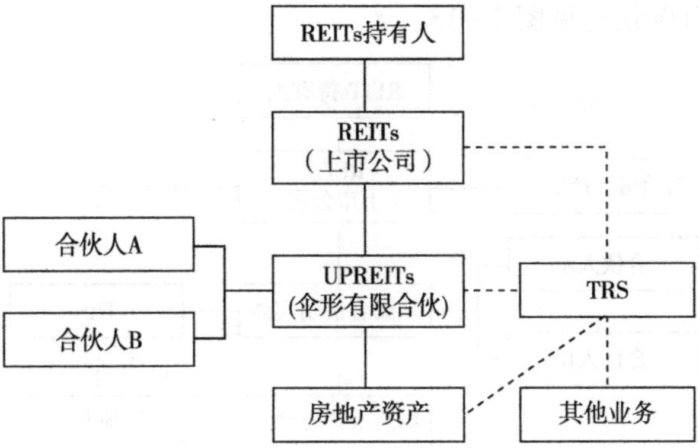

图2-12 UPREITs的结构

（二）DOWNREITs

对在1992年前就已上市的REITs来讲，由于传统结构的限制，它们没有UPREITs结构的REITs在资产购买上的税收优势，所以也想通过结构的转换来增强竞争力。但是，传统结构的REITs要转成UPREITs结构的成本很高，因为资产从REITs层面转移到伞形有限合伙制实体的操作，往往会触发美国各州的转让税。在这种情况下，另一种新的REITs结构DOWNREITs就顺理成章地诞生了。

DOWNREITs运作原理与UPREITs相同，是传统REITs为了获得UPREITs在税收方面的优惠演变而来。所不同的是，其原有不动产由REITs继续直接持有，而新的不动产则由下属合伙制实体购买并持有。DOWNREITs在收购新不动产和向产业链上下游延伸的模式和UPREITs是类似的。和UPREITs不同的是，DOWNREITs发行的权益凭证一般不和REITs的股票价值挂钩，而是和不动产在买卖时的市价相对应，因为REITs的业绩是原有不动产和DOWNREITs旗下不动产的综合表现。由于REITs股权和DOWNREITs的权益在一定程度上会出现收益"脱钩"和利益不一致，DOWNREITs在运营和操作的一些方面会有所限制，所以监管和披露尤为重要。DOWNREITs结构见图2-13。

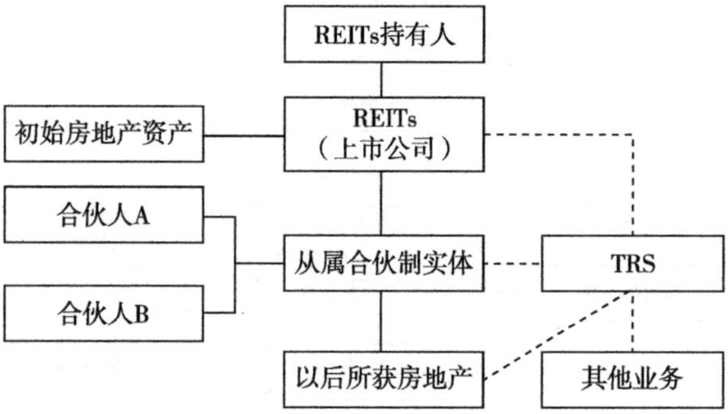

图2-13　DOWNREITs的结构

六、美国 REITs 的成败案例和经验教训

美国 REITs 在经历了 20 世纪 70 年代由于高杠杆和投机性房地产投资引发的破产清算潮之后，在投资管理和融资操作上趋于谨慎，所以破产的情况比较少见。但是，在每次经济危机或市场动荡的情况下，和其他行业的公司一样，REITs 也会出现危机和破产。从失败的原因来看，权益型 REITs 一般是因为持有的资产现金流恶化，收益率降低导致入不敷出和资不抵债而破产；抵押型 REITs 往往是因为融资结构和市场冲击导致的流动性问题，被迫清算或是寻求破产保护。

（一）抵押型 REITs 的成败

1. 可利美的破产

1998 年商业地产抵押型 REITs 可利美（Criimi Mae）的破产，可能是 20 世纪 70 年代 REITs 破产潮之后，20 世纪最大的 REITs 破产案，也是 REITs 因受到市场波动而引发流动性危机的一个典型案例。

可利美虽然在名字上与房利美和房地美相似，但它其实是一家和美国政府没有关系的投资基金公司，主要投资和管理次级商业地产贷款。当时可利美拥有资产 28 亿美元，主要是大型商业地产贷款和证券，同时管理 310 亿美元的商业地产贷款资产组合，是美国最大的商业地产抵押型 REITs 之一。可利美的主要融资渠道是，用自己的商业地产贷款作为抵押来向大型银行借款，贷款人包括美林证券、德意志银行、花旗银行和摩根士丹利等。在破产之前的两个星期，可利美管理层还宣称公司第三季度的盈利将达到华尔街的预期，事实上当时公司的现金流也没有大的问题，还能继续偿付贷款利息和维持股息。但是，在 1998 年下半年开始的金融市场动荡下，

全球债券投资者大举抛售高风险证券，寻找避风港，把资金都投向了美国国债。短短几个星期内，可利美持有的次级商业地产贷款和证券价值受市场影响而快速缩水，而按照抵押贷款合同条款，可利美的贷款人要求可利美提供更多的资产作为抵押，而在资产市价不断下跌的情况下，可利美的资产不足以来填补空白。可利美的一个主要贷款人开始要求其提供现金担保，在其他融资渠道都枯竭的情况下，可利美丧失了流动性，只能宣布破产。

2. 危机下的抵押型 REITs

在 2008 年全球金融危机结束之后，美国 REITs 采取了一系列相对稳健的融资措施来加强资产负债表，所以在 2020 年新冠肺炎疫情发生之前，总体的财务杠杆从历史记录来看是在低点。但是，可利美这种因流动性问题引发的危机在 2020 年的疫情期间再度出现，而且是以更快速和更大规模的方式对抵押型 REITs 进行冲击。2020 年第一季度的最后 8 天，对很多抵押型 REITs 来讲可能是史上最艰难的时期之一，疫情对它们的影响可能超过了包括 2008 年金融危机在内的任何经济危机。

在 2020 年疫情暴发之前，回购协议（repurchase agreement 或是 Repo）是抵押型 REITs 最大的融资渠道。REITs 可以通过多种渠道来融资，比如常见的股票发行（包括普通股和优先股）、银行借款、债券发行和用回购协议来借款，也可以通过资产证券化来盘活资产负债表，变相地提高隐性杠杆。和其他融资方式相比，回购协议的融资成本很低，比发行股票债券更方便灵活，通常可以接受 REITs 所投资的各类债券或贷款，所以是很多抵押型 REITs 最重要的融资渠道。

回购协议在形式上表现为附有条件的证券买卖，但在本质上是一种短期抵押借款，即借款人把所持有的证券（抵押物）出售给贷款人，并同意在特定日期以指定价格购回它。回购协议中销售价格与回购价格之间的差额就是“贷款”的利息。如果回购协议的借款人到期未能履行其回购义务，贷款人将有权保留抵押物。为了降低贷款人的市场风险，这种回购协议往往规定，当抵押物的价值开始下降时，贷款人有权向借款人（卖方）发出追加保证金通知，要求借款人增加抵押物或是提供额外的现金，以保证总的抵押物的价值不低于目标价值。

2020 年年初，美国由于疫情影响，经济一下陷入停滞状态，资本市场动荡不安，股市全面暴跌；信用市场流动性枯竭，投资级和非投资级债券的风险利差都飙升，连美国政府担保的代理抵押贷款证券也不能幸免，出现了因抛售引发的大幅跌价（见图 2－14）。

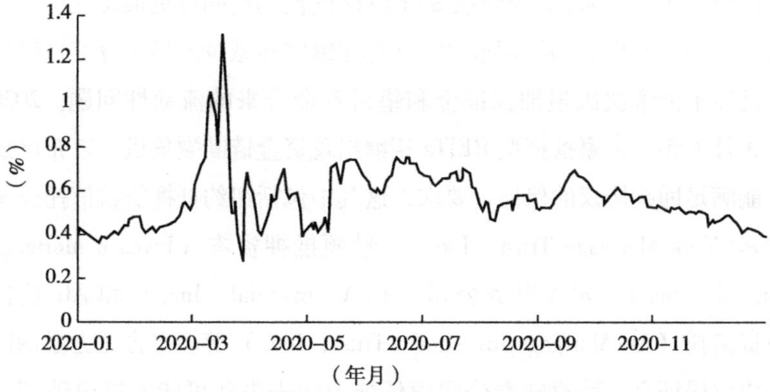

图 2－14　美国代理 MBS 风险利差（巴克莱银行美国 MBS 指数）

资料来源：彭博。

在各类证券价格大幅下跌的情况下，REITs 的回购协议接连出现抵押物价值不足的问题，引发大规模的和持续不断的追加保证金要求。作为借款人的 REITs，为了满足保证金要求，在其他融资渠道都枯竭的情况下，只能低价抛售证券，这进一步打压了证券的市价，从而陷入螺旋式的死结。

如果说追加保证金是对 REITs 的第一个打击，那第二个打击就是，抵押型 REITs 作为贷款服务商的垫付责任。资产（贷款）服务也是很多抵押型 REITs 的一个重要收入来源，是资产负债表上的一项重要资产，即资产服务权。在正常情况下，资产服务会给 REITs 带来稳定的现金流，也是其所持债券和贷款的利率风险的天然对冲。但是，作为资产服务商，REITs 按照资产服务合同，在资产池出现现金流短缺的情况下有承担垫付资金的义务。新冠肺炎疫情暴发之后，美国政府出台了一系列救助计划，要求银行和贷款服务商为贷款提供递延和宽限。这些措施使得房产借款人得以延迟付款而不被视为迟付，从而避免了大规模的贷款违约。但是，作为贷款服务商，REITs 不得不按照服务合同垫付资金来填补贷款现金流空缺，这使得危机下本来就现金不足的 REITs 的流动性问题更加恶化。

虽然几乎所有的抵押型 REITs 都相继宣布减少或停止分红，但是这已经不能解决因追加保证金和垫付资金带来的流动性问题。2020 年 3 月下旬，多家抵押型 REITs 相继出现资金链断裂危机，宣布已经不能满足回购协议的保证金要求，这其中包括纽约抵押贷款信托公司（New York Mortgage Trust，Inc.）、景顺抵押资本（Invesco Mortgage Capital，Inc.）、MFA 财务公司（MFA Financial，Inc.）和 AG 按揭投资信托（AG Mortgage Investment Trust，Inc.）等。宣告无力缴纳回购协议保证金，就意味着公司偿债能力的丧失和可能的被迫破产清算，一时 REITs 市场崩盘，投资者纷纷抛售这些股票，导致这些 REITs 的股价在一个月内的跌幅都超过 90%。

值得注意的是，这些 REITs 的股价跌幅及之后的表现，与它们对回购协议的依赖有着直接的关系。股票损失最严重的景顺抵押资本和 AG 按揭投资信托，也是最依赖回购协议进行融资的，2019 年年底回购协议和总资产的比例分别高达 78% 和 72%；而损失相对较小且之后稳定恢复的纽约抵押贷款信托公司和 MFA 财务公司，2019 年的回购协议和总资产的比例则分别是 55%（剔除资产证券化资产和负债）和 67%。

以景顺抵押资本为例，2019 年年底，该 REITs 拥有资产 223 亿美元，其中超过 70% 是由美国政府担保的代理 RMBS（住房贷款抵押证券）和 CMO（抵押担保债券），相对比较安全；负债 194 亿美元，其中 175 亿美元是回购协议。2020 年第一季度，由于回购协议的保证金要求和到期不续，景顺抵押资本不得不出售 162 亿美元的资产（主要是当时市场还愿意买代理证券）来偿还回购协议 112 亿美元，并终止了所有的利率掉期交易（有保证金要求）来保存现金。2020 年第二季度，景顺抵押资本继续变卖资产，出售了所有的代理证券，也偿还了所有剩余的回购协议。2020 年第二季度末，景顺抵押资本的资产从 2019 年年底的 223 亿美元缩水为不到 20 亿美元，也放弃了回购协议这一支持其高速发展多年的融资渠道。虽然和其他几个抵押型 REITs 一样，景顺抵押资本在最困难的时刻通过与回购协议贷款方就解决方案达成共识，避免了强制破产的结局，但是两个季度亏损超过 20 亿美元，资产缩水 90%，投资者遭受重大损失，这无疑是抵押型 REITs 失败的一个典型案例。

在这次疫情危机中，有一个抵押型 REITs 则因为融资方式的多样化而避免了流动性问题，得以在这次 REITs 危机中坚持不贱卖资产，业务很快恢复并壮大，股票表现良好，这便是 PennyMac 房贷（PennyMac Mortgage Investment Trust）。PennyMac 房贷 2019 年的总资产为 118 亿美元，负债为 93 亿美元，其中 66 亿美元是回购协议。PennyMac 房贷最主要的资产是 MBS、住宅贷款、信用风险转移（Credit Risk Transfer，简写为 CRT）和资产服务权，其中风险较低的 MBS 和住宅贷款主要是通过回购协议来融资；新的住宅贷款则是靠和多家大银行的 57 亿美元的仓单融资（warehouse financing）来进行；资产服务权也用于抵押借款，但是有衍生工具来对冲风险；而风险最高的贷款风险转让协议投资则是通过没有追加保证金条款的定期贷款来融资。在2020年3月的REITs危机中，PennyMac房贷的信用风险转移和资产服务权的市价都受到重大冲击，其中信用风险转移市价在一季度暴跌近10亿美元，而资产服务权市价则跌了近5.8亿美元。幸运的是，PennyMac房贷的信用风险转移借款没有按市价进行追加保证金的条款，所以市价的暴跌没有影响公司的现金流；而衍生金融工具的盈利则对冲了资产服务权市价损失，也没有给公司带来流动性问题。PennyMac房贷成为这次危机中不多的在市场最艰难的时刻宣布自己能够履行回购协议保证金条款，并不必低价出售资产来满足流动性需求的抵押型REITs。PennyMac房贷的融资结构和风险管理设计，也成了危机之后抵押型REITs的趋势，其他REITs相继调整了融资渠道，纷纷削减甚至完全取消了回购协议，更多的以定期借款和仓储贷款协议等传统形式来为风险证券和贷款产品融资。虽然这种融资转换会提高REITs的融资成本，但是在风险管理上可以降低因市场波动引起的流动性风险，支持REITs的稳定发展。

（二）权益型REITs的成败

和抵押型REITs不同，权益型REITs一般直接持有不动产而不是证券或贷款，不会因为资产市价的突然变化而引发流动性问题，所以受资本市场变化的冲击会相对缓慢，这也在2020年的新冠肺炎疫情冲击中体现出来。

美国的权益型REITs按行业分类比较细，大多数REITs都专注于一个行业，而不同行业受疫情的影响差别很大，这也是不同权益型REITs在这次危机中表现千差万别的原因。图2－15是2020年美国几个上市REITs的股票涨跌幅度对比，从图中可以看出，基础设施、数据中心、工业和自仓储类的REITs得益于疫情引发的需求大涨而普遍升值；而零售、酒店、医疗和公寓类REITs则因为疫情影响，损失惨重。

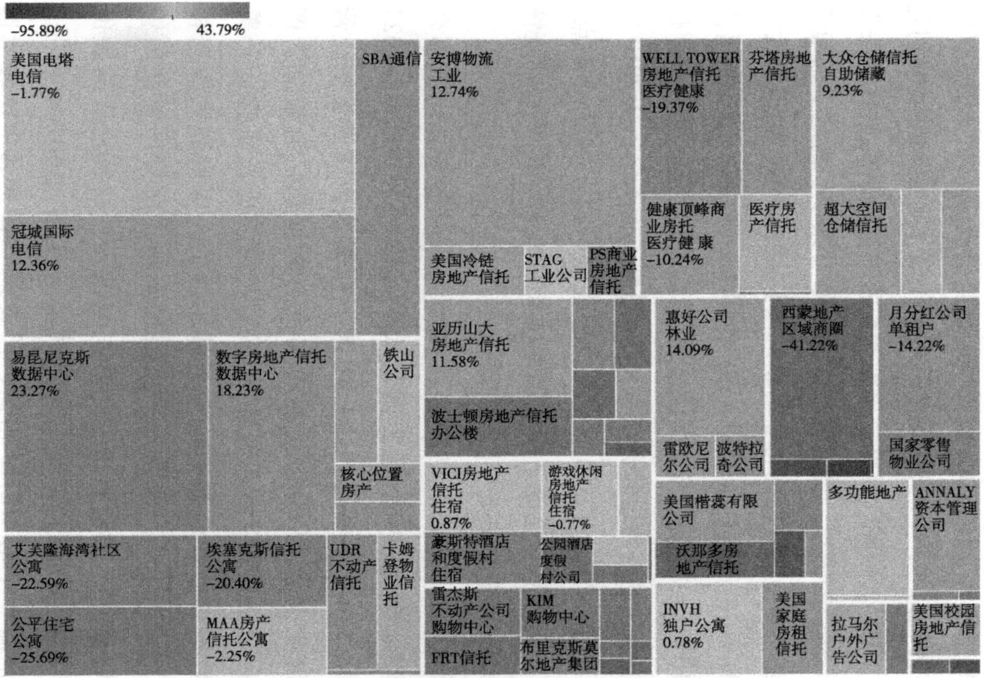

图 2－15　2020 年美国 REITs 的市值和涨跌幅

注：方块大小体现 REITs 的市值。

资料来源：雅虎财经和 CoStar，2021 年 1 月 5 日数据。

权益型 REITs 的表现主要还是由其持有的不动产的价值和现金流所决定，所以产业的选择至关重要。美国 REITs 市场的成功和成熟离不开坚持“不动产是为经济服务的”这一重要原则。紧随着经济和市场的变化，美国 REITs 能够不断调整资产定位和规模，优胜劣汰，与时俱进，为不动产市场的发展提供资本和流动性。特别是在过去的十几年，移动、网络、电商和数字等新经济的迅猛发展带动了科技不动产的需求。美国 REITs 积极参与其中，为这个大趋势提供基础建设支持，开发出行业的新的增长点。目前，美国最大的两个 REITs——美国电塔（AMT）和冠城国际（CCI）——都是通信基础设施 REITs，在 2021 年的市值分别达到 1 300 亿美元和 850 亿美元。其中美国电塔的运营资产在 10 年间翻了近 4 倍，从 2010 年的 122 亿美元到 2020 年的 480 亿美元，在全球有近 19 万个站点，过去 10 年的营收和现金流平均增长率在 15% 左右，2020 年的疫情也没有对美国电塔的增长产生很大影响。

反观传统的购物中心类 REITs，成长和业绩表现就没有那么亮眼。西蒙地产（SPG）是美国最大的商业中心 REITs，2021 年的市值超过 400 亿美元。过去 10 年，西蒙地产作为美国经营最成功的商业中心 REITs，规模确实也有所增长，但是总资产和现金流在过去 10 年一共增加了 30% 左右，成长率远低于美国电塔、数据中心和仓储等这些与移动通信、电商和大数据相关的 REITs。2020 年，西蒙地产因疫情影响，所持产业的闲置率一度接近 10%，营收和净利润都大幅减少。西蒙地产的股价在 2020 年的跌幅超过 40%，其间跌幅一度超过 60%。但是，和其他几个商业中心 REITs 相比，西蒙地产算是其中比较幸运的（见图 2－16）。

2020 年 11 月，在美国抵押型 REITs 的危机发生 7 个月后，美国的权益型 REITs 也迎来了一个黑色星期。两家历史悠久的大型抵

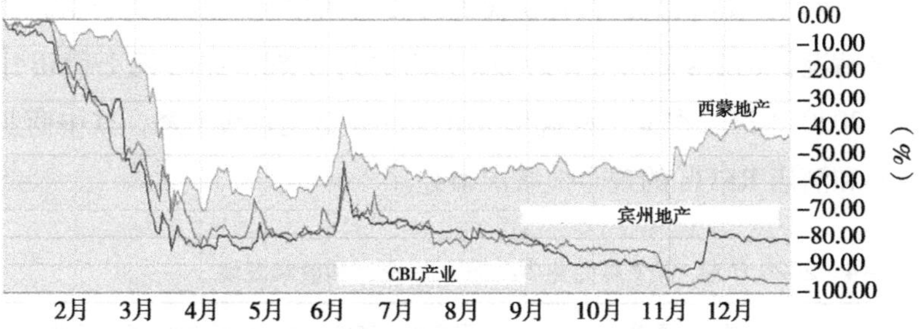

图 2-16　抵押型 REITs 的股价趋势（2020 年）

资料来源：美国银行美林证券。

押型 REITs——CBL 产业（CBL Properties，Inc，简称 CBL）和宾州地产（Pennsylvania Real Estate Investment Trust，简称 PEI），分别于 11 月 1 日和 11 月 2 日相继申请破产保护，这是 REITs 发展史上从未有过的"连环惨案"。CBL 产业和宾州地产是两家最早期上市的权益型 REITs，历史都可以追溯到 20 世纪 60 年代。经历了近 60 年的起起伏伏之后，这两家 REITs 和其他一些商业中心 REITs 一样，近年来的资产价值和现金流增长缓慢甚至出现负增长，旗下产业的客流量和闲置率的问题已经开始显现。在债务和杠杆很高的情况下，新冠肺炎疫情给了它们沉重的一击，破产重组也是自然的结果（见表 2-4）。

CBL 产业和宾州地产在美国东部、东南和中部的多个州都拥有和管理多处商业地产，主要产业是购物中心。2020 年 3 月起，由于新冠肺炎疫情的暴发，政府勒令关闭很多购物中心，包括这两家 REITs 旗下的大部分购物中心。购物中心的关闭使得其所有商铺租户被迫关门或是缩短营业时间，商铺租户纷纷要求房东推迟或减免租金，有些则直接违约不付。虽然后来美国政府解除了禁令，但是这些商业中心的客流量因疫情影响远不如前，商家的生意自然严重受挫，很多商铺租户开始拖欠租金，要求减免，有些则直接宣布破产。虽然 REITs 作为房东在法律上有收租的权利，但是鉴于实际的经济情况，REITs 不得不和商铺租户进行谈判，在收租上做出让步。2020 年第二季度，权益型 REITs 的现金流直线下降，其中商业中心和酒店 REITs 的现金流状况最差。

表 2-4　2020 年前 10 个月商业中心 REITs 资产和股票表现

股票代码	客流量（%）	闲置率（%）	杠杆指数*	现金流（%）	装修申请（%）	租客破产比例（%）	股票跌幅（%）
PEI	-7.73	8.27	0.02	-1.91	-47	13.4	-90.64
CBL	-7.40	10.62	0.01	-0.10	-21	11.0	-85.62
TCO	-27.34	10.72	0.65	-1.17	-110	9.2	7.49
BPYU	-17.95	9.29	0.05	1.01	-69	14.7	-20.03
MAC	-13.63	9.15	0.19	-0.44	-36	15.3	-74.15
SPG	-12.98	9.70	0.86	-0.38	-48	8.8	-57.83
WPG	-2.35	10.30	0.04	-6.12	-21	9.5	-83.91

*：杠杆指数是普通股权除以债券和优先股面值之和。

资料来源：标普 2020 年 11 月 6 日国际市场分析报告。

以 CBL 产业为例，该公司在疫情发生之前就处于长期衰退中，总资产从 2010 年的 75 亿美元减少至 2019 年的 46 亿美元，账面上 2018 年和 2019 年都出现了亏损。受疫情影响，CBL 产业在 2020 年第二季度的营业净收入比 2019 年同期减少了 32%（其中商业中心产业营业净收入减少 33.7%），调整后的现金流更是从 2019 年同期的 6 900 万美元减少至不到 500 万美元。2020 年 4 月 14 日，CBL 产业发布紧急通告，出台了一系列方案来维持现金流周转，包括削减投资、推迟装修和维护、减少员工工时、让 60% 的员工参与无薪假期计划；高层管理人员和董事会自愿降薪 50%，其他管理人员降薪 20%，剩余员工则降薪 10%。公司当时还在不断和商铺租户进行谈判，但是管理层估计第二季度的租金只能收回 65%，第三季度可能收回 81%，累计第二季度和第三季度的租金回收率预计在 69% 左右。

和 CBL 产业的情况类似，宾州地产 2020 年第二季度产业的营业净收入比 2019 年同期减少了 36.6%，第二季度和第三季度的租金回收率只有 67%，公司也在采取各种措施开源节流以维持现金流的周转。2020 年 5 月 19 日，在公司现金流非常困难的情况下，宾州地产还是宣布了派发每股 2 美分的普通股分红，虽然这次分红比之前的季度分红少了 90%，但至少是公司从 1962 年开始就从来没有中断过的第 173 次分红。然而，悲壮的是，这也是宾州地产的最后一次分红。

虽然 CBL 产业和宾州地产从疫情一开始就在两个战场进行不断的努力：（1）在资产端和商铺租户进行谈判，商讨方案，争取收回更多的租金收入；（2）在负债端和银行及投资者进行谈判，争取更多的信用额度和宽限时间。鉴于 REITs 的性质和资产结构，负债端的贷款人的利益其实和 REITs 是在同一条线上的，因为维持 REITs 的继续经营要比破产清算损失小很多，所以 CBL 产业和宾州地产在 2020 年能够多次获得贷款人的宽限甚至额外的注资，并形成一些债务减免的方案。但是在资产端，REITs 的商铺租户自身都出现了流动性问题，很多都面临破产，所以任何形式的谈判和方案都不会实质性解决现金流的问题，这也是资产决定 REITs 成败的原因。

CBL 产业和宾州地产所持产业的重大商铺租户都是零售业商家，比如杰西潘尼（J. C. Penny）、梅西百货（Macy's）和西尔斯百货（Sears）等。这些曾经辉煌的实体商家其实在疫情之前的多年就开始因为电商和网购冲击而业绩下滑，出现财务问题。2020 年 1 月 1 日至 11 月 6 日，这些重大商铺租户因疫情受到沉重打击，其中有多个先后破产，包括同时是 CBL 产业和宾州地产最大租户的杰西潘尼以及宾州地产的第五大租户西尔斯百货（见图 2-17）。

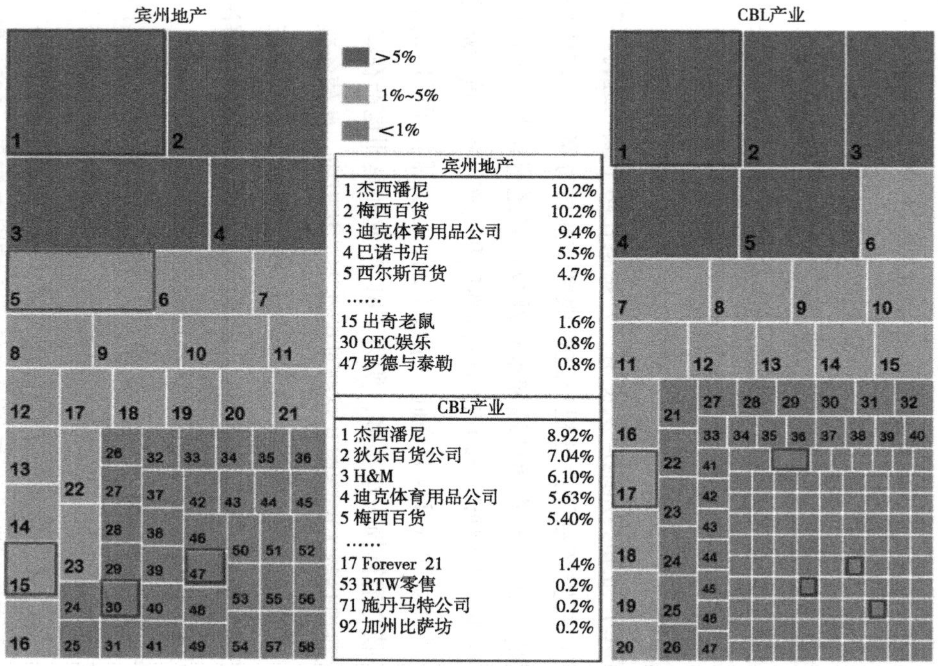

图2－17　宾州地产和CBL产业的主要商铺租户和破产情况（2020年1月1日至11月6日）

注：方块大小体现该租户（连锁）在这个REITs资产组合中的比重，打框表示已经申请破产。

资料来源：标普2020年11月6日国际市场分析报告。

在新冠肺炎疫情期间动荡的资本市场条件和自身经营收入骤减的情况下，REITs 对外再融资变得几乎不可能，变卖资产还贷和增加现金似乎是唯一的办法。疫情开始之后，虽然美国个人住房价格不断攀升，美国商业中心房产却不被市场看好，价格普遍下跌，拥有这些产业的 REITs 也没有机会以大规模出售资产的方式，来解决现金流问题。所以，CBL 产业和宾州地产的破产申请和债务重组可能是它们最好的也是唯一的方案。

CBL 产业和宾州地产的案例警示我们专注于单一行业（特别是夕阳产业）的权益型 REITs 的风险。如何在大趋势下转型和重整资产组合是 REITs 的一大难题。本章前面提到的科洛尼资本花了 3 年多的时间来重新布局和腾挪资本，成功地从一个传统地产行业 REITs 华丽转身为高成长的数据中心 REITs，值得我们研究和参考。但是，又有几只 REITs 有这样的眼界、魄力和执行力来完成这样的蜕变。

第二节 中国香港 REITs 市场

一、中国香港 REITs 市场概述

（一）中国香港 REITs 市场概览

中国香港拥有广受认可的、简单低税制、充满活力及多元化的市场参与者，还有大量金融和专业服务人才，构成中国香港作为国际金融中心的基础。虽然中国香港是最早推出房地产投资信托基金监管制度的市场之一，之后也通过多种努力推动房地产投资信托基金市场发展，但与中国香港市场上其他快速增长的金融产品相比，房地产投资信托基金这个资产类别似乎仍然欠缺增长动力。

截至 2021 年 8 月，共有 12 只房地产投资信托基金在市场上市

并交易，总市值约2 500亿港元。在REITs总市值规模方面继续在亚洲市场保持第三。而2020年全球经历新冠肺炎疫情，导致全球房地产投资信托基金出现较大的调整，中国香港房地产投资信托基金的总市值也因此下降。

中国香港房地产投资信托基金近年来发展较为缓慢。而于2019年12月在香港交易及结算所有限公司（简称“港交所”）主板挂牌上市的招商局商业房地产投资信托基金，是时隔6年后再次有REITs于中国香港上市，至此中国香港上市REITs数量增加至11只。2021年5月17日，顺丰房地产投资信托基金（简称“顺丰房产信托”）成功在港交所上市，成为中国香港市场的第12只房地产投资信托基金，是中国香港上市的首个物流类资产房地产投资信托基金。

截至2020年年末，亚洲REITs市场规模如表2－5所示。

表2-5　亚洲REITs市场规模

	数量（只）	市值（亿美元）	占比（%）
日本	62	1 393.7	49.5
新加坡	42	814.0	28.9
中国香港（未包括顺丰房产信托）	11	304.2	10.8
泰国	31	82.9	2.9
印度	2	70.6	2.5
马来西亚	17	66.1	2.3
中国台湾	7	44.8	1.6
韩国	13	37.2	1.3
总计	185	2 813.5	100

资料来源：戴德梁行，2020年《亚洲房地产投资信托基金研究报告》。

在中国香港现有的12只REITs的基础资产中，以综合类物业REITs占比最高（共8只），另外置富产业信托为零售型REITs，开元产业投资信托基金及富豪产业信托为酒店型REITs。而顺丰房产信托，资产组合包含香港和内地的物流资产。

从投资区域来分析，收购内地物业的中国香港、新加坡房地产投资信托基金也逐渐增多。截至 2021 年年中，中国香港共有 7 只 REITs 持有位于中国内地的物业，占港交所上市 REITs 总数的 58%，其中包括越秀房地产投资信托基金、汇贤产业信托、开元产业投资信托基金、春泉产业信托、招商局商业房地产投资信托、领展房地产投资信托基金（少部分物业在内地）及顺丰房产信托（其中两个物业园在内地）。

（二）二级市场交易量

随着 2005 年领展房地产投资信托基金、泓富产业信托及越秀房地产投资信托基金成为第一批在中国香港挂牌的房地产投资信托基金，更多的房地产投资信托基金陆续上市，二级市场的交易额也稳步上升。截至 2020 年中国香港房地产投资信托基金全年交易金额达 1 496 亿港元（见图 2 - 18）。但 REITs 交易额与中国香港整体股票市场交易额相比，占比仍处于低位。如图 2 - 19 所示，房地产投资信托基金市值在股票市场所占比例普遍由澳大利亚的约 6% 至中国香港的 0.4%。

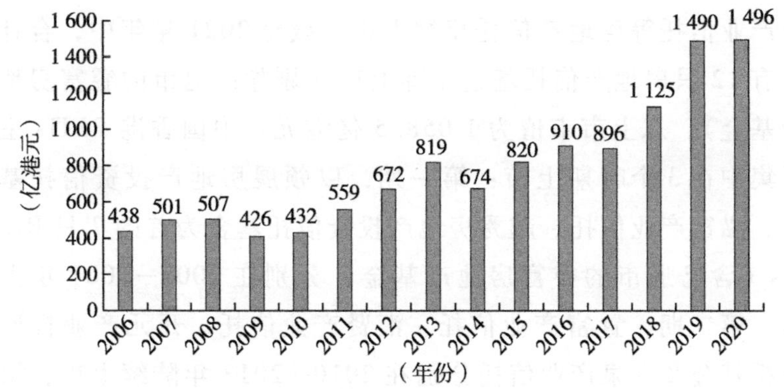

图 2 - 18　中国香港 REITs 历年交易金额

资料来源：万得资讯，各房地产信托交易金额。

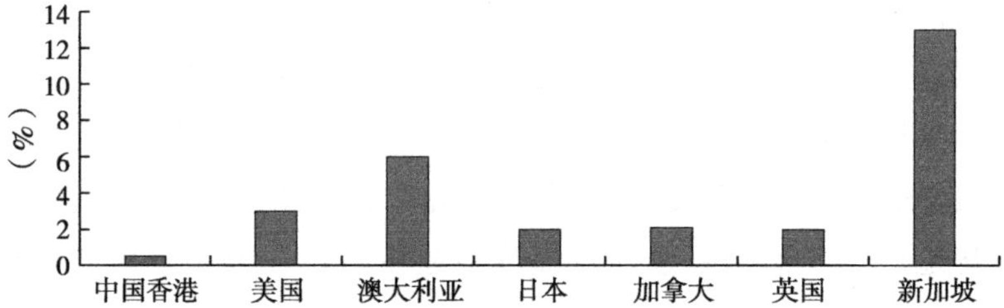

图 2－19　境外主要 REITs 市值占比

资料来源：中国香港金融发展局，《振兴香港房地产投资信托基金市场——提升流动性》行业报告，2021 年 5 月。

（三）IPO 情况

2003 年 7 月底，中国香港证监会颁布《房地产投资信托基金守则》（简称"《守则》"），但第一批房地产投资信托基金在 2005—2006 年才开始上市。其中，领展房地产投资信托基金、泓富产业信托、越秀房地产投资信托基金及冠君产业信托成为第一批上市的中国香港 REITs。第一批房地产投资信托基金的总市值约为 418 亿港元。随后阳光房地产基金、富豪产业信托等房地产信托相继上市，截至 2021 年年中，合计共有 12 只房地产信托基金在港上市（剔除已退市的睿富房地产基金），总上市市值为 1 058.5 亿港元。中国香港 REITs 主要集中在 3 个时期上市：第一期，以领展房地产投资信托基金、泓富产业信托、越秀房地产投资信托基金为首的 7 只 REITs（含已退市的睿富房地产基金）分别在 2005—2007 年上市；第二期，置富产业信托、汇贤产业信托、开元产业投资信托基金及春泉产业信托分别在 2010—2013 年陆续上市；第三期，招商局商业房地产投资信托及顺丰房产信托分别在 2019 年及 2021 年上市（见表 2－6）。

表 2-6　中国香港房地产信托基金上市情况

基金名称	基金名称（英文）	上市时间	上市市值（亿港元）
领展房地产投资信托基金	Link REIT	2005 年 11 月	220.2
泓富产业信托	Prosperity REIT	2005 年 12 月	27.0
越秀房地产投资信托基金	Yuexiu REIT	2005 年 12 月	30.8
冠君产业信托	Champion REIT	2006 年 5 月	140.0
阳光房地产基金	Sunlight REIT	2006 年 12 月	38.7
富豪产业信托	Regal REIT	2007 年 3 月	83.3
置富产业信托	Fortune REIT	2010 年 4 月	65.1
汇贤产业信托	Hui Xian REIT	2011 年 4 月	322.9
开元产业投资信托基金	New Century REIT	2013 年 7 月	27.0
春泉产业信托	Spring REIT	2013 年 12 月	41.8
招商局商业房地产投资信托	CMC REIT	2019 年 12 月	25.7
顺丰房产信托基金	SF REIT	2021 年 5 月	36.0
		合计	1 058.5

中国香港 REITs 的再融资情况并不普遍，除 2008 年冠君产业信托配售 29.6 亿港元用于收购朗豪坊，以及 2012 年越秀房地产投资信托基金配售 36.1 亿港元用于收购广州国际金融中心两笔大额的再融资之外，其余再融资额均低于 10 亿港元（见表 2－7）。另外，目前所有中国香港房地产投资信托基金的二次集资均通过配售进行，没有房地产投资信托基金向股东提出供股的案例。

表 2-7　中国香港 REITs 再融资情况

基金名称	配售时间	配售金额（亿港元）	资金用途
冠君产业信托	2008 年 5 月	29.60	用于支付收购朗豪坊的对价
越秀房地产投资信托基金	2012 年 6 月	36.10	用于支付收购广州国际金融中心的对价
置富产业信托	2013 年 7 月	9.75	用于支付收购嘉湖银座的对价
开元产业投资信托基金	2014 年 6 月	4.39	用于支付收购松江酒店的对价
春泉产业信托	2017 年 4 月	3.73	提早偿还抵押贷款及拨付运营资金需求
	合计	83.57	

（四）收益率情况

自2005年以来，中国香港REITs似乎并未吸引来大量投资者，但的确为单位持有人带来不错的回报（见图2－20）。截至2020年1月，中国香港REITs行业包括10只REITs，总市值超过2 000亿港元，而这10只REITs在上市当初市值仅为996亿港元，即便加上再融资的83.6亿港元，从市场募集的总资金规模也仅有1 079亿港元。不仅如此，截至2019年1月，这10只REITs派息共计930亿港元，如果投资者当年参与了各大REITs的上市投资并一直持有股票，多年来投资者收到的股息也几乎够覆盖其原始成本（以上统计未包括2019年12月上市的招商局商业房地产投资信托及2021年5月上市的顺丰房产信托）。

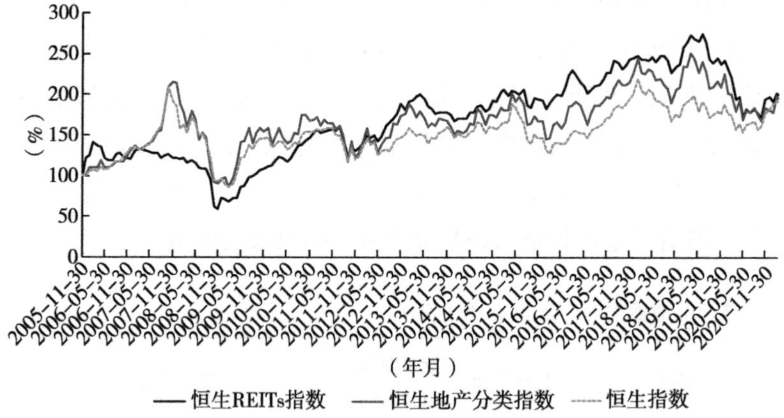

图2－20　中国香港REITs收益率

二、中国香港REITs发展历程

我们将中国香港REITs的发展历程划分为7个阶段（见图2－21）。

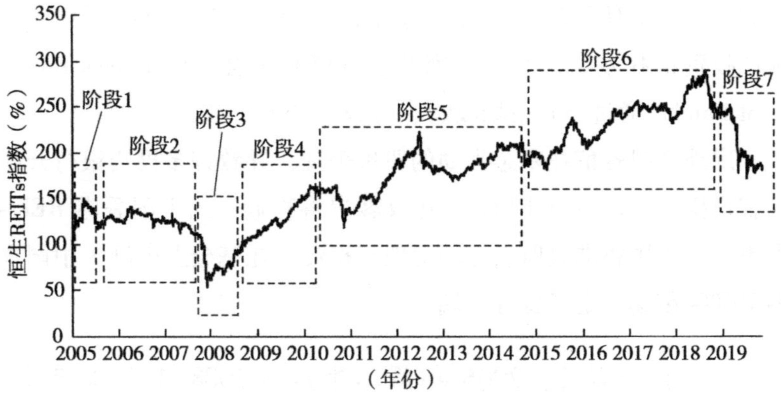

图 2-21　中国香港 REITs 发展阶段

（一）阶段 1：2005 年 11 月～2006 年第一季度，良好的开端

2003 年 7 月 30 日，中国香港证监会颁布《房地产投资信托基金守则》，为 REITs 的发展提供了法律基础。《守则》对 REITs 的设立条件、组织结构、从业人员资格、投资范围、利润分配等方面做出了明确的规定。2005 年 11 月，中华人民共和国香港特别行政区下属房屋委员会，将旗下的核心商业物业打包成立领展房地产投资信托基金（前称“领汇房地产投资信托基金”），由此拉开了中国香港 REITs 市场 IPO 的序幕。截至 2006 年 5 月，共有 4 只房地产投资信托基金在中国香港上市交易，上市规模达 418 亿港元。因此，2005 年 11 月～2006 年第一季度是中国香港 REITs 市场正式发展的第一个阶段。资本市场普遍认为中国香港 REITs 上市估值合理，物业只要通过基金管理人长期有效的运营定能取得相应的回报。

领展房地产投资信托基金首次亮相，就吸引了相当大量的投资者。自上市以来股价表现强劲：上市半年间，股价从 6.2 港元飙升至最高 10.0 港元，股价上升导致其分派收益率在 2006 年仅为 3%。

从 2005 年 11 月到 2006 年第一季度，大量对冲基金购买了领展房地产投资信托基金，其中一家儿童投资基金会（Children's Investment Fund）通过公开市场收购了约 18% 的股份。

房地产投资信托基金强劲的股价表现，导致许多投资银行开始向客户推介中国香港 REITs，建议客户将物业注入中国香港 REITs 上市。由中国香港政府引导的房地产投资信托基金上市潮为中国香港 REITs 市场奠定了良好开端。

（二）阶段 2：2006 年第二季度～2008 年第二季度，受到市场质疑

中国香港商业地产市场从 2003 年第四季度的低迷中逐渐恢复，而后租金不断攀升，这导致 2006 年中国香港商业地产物业租约的平均有效租金明显滞后于市场即期租金。由于物业基于市场即期租金进行估值，这也导致房地产投资信托基金物业的上市估值遭到了市场的质疑：投资者认为原始权益人通过一系列“金融手段”（如大股东放弃股息、租金保障和利率掉期等）提高了分派收益率，并担心“金融手段”只是人为地提升了房地产投资信托基金的分派收益率，并不能保障基金分派收益率的可持续性。

回顾中国香港 REITs 上市运用的各种“金融手段”的动因，主要是为了弥合租约有效租金与即期租金之间的时间差异，且有效租金将随时间推移稳步提升。因此，房地产投资信托基金运用“金融手段”匹配较高收益率的真正目的，并非为了误导投资者或提高上市估值。

尽管各项“金融手段”均在招股书中详细说明，但许多人仍认为中国香港 REITs 提供的收益是提高上市估值的手段，因此普遍对中国香港 REITs 市场保持负面看法。随后几年，房地产投资信托基金在 IPO 时对其估值进行了充分的论证，但负面看法仍然存在，导

致中国香港 REITs 的股票价格在 2006 年第二季度至 2008 年第二季度有所回调并持续震荡。

（三）阶段 3：2008 年第三季度～2009 年第一季度，渡过金融危机

全球金融危机对中国香港 REITs 进行了一次严格的价值考验。尽管金融危机导致全球其他资本市场的部分房地产投资信托基金破产，中国香港 REITs 都平稳渡过了经济危机。这场危机体现了中国香港 REITs 市场相比全球其他国家的 REITs 市场，从市场监管及风险控制角度来看都更加稳健。

（四）阶段 4：2009 年第二季度～2010 年第四季度，重塑形象

成功抵御全球经济危机使得中国香港 REITs 再次吸引了资本市场的关注，激发了投资者对中国香港 REITs 的浓厚兴趣。随后，由于中国香港 REITs 透明度增加并能够实现稳定的每基金单位分派（DPU）增长，长期价值投资类基金对香港 REITs 的关注度不断提高。以领展房地产投资信托基金为例，其最初的单位由多家对冲基金持有，但随着不断发展，其单位持有人的结构中包括更多的房地产/REITs 基金和长期价值基金。

（五）阶段 5：2011—2014 年，提升价值，寻求更广阔的发展方向

回顾过去，阶段 5 是中国香港 REITs 作为资产类别发展的最为关键的时期。从 2011 年起，中国香港 REITs 开始摆脱市场的质疑并塑造了良好的资本形象，随后几年，中国香港 REITs 在管理运营

中提高了管理的透明度并体现了较好的财务业绩。中国香港 REITs 成功重塑并稳固了其在资本市场的价值，从而在随后几年的发展中启动了良性循环。

2014 年是中国香港 REITs 发展至关重要的一年。为了适应行业的发展及打破发展的局限性，监管机构首次修订《守则》，扩大了中国香港 REITs 的业务范围并提高了资金管理的灵活性。此次修订标志着中国香港 REITs 未来将拥有更广阔的发展空间，并逐步开始步入下一个发展阶段。直到 2015 年，中国香港 REITs 已基本确立在中国香港房地产行业中的细分市场地位，但在中国香港房地产领域的市场份额仍然相对较小。当时 REITs 发展面临的主要问题是：中国香港 REITs 应该发展到什么程度？未来中国香港 REITs 在本地房地产领域是保持小份额的细分市场，还是成为规模较大的细分市场？

（六）阶段 6：2015—2018 年，地位逐步显现

2015—2018 年，中国香港 REITs 开始寻找其在中国香港、亚洲乃至全球房地产领域的定位。自 2015 年以来，中国香港各大 REITs 加大了资产收购和处置的力度，并开始进军国外，开展收并购活动。中国香港 REITs 通过寻找有增长潜力的物业，并主动开展资产改造计划以挖掘物业的潜在价值，为基金带来持续的增长动力。

中国香港 REITs 加快了资产置换的周转速度，部分 REITs 通过出售非核心资产实现的资本利得，用于购置优质资产，并开创了单位回购的新模式。2012—2018 年，领展房地产投资信托基金进行大规模资产置换，通过出售中国香港 57 处非核心物业，共筹集 470 亿港元，用于购入 340 亿港元的优质房地产资产，并斥资 124 亿港元购回基金单位。越秀房地产投资信托基金也在 2018 年将旗下位

于广州越秀区的越秀新都会大厦出售给私募基金，实现的资本利得用于特殊分派，将利润回馈给单位持有人。

（七）阶段7：2019年至今，黑天鹅事件及未来机遇

2019年注定是中国香港不平凡的一年，也是对中国香港REITs冲击最大的一年。自2019年6月以来，伴随着发生在中国香港的暴力活动不断升级，加上2020年年初开始暴发的新冠肺炎疫情双重黑天鹅的影响，中国香港REITs的股价接连下挫。直到2020年6月30日，《中华人民共和国香港特别行政区维护国家安全法》正式通过后，中国香港的暴力活动才得到了有效遏制。2019年7月~2020年5月，恒生REITs指数最大下跌幅度约41.6%。

2020年12月，中国香港证监会发布新版《守则》，修订主要针对借贷比例、少数权益投资、物业开发等限制进行了适量放宽，也意味着中国香港REITs的发展平台进一步拓宽。伴随着粤港澳大湾区的加速建设，香港与内地融合的营商环境的逐渐形成，对中国香港REITs的发展有重要的意义。中国香港REITs过往良好的业绩表现、完善的监管制度及15年来沉淀的人才优势，奠定了其能够持续发展的动力。在全球金融危机中的表现也证明了中国香港REITs的韧性及其应对重大挑战的能力。相信这次《守则》的修订以及粤港澳大湾区的机遇，将为中国香港REITs注入发展动力。

三、市场监管框架

中国香港REITs受到中国香港证监会颁布的《守则》及港交所上市规则的监管。《守则》就中国香港REITs产品运作中各类主体的职责及资质要求做了明确规定，以保障中国香港REITs发行和运作的合规性。《守则》自2003年颁布以来，已先后于2005年、

2014 年及 2020 年进行了 3 次修订，拟提高收购及基金投资的灵活性。2005 年的《守则》修订主要是放宽了借贷比率，从原来的 35% 增加至 45%，并明确允许 REITs 可投资中国香港以外的物业。2014 年的《守则》修订主要是提高了 REITs 投资的灵活性，包括允许 REITs 投资发展中物业或从事物业发展活动，以及允许 REITs 投资金融工具。2020 年的《守则》修订主要是希望通过允许在特定条件下投资少数权益物业，进一步将借贷比率从 45% 放宽至 50%，以及放宽对物业发展项目投资比例等措施以加强 REITs 灵活性，促进中国香港 REITs 的良性发展。

目前具体监管架构参考表 2－8。

表 2-8　中国香港 REITs 监管架构

监管事项	具体规定
法律载体	· 中国香港 REITs 以信托方式合法存在，经中国香港证监会核准的 REITs 在港交所挂牌交易
治理结构	· 采用基金管理机构、托管机构高度独立的契约形式进行日常管理。在存续期间，中国香港 REITs 需遵循独立第三方资产评估机制和严格的信息披露制度
投资要求	· 投资比例：有定期租金收入的房地产项目的投资比例必须始终维持在总资产的 75% 以上；对空置、在建及开发项目的投资总额不得超过 25%（低于 10% 无须股东大会审批） · 投资限制：无区域限制 · 控制权：少数股东权益投资及其他非核心投资合计不得超过总资产的 25%。如计划符合特定条件，将允许少数权益物业（“合格少数股东权益”）纳入主要投资范围，不受比例限制 · 投资结构：REITs 被允许成立和拥有 SPV 来持有其所投资的房地产项目。SPV 必须合法且由 REITs 实际控制，REITs 必须在 SPV 中持有绝大多数比例和控制权 · 持有期：每项房地产项目必须最少持有两年，除非在单位信托证券持有人大会中，以一种特殊决议的方式来取得单位信托证券持有人同意
负债限制	· 借款总额不得超逾该计划资产总值的 50%
股息分派	· 规定中国香港 REITs 每年必须将 90% 以上的收益分配给投资者

续表

监管事项	具体规定
关联交易	· 连续12个月与同一关联方交易的代价高于最新净资产的5%，需要获得持有人批准
信息披露	· 每个财年最少向投资者及中国香港证监会提交两次财务报告 · 各类交易需根据上市规则进行披露，包括公告、通函等
运营环节税负	· 来源于中国香港之外物业的收益：属于资本利得无须缴税 · 来源于中国香港物业的收益：（1）直接持有物业，物业收入需缴纳15%物业税，租金收入需缴纳0.25%～1%印花税，无须缴纳利得税。（2）通过SPV间接持有物业，利润需缴纳16.5%利得税，租金收入需缴纳0.25%～1%印花税，无须缴纳物业税。SPV来自另一个SPV的股息免税。（3）向其他地区支付利息、分红无须计提预提所得税
交易环节税负	· 印花税：（1）资产交易，按代价的1.5%～8.5%累进缴纳印花税；（2）股权交易，按代价的0.2%缴纳印花税 · 资本利得免税，无须计提预提所得税

四、未来展望

2021年5月，中国香港金融发展局（简称“金发局”）发布《振兴香港房地产投资信托基金市场——提升流动性》的行业报告。为拓展中国香港房地产投资信托基金市场，金发局成立了一个由业内专家组成的专责工作小组，负责研究相关事宜。通过重新审视金发局早前的房地产投资信托基金报告，并参考工作小组整合所得的市场观点，提出以下政策建议：

- 完善房地产投资信托基金的价值定位。
- 发掘跨境投资者潜力。
- 推动房地产投资信托基金产品多元化发展。
- 探索税务及财务激励措施。

- 尽快落实完善监管制度。
- 加强市场推广及监管沟通。

为了促进发展房地产投资信托基金，中国香港强制性公积金计划管理局、中国香港证监会近两年接连推出利好政策，比如拓展强制性公积金中可以投资 REITs 的比例和市场数目、提高房地产投资信托基金的杠杆比率。2021 年中华人民共和国香港特别行政区政府财政司司长陈茂波在《财政预算案》中提到，为加强中国香港作为 REITs 首要集资中心的功能，未来 3 年将为合格的房地产投资信托基金提供七成的当地专业服务费补助，上限为 800 万港元。

五、越秀房地产投资信托基金上市案例分析

（一）背景：房地产行业繁荣与商住并举的策略选择

改革开放以来，珠三角是中国经济最强劲的引擎，广州是中国最能吸引外商直接投资的城市之一。通过产业转型升级，切换经济增长轨道，广州经济散发蓬勃活力。随着人口的快速增长，城市化进程加速，房地产行业成为广州经济最耀眼的增长点。

但是，以广州为业务大本营的越秀投资（现越秀地产）在分享区域经济高速增长红利的同时，自身也考虑在高周转的住宅房地产开发业务之外，逐步构建商住并举的以房地产开发为中心，以房地产金融为辅的长远的房地产行业发展蓝图。

（二）决策依据：房地产投资信托基金的竞争优势

受到置富产业信托在新加坡上市的启发，经过前期调研，越秀投资的母公司越秀集团认为，越秀投资具备分拆旗下商业物业组建房地产投资信托基金上市的条件。2003 年 11 月，越秀集团向董事

会正式提出成立房地产投资信托上市工作小组，初步选定白马大厦、财富广场、城建大厦和维多利广场4个物业组建越秀房地产投资信托基金，估值30亿港元。

越秀集团考虑组建房地产投资信托基金，主要基于以下优势：（1）组建房地产投资信托基金上市属于常规的权益融资行为，为存量物业寻找更加匹配的资本；（2）在上市过程中享有一定倍数的溢价，相比越秀地产配售新股和基金收购中的折让成分，融资空间更大；（3）房地产投资信托基金上市后，不但不与现有地产业务发生冲突，还可以形成有益的补充，为日后地产开发+地产金融双平台打下夯实基础。2005年6月17日，中国香港证监会颁布新修订的《守则》，撤销中国香港房地产投资信托基金投资海外物业的限制条款，扫除了越秀房地产投资信托在中国香港上市的最后一道障碍。

（三）符合监管规定：组建越秀房地产投资信托

在公司治理方面，按照《守则》的有关规定，越秀投资组建越秀房地产投资信托董事会，完善董事会结构。《守则》规定，至少2名董事必须在投资管理或资产管理方面具备5年经验，并具备中国香港证监会认可的基金管理资格，其中1名董事必须全职监督资产管理公司的受规管活动业务，独立非执行董事由会计师、律师、评估师等专业人士担任，人数不能低于董事会人数的一半。遵照这一规定，越秀房地产投资信托董事会人数定为6人，董事与独立非执行董事各3名。

在经营管理方面，组建信托人、资产管理公司、物业管理公司等房地产投资信托基金必备的常设管理机构，具体包括：越秀房地产投资信托聘请汇丰机构信托服务（亚洲）有限公司担任房地产投资信托基金的信托人，并向其支付相关费用；组建越秀房地产投资信托资产管理有限公司，并聘请仲量联行有限公司担任管理顾问；越秀房地产投资信托资产管理有限公司每年提取越秀房地产投资信托净收入的3%、总资产的0.3%为资产管理费用。

越秀投资旗下原有的广州白马物业管理有限公司、广州怡城物业管理有限公司担任越秀房地产投资信托的物业管理公司，向越秀房地产投资信托提供市场推广、租赁、管理与物业管理服务。白马物业管理有限公司、怡城物业管理有限公司除收取物业管理费外，按越秀房地产投资信托租金总收入的3%收取租赁代理费用（见图2－22）。

（四）超额认购：越秀房地产投资信托成功上市

作为全球第一只投资中国境内物业的REITs，加上人民币升值、中国境内经济强劲上涨，以及房地产行业持续升温等有利因素，越秀房地产投资信托的上市激发了资本市场的强烈兴趣。由3家著名银行组成的包销团队在路演中收到了市场的积极反馈，2005年12月15日，越秀房地产投资信托以每个基金单位3.075港元的发行价上限公开发行，受到投资者热烈追捧：中国香港公开发售部分超额认购496倍，国际公开配售部分超额认购74倍，冻结资金900亿港元。12月21日，越秀房地产投资信托基金在港交所正式挂牌上市。

（五）越秀房地产投资信托上市的价值与启示

作为中国香港首批上市的3只REITs之一，自上市以来，越秀房地产投资信托的收入及分派等年均增长率超过5%，相关资产的增值也为投资者带来了稳定的回报。越秀房地产投资信托登陆香港资本市场，无论对于越秀集团还是越秀投资均具有非凡的价值和意义。

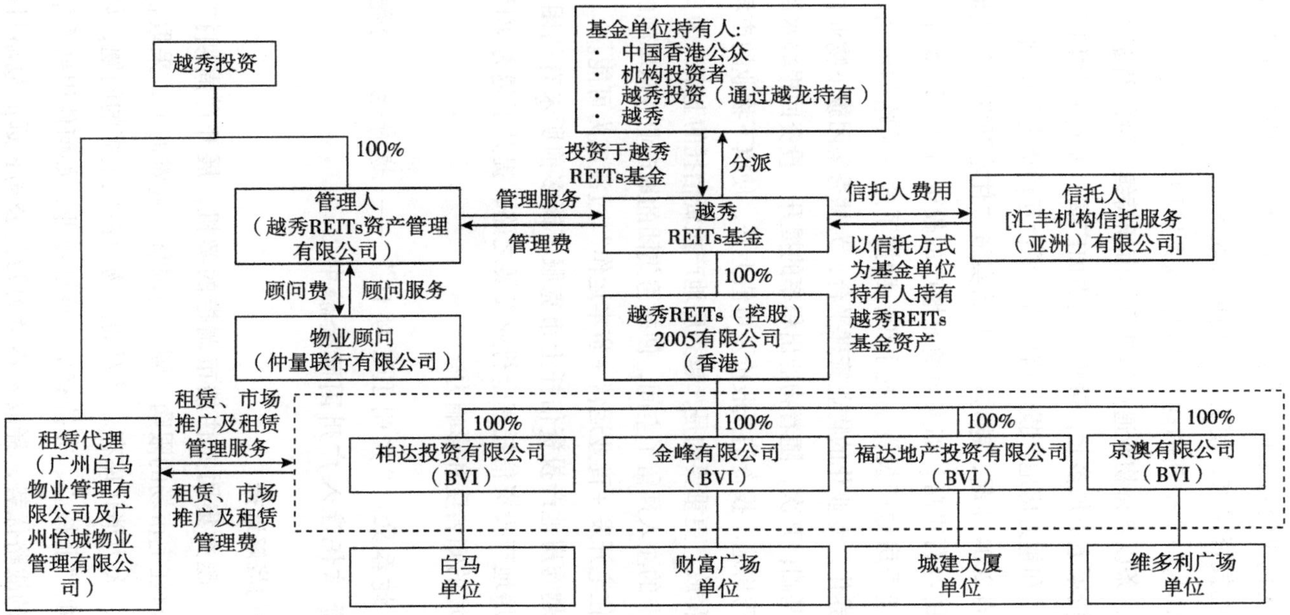

图2－22 越秀房地产投资信托基金常设机构

第一，优化投资者结构，利用商业物业分拆上市的方式匹配各类型投资者的投资需求，使资本运用更有效率。

第二，作为一个全新的融资平台，越秀房地产投资信托为越秀集团开辟了一条以自持物业通过境外资本市场持续融资的新途径，使越秀集团融资渠道更加多元，融资空间更加广阔，尤其是为集团日后拓展越秀地产和越秀房地产投资信托的双平台互动奠定了基础。

第三，自2004年起，越秀投资开始实施“住宅开发与商业地产经营并重”的经营策略，加大对商业地产的投资力度。2005年，越秀投资分拆越秀房地产投资信托上市，助推了这一策略的成功。首先，通过证券化、专业化的物业管理平台，为越秀集团旗下物业保值升值提供了基础；其次，随着物业出租率的提升，投资回报率水涨船高，推动越秀房地产投资信托股价及市值上升，使旗下物业的市场价值得到充分释放。更重要的是，越秀房地产投资信托的上市，为日后更多商业物业的注入预留了空间，使越秀集团的地产业务从单纯的住宅开发向“住宅开发+商业运营+资本运作”过渡成为可能。

第四，越秀房地产投资信托上市克服了诸多前所未有的困难，开辟了中国房地产投资信托基金行业发展之路，提升了越秀集团在国际资本市场的知名度和影响力。

（六）蛇吞象：“广州IFC项目”——越秀地产向越秀房地产投资信托注入广州国际金融中心

1. 越秀的战略选择

2011年，越秀集团抓住楼市调控的契机，展开逆周期扩张。一方面，针对住宅市场的限购、限价与限贷，迎难而上，采取积极的销售策略，大力消化库存。针对商业物业占比过高的问题，如何剥离旗下一批“非核心、非持有型”商业物业，如何使用越秀集团多资本平台的战略优势，释放资本潜力乃是公司长远的战略目标。

越秀地产于2011年年底持有越秀房地产投资信托35.58%股权，为单一最大基金单位持有人。越秀地产将旗下物业剥离，注入越秀房地产投资信托，既可以快速回笼资金，又不至于丧失对该物业的控制权，在加快周转的同时，分享物业出租收益和长期升值回报，可谓一举多得。

2. 决策前后：将广州IFC注入越秀房地产投资信托的可行性

广州国际金融中心（简称“广州IFC”）位于广州市天河区珠江新城，毗邻花城大道和珠江西路，属于广州城市规划地标性建筑“双子塔”中的西塔，其意义与价值非凡。地理位置是决定物业价值的核心要素，商业地产尤其如此，广州IFC处于中央商务区的核心地块，一开始便是各大地产商争夺的焦点。2005年，越秀地产击败富力、恒大、新世界、新鸿基等强劲对手，以总价10亿元获得该项目的土地开发权，折合楼面地价2 856元/平方米。

2006年3月23日，越秀地产成立广州越秀城建国际金融中心有限公司作为项目开发商，先后投入自有资金70多亿元，并通过银行获取45亿元开发贷款，全力打造这栋103层、建筑面积45.7万平方米，集办公、酒店、商场、会议、公寓五大功能于一体的商业综合体。

经过47个月的建造，广州IFC于2009年11月封顶，时为广州第一高楼，仅次于上海环球金融中心的中国境内第二高楼。该建筑包括6层商场、58层甲级写字楼、拥有344间客房的五星级酒店、拥有314个单位的豪华服务式公寓，以及拥有1 700个车位的停车场五大部分，其中酒店和服务式公寓分别由享有盛名的四季集团和雅诗阁集团负责经营管理。

广州IFC竣工后，友谊商场进驻并于2010年11月开业，主楼4～66层的写字楼于2011年7月投入使用，停车场于2012年7月投入使用，四季酒店和雅诗阁公寓分别于2012年8～9月开业。

随着广州市政府主动推动金融、商业等行业，现代服务业将成为新的经济增长引擎，而广州 IFC 作为不可取代的城市商务标杆，价值将得到进一步凸显和释放。因此，越秀集团开始进一步研究将广州 IFC 注入越秀房地产投资信托的可行性。

3. 预期交易好处

对于项目出让方、背负巨额债务的越秀地产，出售广州 IFC 的好处在于：

（1）转让 45 亿元开发贷款，改善债务结构，为未来的评级发债创造潜在的融资空间。

（2）一次性获得约 49 亿元现金回笼，增强流动性。

（3）通过控股越秀房地产投资信托继续持有广州 IFC，分享租金收益和长期增值回报。

此前，越秀房地产投资信托持有白马大厦、财富广场、城建大厦、维多利广场和新都会大厦 5 个物业，只有批发市场、写字楼和商场 3 种业态，投资物业组合略显陈旧单调。而且，白马大厦作为中国服装批发行业的一面旗帜，租金与出租率长期处于高位，贡献了越秀房地产投资信托一半以上的收入。由此导致的结果是，越秀房地产投资信托的业务结构不合理，过于依赖白马大厦（见表 2-9）。

表 2-9　越秀房地产投资信托各物业经营收入情况（2010 年、2011 年）

物业名称	2011 年经营收入（百万元）	2010 年经营收入（百万元）	经营收入增加（百万元）	经营收入增长（%）
白马大厦	306.5	276.2	30.3	11.0
财富广场	60.3	56.9	3.4	6.0
城建大厦	49.6	49.3	0.3	0.6
维多利广场	52.6	50.2	2.4	4.8
新都会大厦	53.3	52.1	1.2	2.3
合计	522.3	484.7	37.6	7.8

资料来源：越秀房地产投资信托基金 2011 年年度报告，第 12 页。

收购包含酒店、写字楼、商场、公寓和会议中心的广州 IFC 为越秀房地产投资信托带来如下好处：

（1）投资物业规模获得 3 倍以上提升，预计从 22 万平方米增至 68 万平方米。

（2）投资物业估值获得 3 倍以上提升，预计从 73 亿元扩大到 230 亿元。

（3）投资物业组合得到优化，改变了业态单一、过于依赖白马大厦的业务结构。

（4）市值水涨船高，进入亚洲一线房地产投资基金的行列，有助于提升融资能力。

对于越秀集团而言，将广州 IFC 从越秀地产注入越秀房地产投资信托，不但有助于“地产 + 房地产投资信托”双平台深度互动，更长远的意义在于，推动越秀地产业务模式升级，从“开发 + 销售”转向附加值更高、更具竞争力的“地产开发 + 商业运营 + 资本运作”。

4. 四大交易障碍

面对错综复杂的标的物业、资金筹措、交易规则及舆论形势，越秀房地产投资信托需要审慎地处理相关问题，克服种种困难，有针对性地调整和优化收购方案。

第一，标的物业不成熟。按惯例，房地产投资信托基金一般只收购成熟物业，而广州 IFC 还处于市场培育期，除友谊商场开业外，写字楼、酒店和服务式公寓均需经过一定运营时间方能达到成熟物业的水平。

第二，就具体数据而言，越秀房地产投资信托年收益率长期保持在 7% 左右，如何避免因收购未成熟物业而大幅拉低收益率？交易期内，广州 IFC 建筑费用尚未结清，这笔费用以何种方式偿付？

第三，收购资金筹措。收购前，越秀房地产投资信托的市值只有 30 多亿元，而广州 IFC 的交易总代价高达 88.5 亿元，这桩典型的蛇吞象收购中，越秀房地产投资信托如何筹措远超出自身体量、自身能力的收购资金？

第四，关联方交易。越秀地产持有越秀房地产投资信托 30% 以上股权，为后者单一大股东，因而涉及关联方交易。根据《守则》，有关交易适用比率超过 100%，即构成非常重大事项。此项交易估值占越秀房地产投资信托最后交易日期前 5 个交易日平均市值的 257.39%，因而构成一项非常重大事项，须在特别大会上以普通决议案方式经独立股东批准。因涉及关联方交易，越秀地产放弃投票，其余股东的意志将决定收购交易的可行性。因此，相关交易存在不确定性。

5. 越秀房地产投资信托收购广州 IFC 项目：立体化、多层次的实施方案

越秀房地产投资信托当时的市值只有 42 亿港元，约合 33 亿人民币，收购广州 IFC 项目的 88.5 亿人民币的交易额超出其体量两倍，且越秀房地产投资信托在 2011 财年借贷比率为 27%，总资产负债率为 31%。据当时中国香港房地产投资信托基金负债比率不超过 45% 的规定，越秀房地产投资信托通过银行贷款融资的空间有限。

为此，项目组集思广益，开创性地制订了一项多元化的融资方案：在银行贷款之外，越秀房地产投资信托将公开配售基金单位，并向越秀地产发行代价基金单位和递延基金单位。同时，根据对广州 IFC 的四季酒店及雅诗阁公寓运营毛利的测算，当时预计到 2017 年将进入成熟物业状态，因此，递延基金单位从 2016 年 12 月 31 日才开始发行。

长期来看，越秀地产通过让渡短期利益，以时间换空间，促成越秀房地产投资信托对广州 IFC 的收购，而在递延基金单位配售完毕之后，享有对越秀房地产投资信托更大比例的控股权，从而加强对广州 IFC 的控制权，符合长期持有以享受稳定增长回报和物业升值回报的远景规划。

6. 广州 IFC 项目的价值、效应和意义

广州 IFC 项目是一个牵一发而动全身，具有巨大杠杆效应的重大资本运作项目，对越秀房地产投资信托提升资本体量和竞争实力，对越秀集团“3 + X”战略布局以及“地产开发 + 商业运营 + 资本运作”模式的构建和实践，均具有重要的实际价值和战略意义。

第一，收购广州 IFC 后，越秀房地产投资信托的借贷比率从 2011 年年底的 27% 上升到 2012 年年底的 33.6%，距离中国香港房地产投资信托基金当时 45% 的负债上限仍有显著距离，为未来的融资预留了空间。越秀房地产投资信托的投资物业资产总额从 2011 年年底的 74 亿元迅速扩充到 249 亿元，增长了 236%，市值从 2011 年年底的 37 亿港元扩大到 2012 年年底的 101 亿港元，增长了 173%。由此成为中国境内排名第一、中国香港排名第四的房地产投资信托基金，同时进入亚洲一线房地产投资信托基金行列，自身实力和市场知名度也得到大幅提升。

随着资产规模的扩充和知名度的提升，越秀房地产投资信托获得更多投资者青睐，尤其是注重长线交易的国际大型机构投资者数量迅速增加，如中国人保、社保基金、中国台湾国泰保险、美国友邦保险及英国与荷兰的教师退休基金等，使得越秀房地产投资信托的投资者结构得到了极大的优化，投资者质量大大提高。

第二，得益于管理人稳健高效的运营能力，广州 IFC 迅速成长为越秀房地产投资信托新的收入动力源，为越秀房地产投资信托贡献总收入的半壁江山，一举改变了白马大厦业务占比过重的格局。得益于收购过程中的创新举措和特别安排，得到了资本市场的赞许。

第三，越秀集团通过广州 IFC 项目向资本市场展示了越秀地产和越秀房地产投资信托双平台互动的潜力，两者的互惠互利创造出巨大的增量效益，也为越秀地产商业模式升级和重塑提供了可能。

第四，对于整个房地产投资信托基金行业来说，广州 IFC 项目将特别分派、收取递延基金单位、代价基金单位、收取管理费用基金单位、提供经营毛利补贴等多种方式创造性地融合为一体，确保稳定分派和高收益率，破解了未成熟物业的估值、注入等难题，堪称房地产行业、房地产投资信托基金行业前所未有的突破，在业内相关项目的运作中也具有一定的标杆意义。

如此种种，不仅印证了 REITs 模式的巨大价值，也为中国房地产行业资产证券化提供了宝贵的经验和借鉴。

第三节　新加坡 REITs 市场

一、新加坡 REITs 的发展历史

新加坡的地产类信托可分为 3 种，分别是房地产投资信托、合订信托[①]和商业信托（Business Trust，简写为 BT）。截至 2021 年 6 月 30 日，在新加坡交易所上市的地产类信托总数达 42 只，总市值超过 820 亿美元。其中，新加坡房地产投资信托（简称新加坡 REITs）有 33 只、合订信托有 6 只、商业信托有 3 只。新加坡是亚洲继日本之后第二个推出 REITs 的国家，拥有亚洲最多元化且国际化的房地产投资信托平台，而新加坡 REITs 也是新加坡交易所长期以来最受国际投资者青睐的投资产品之一。

① 合订信托是由一只房地产投资信托和一只商业信托合订在一起的证券类型产品。

1985 年的新加坡面临了国家自 1965 年独立以来的首次经济衰退。在这之前，新加坡正享受着年均 8.5% 的 GDP 增长。其实早在 1984 年，新加坡在建筑行业外的其他行业板块都已放缓了成长速度，但因为建筑行业发展仍强势推进，总体经济表现未受太大影响。到了 1984 年年末，建筑市场的饱和情况渐显，在建项目所剩无几。新加坡正踏上经济衰退之路。新加坡 1984 年第二季度的 GDP 增长为 -1.4%，到了第三季度，其负增长扩大至 -3.5%。

为了探讨帮助房地产市场走出低迷的方法，新加坡当时成立了一个由政府及一些私人企业代表组成的新加坡房地产咨询委员会。该委员会受托探讨有什么方式能重振受 1985 年经济萧条打击的房地产市场。1986 年该委员会首次提出将 REITs 引入新加坡资本市场。在新加坡各阶层的努力下，新加坡很快就从这次经济萧条中走了出来。但是，基于房地产市场和资本市场成熟度这两大经济环境原因，新加坡 REITs 的计划迟迟未得到落实。

新加坡再次积极考虑推出 REITs 是在 1997 年之后。1997 年的亚洲金融危机凸显了投机性房地产开发和投资的风险。这次金融危机也诠释了该行业的高杠杆率如何催化金融危机的发生，而产生的影响在繁荣时期会造成房地产价格被肆意炒作，以致房地产泡沫的形成。在 1997 年的亚洲金融危机之后，很多开发商都面临着严重的流动资金紧缩状况。一方面，银行不愿意向房地产项目提供更多的贷款；另一方面，开发商又无法在楼市低迷时期将庞大的商业地产脱手。

对于亚洲地区的许多公司，它们的非核心房地产资产在危机期间拖累了业绩，这也充分显示了改进资产生产力的必要性。当年，新加坡房地产开发商大多依赖银行提供投资所需的巨额资金。亚洲金融危机和由危机导致的信贷市场紧张情况，迫使房地产开发商探寻创新的再融资方式，以应付越来越难取得新银行贷款的问题，降低整体融资成本和偿还部分到期的银行贷款。

1998 年，在亚洲金融危机阴影的笼罩下，新加坡起草第一套监管 REITs 市场的指导方针。1999 年 5 月，新加坡金融管理局（MAS）通过发布新加坡第一套《房地产基金指南》宣布了在新加坡建立房地产基金的指引，为 REITs 在新加坡的发展奠定了基础。在此指引下，新加坡 REITs 可以以公司法人或者信托的形式成立并在新加坡交易所上市。新加坡 REITs 持有和管理底层房地产及相关资产的收入，并在扣除支付给受托人、信托管理人、房地产管理人等的费用后，剩余收入大部分会作为股息支付给投资者，其架构之简便为新加坡 REITs 进入新加坡股权投资市场铺平道路。

在新加坡金融管理局发布第一套房地产基金指南后的几个月内，有几家房地产发展商开始讨论建立新加坡 REITs 的可能性。它们热衷于拓宽融资渠道，并且也想兑现投资者所期待的稳定收益投资产品。然而，18 个月过去了，因为新加坡 REITs 政策没有包含税收优惠，而且拟组成 REITs 资产包的底层资产收益率较低，所以第一只新加坡 REITs 的发行一直无法落实。由于没有成功建立起新加坡 REITs 市场，新加坡的投资者也没有机会熟悉 REITs 作为投资产品的优势，因此也没有做好准备将投资放入这个新的投资产品。虽然 REITs 仍是一个新的概念，当时许多市场观察人士却坚信这个产品的发展潜能，呼吁为这个投资产品做进一步的公众教育。

对不在新加坡 REITs 框架落地时立即提供税收优惠的政策，新加坡金融管理局当时给的理由是“推出新加坡 REITs 的目标只是扩大金融产品的范围，而不是想通过提供税收优惠和其他奖励让新加坡 REITs 胜于其他投资形式”。但房地产开发商和市场观察人士认为，缺乏税收优惠政策将影响 REITs 的发展。在税收优惠政策模糊的情况下，开发商的 REITs 发行成本未得到很好的支持，投资者也没有动力尝试这个新的投资产品。因为资产投资收益率非常低，没有税收减免，收益率会进一步压缩，使 REITs 没有吸引力。当时的房地产投资，除购物中心外，收益率一年只有约2% ~4% 。在各方推动下，2001 年，新加坡当时拟发行的第一只 REITs 也获得了相关的一次性豁免，成为第一只享受新加坡 REITs 税收优惠政策的房地产投资信托。新加坡国家税务局随后也宣布了制定税收透明规则，即新加坡 REITs 只要遵守 90% 税前资产收益直接以股息方式分发给投资者，便可在 REITs 层面免征所得税，避免重复征税问题。新加坡房地产投资信托结构见图 2 –23。

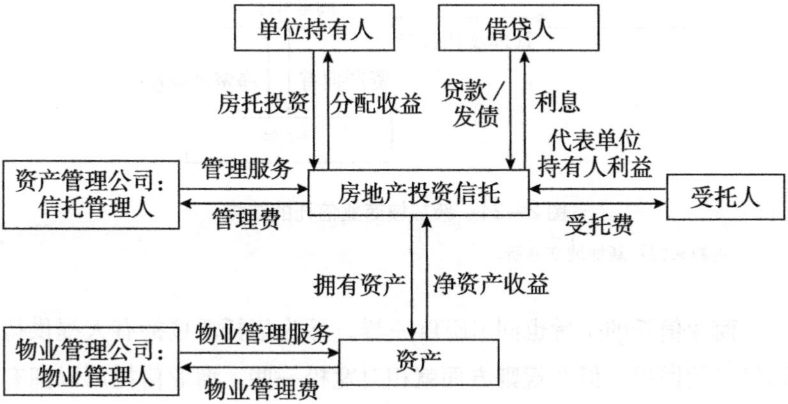

图 2 –23　新加坡房地产投资信托的结构

资料来源：新加坡交易所。

2004 年，新加坡也推出了另一个新的金融产品，商业信托的相关法规。商业信托与 REITs 相似，只是投资对象不局限于房地产，还包括其他任何可以产生稳定现金流的资产和业务，如交通基础设施、环保基础设施、电信通信、船只及飞机租赁等。商业信托不是以公司的形式成立的，可被简单解读为是以信托方式成立的商业企业。它们兼有公司和信托的元素：与公司一样的地方是商业信托也有经营和管理企业的职能；但与公司不同的是商业信托不是独立的法律实体，而商业信托的受托人被视为信托资产的合法所有者。同时商业信托也在支付股息方面有更大的灵活空间，可以从营运现金流中向投资者支付股息，不像公司只能从会计利润中支付。新加坡商业信托结构见图2－24。

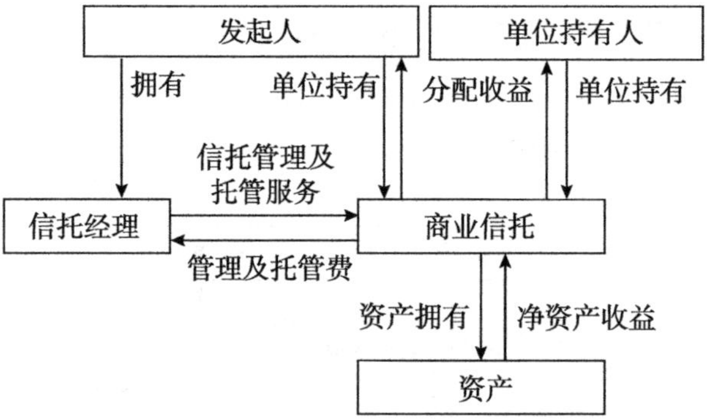

图2－24　新加坡商业信托的结构

资料来源：新加坡交易所。

商业信托的宗旨也同REITs一样，即为信托单位持有人提供持续稳定的回报，但在规则方面就相对宽松一些。商业信托可以拥有较高比例的开发项目，没有杠杆率的限制，对股息额也没有任何限制。基于监管方面的较高灵活度，商业信托在税收方面就不像REITs有优惠，受到新加坡所得税法的约束。即便REITs和商业信托各自在监管框架上有所不同，新加坡的资本市场大致把这两类产品视为相同，因此在派息率、杠杆水平等都予以类似的市场要求。

二、借鉴第一只新加坡REITs的上市经验

新加坡的REITs市场从凯德置地集团第一只未成功上市的REITs中得到了不少领悟。凯德置地集团于2001年11月尝试推出新加坡资本市场的第一只REITs——新茂商产信托（SingMall Property Trust，简写为SPT），拟发行规模为7.4亿新元，其中5.3亿新元

计划分配给机构投资者和散户认购，凯德置地会以每单位 1 新元认购 28% 的总发行单位。SPT 的初始资产包由 3 家购物中心组成（碧山第 8 站、淡滨尼广场、福南科技广场），市值定为 5.3 亿新元，初始收益率为 5.75%，是新加坡资本市场自 1993 年新加坡电信公司之后规模最大的一次 IPO。此发行最终因为认购率只有 78%，未达凯德置地集团预期的认购率而未成功上市。

其实，SPT 的发行优势不少。它 5.75% 的初始收益率比新加坡长期国债收益率的 2.98% 高出了 277 个基点，在当时利率下跌，市场波动强劲的情况下是个非常具有吸引力的高分红的股权投资选择。那时新加坡也没有纯零售产业相关的上市公司，因此它的发行给了市场投资者一个投资纯零售资产的机会。打包在 SPT 里的 3 个新加坡商场都达到满租，而其中两个邻近的商场也在经济萧条的情况下持续吸引到极高的人流量。每个商场的收入来源更是分散于不同租户当中，整体资产包包含了超过 400 份租赁合约。

虽然 SPT 拥有以上优势，市场认为这次发行同时也有许多不足之处。

第一，SPT 以基础租金收入加权的租户租约期只有 2 年，而新加坡典型的租约周期是 3 年。这较短的租约期在当时呈现租金下跌趋势的新加坡是一个非常明显的短处。SPT 的信托管理人当时有尝试与租户协商更长的租约，但因为市场的不确定性，要租户签下更长时间的租约也意味着必须给租户更优惠的条件，这将减低后续的派息率和资产收益率。

第二，SPT 以总收益率 5.75% 定价，在当时美国“9·11”事件后，全球经济低迷，新加坡零售市场受冲击的情况下，投资者未能被说服 SPT 近期会有好的发展空间。

第三，投资者担心资产估值过高。正当新加坡房地产价格因经济不景气而呈现下跌趋势，装入 SPT 里的 3 个资产在重新估值后却比一年前高出了1亿新元，再加上SPT的单位价比每单位净资产价高出了2.7%，所以投资者在经济形势不明朗的情况下担心SPT上市后股价表现会不好。

第四，SPT进行公开发行的时间前后，债务融资和股权融资活动都出乎意料地大幅增加，如新加坡电信发行15亿新元债券、星展银行配股10.9亿新元及新加坡航空公司发行4.37亿新元债券等，这些融资活动都在一定程度上分散了投资者对于SPT这个新类金融工具的注意力。

第五，发行的分布着重在几个战略投资者的大订单，较倾向于机构投资者。投资者教育的不足导致最终只有少于10%的认购来自散户。

凯德置地集团后续重组了SPT并在2002年将SPT更名为嘉茂信托，再次申请上市（见表2-10）。嘉茂信托所持的物业没变，以比每单位净资产价低2%的单位价完成了上市，成为新加坡第一家上市的REITs，认购率是发行规模的5倍。在发行期间，凯德置地集团和所聘的券商团队铆足全力进行投资者教育，为新加坡REITs这个新金融产品日后的发展打下了很好的基础。

乘着嘉茂信托成功完成IPO的势头，裕廊集团下属全资子公司腾飞置地（新加坡）私人有限公司，与澳大利亚的麦格理嘉民工业地产管理有限公司合作，联合发行了第二只新加坡REITs——腾飞房地产投资信托，其投资组合包括科学园、高科技与轻工业产业园，以及为客户量身建造的工业项目等8处地产，共募集2.4亿新元。

从此，大量的REITs陆续进入新加坡市场，而来到新加坡上市的REITs也进入了一个迅速增长的阶段。

表 2-10　SPT 和嘉茂信托发行情况

	SPT	嘉茂信托
资产净值（亿新元）	72	73
总发行单位量（亿股）	7.4	7.38
IPO 单位量（亿股）	5.3	2.13
发行单位价（新元）	1.00	0.90～0.96
资产净值的溢价或折扣（%）	2.8	-9.0～-2.9
预测派息率（2002 年,%）	5.75	7.06～7.53
预测派息率（2003 年,%）	6.05	7.25～7.73
年化管理费（%）	0.50～0.70	0.25
表现费（%）	0	2.85
收购费（%）	1.00	1.00
撤资费（%）	0.50	0.50
基石投资者（单位）	0	182 000 000

三、新加坡 REITs 监管和税收框架

新加坡金融管理局 1999 年推出的《房地产基金指南》为新加坡 REITs 日后的发展定下了基本规则。该指南在最初就为几个与 REITs 相关的事项提供了明确的方向，其中包括房地产基金经理的合格要求，基金可投资的产品类型，杠杆水平，细化资产分散和估值的要求，以及披露和资产赎回的要求。新加坡金融管理局当时也明确地表示，会不时修改《房地产基金指南》中的各项方针，以确保指南紧贴市场发展和需求。新加坡当前的《房地产基金指南》就是新加坡金融管理局自 2002 年至今做了不少于 6 次修改的一份优质指导和规则文件。

2002 年，《房地产基金指南》被加入《集体投资计划守则》中，而这个守则也成了新加坡 REITs 日后最主要的规则参照文件。2003 年，新加坡金融管理局进一步修改了房地产基金指南。在修

改的方针下，新加坡 REITs 的杠杆水平从原本持有资产的 25% 增加到 35% 。2003 年的修改大致响应了新加坡经济审查委员会的建议，而建议的方向都倾向于如何能让新加坡定位为亚洲和区域房地产投资信托的上市和管理中心。这轮改变无疑给予房地产投资信托管理人在资本架构方面有更大的灵活性。

2005 年的《房地产基金指南》修改将矛头指向房地产投资信托的治理。修改的方针以加强新加坡 REITs 的企业监管，以及为 REITs 的投资活动注入更大的灵活性为目的。指导方针的主要变更明确了条例及规定，促进新加坡 REITs 在国际市场的发展，允许 REITs 更多地参与正在开发或未完工的房地产。与此同时，新方针也强化对于房地产投资信托管理人的监督，增添对于关联人士交易的要求和完善房地产投资信托的信息披露要求。这轮修改也为房地产投资信托经理人推出了一个派发执照的框架，并将投资者换除经理人的最低投票限定从 75% 降低至 50% ，要求房地产投资信托在进行关联人士交易前为相关资产取得两份独立估值，还有为海外产业购置和产业部分拥有权提供便利。更重要的是，杠杆水平在两种情况下可高于 35% 达到 60% ，分别是当贷款的信用评级被惠誉、穆迪或标准普尔等评级公司评为至少一个 A，或房地产基金本身被以上 3 家评级公司的任何一家给予至少一个 A 的评级。在招股书的信息披露方面，《房地产基金指南》也增加了与房地产基金相关的风险披露的例子，包括缺乏分散性和过高的杠杆水平。

为了提高新加坡 REITs 的竞争优势，并促进新加坡发展成为 REITs 的金融中心，新加坡政府在 2006 年 2 月公布的财政预算案中宣布，新加坡 REITs 从外国取得的利息，及自外国信托取得关于外国产业所有权的收入或收益的分发金，也将享有免税优惠。此外，REITs 可取回因组织及设立各层次持有海外非住宅产业的特殊目的公司（Special Purpose Company，简写为SPC）而招致开支的消费税（Government Service Tax，简写为 GST）。收购海外非住宅产业及经营特殊目的公司而招致的消费税也可取回。

2007 年，随着亚太区在推出房地产投资信托方面竞争越来越激烈，新加坡金融管理局再一次出手，开启另一轮与房地产投资信托法规相关的重大修改。这一轮修改主要是加强对投资者的保护，并且为商业交易提供更多的清晰度和灵活性。修改的地方包括，为短期增加收益的安排加强披露要求，为可接受的固定期管理合约提供相关的指示，明确不让房地产投资信托在上市时给予申购的机构投资者折扣，详述房地产投资信托在派发比收益更高的股息时所应拥有的保护投资者的措施，要求房地产投资信托必须将至少 75% 的资产投入到能产生收入的房地产中，并为投入与房地产相关证券的投资免去 5% 的单方限制。

2009 年，全球金融危机导致房地产估值下跌，信贷市场收紧。新加坡金融管理局澄清了新加坡 REITs 不需要担心资产在定期重估的时候因为估值下跌而导致杠杆率增加。同时，因为信贷市场收紧，许多 REITs 会尽早为现有的债务进行再融资，以较好条件的新贷款取代旧贷款，避免债务在太接近到期日时难以延期。新加坡金融管理局也就澄清了这样的再融资不会被视为额外借款。

同年，新加坡金融管理局和新加坡交易所也分别对房地产基金指南和上市规则做了修改，强制 REITs 举办年度股东大会。在设定这个年度股东大会的要求时，主要是想让 REITs 管理人和投资者有一个直接而且正式的沟通渠道，方便投资者对管理人实行问责。另外，这个定期的沟通平台也让新加坡 REITs 取得发行新单位的一般授权，使管理人能更灵活地采取股权融资。

2015 年，《房地产基金指南》的修订就趋向配合新加坡 REITs 市场的成熟化。三大主轴包括，加强信托经理的企业治理，增进

REITs 的收费透明度，以及给予信托经理更大的灵活度。注意到 REITs 的关联人士交易越来越频繁后，新加坡金融管理局就在指南的修订条文当中明确指出，一旦发生利益冲突，REITs 管理人和其董事会有法定义务，以信托投资者利益为先。投资者若无权委任信托经理的董事，其独立董事占比须从 1/3 提高至一半。REITs 管理人必须披露其董事和高层的薪酬政策和决定程序，但每名董事和高层的个人薪酬数额，只要信托经理做出解释性说明，不强制披露。这被视为在决定薪酬方面能增强市场自律，方便实行问责的一项规定。新加坡金融管理局也要求 REITs 管理人为所收取的各项费用提供正当理由，并披露表现费的计算方式。最后，为加强运营灵活性，项目发展顶限将从 REITs 房地产的 10% 提高至 25% 。当局也废除了 REITs 的举债顶限等级。无论有没有评级，所有新加坡 REITs 的举债顶限一律是总资产的 45% 。这一轮的修订案采取了平衡的手法，一方面把 REITs 投资者的利益摆在第一位；另一方面也满足市场需求，为 REITs 管理人提供灵活性，这有利于吸引更多 REITs 到新加坡上市，让新加坡的 REITs 市场继续蓬勃发展。

2020 年 4 月，新加坡财政部、新加坡国家税务局和新加坡金融管理局在新冠肺炎疫情期间雪中送炭，发布联合公告，帮助新加坡 REITs 更灵活管理现金流和集资。新加坡财政部和国家税务局把 REITs 派息至少达 90% 应缴税收入的期限，从财年结束后的 3 个月内延长至 12 个月内。这项措施只适用于从信托在 2020 财年取得的应缴税收入当中派发的股息。同时，新加坡金融管理局也把之前完成公众征询的新规，即将 REITs 的负债率顶限从 45% 提高到 50% 的措施落实生效，并且把原定要实施的新的利息覆盖率（Interest Coverage Ratio，简写为 ICR）要求，延后至 2022 年 1 月 1 日实施。在新的利息覆盖率要求下，信托的利息覆盖率至少要达到 2.5 倍，负债率才能超过目前的 45% 顶限（可提高至最高 50% ）。

与新加坡REITs相关的税收政策，新加坡做了多轮调整，此处进行简单总结（见表2-11）。

表2-11　新加坡REITs税收政策

2001年	新加坡税务局拟定了一套税收穿透政策，并按个别项目进行评估看是否适用这套政策
2004年	个人投资者，无论国籍或税务居住地，都豁免为新加坡REITs分红所得缴纳所得税
2005年	去除大部分关于税收穿透的条款；外国机构投资者在5年内所得的新加坡REITs分红的相关预提税从之前的20%减至10%；在新加坡交易所上市的REITs未来5年若购买新加坡资产均豁免3%的印花税
2006年	在外来收入豁免计划下，为新加坡REITs合格的境外收入免税；至2010年，所有新加坡REITs成立的SPV都不必缴纳消费税，而且也可向税务局申请返还与成立SPV持有境外非住宅地产相关开销的消费税
2010年	2005年推出的预提税和印花税减免政策延长5年；在外来收入豁免计划下，为新加坡REITs合格的境外收入免税这条政策提供夕阳条款
2015年	印花税豁免政策没有得到延期；为预提税减少和外来收入豁免计划下为新加坡REITs合格的境外收入免税的两项政策延期5年；新加坡REITs为融资需求所成立的SPV，所缴纳的消费税均可返回

如今，新加坡REITs持续享有税收优惠。REITs中来自境外资产的合格收益是可以申请免缴预提税的。对于经常性收入，比如租金和房地产的相关收入，如果REITs将至少90%的这一份收入派发给单位持有人，REITs可以享有税收穿透的优惠待遇，而不必为这一部分收入缴企业所得税。有了这些税收优惠的支持，新加坡REITs更有能力借助新加坡交易所的上市平台去丰富资产包，减低拓展资产包时需承担的税负。

四、新加坡REITs市场监管框架

（一）REITs管理人的要求

新加坡REITs对管理人的要求有：

- 必须在新加坡注册公司，并在新加坡设立实体办公室。
- 公司拥有至少 100 万新元的基础资本。
- 管理人的新加坡办公室应该进行会计、合规和投资者关系方面的工作。
- 必须持有新加坡金融管理局颁发的资本市场服务牌照（房地产投资信托管理）。
- 董事及 CEO 应拥有至少 10 年相关经验，包括 5 年以上的管理层经验。
- 管理人的控股股东应在过去至少 5 年对于管理、投资和指导类似 REITs 的房地产投资项目方面，有受认可的业绩。
- 董事会的其中两名独立董事必须是新加坡公民或永久居民。

（二）房地产投资限制

新加坡 REITs 规定，至少 75% 的总资产投资于产生收入的房地产。

（三）房地产投资开发限制

新加坡 REITs 对房地产投资开发的限制有：

- REITs 不应自己或与他人合资进行房地产开发活动，或对非上市房地产开发公司进行投资，除非该 REITs 拟持有开发完成后的房产。
- REITs 不应对空置土地和抵押贷款进行投资（除了抵押贷款支持证券以外）。这项规定并不禁止新加坡 REITs 在已被批准用于开发或其他未完成的房地产开发项目闲置土地，所规划建设的房地产进行投资。
- REITs 在开发活动所投资的总数不能超过 REITs 总资产的

10%。在某些情况下，该项开发限额可以提高至总资产的25%：限于重建REITs已拥有至少3年的物业，重建后3年内不出售该资产（能提高至15%）；且获取单位持有人对于重建物业的具体同意。

（四）资产负债比率限制

资产负债比率的限制有：

- 2022年1月1日之前不得超过总资产的50%。
- 2022年1月1日及以后，不得超过总资产的45%，但对于REITs调整后利息覆盖率不低于2.5的，则总负债率可超过45%但不得超过50%。

（五）新加坡交易所的上市要求

（1）最近完成的财政年度必须取得营业收入（实际或模拟报表），市值不得低于3亿新元，并能够证明REITs将在上市后立即产生营业收入。

（2）处于健康的财务状况，包括从经营活动中产生正现金流。

（3）董事和CEO应具备管理REITs业务的适当经验和专业知识。

（4）发起人的董事、管理层和控股单位持有人的人格和诚信必须良好。

（5）上市后拥有至少500名单位持有人。

（六）物业投资的额外上市要求

（1）最低租赁期。剩余租赁期少于30年的房产总体不得占房地产投资信托营业利润的50%以上，如果该物业位于新加坡境外的司法管辖区（例如中国），新加坡交易所可接受不同的租赁期。

（2）假如符合REITs投资宗旨的资产不被列入上市资产包，发起人必须为此向新加坡交易所做出解释，必须将该资产列入REITs的优先购买权清单并披露于招股书内。

五、新加坡REITs充分体现公募REITs的优势

即使完成一个公募REITs比IPO上市有稍多的流程（相关的流程包括资产的选择和重新估值、新加坡信托架构的搭建、税负架构的优化、信托管理人的成立、境内外银团的协调），新加坡REITs的成功发行率仍很高，这是因为很多发起人认可新加坡REITs市场的成熟度和公募发行REITs的优势。

新加坡REITs的优势对于开发商非常显著，尤其是对于帮助开发商优化报表和战略的能力，以至于有些开发商会不惜成本将新加坡REITs纳入它们的长期战略里。发行REITs对于开发商的好处可简单归类为以下几点：

（1）变现物业资产。发起人可以将自有物业资产出售给REITs，从而获得大量现金以投入新的项目。

（2）保持对物业的掌控。发起人一般会持有REITs显著的份额，以保证REITs最大份额持有人的地位，同时通过控股信托管理人和物业管理人来保持对房地产资产的掌控。

（3）优化财务报表。实现发起人的房地产资产真正出表，通过一个真正的股权金融工具优化发起人的财务报表，降低杠杆，提升财务实力。

（4）体现资产的市场价值。REITs上市时，发起人物业资产需要由独立资产评估机构进行估值，并根据该估值出售给REITs。

（5）分散收入来源。通过持有上市REITs份额并设立信托管理

人和物业管理人，发起人原本单一物业租金收入将转化为分红收入和管理费收入。

（6）完成资产重组。REITs发行时的资产重组可优化集团整体架构，规范后续并购的战略。

（7）降低债务成本。REITs主体可以在境外通过股权或债券方式融资，而境外债务（美元/新币）成本一般较低。另外，REITs也能分散发起人的杠杆，使得发起人在杠杆较低的情况下获得更好的贷款条件。

（8）进入公开资本市场。新加坡REITs都具备股权再融资和发行债券的能力，可以接触更多的国际投资者。

（9）提高声誉，建立国际品牌。通过新加坡交易所国际化的定位提高公司的声誉，协助开发商找到更多更国际化的并购和合作机会。

六、新加坡REITs适用于多类企业，优势显著

新加坡REITs的成功因素非常明确，而且是建立在非常稳固的基础上。新加坡肇始就运用渐行式的监管，来配合REITs市场的走势，在每个环节都从细节方面着手优化，以至于新加坡REITs市场不只持续得到发起人的青睐，也获得投资者的信任。今日的新加坡REITs市场，无论是监管者或是投资者，对于以下几方面都极为关注：

（1）发起人的实力和信誉。发起人的实力，也包括金融实力，可以帮助REITs抓住市场机会完成有质感的一些并购活动，其后备资产的质量也会更好地支持信托未来的发展。市场声誉和信誉好的发起人可以将自己的品牌优势延伸给REITs，帮助REITs吸引更长远的投资者。通过持有REITs的份额，发起人可以加强投资者对REITs的信心。

（2）信托管理人和资产管理人的团队经验丰富。新加坡长期发展房地产板块和REITs，已经培育出很多熟悉新加坡REITs操作方式的房地产专业人士。他们在租赁安排、资产管理、融资方案设计和物业开发方面都具有丰富经验，所以新加坡REITs在拓展业务时，可以较容易找到相关人才完成REITs的各方面工作。

（3）优质的物业资产。新加坡REITs市场对于高回报率的追求，驱使着很多REITs和其发起人持续关注市场动态，找寻优质的物业资产纳入信托。新加坡交易所的REITs市场不只发起人非常国际化，资产类别也相当多元化，资产也很优质，可以满足稳定的租金收入增长或者通过升级翻新加强资产包收益的增长空间。

（4）资产估值合理。新加坡REITs的资产在上市前都要由两家独立的国际评估公司进行一轮评估，而且资产包的组成，以至于最终可达的收益率都是参考了市场上同类资产的估价。REITs派息率相比长期国债利率都有一个合理的上浮，让投资者觉得资产的估值以及整个资产包的收益率都是合理的。

（5）明确的成长故事。投资故事对于任何一种股权类金融产品都是极其重要的。我们看到有些REITs市场发展不好，是因为当地的发起人把房地产投资信托当作处置成长性不高、收益率低的资产，以至于市场对于REITs失去了信心。新加坡REITs在上市的时候都有一个明确的定位和清楚的成长故事。发起人承诺放入新加坡REITs的后备资产，很多时候也给了REITs很好的成长机会。这些对于新加坡REITs的发展，投资者的关注都是重要的。

新加坡REITs的成功吸引了很多不同类型的企业，想要到新加坡交易所来完成REITs上市的工作，而新加坡REITs监管框架的灵活度，也足以满足不同类型的房地产开发商分散融资渠道的需求。

新加坡 REITs 市场过去迎来最多的第一类公司是资质较好的地产公司。新加坡市场能走到今天这么好的一个发展阶段，主要是因为监管和中介把关得好，而发起人把 REITs 当成一个持续性融资的工具。资质较好的地产公司手上就有一些很好的资产，是可以为 REITs 未来更好的发展而奠下基础的。这类公司的资产在管理、收益方面都比较规范，而且也有很多好的资产可以持续注入 REITs 实现 REITs 的成长。

第二类公司是拥有大量物业的非地产公司。REITs 能帮助企业将资产出表，实现轻资产，让企业能在对物业仍保有一定控制权的情况下继续运营其主营业务，比如物流公司的仓储，制造商的厂房都是可以考虑的。

第三类公司是区域性龙头的地产公司。这类公司大多是因为运营记录或财务表现各项指标优越，而被称为区域性龙头公司。它们在拿地、买资产的能力上，也因为过往的经验而比较有优势，为 REITs 未来的发展助力。

第四类公司是拥有优质物业但主体资质一般的公司。因为 REITs 的表现主要看的是现金流的稳定性，所以一家公司或许是处于二、三线城市的公司，但持有的资产在这些二、三线城市却是较好的。这些资产有时因为投入的维持费不比一线城市资产要求的多，因此收益反而更好。这样类型的企业的资产也是适合装入 REITs 里的。

第五类公司是商业物业管理及经营公司。这类公司会收购一些经营不佳的资产，将这些资产做提升改造后，有效提升了资产的收益率。基于对物业管理的能力，它们所持有的资产的发展空间之大，也是非常符合新加坡 REITs 的要求的。

表 2－12 统计了 2015 年以来发行的纯粹持有新加坡以外资产的地产信托。

表2-12　2015 年以来发行的纯粹持有新加坡以外资产的地产信托

上市日期	REITs 名称	初始资产包情况
2015 年 12 月	北京华联商业信托 BHG Retail REITs	5 个位于中国境内的商场
2016 年 5 月	宏利美国房地产信托 Manulife US REITs	3 个位于美国的办公楼资产
2016 年 6 月	星狮物流工业信托 Frasers Logistics & Commercial Trust	51 个位于澳大利亚的物流和工业资产
2016 年 7 月	运通网城房地产投资信托 EC World REITs	6 个位于中国的办公楼和物流资产
2017 年 1 月	大信商用信托 Dasin Retail Trust	3 个位于中国中山的购物商场
2017 年 11 月	吉宝 - KBS 美国房地产信托 Keppel Pacific Oak US REITs	11 个位于美国的写字楼
2018 年 3 月	砂之船房地产信托 Sasseur REITs	4 个位于中国的零售奥特莱斯购物中心
2017 年 11 月	克伦威尔欧洲房地产投资信托 Cromwell European REITs	74 个位于欧洲的办公楼、轻工业及物流
2019 年 5 月	亚腾美国酒店信托 ARA US Hospitality Trust	38 个位于美国的酒店资产
2019 年 5 月	美鹰酒店房地产投资信托 Eagle Hospitality REITs	18 家位于美国的酒店资产
2019 年 7 月	Prime 美国房地产投资信托 Prime US REITs	11 栋位于美国的办公楼资产
2020 年 2 月	精英商业房地产投资信托 Elite Commercial REITs	97 栋位于英国的办公楼资产
2020 年 3 月	美国汉普郡联合房地产信托 United Hampshire US REITs	位于美国东北部的 18 处零售资产，以及 4 处自助仓储资产

目前，新加坡交易所的新加坡 REITs 市场对于各类型、各地区资产的包容性非常强。虽然新加坡交易所目前只有 4 只新加坡 RE-

ITs是中资背景的开发商发起的，却有至少12只新加坡REITs拥有中国资产，而且资产类别广泛，包含工业厂房、住宅类服务式公寓、酒店、商场和写字楼。

新加坡交易所对于一些与新经济业务相关的资产，如物流仓储和数据中心，所累积的上市经验也是亚洲首屈一指的。早在2014年，新加坡交易所就迎来美国以外的第一只以数据中心为底层资产的REITs——吉宝数据中心房地产信托。吉宝数据中心房地产信托在上市时资产包价值10亿新元，包括分布在新加坡、澳大利亚、马来西亚、英国、爱尔兰以及荷兰的8处数据中心。截至2021年7月，吉宝数据中心房地产信托已经是一只资产包价值达30亿新元的新加坡REITs，市盈率近30倍，市净率超过2倍，市场表现不在话下。吉宝数据中心房地产信托在新加坡REITs市场的成功拓展和优秀的二级市场表现，是其他持有数据中心的企业可以借鉴的。

七、2019年，新加坡REITs辉煌的一年

新加坡REITs在2019年占据了全球REITs IPO市场的领导地位，募集资金占全球REITs IPO的44%。2019年，新加坡迎来了4只新的REITs，总IPO融资额超过21亿美元，远远超越排在第二位和第三位的东京交易所和印度国家证券交易所，差距超过3倍。在新迎来的4只REITs当中，有3只是纯美国资产，共募集16亿美元，是2019年美国本土REITs IPO市场的7倍以上。

新加坡交易所在2020年也继续保持2019年的势头，于2月6日迎来2020年全球首只REITs暨亚洲首只以英镑计价的REITs，精英商业房地产投资信托（Elite Commercial REITs）。这也是2018年以来全球最大的以英镑计价的REITs IPO。

截至2019年12月31日，44只新加坡REITs为新加坡资本市场贡献了830亿美元的市值，平均股息率为5.2%，其中持有零售

业、工业和办公楼的 REITs 市值，就占了新加坡交易所 REITs 总市值的 74% 。超过 75% 的新加坡 REITs 拥有离岸资产，遍布亚太地区、美洲和欧洲。新加坡 REITs 在 2019 年平均总收益率为 23% ，远超同年新加坡海峡时报指数 9.4% 的总收益率。

2019 年，新加坡 REITs 在上市后的表现依然有很多亮点。新加坡 REITs 于 2019 年在二级市场上创下 62.45 亿新元的再融资纪录（见图 2 – 25），延续了 2018 年在全球范围快速收购和扩张的步伐，所购资产遍布全球，其中新加坡以外的资产就占了 64% ，年同比增长 60% 。美国和亚洲其他地区成为最热衷的资产购置地（见图 2 – 26）。华联商业信托与华联酒店信托合并时所进行的 14.2 亿新元再融资，是新加坡 REITs 市场 2019 年较显著的一次交易。这次交易加合并项目也创造了最大规模且多元化的新加坡 REITs，其在新加坡和上海有 7 处优质房地产。

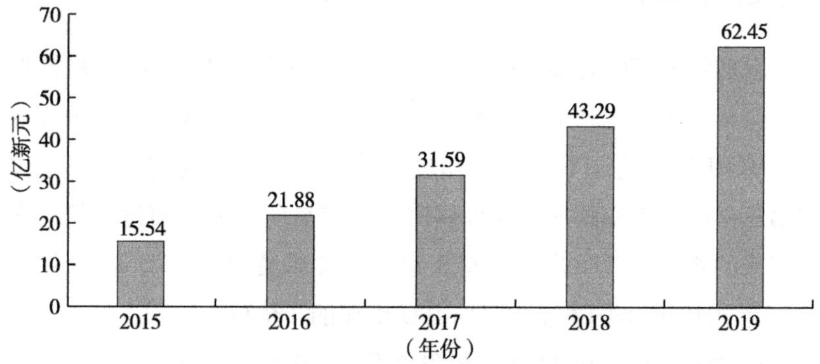

图 2 – 25　新加坡 REITs 再融资额

资料来源：新加坡交易所，2019 年 12 月。

新加坡交易所在 2019 年见证的企业合并经历，最具标志性的就是，凯德置地集团和星桥腾飞于 6 月 30 日完成的 110 亿新元合并交易。随之而来的是这两家新加坡龙头企业旗下 REITs 的一次合并项目。2019 年 7 月，凯德置地集团旗下的雅诗阁公寓信托和腾飞酒店信托提议打造合并实体，并于 2020 年 1 月生效。合并后的雅诗阁信托将朝着四大方向前进，即巩固在亚太地区最大酒店信托的地位，提高项目开发与转型能力，增强财务灵活性和增进单位派息。

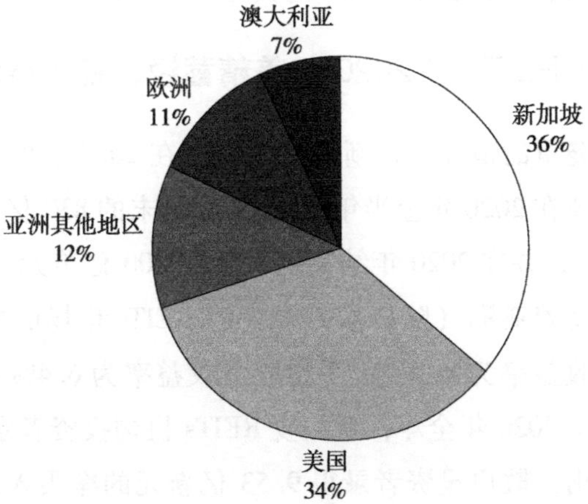

图 2－26　新加坡 REITs 全球收购地域分布（2019 年）

资料来源：新加坡交易所，2019 年 12 月。

新加坡 REITs 上市后的市场表现和流动性，也是其他 REITs 市场的重要借鉴。新加坡 REITs 以出色的流动性跑赢新加坡整体股票市场，为投资者在执行全球地产交易策略方面，提供地域及板块等维度的灵活度。REITs 占新加坡股票市场总市值的 12%，但贡献了新加坡股票市场每日总成交额的 25%，年同比增长 50%。自 2011 年以来，REITs 整体交易额复合年增长率为 11%，截至 2020 年 3 月 30 日，新加坡 REITs 的交易额比 2019 年同期已增长 71%。

新加坡 REITs 更是新加坡海峡指数的常客。海峡指数的 30 只成分股当中包括了5只REITs，总权重接近10%，它们分别为腾飞房地产信托、凯德商务产业信托、凯德商用新加坡信托、丰树商业信托和丰树物流信托。在新加坡海峡指数成分股储备名单的5只股票中，我们看到另外4只新加坡REITs，分别是丰树北亚商业信托、丰树工业信托、新达产业信托和吉宝房地产信托。进入指数有助于持续吸引投资者对新加坡REITs的关注，并提升交易活跃度。

八、新加坡REITs在2020年养精蓄锐，蓄势待发

在疫情笼罩的情况下，新加坡REITs在2020年的市值波动很大。整体市值在2020年上半年从2019年年末的830亿美元跌落到500多亿美元，并在2020年结束前恢复到800亿美元。尽管如此，新加坡仍保持着亚洲（除日本）最大的REITs市场的地位，10年平均年化总收益率为8.5%，平均股息收益率为6.4%，平均负债率为36.8%。2020年全年，新加坡REITs机构投资者录得1.89亿新元的净卖出，散户投资者录得9.53亿新元的净买入，再次证明散户投资者对于新加坡REITs市场的追捧和熟悉度。

许多地产信托在2020年也随着新冠肺炎疫情导致资产价值下跌，而纷纷着手调整战略或强化资产包。2020年的地产基金再融资额虽然比2019年稍少，只有45.1亿新元，但融资与并购活动仍非常踊跃。2020年期间，43只在新加坡交易所上市的REITs中，9只通过配售股票的方式募集30亿新元，5只信托通过配股方式募集15亿新元。

大信商用信托于2020年6月就以每单位0.78新元私募配售价格，发行1.205亿个信托单位，获投资者超额认购并迅速于当天下午完成簿记，所获配售融资额约9 400万新元，主要用于收购分别位于中国佛山和中山的大信·新都汇（顺德店）和大信·新都汇（坦背店）。纯持中国资产的大信商用信托由此融资项目，成为

2020年的第三家完成股权融资的新加坡地产类信托。此次配售价格约比配售日前经调整后交易均价低3.5%。约1.2倍认购额及较低的定价显示国际资本对发起人大信控股和大信商用信托的信心，以及对粤港澳大湾区未来发展的认可。成功收购之后，大信商用信托的物业估值规模达到约120.9亿元人民币，是IPO时的近3倍，成为新加坡交易所的第二大纯中国资产物业信托。①

凯德置地集团作为新加坡市场多个REITs的发起人，也在2020年采取几项战略性的调整，加强在新加坡REITs市场的竞争力。凯德商用新加坡信托（CapitaLand Mall Trust，简写为CMT，前称嘉茂信托）和凯德商务产业信托（Capita Commercial Trust，简写为CCT）的合并实体——凯德综合商务产业信托（CapitaLand Integrated Commercial Trust，简写为CICT）于2020年11月开始交易。新实体结合了两个REITs的资源，将更有能力投资优质创收的商业地产。同时，凯德中国商业信托也在2020年12月公布，将通过股东大会，寻求收购多个商业园区资产，将资产包拓展到商业物业类别以外，并将名称改为凯德中国信托（CapitaLand China Trust，简写为CLCT）。

由于新加坡地产基金普遍拥有健康的资产负债表以及超低的贷款利率，有些收购未通过二级市场融资进行。直到2020年的最后一个季度，仍有12家地产信托宣布完成了收购。

九、多元相关产品加强资金流入新加坡REITs市场

新加坡交易所目前已有的和REITs相关的产品，包括REITs指数、REITs交易所挂牌基金（REITs ETF）和REITs期货。

截至2021年7月31日，新加坡交易所挂牌的42只REITs由富时新加坡房地产投资信托指数（FTSE ST REIT Index）和iEdge新

① 资料来源：大信商用信托微信公众号。

加坡交易所房地产投资信托指数（iEdge S-REIT Index）两大指数共同追踪。2020 年 iEdge 新加坡交易所房地产投资信托指数中表现最佳的 5 只新加坡 REITs 是吉宝数据中心房地产信托（总回报率为 38.4%）、星狮物流商产信托（总回报率为 21.4%）、百汇生命产业信托（总回报率为 21.0%）、丰树物流信托（总回报率为 20.5%）和丰树工业信托（总回报率为 16.0%）

交易型开放式指数基金（Exchange Traded Fund，简写为 ETF）方面，新加坡交易所目前有 3 只 ETF，分别是辉立新加坡交易所亚太区股利优胜 REITs ETF、日兴资产－海峡贸易亚洲（除日本外）REITs ETF 和利安－辉立新加坡 REITs ETF。这些 ETF 的年化收益率都在 5% 以上，对于想要接触新加坡 REITs 市场但又不想投资个别 REITs 的投资者无疑是很好的选择。

2020 年 8 月，新加坡交易所也率先推出 2 只亚洲国际房地产投资期货，追踪新加坡、马来西亚、泰国和中国香港上市的各类 REITs 指数。作为亚洲最多元化和国际化的地产信托投资中心，新加坡交易所推出的新加坡交易所富时 EPRA NAREIT 亚洲（除日本外）指数期货和新加坡交易所 iEdge S-REITs 领先指数期货，为机构资金在地产信托板块的大幅流动提供便利，还能在新加坡 REITs 全天候的价格发现方面发挥作用。

新加坡是亚洲房地产投资信托的成长之都，吸引着寻求防御性回报的全球机构投资者。经过 20 余年的发展，新加坡已经建立了一个强大的房地产投资信托生态系统，拥有不断增长的投资者兴趣，深度的流动性和发起人的参与积极性。新加坡交易所提供的全面产品组合，包括 REITs、REITs 指数、REITs ETF 和 REITs 期货，将完整满足客户不断增长的需求。

第四节 日本 REITs 市场

一、日本 REITs 市场总览

2001 年 9 月，两只分别由三菱地所和三井不动产作为发行人的 REITs 在东京证券交易所发行上市，标志着日本 REITs 市场正式启航，当时日本 REITs 市值仅为 2 600 亿日元，经过近 20 年的发展，日本 REITs 市值规模及数量大幅增长。

2003 年日本政府放开 FOF 基金对日本 REITs 的投资，日本 REITs 逐渐受到机构投资者青睐，市场开始快速发展，投资物业类型也从单一写字楼扩展到酒店、物流设施等。2007 年日本 REITs 总市值达到 6. 8 万亿日元。在次贷危机冲击下，市场规模一度缩水，2009 年总市值曾缩至 2. 48 万亿日元。

随着安倍政府经济刺激政策的实施，特别是量化宽松政策，日本央行大量购买日本 REITs。叠加负利率及消费税的延迟上调，也对日本 REITs 市场产生了积极的推动作用，市场进入高速发展期。2019 年日本 REITs 市场达到历史峰值的 64 只及 17 万亿日元市值。

2020 年年初新冠肺炎疫情对物业收益的负面冲击使得日本 REITs 市场进一步经受考验，为维持市场稳定，日本央行授权财政部购买日本 REITs，总体而言，日本 REITs 的快速发展势头将继续维持。截至 2020 年 8 月，日本 REITs 上市数量为 62 只，市值规模为 13. 74 万亿日元，相比 2019 年有所下降，但其规模仍居亚洲 REITs 市场首位。日本 REITs 市值如图 2 -27 所示。

日本 REITs 采用外部管理模式，投资法人仅仅作为保有不动产的载体公司，所有投资判断、尽职调查、运营管理等职能均委托给外部管理人、资产管理公司和资产保管公司等。

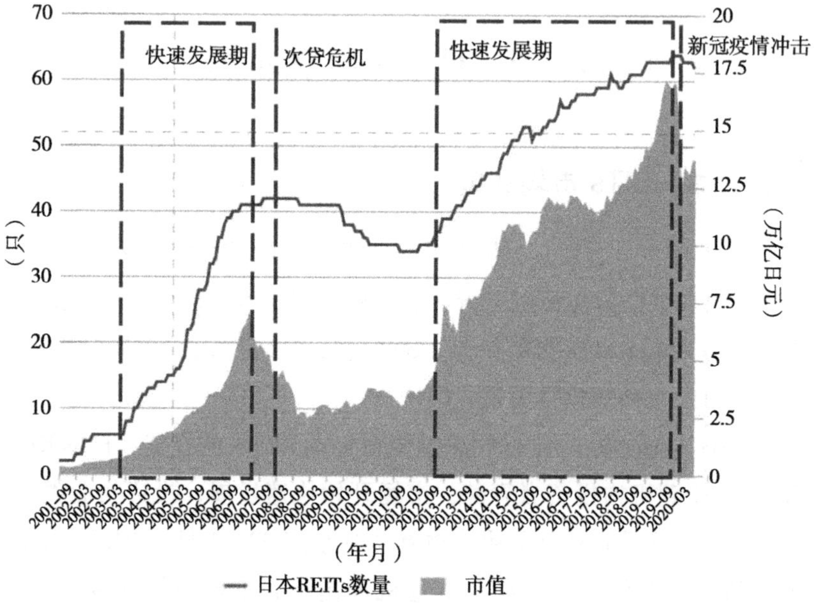

图 2－27　日本 REITs 市值

资料来源：日本资产证券化协会（ARES）。

二、日本 REITs 投资标的

（一）投资物业类型

日本 REITs 可以分为投资于单一资产类别及投资于多元化资产类别。投资的物业类型包括写字楼、住宅、商业、物流、酒店、医养设施等。

截至 2020 年 10 月 15 日，投资于单一资产类别的 REITs 市值占比最高，达 61.35%，投资于多元化资产（含 3 种及以上物业类型）的市值占比 33.00%，投资于两种物业类型的市值占比 5.65%（见图 2－28）。

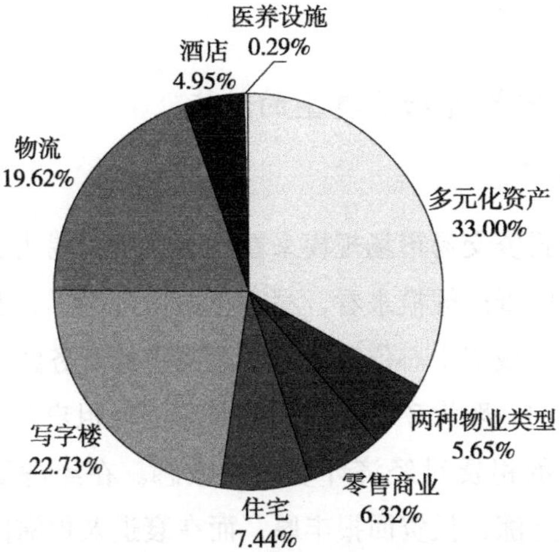

图2-28 日本REITs资产类别（按市值划分）

注：市值数据日期为2020年10月14日。

资料来源：根据https：//en. japan-reit. com/list/rimawari/数据整理。

最新上市的两只日本REITs均为投资于写字楼的单一资产REITs，由于写字楼市场较成熟，许多日本REITs都会将其纳入投资组合，投资者也比较认可该资产类别。值得注意的是写字楼租期相对较短（2年左右），相对其他类型物业而言其租赁表现更容易受经济周期影响。

REITs的另一个主要投资类型是住宅，相对优质写字楼对区位地段有较高要求，优质住宅物业可位于不同城市和区域。由于住宅租金相对其他物业更稳定，专注投资住宅的REITs被视为具备较强防御属性，受经济周期及房地产市场环境影响较小。

零售商业、酒店及医养设施投资的主要特点是，管理人需要具备特定的专业知识及较强的运营管理能力，收益表现也会受经济环境及其他因素影响。

近年电商发展驱动了对物流仓储设施的需求，由于仓储租赁具有租期长和租金收入稳定的特点，专注投资于仓储物流的REITs的收益水平也相对稳定。

（二）不同投资物业类型的特点

1. 写字楼

从房地产投资交易市场规模来看，写字楼交易占比最大，从日本REITs持有的资产规模来看，写字楼占比近50%。投资级的写字楼物业一般位于城市中心位置或主要大都市的商务区。

写字楼租约一般为2年左右，到期后进行租户及租约调整，因此写字楼物业的租赁对经济环境相当敏感。在经济复苏及扩张阶段，租金收入上涨，投资回报丰厚，而在衰退及停滞阶段则面临下行风险。

写字楼也可划分为体量大于1万平方米的大型写字楼或小于等于1万平方米的中小型写字楼。大型写字楼一般距离轨道交通更近，楼龄较短，且持续有新增供应面市，而中小型写字楼新增供应相对有限。

2. 住宅

住宅物业一般区位较分散，而且单个物业的租户数量较多、租户属性也多元化，因此相对写字楼而言其租户相关风险较低。租约一般为2年，但由于租户分散度较高，租金收益相对写字楼更稳定。此外，供给和需求波动较小，也有助于维持租金水平及收益的稳定性。因此住宅物业受经济环境及房地产市场影响有限，被归类为防御性资产。

3. 零售商业

零售商业物业对经济环境的敏感度按照租金收取模式有所不同，采取可变租金模式的零售商业物业对经济环境更敏感，而采取固定租金模式则相对更稳定。零售商业物业可大致划分为城区或郊区零售商业物业。

城区零售商业物业一般毗邻轨道交通或位于活跃商业区，且具备较好的昭示性。在经济复苏或扩张阶段，租金水平显著上行，但在经济下行阶段面临更频繁的租户更替。许多城区物业采取可变租金模式，因此受经济波动冲击较大。

郊区零售商业物业位于郊区，一般设置大型停车场，专业零售店及大型商超较集中。相对城区零售商业物业而言，郊区更多提供日常生活用品如食品等，这也意味着其租金水平比较稳定，且多数此类物业都采取长租约及固定租金方式。

4. 物流

电子商务和第三方物流产业的快速发展，刺激了物流设施新增供应的不断增长。物流设施规模越来越大，功能也变得多元化。物流设施资产的主要特征包括：（1）一般位于郊区，靠近高速路；（2）与商业物业不同，建筑物价值一般超过土地价值，因此每年折旧金额较大。

投资于物流设施的日本 REITs 的原始权益人比较多元化，有商贸公司，也有专业的外资机构。一般这类日本 REITs 的管理都非常专业化，其原始权益人具备开发建设、运营管理的专业经验。

5. 酒店

日本旅游业在 2015 年以后经历了稳健快速发展，也推动了日本酒店物业的规模增长。为了迎合不同游客类型（国内/国外，休闲度假/商务），酒店类型也相对多元化。因此单一酒店型日本 REITs 会投资于多种类型的酒店，从小旅馆到国际品牌酒店，从经济型酒店到高端奢侈酒店等。

由于其他物业类型的收益率逐渐下降，收购酒店的竞争越来越激烈，酒店型 REITs 数量也持续增加。相应地酒店型 REITs 也将面临采取措施实现内部增长的压力，如监测物业的运营状况，通过适当的资本性支出来维护和提升资产价值等。因此这类 RE-

ITs 需要在实现稳定收益的同时，引入可变租金模式促进物业价值增长。

6. 医养设施

为应对社会老龄化加剧，提供更多医养设施迫在眉睫，如医疗和护理等社会基础服务设施。2014 年日本养老院覆盖的老年人比例仅为 2.1%，政府设定目标到 2025 年该比例将达到 4%，该政策目标是推动未来医养设施的增长。

医养设施型日本 REITs 主要通过长期固定租约获取稳定收益。原先此类物业大多数由医养机构持有，通过售后回租的方式变为由日本 REITs 持有。

同时持有医养设施需要应对某些无法预见，但可能导致医养机构运营商难以继续经营的情形。因此有些日本 REITs 会与运营商提前达成协议，在租约意外中止时，由其他运营商继续接手经营。这种运营保障措施是医养设施型 REITs 所独有的特征。

从资本化率来看，日本 REITs 资本化率呈总体下降趋势（见图 2－29），而在全球金融危机冲击下（2008—2010 年），资本化率大幅攀升 0.38%。截至 2019 年 12 月，日本 REITs 物业平均资本化率为 4.38%，其中酒店物业资本化率最高（4.93%），写字楼最低（4.12%），零售商业及住宅相当（4.59%），物流资本化率仅高于写字楼（4.49%），反映了投资者对不同物业类型的风险偏好程度。

三、日本 REITs 二级市场交易

两只日本 REITs 发行后发生了“9·11”事件，整体股市处于低谷中，REITs 市场的发展也因此受到影响。随着时间推移，RE-ITs 产品的相对高收益及稳定分派表现逐渐吸引了市场注意，一系列 REITs 相关的促进政策的出台及市场机制的完善，都推动了日本 REITs 市场的快速发展，包括针对 REITs 分红的税收减免，东证

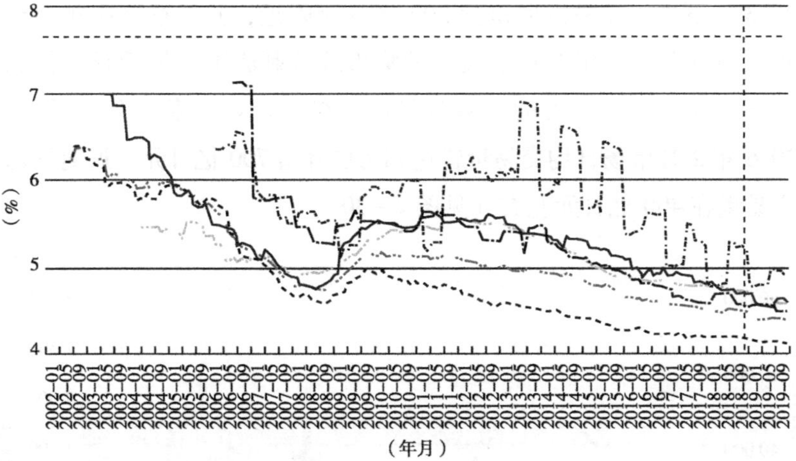

图2－29 AJPJ*资本化率

*：AJPJ为日本资产证券化协会发布的一系列关于物业的指数。

资料来源：日本资产证券化协会。

REITs指数（TSE REITs Index）的创建，REITs纳入MSCI日本指数，以及取消基金中的基金（Fund of Funds，简写为FOF）投资REITs的限制等。2007年5月东证REITs指数达到历史高点2 612.98，但在全球金融海啸的拖累下，2008年10月该指数跌回704.46的谷底，此后均在1 000点左右徘徊。随后在2013年受益于低利率环境，向好的国内房地产市场环境，良好的经济反弹预期，以及东京举办奥运会和央行放松银根等消息，东证REITs指数持续回升。

自日本REITs市场肇始以来，二级市场交易量也稳步上升，2007年2月日均交易量达到近500亿日元，2008年在金融海啸冲击下市场交易量曾大幅萎缩，在一段时期内踯躅不前。2013年3月，随着东证REITs指数回升，日均交易量一度重回500亿日元，

2013 年下半年交易量回落到 300 亿日元附近，并持续到次年上半年，2014 年下半年在日本央行的货币政策刺激下市场活跃度得到提升。日本经济进入负利率时代后，在一系列因素综合刺激下，2016 年 2 月市场日均交易量曾达到历史峰值 700 亿日元。近期日均交易量在 400 亿日元左右（见图 2 - 30）。

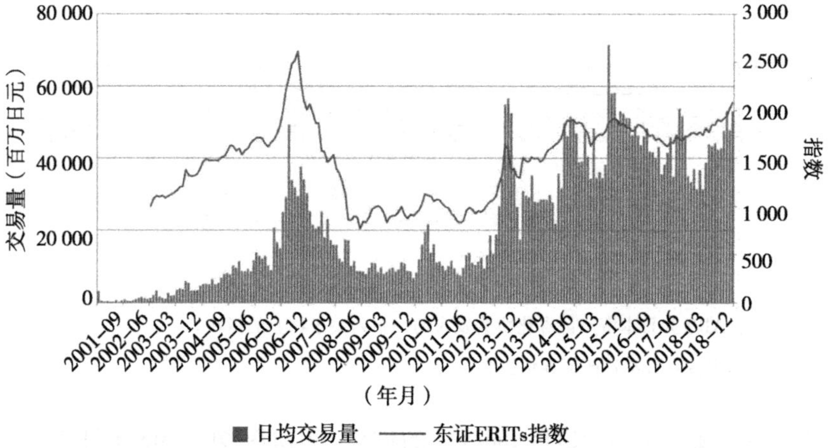

图 2 - 30　日本 REITs 日均交易量及东证 REITs 指数

注：东证 REITs 指数计算以 2013 年 3 月 31 日（收盘价）为基期计算，假设当日市值指数为 1 000。

资料来源：东京证券交易所（Tokyo Stock Exchange，简写为 TSE）。

从东京证券交易所统计发布的按投资者类型划分的市场交易来看，交易划分为券商自营交易和经纪商交易，经纪商交易进一步划分为个人和外资，外资在经纪商交易的金额占比超过 65%，主导了日本 REITs 市场交易。

投资信托和共同基金在 2017 年附近曾经是净卖出方，近年来个人投资者对 REITs 产品的强烈投资需求，终结了投资信托和共同基金的净卖出趋势。

个人投资者是另一类主要投资交易参与方，但在统计中仅占交易额的10%，部分原因在于统计未包含通过公开发售和新上市发行获取的份额。日本REITs的交易状况如图2-31所示。

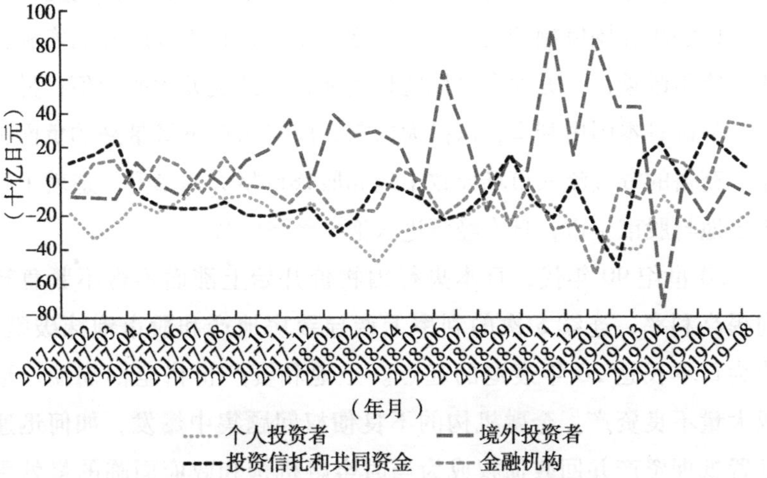

图2-31　日本REITs交易状况（按参与者类型划分）

资料来源：东京证券交易所。

针对日本REITs份额持有投资者的状况，东京证券交易所自2014年8月开始每年做两次调查，以每年2月及8月底作为基期，将结果公布在交易所网站上。截至2019年2月的日本REITs份额持有投资者状况，总人数在上次调查基础上增加22 800人。所有投资者“个人及其他”类别为820 912人，占全体投资人数的95.8%，即个人投资者从数量上占全部投资者的大多数。

从持有金额来看，信托银行占比最大达到42.7%，外资占26.1%，商业企业占8.4%。信托银行持有份额中33.6%为投资信托计划，考虑到投资信托计划的投资者主要是个人，因此个人投资者持有份额的市值占整体市场的比重相当大。

四、发展历程

1985年签订《广场协议》时，美国曾经向日本、西德等5个主要发达国家施压，要求这些国家减少对美国的出口，使美元贬值，以解决美国巨额的贸易赤字。之后不久，日本政府开始实施宽松的货币政策，一方面有序地抛售美元，导致美元大幅贬值；另一方面下调日本国内利率，以扩大内需，应对出口下降带来的负面影响。充裕的资金流入市场导致土地和股票价格大幅攀升，造就了日本土地与股市牛市，日本经济进入泡沫经济时代。

20世纪90年代，日本央行因物价开始上涨而不得不紧急转向提高利率，连续5次的利率上调导致房地产和股市泡沫破裂，成为日本长达20年衰退的起点。土地和资产价格全面崩溃，形成大量不良资产，金融机构的不良债权问题集中爆发，如何迅速处置抵押资产并回收债权成为当时金融机构和政府面临的最棘手问题。1997年亚洲金融危机之后，日本土地与股票市场彻底跌入谷底。

日本政府在1998年颁布实施《特殊目的公司实现特定资产流动化》（简称"《SPC法》"），在《SPC法》下，原始权益人将底层不动产剥离到特殊目的公司，同时SPC可通过发行特定公司债及优先出资证券等有价证券，募集资金用于向原始权益人购买不动产。《SPC法》实现了原始权益人和底层不动产的破产隔离，另外还通过向股东分红的税前抵扣方式，规避了双重征税，被视为日本不动产证券化市场的开篇之法。2000年，日本政府对《SPC法》又进行了修订，简化了审批程序及减少公开披露的信息。然而，从本质而言，《SPC法》的规定仍然属于资产导向型证券化，即通过特定不动产的流动来进行融资，其前提条件为某特定不动产的存在，且《SPC法》下的投资者原则上仅限于机构投资者，也在一定程度缩窄了募资对象的范围。

2000 年 11 月，日本政府又对另一个法案，《关于证券投资信托及证券投资法人的法律》（简称《投信法》）进行了修正，将不动产列入投资类别，并明确了成立日本 REITs 的相关必要条件。同时因为《投信法》本身也包括了个人投资者在内的更广泛的投资者范围，因此，修正后的《投信法》为日本 REITs 的形成扫除了最后的法规障碍。与此同时，东京证券交易所也在 2001 年 3 月出台了一系列不动产证券化的上市操作条例，随后，2001 年 9 月，两只 REITs，日本房产基金（Nippon Building Fund，简写为 NBF）和日本不动产（Japan Real Estate，简写为 JRE），在东京证券交易所率先挂牌上市。这两只 REITs 均是由日本最大的地产公司中的两家公司推动成立的，自此，日本成为亚洲首个推出 REITs 产品的国家。始于房地产泡沫破裂的日本 REITs，为日本的物业持有人和开发商提供了项目退出渠道，也为广大投资者提供了以不动产为基础的金融投资工具。

自 2001 年至今，日本 REITs 市场经历了 4 个发展阶段。分别是扩张期（2001—2007 年）、寒冬期（2007—2009 年）、重组期（2009—2012 年）和再度扩张期（2012 年至今）。

（一）扩张期（2001—2007 年）

日本 REITs 成立初期，虽受到了市场的高度关注，但投资者的投资热情并未持续太久。日本监管机构随后对日本 REITs 条例进行了一些补充修改，包括：

（1）2002 年 12 月日本银行家协会（Japanese Bankers Association）向其会员银行发出通知，明确银行可以将其从日本 REITs 投资中的分红收入计为净营业利润。

（2）2003 年 4 月，东京证券交易所发布了 TSE REITs 指数，同月的税改，将个人投资者（大额投资者除外）的股息税率从20%降至10%。

（3）同年5月，MSCI日本指数也首次将一些日本REITs纳入。

（4）同年7月，日本投资信托协会（The Investment Trusts Association）也修订了条例，允许日本REITs纳入FOF投资范围，这些举措吸引了大批日本国内及海外投资者的资金，日本REITs迎来了发展期，挂牌数量和市场规模均经历了迅速的增长。

2007年5月，全球次贷危机之前，东京证券交易所REITs指数达到2 612.98点。日本REITs数量从最开始的2只，发展到41只；市场规模膨胀了约25倍，从2 600亿日元（约160亿人民币）增长到67 000亿日元（约4 000亿人民币）；投资范围从最开始的办公楼，扩大到商业、住宅、物流、酒店等多业态。这期间全球经济向好，资产价格和租金均有稳步提升，日本REITs的蓬勃发展也为这段时期日本经济的复苏起到了不可忽视的关键作用。

（二）寒冬期（2007—2009年）

2007年，美国次贷危机引发了全球金融市场的震荡，日本REITs市场也遭遇寒冬，陷入困境，股票价格急速下落。实体经济恶化造成租金下降以及出租率低迷，日本REITs面临极大的运营压力。2008年10月，新城住宅REITs（New City Residence）陷入资金泥潭，宣告破产。东京证券交易所REITs指数大幅下挫，从2007年的最高点2 612点，跌落至2008年10月1日的704点，为其成立以来的最低点。

（三）重组期（2009—2012年）

次贷危机后，日本政府对日本REITs开展了多方面的“救援”和扶持行动。日本政府于2009年9月设立了面向日本REITs

市场的救市基金——不动产市场安定化基金（Real Estate Market Stabilization Fund），通过发行公司债券来改善日本 REITs 公司的财务状况；同时日本央行设立的日本 REITs 股票基金，持续在二级市场买入日本 REITs 股票，稳定和提振市场信心。除了以上措施，日本政策投资银行也在资金面上给予了日本 REITs 公司强有力的支援。监管方面，从 2009 年 1 月开始，日本 REITs 市场在并购规管方面进行了诸多努力，包括修订负商誉、并购审批、投资法人的合并等相关条例和制度，以积极促进日本 REITs 的并购重组来改善收益结构，提高资产收益。这些政府扫除日本 REITs 合并障碍的举措，加速了日本 REITs 的并购和重组，使得濒临破产的日本 REITs 得以实现优质资产的重组，存续的日本 REITs 资产规模和质量得到提升，市场逐渐恢复元气，并开始复苏，日本 REITs 市场再次得到了投资者的关注和认可，指数水平逐渐回归。

（四）再度扩张期（2012 年至今）

2012 年 12 月，安倍晋三当选日本首相，提出“日本再生长战略”，日本政府宣布与日本央行一起，共同颁布一系列摆脱通缩和经济复苏的经济政策，这些举措带来了各种经济指标转好，使经济进入扩张阶段。日本 REITs 也迎来了新一轮的高速发展，积极增持物业，投资目标也更加多元化，除了写字楼、住宅和零售商业之外，还进一步包含了物流、酒店、工业地产等，并且在 2014 年开始有日本 REITs 投资于医养设施，以及在 2016 年，一个包含温泉和水疗相关设施的日本 REITs 进入资本市场。

截至 2021 年 1 月，日本 REITs 的数量达到 62 只，市值接近 1 500 亿美元（见图 2-32），包含约 4 300 个物业，资产价值接近 2 000 亿美元（见图 2-33）。

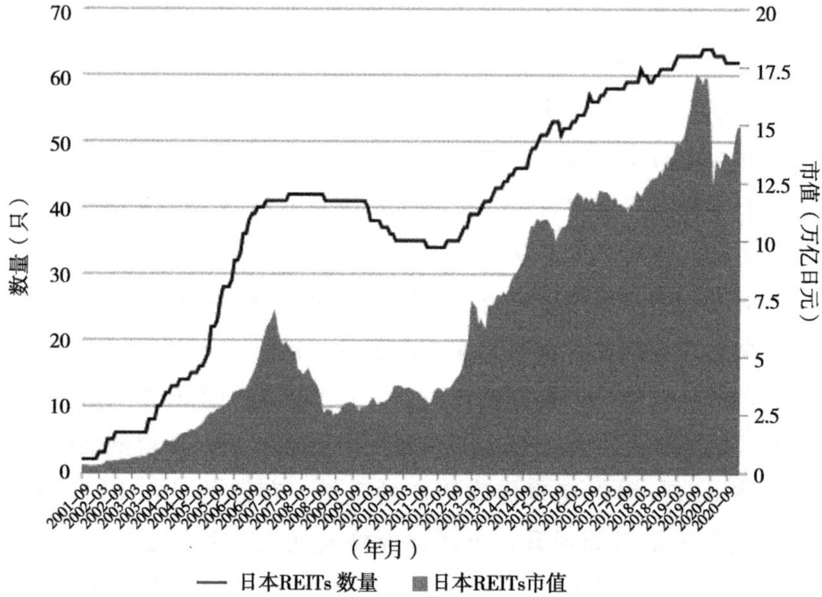

图2-32　日本REITs市值和数量

资料来源：日本资产证券化协会。

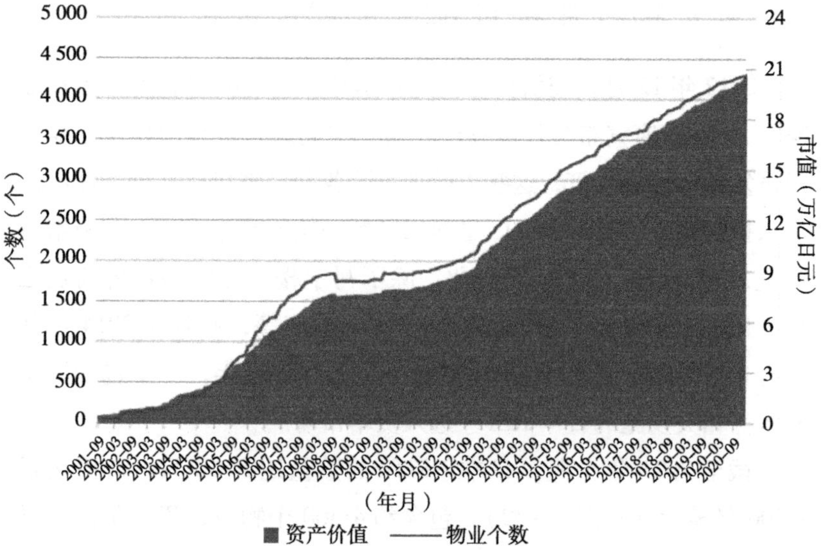

图2-33　日本REITs管理物业和资产价值

资料来源：日本资产证券化协会。

五、市场监管框架

日本及亚洲各国普遍采用专项立法，通过修改投资、信托等有关法律，对 REITs 的设立、结构、投资资产、收入及其分配等方面予以明确的规定。日本 REITs 市场在多年的发展和摸索过程中，经过多次的修订，形成了下述法律体系。

（1）《关于证券投资信托及证券投资法人的法律》。2000 年进行修订，修订后的《投信法》将不动产投资列为允许投资的对象，是日本 REITs 的基本法律。

（2）《关于资产流动化的法律》。旨在指导企业通过资产证券化的方法来处置抵押资产或担保债券，盘活资产，增强流动性。2000 年进行修订，修订简化了审批程序、减少了信息披露要求，增加了特殊目的信托的架构，自此使用 SPC 架构的不动产证券化案例迅速增长。

（3）《金融商品交易法》。2007 年 9 月 30 日开始实施，是一部将多类别的金融产品进行一体化管理的法律，对证券产品做了清晰界定，包括将 REITs 和股票、公司债券等都定义为第一项有价证券，其共同点是流动性好，容易变现。

监管机构：日本 REITs 的主要监管机构包括日本国土交通省、金融厅和财务省。

（1）国土交通省。国土交通省作为日本国土综合开发建设利用的管理部门，对不动产业进行如下方面的管理：关于不动产产业的发展，不动产交易市场的合理发展；关于整备不动产投资市场的相关业务；土地以及房屋交易管理、不动产开发机构以及中介机构等的监督管理。

（2）金融厅。作为维护日本金融秩序和促进金融市场发展的主管部门，对日本 REITs 的监管内容主要包括：投资者保护法制的建立；信息披露制度的建立和监管；证券交易所自主规制的强化和监管；不公平交易的监管和惩罚。

（3）财务省。作为日本财政政策、税收体系的制定部门，对日本 REITs 的监管内容主要是对不动产产业以及日本 REITs 的税务制度的制定以及监管。

第三章

Pre-REITs 与不动产私募基金

第一节 Pre-REITs 与不动产私募基金的关系和联动模式

一、Pre-REITs 的概念、意义与价值

（一）Pre-REITs 是一个实践性概念，是 REITs 生态的前端环节

Pre-REITs 早已在美国、新加坡等 REITs 市场运作，并且对各地 REITs 发展起到重要的推动作用，但迄今在国际上尚缺乏权威的概念定义。对于 Pre-REITs 这一概念，一些国内专家认为，Pre-REITs 是一个实践性概念，指的是储备不动产（单一项目或资产包）作为底层资产，通过不动产资产管理按照 REITs 的要求来逐步实现底层资产的价值提升，并最终将成熟不动产置入 REITs 的整体运作。不动产的生命周期贯穿 REITs 生态，Pre-REITs 位于前端环节。显然，REITs 所需要的成熟期不动产要先经历获取土地、规划设计、开发建设，建成后运营要经历较漫长的培育期，才能达到成熟

期。而且，有些不动产虽然长期运营，但也可能到了需要翻新或调整的改造期，改造之后才适合置入 REITs。此外，尽管有些不动产非常优质，但要先解决好权属问题，做好资产剥离重组等操作后才能置入 REITs。把这些不动产置入 REITs 后，就进入 REITs 生态后端的稳定运营环节。因此，置入 REITs 之前的 Pre-REITs 也就成了整体生态的前端环节（见图 3－1）。

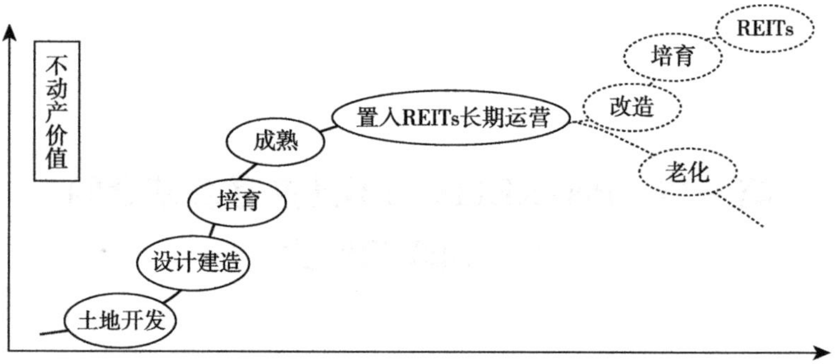

图 3－1　不动产生命周期与 REITs 生态示意

（二）Pre-REITs 主要通过对底层不动产的资产管理创造价值

Pre-REITs 主要通过对底层不动产的资产管理创造价值，实现不动产置入 REITs 之前的资产价值最大化。对于不同生命周期不同情况的不动产而言，Pre-REITs 环节的资产管理内涵也不尽相同。

首先，在规划设计阶段，Pre-REITs 的资产管理要开展区域分析和选址评估，从市场和客户的角度出发做好价值定位，有些情况下要依据客户需求做增值设计。

然后，在施工阶段，Pre-REITs 的资产管理要设定评估、施工、交付标准，监察日常施工流程，保障在预算范围内按时、按质执行施工和交付不动产，实现空间加工的价值。

在交付之后的培育阶段，Pre-REITs 的资产管理要基于具体不动产项目的业务场景，开展招商管理、运营管理、物业管理、能源管理等，实现价值定位，追求资产增值，在监测和预测不动产价值变化的基础上，让不动产最终以最大化价值置入 REITs。例如优化租赁策略，通过灵活的租约和最有利的条款，吸引更优质的租户入驻或更换更高能级的租户。此外，如果同时管理多个 Pre-REITs 项目，那么在资产管理之上还有组合管理，统一制订资产组合内多个项目的布局规划、价值目标、置入 REITs 计划等。

在 Pre-REITs 的资产管理之中，物业管理范畴不断演进，但资产管理的价值创造角色不能与物业管理相混淆。通常而言，物业管理指业主通过聘选物业服务企业，由业主和物业服务企业按照物业服务合同约定，对不动产涉及的保安、保洁、绿化、楼宇秩序，以及设施设备的维修、维护、管理等提供日常基础服务。可以说，物业管理是 Pre-REITs 的资产管理的重要组成部分。物业管理方会在业主方开展招商管理、租赁管理、改善用户满意度、提升出租率及租金水平等方面进行协助配合。

值得一提的是，在 Pre-REITs 的资产管理的价值创造活动中，科技赋能的作用越来越大。科技在 Pre-REITs 资产管理中已经渗透到全部生命周期环节，在提升效率、降低成本、改善客户体验、绿色减排等方面助力资产管理。例如，在设计和施工方面有建造信息化模型（BIM），在客户服务等方面有云平台，在物业管理、能源管理及安防管理等方面有物联网，在物流仓储运营中有工业机器人等。

Pre-REITs 的资产管理同时也创造了社会价值。例如在产业园中，优秀的资产管理可以吸引产业链“链主”企业入驻，带动整个产业链链条招商引资，与当地产业集群共同发展；在写字楼业态中，优秀的资产管理可以打造商圈价值、地标价值乃至城市名片价值；在城市更新中，优秀的资产管理既可以传承传统建筑的历史文化价值，也可以实现城市面貌焕新、功能升级和品质提升，满足人民群众日益增长的美好生活需要。

二、不动产私募基金的基本概念与主要分类

不动产私募基金是私募基金的一种。中国证监会规定，私募基金是指以非公开方式向投资者募集资金而设立的投资基金，包括私募股权投资基金、私募证券投资基金等，其中私募股权基金指投资包括未上市企业和上市企业非公开发行和交易的普通股、可转换为普通股的优先股和可转换债等的私募基金。按照美国证券交易委员会的界定，私募基金是一种集合投资载体，并且，依据 1940 年《投资公司法》对于“投资者人数少于 100 人且不公开募集”以及“全部为合格投资者而无须按投资公司注册”的规定，私募基金通常包括私募股权基金和对冲基金。在私募股权基金这一概念的基础上，按约定俗成的说法，不动产私募基金就是指专门投资不动产相关资产的私募股权基金。

在我国按照组织形式和设立法律依据不同，不动产私募基金可以分为合伙型、契约型和公司型。实务操作中，合伙型和契约型较为常见。若按底层资产退出方式不同，则可分为持有型和销售型。

（一）合伙型、契约型和公司型

1. 合伙型

合伙型不动产私募基金指投资者依据《合伙企业法》，成立投资基金有限合伙企业，由普通合伙人（General Partner，简写为 GP）和有限合伙人（Limited Partner，简写为 LP）组成，GP 对合伙债务

承担无限连带责任，同时负责具体的投资运作。合伙型没有双重征税，便于GP收取业绩报酬和设计分级结构，因此合伙型在实务操作中较为常见。

2. 契约型

契约型不动产私募基金指未成立法律实体，而是通过契约形式设立私募基金，基金管理人、投资者和其他基金参与主体按照契约约定行使相应权利，承担相应义务和责任。无须运营实体是契约型基金的独特优势，可避免烦琐的工商注册、登记等流程，同时其税收具有一定优势，因此契约型在不动产私募基金实务操作中也较为常见。

3. 公司型

公司型不动产私募基金指投资者依据《公司法》，通过出资形成一个独立的法人实体——基金公司，由基金公司自行或者通过委托专门的基金管理机构进行管理，投资者既是基金份额持有者又是基金公司股东，按照公司章程行使相应权利、承担相应义务和责任。公司型基金在税收上有双重征税问题，又受限于同股同权不便于GP收取业绩报酬和设计分级机构，实务操作中使用较少。

（二）销售型和持有型

从不动产属性分，不动产私募基金可以分为销售型和持有型。销售型不动产私募基金投资销售型物业，最终以物业对外销售等方式获得回报。与之相比，持有型不动产私募基金投资以持有型物业为主，通过长期持有和管理不动产创造价值，以大宗交易、REITs等方式退出获得回报。

本章以Pre-REITs为主，因此后文不动产私募基金主要就是指持有型不动产私募基金，除非另有说明。

三、持有型不动产私募基金是 Pre-REITs 的主要表现形式

（一）REITs 本身不适合大规模开展 Pre-REITs 运作

从监管视角看，各地 REITs 市场监管机构通常对公募 REITs 有严格规定，例如对不动产资产要求较高，对杠杆率上限控制较严以及对管理人决策约束较多，更适合持有产权清晰、手续完备、现金流稳定、长期成熟运营状态的不动产。从投资者视角看，公募 REITs 面向普通投资者募集和交易，普通投资者往往把公募 REITs 当作中等风险和中等收益的金融产品。然而，Pre-REITs 涉及的开发、改造及培育不动产往往难以满足这些条件，因此公募 REITs 本身难以大规模开展 Pre-REITs 运作。

（二）持有型不动产私募基金的投资和管理灵活度比 REITs 更高

监管对不动产私募基金的资产结构、杠杆率均限制较少，不动产私募基金管理人可采取的投资策略，比公募 REITs 管理人更为灵活和广泛。例如，不动产私募基金可以灵活投入不动产开发、改造、培育之中，也可以承受不动产在开发、改造及培育时期没有稳定收入的情况，更可以在困境资产中实施债务重组提升不动产价值，这些操作都较难在公募 REITs 中大规模运作实现。

（三）持有型不动产私募基金面向的投资者比 REITs 更专业

与公募 REITs 大量由普通零售投资者持有不同，不动产私募基金份额通常由机构投资者持有，机构投资者风险承受能力较强，资金期限较长，对私募基金管理人的尽调判断能力更强，专业的机构

投资者给不动产私募基金出资，使得基金管理人有更好的条件开展 Pre-REITs 运作，坚持长期投资、主动管理、创造价值。

（四）持有型不动产私募基金更适合发挥 Pre-REITs 的重要角色

持有型不动产私募基金和公募 REITs 都是投向不动产的金融工具，但由于两个金融工具的政策和制度环境不同，持有型不动产私募基金与公募 REITs 差异明显，金融活动各有特色。持有型不动产私募基金由风险承受能力较强、资金期限较长的机构投资者所有，私募基金管理人的投资和管理灵活度高、专业能力强、所受约束少，私募基金更适合做高增值、高风险、长期限的投资活动，因此更适合发挥 Pre-REITs 的重要角色。

表 3-1 显示了不动产私募基金与公募 REITs 的区别。

表 3-1　不动产私募基金与公募 REITs 的比较

	不动产私募基金	公募 REITs
税收政策	税收支持政策较少	有专门的税收支持政策
投资者范围	门槛高，仅合格投资者参与	门槛低，普通投资者可参与
投资者集中度	无限制	有一定限制
资产布局	无限制	有稳定收入物业占资产比例约束
杠杆率	无限制	新加坡、中国香港有杠杆率上限
产品流动性	流动性弱	流动性较好
信息披露	监管约束相对较少	监管要求高、约束多

资料来源：根据公开资料整理。

四、持有型不动产私募基金开展 Pre-REITs 运作的主要模式

（一）模式一：不动产私募基金开发、改造或培育资产并置入 REITs

不动产私募基金为 REITs 开发、改造或培育资产并最终向 RE-

ITs 置入资产较为常见，在 Pre-REITs 运作中发挥关键作用。

Pre-REITs 运作在国际上的代表机构有凯德集团、嘉民集团、零售地产信托基金（Charter Hall）等，在不动产私募基金和 REITs 领域均有大规模布局，并将两者打造成资本运作的联动平台。其操作模式在于利用不动产私募基金开发、改造、培育及运营管理物业，待不动产的租金现金流稳定后，不动产私募基金将不动产售给 REITs，不动产私募基金实现退出及回报，REITs 借此实现规模快速扩张。例如，截至 2020 年年末，凯德集团在管的 25 只不动产私募基金规模达 147 亿新元，在管 6 只 REITs 市值达 339 亿新元，在战略层面大规模开展 Pre-REITs 运作。凯德集团案例可见本章第二节相应内容。

（二）模式二：REITs 被低估时由不动产私募基金修复资产价值并重新置入 REITs

当 REITs 进入资产老化、经营困境等价格低估状态时，一些不动产私募基金管理人擅长发挥修复 REITs 资产价值的作用。典型案例为不动产私募基金管理人黑石集团多次收购 REITs。黑石集团作为全球最大的不动产私募基金管理人，典型操作策略是“买入—修复—退出”，以各种手段修复 REITs 被低估的价值。例如 2007 年 2 月，黑石集团以 390 亿美元私有化并购美国最大的写字楼上市公司办公物业投资信托，成为史上规模最大的不动产私募基金收购 REITs 案例，黑石集团在收购后按照城市和地段等维度把该 REITs 拆分成不同的资产包，完善运营并择机出售。2007 年 6 月，黑石集团还以 260 亿美元私有化并购美国第二大酒店上市公司希尔顿酒店 REITs（Hilton Hotel REITs），黑石集团逐步更换高管、重组债务、调整经营及改造物业，到 2013 年再度推动希尔顿酒店 IPO 上市，上市当日黑石集团浮盈近 90 亿美元，创造了史上盈利规模第二大的 IPO 交易。

值得指出的是，不动产私募基金修复 REITs 可与 Pre-REITs 构成闭环。例如，在黑石集团 2007 年私有化办公物业投资信托之后，其中位于硅谷的 24 只不动产资产经过黑石集团漫长的经营后，直到 2014 年才置入了另一只 REITs 即哈德森太平洋地产公司（Hudson Pacific Properties）。从哈德森太平洋地产公司这只 REITs 的角度看，黑石集团在对 REITs 资产的修复过程中创造了潜在储备资产，起到了 Pre-REITs 的作用。

（三）模式三：REITs 以不动产私募基金对外收购资产来置入 REITs

在国际 REITs 利用不动产私募基金的发展过程中，有些 REITs 利用不动产私募基金收购第三方不动产甚至收购第三方 REITs，实现自身的外延式扩张。例如，金科房地产投资信托（Kimco REITs）擅长收购扩张，不动产私募基金在其中扮演了重要角色。2004 年，金科房地产投资信托与不动产私募基金管理人 DRA 顾问公司合作，以 12 亿美元收购了另一只 REITs，包括 33 个购物中心和一块未开发土地，利用不动产私募基金一举实现了跨越式发展。考虑到收购也是 REITs 储备资产的重要渠道，因此这也是 Pre-REITs 的模式之一。

除了上述国际常见的运作模式之外，在境内类 REITs（私募 REITs）中不动产私募基金也可承担多个关键角色，可以起到“Pre-私募 REITs”的作用。我国私募 REITs 产品发行、管理具有与国际市场不同的特色，不动产私募基金可在其中扮演关键角色。（1）原始权益人。不动产私募基金可以将不动产资产通过私募 REITs 产品的发行，实现项目阶段性退出。具体可见本章第三节远洋资本案例相应内容。（2）投资者。相比银行间和交易所市场传统投资者，具有产业背景的不动产私募基金对底层物业资产的价值判断能力更强，认购私募 REITs 尤其是次级份额可以提高项目信用评级，增加其他投资者信心，降低发行难度。(3) 资产服务机构。不动产私募基金承担资产服务功能，可以通过主动管理提升资产经营表现和租金潜在空间，扩大管理规模并获得管理费，并借此提升次级投资的潜在收益。(4) 契约型基金管理人。在实务操作中，我国私募 REITs 通常搭建双层 SPV 结构，一种常见结构是上层资产支持专项计划 + 下层契约型不动产私募基金，下层契约型不动产基金可由不动产私募基金机构担任管理人，有助于构建基础资产和债权的税收穿透，并对持有底层物业的项目公司发挥主动管理职能。(5) 财务顾问。境内私募 REITs 产品发行中有不少设有财务顾问。在实务操作中，不动产私募基金常常比券商更懂发起人诉求，财务顾问由不动产私募基金承担。

第二节 Pre-REITs 型不动产私募基金的投资、管理与退出实务

一、Pre-REITs 型不动产私募基金的投资实务

作为 Pre-REITs 的主要表现形式，不动产私募基金的投资决策，主要由投资决策委员会（简称“投委会”）做出，投委会人员通常由 GP 委派。此外，如果涉及与 GP 利益冲突的事项，需要由 LP 和 GP 共同委派的顾问委员会或者由合伙人大会来决定（见图 3 -2）。

（一）Pre-REITs 型不动产私募基金的投资策略

Pre-REITs 型不动产私募基金的投资策略与各类不动产私募基金相似，按照风险收益水平，可以分为以下 4 种投资策略。

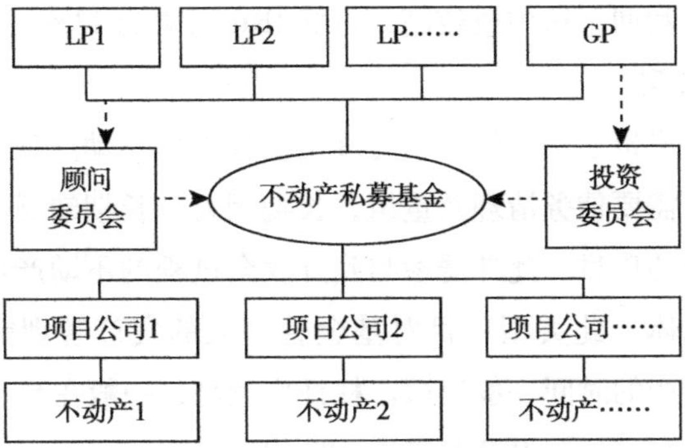

图3-2 合伙型不动产私募基金架构示意图

1. 核心型

该策略投资于已产生稳定现金流的资产，例如繁华地带的物流节点城市的仓库、数据中心、产业园、办公楼、购物中心及公寓等。持有资产时间较长，通常在5年以上。杠杆率较低，一般为0~50%。因此体现出风险分散、回报较低的特性，目标内部收益率（IRR）通常为6%~8%。考虑到REITs本身较多使用核心型投资策略，Pre-REITs型不动产私募基金的核心型投资策略可能相对较少。例如，凯德集团的不动产私募基金中87%为机会型和价值增值型策略，仅7.2%为核心型策略。

2. 核心增值型

该策略标的资产大部分与核心型类似，少部分投资于需适当进行改造翻修、经营改善的不动产项目，以在核心型收益基础上获得部分资产增值收益。持有资产时间较长。杠杆率在中低水平，一般为50%~60%。风险和回报适中，目标IRR通常为10%~12%。

3. 价值增值型

该策略投资于需改造翻修、整体经营提升的不动产项目，通过改善资产的现金流情况，获得资产增值的收益。持有时间较核心型及核心增值型短，通常在3年及以上。杠杆率适中，一般为50%~

75%。风险和回报适中或较高，目标 IRR 通常为 13% ~15%。

4. 机会型

该策略投资于情况复杂、处理难度较大的不动产项目。例如有法律纠纷，需要债务清理及重组，长期闲置、长期缺乏管理，需重新定位开发的项目，此外需参与到开发全过程的不动产项目也属于此类型。总体上此类型项目对基金管理人的资产管理能力要求较高。持有资产的时间一般较短。杠杆率较高，一般在 65% 以上。风险和回报较高，目标 IRR 通常在 18% 以上。

Pre-REITs 型不动产私募基金投资策略类型及其风险和回报关系如图 3-3 所示。

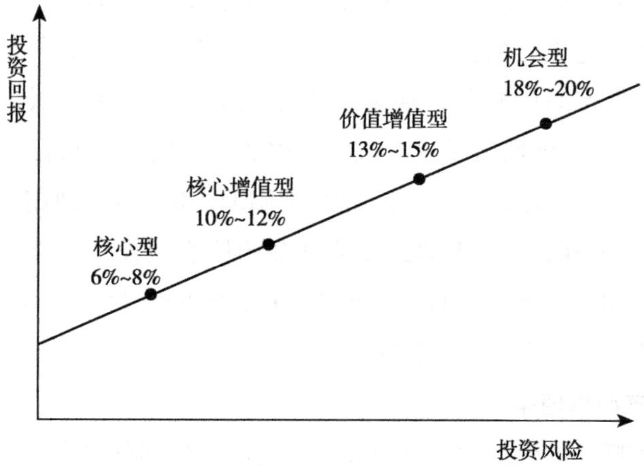

图 3-3 Pre-REITs 型不动产私募基金投资策略类型及其风险和回报关系

（二）不动产私募基金与地产公司的投资差异

从国际普遍实务来看，不动产私募基金在以下几个方面与地产公司有所差异。

1. 人才储备和思维逻辑

不动产私募基金的从业者多为具有实业背景的金融、经济、法律、风险管理等人才，通常一部分来自实业开发商，一部分来自其他金融机构。地产开发商的从业者多为房地产、建筑、土木工程、营销等人才。不动产私募基金的思维逻辑是资产管理、资本管理与组合管理，地产开发商的思维逻辑则是业务规模管理和资产运营。

2. 资金来源

二者投资项目通常都会配置一定比例的银行贷款，自有资金出资方面，不动产私募基金投资款多来自险资、资管机构，这些机构稳定的资产配置使得资金量受经济周期的影响较小，有条件逆周期投资，发挥稳定周期波动的作用；地产开发商投资款多来自其他项目的销售回款和净收益，这使得可调配资金与经济周期同步。

3. 资金期限

不动产私募基金的期限有长有短，取决于基金的投资策略。对于资金期限较长的不动产私募基金，则基金管理人可以灵活择时，进行跨越周期的资产配置。地产开发商以自身所有者权益和负债为资金来源开展投资，资金情况与市场周期共振，往往不能灵活择时。地产开发商若投资持有型不动产如购物中心、写字楼、物流仓库等，往往针对优质资产采取长期持有的战略。

4. 投资标的所处阶段

不动产私募基金通常投资于完工后的物业，这一点在商业办公楼领域尤为明显。地产开发商通常从拿地开始，主导设计、建设到运营的全流程，统筹协调各类资源实现物业价值。

（三）Pre-REITs 型不动产私募基金投资特点

REITs 是不动产私募基金的退出渠道之一，相比于整售予第三方等其他退出方式，REITs 的诸多特点导致 Pre-REITs 型不动产私募基金在投资方面有以下因素需要考量。

1. 资产的合规性

REITs对于物业权属的合法性要求较高，需要权属清晰、手续齐备，项目公司要信用稳健、内控健全、无违法违规记录。在投资尽调阶段，需额外关注的问题包括产权面积所产生的收益是否能清晰可辨地确认，可能存在租金收入难以在标的资产和非标的资产（归属于其他产权人，例如楼内存在分层分户散售的情况）之间拆分的问题；当前资产实际用途和土地使用用途不一致的问题；是否存在未经政府审批加建违建的问题等。

2. 交易结构设计

为便于实现REITs退出和筹划退出阶段的税务，在Pre-REITs投资阶段可提前做好有利于后期执行的交易方案设计和结构搭建。

3. 投资标准

考虑到REITs市场投资者和交易所对于分红率的要求和相关政策，以及REITs运营期的管理人、托管人等相关税费，Pre-REITs投资阶段需研判REITs计划发行规模，进而确定资产买入价。

4. 资金期限

由于REITs初上市时，对于原始权益人持有份额可能有最低比例和限售期要求，Pre-REITs型不动产私募基金只能分阶段在几年时间内逐渐回收投资。若基金LP有刚性的投资回收期且期限较短，则可能出现资金期限错配问题。因此，Pre-REITs型不动产私募基金的一个投资实务特点是，选择培育期较短的资产，以实现尽快发行REITs的目的，避免期限错配矛盾。

5. 资产稀缺性

位于大城市、核心地段的资产现金流更稳定，受经济波动的影响更小，更容易发行REITs并获得证券市场投资者的认可，投资时应重点关注此类资产。

二、Pre-REITs 型不动产私募基金的投后管理实务

（一）Pre-REITs 型不动产私募基金的投后管理定位与原则

投后管理就其定位而言，属于“募、投、管、退”中承上启下的一环，它既是对 Pre-REITs 型不动产私募基金具体项目投资工作的延伸，也是确定 Pre-REITs 型不动产私募基金整体投资策略的前提。在具体项目中，投后管理必须要深入理解投资逻辑，细致掌握交易条件，找准发力点，严格按照投资时所设定的路径执行，实现投资预期目标。在 Pre-REITs 型不动产私募基金确定整体投资策略时，要依据市场趋势和自身能力而定，而投后管理就是自身能力的表现。Pre-REITs 型不动产私募基金必须有专门的行业人才、专门的管理体系、专门的外部资源，才能构建出投后管理的能力圈和护城河，进而制定出有竞争力的投资策略，为投资者创造价值。因此，投后管理在大的定位上仍然属于投资的一部分，其在 Pre-REITs 型不动产私募基金中的责任和作用都是非常重大的。

投后管理操作要遵循的原则有 3 个方面。一是全心全意维护投资者利益，这也是资产管理行业必须遵守的最高原则。投后管理过程中需要面对多重利益主体，包括投资者、被投标的、客户、中介机构以及管理人自身等。唯有遵循这一最高原则，才能厘清主次，锚定目标，守正笃实，久久为功。二是要以实现 Pre-REITs 投资目标为原则。Pre-REITs 型不动产私募基金投资从一开始就会设计好 REITs 这一退出路径，同时也会设定好一系列的假设条件或目标。投后管理要做的就是按既定的路径、既定的目标进行推进和落实，最终实现项目的顺利退出。三是要坚持能力圈原则。投资活动本质上是一种风险管理活动，需要有严格的纪律性。作为不动产私募基

金的投后管理，必须要敬畏市场，尊重事实，按规律办事，不能超越自身的能力范围。

（二）Pre-REITs 型不动产私募基金的投后管理具体操作

1. 落实投资协议

项目交割之后往往还会有一些待落实的条款，投后管理需要按照协议要求逐一落实。

2. 监管资金安全

所有进入项目的资金都必须封闭管理，而支出则必须符合经营计划和市场常规，投后管理须对项目的资金进出进行全过程无死角的监管。

3. 增值赋能

不动产最重要的是位置和人气，位置靠选择，人气靠运营。投后管理要通过对区域市场的判断、对经营策略的优化、对服务商的选择、对管理人员的考核等各个方面，来提升项目运营效果，进而提升项目的市场估值以及内在价值。

4. 策略研究和反哺投资管理

当投后管理的对象从单个项目增加为多个项目的组合时，来自这些项目的反馈数据就有可能产生质变，如果对这些数据进行有效的分析，就有可能发现规律，判断趋势，从而可以优化 Pre-REITs 的现有投资策略，指导下一步的投资方向，实现投后对投资的反哺。

在实操中，以上各个层次的工作并非升级迭代式的，而应该是并存并进式的。同时，要想做好这些工作，需要建立高效的信息系统，经验丰富的管理团队，以及基于深度思考的分析框架。

（三）Pre-REITs 型不动产私募基金的投后管理特点

一般而言，与开发商及公募 REITs 的运营管理相比，不动产私募基金的投后管理有一定区别。不动产私募基金的投后管理环节位于一个极短的投资决策链条中，其管理动作直接反映投资者的意志，对项目关键事项的判断和决策是其主要工作内容，人员配备非常精干，甚至是由投资者兼任。管理跨度比较大，善于整合市场资源。具有对投资赛道、仓位配比等资产配置策略进行分析和对比的思想方法。开发商及公募 REITs 的运营管理主要工作是落地执行和精细化管理，人员配备比较充足，甚至会成立专门的子公司，专注于所在领域，易于形成管理品牌。例如，凯德集团旗下 REITs 形成了独特的购物中心品牌，也成立了单独的物业管理公司。

但是，Pre-REITs 型不动产私募基金的投后管理比一般的不动产私募基金投后管理更为全面。一般的不动产私募基金投后管理的特点是偏宏观、全流程、大方向，而运营管理的特点则是偏微观、具体化、执行性。在具体项目中，往往是投后总控，运营落地，在落地中可能存在大量外包。与一般的不动产私募基金不同，Pre-REITs 型不动产私募基金在投后环节可能会建立自己庞大的运营团队，而非以外包为主，这一方面有利于提高投后管理的把控力，另一方面在管理关系上，也往往会超出部门协同而形成内部委托关系。

三、不动产私募基金及 Pre-REITs 型不动产私募基金的退出实务

（一）不动产私募基金退出的操作流程

本文重点对交易价格较高，通常在亿元量级的资产退出流程进行介绍。这里不包括 Pre-REITs 型不动产私募基金的退出流程，具

体可参见第四章第二节第三部分“私募 REITs 涉及的资产重组”。考虑到实际业务中的复杂性和不确定性，Pre-REITs 型不动产私募基金也可能难以通过 REITs 退出，部分项目或将选择大宗交易来退出。

1. 判断资产达成退出条件

例如资产层面已完成了开发建设或改造提升，基金层面已进入退出期，市场层面处于上升的经济周期等。

2. 寻找潜在买家

可制作项目推介材料，利用自身出售渠道和资源，或者第三方如地产顾问代理机构等，向市场进行宣传推广。

3. 出价与报价

不动产私募基金向潜在买家提供项目基础资料，通常需双方签署保密协议。买家经初步研究判断后给出计划买入价，或私募基金给出计划卖出价，双方各自判断是否符合心理预期。

4. 双方达成基本合意

不动产私募基金与买方就交易价格、时间安排等核心条款达成一致后，通常会先以签署备忘录或意向书的形式进行确认，在此基础上再展开更细节条款的谈判。意向书中一般还会约定有无排他期、有无意向金等条件。

5. 买方尽职调查

不动产私募基金接受买方对所持资产和/或项目公司开展尽职调查，通常包含财务、法务、工程、人力等方面。

6. 双方对交易方案展开正式谈判

在尽职调查结束后，买方若对资产基本满意，下一步将与不动产私募基金开展正式谈判。

7. 双方签署交易文件

不动产私募基金在完成内部必要的决策及授权后，与买方签署资产出售协议/股权转让协议等正式交易文件，对交易方案涉及的各种细节做出详尽的安排，约定双方的权利与义务。

8. 收款及交割

执行交易文件所做出的安排。不动产私募基金通常分批收到交易对价，同时将项目完整地交予买方。

9. 退出收益分配

根据基金协议安排，将项目退出收到的对价向普通合伙人、有限合伙人和基金管理人进行分配。

（二）Pre-REITs 型不动产私募基金退出的特点

相比于其他退出方式，Pre-REITs 型不动产私募基金向公募 REITs 退出在以下方面有所不同。

1. 资产类型局限性

一般来说，不动产私募基金投资的项目种类更灵活丰富，符合 REITs 发行标准的资产种类则相对有限。在我国，目前只有基础设施类型的资产获准发行境内公募 REITs。

2. 流程相对漫长

公募 REITs 由于面向公众投资者，需符合政府金融监管政策，具备正式发行所需的条件，因此需要较长的时间。出售退出是买卖双方达成合意即可，没有相对硬性的约束标准，交易节奏的可控性更强。

3. 成熟稳定的退出渠道

公募 REITs 虽然发行需要满足一定的标准，且更加费时，但设立成功则构成一个未来稳定的退出渠道。Pre-REITs 型不动产私募基金可以将培育成熟的资产不断地装入 REITs 资产组合中，获得资金投资新的项目，形成闭环。

4. 可以获得资产管理收益和资产升值收益

出售退出一般意味着资产所有权、使用权和运营管理权的完全交接，而公募 REITs 退出可能并不更换资产运营管理人。Pre-REITs 型不动产私募基金一方面由于持有部分公募 REITs 份额，在 REITs 价格上涨时获取增值收益；另一方面，可以作为 REITs 的资产运营管理人获取稳定的管理费收益。

5. Pre-REITs 型不动产私募基金存续期、退出诉求与 REITs 限售期之间存在挑战

境内基础设施公募 REITs 发行对原始权益人持有份额有最低比例和限售期要求，这与境内股权 IPO 发行有相似之处。因此，Pre-REITs 型不动产私募基金旗下资产通过 REITs 退出后不能像大宗交易那样一次性完整回收资金，在一定期限内只能部分退出，这也与境内私募股权投资（Private Equity，简写为 PE）和风险投资（Venture Capital，简写为 VC）等私募股权基金处境相似。实际上，在国际不动产市场上也有类似惯例，不动产私募基金常常既是原始权益人，也是 REITs 资产管理人和物业管理人，更是 REITs 份额持有人，例如凯德集团。这就要求 Pre-REITs 型不动产私募基金在退出之前，要考虑清楚基金存续期限是否与 REITs 限售期相匹配，如果不匹配则要考虑清楚基金管理人是否要用自有资金或关联方来持有 REITs 份额。

四、凯德集团战略层面开展 Pre-REITs 运作案例分析

（一）凯德集团所管不动产私募基金和公募 REITs 简介

1. 凯德集团管理的不动产私募基金

凯德集团包括开发、基金管理、旅宿三大板块。其中，开发板块为对住宅、商业地产等的开发活动，基金管理板块为公募 REITs 和不动产私募基金的管理，旅宿板块为酒店和服务式公寓的经营。

凯德集团共有 25 只不动产私募基金，资产管理规模（AUM）为258 亿新元（见图3 –4）。近5 年资管规模复合增速4.7%，高于亚洲不动产私募基金总体增速水平（1.9%）。其中，86%的基金资产分布于中国，66.4%的基金为机会型（见图3 –5）。

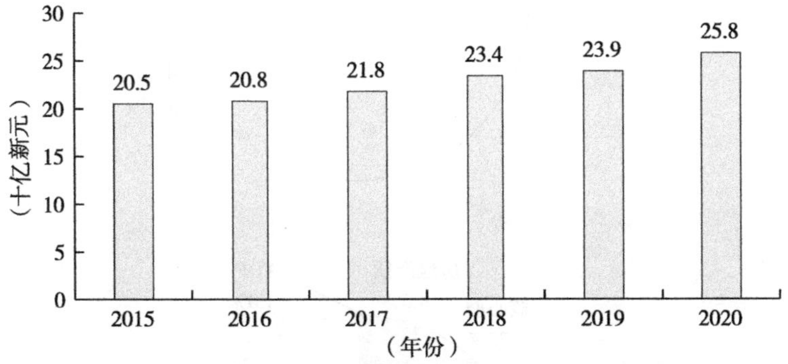

图3 –4　2015—2020 年凯德集团不动产私募基金资产管理规模

资料来源：凯德集团公司公告。

2. 凯德集团管理的公募 REITs

凯德集团有 6 只公募 REITs，总资产管理规模为 518 亿新元（见图3 –6）。近5 年复合增速 15.2%，2019 年资产管理规模大幅增长 61.7%，与凯德集团收购星桥腾飞有关。

凯德综合商业信托（CICT）和凯德中国信托（CLCT）是凯德集团的代表性 REITs 平台。凯德综合商业信托为凯德旗下最大的公募 REITs，由原 CMT 和 CCT 两只 REITs 合并而成。凯德中国信托是凯德针对中国市场的公募 REITs，由原凯德商用中国信托（CRCT）更名而来。凯德集团管理的 6 只公募 REITs 信息详见表3 –2。

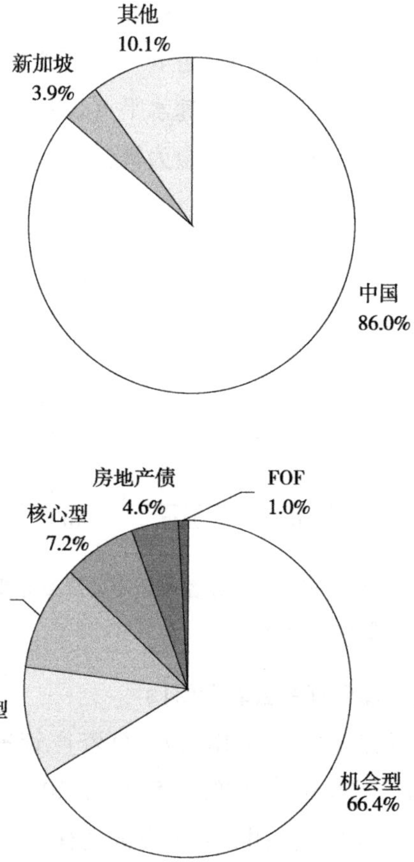

图3－5　凯德集团不动产私募基金资产管理规模的地区分布与投资策略分布

资料来源：凯德集团公司公告。

（二）凯德集团不动产私募基金和公募REITs之间的Pre-REITs运作

1. 不动产私募基金为REITs收购输送大量项目

收购物业是凯德REITs资产管理规模扩张的主要途径。自身开发新物业在凯德所管REITs的持有项目中占比很小，多数REITs新

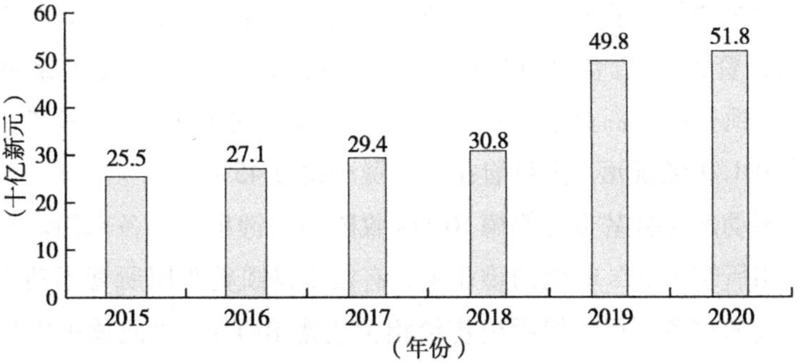

图 3－6　2020 年年末凯德集团公募 REITs 资产管理规模

资料来源：凯德集团公司公告。

表 3-2　凯德集团旗下公募 REITs 简介

REITs 名称	上市时间	资产管理规模（亿新元）	简介
凯德综合商业信托（CICT）	2002 年 7 月	223	持有 11 个零售物业、8 个写字楼、5 个综合体，其中 96% 的资产分布在新加坡
凯德中国信托（CLCT）	2006 年 12 月	48	持有中国的 13 个购物中心、5 个产业园
雅诗阁公寓信托（ART）	2006 年 3 月	74	投资于酒店、服务式公寓，共 86 处物业，69.5%、19.7%、10.8% 的资产分布在亚太、欧洲、美国
凯德商用马来西亚信托（CMMT）	2016 年 7 月	13	持有马来西亚的 5 家购物中心
腾飞印度信托（A－iTrust）	2007 年 8 月	21	主要开发、持有印度的科技园、办公楼和仓库，共持有 8 个物业
腾飞房产投资信托（A－REITs）	2002 年 11 月	140	持有 197 个物业，49%、27%、24% 的资产为产业园和写字楼、工业地产、物流，66% 的资产分布在新加坡

资料来源：凯德集团公司公告，数据截至 2020 年 12 月 31 日。

增物业主要依靠收购。例如，凯德中国信托在历史上收购获取物业15处，资产价值合计43.3亿新元，占目前在管总资产比例近90%。凯德综合商业信托在历史上收购获取物业10处，资产价值合计101.9亿新元，占目前在管总资产超过45%。

不动产私募基金是凯德REITs收购的关键项目储备来源。在凯德集团所管REITs收购的物业中，有很多是凯德集团所管不动产私募基金的储备项目，然后出售给相关凯德REITs。以凯德中国信托这只REITs为例，凯德集团管理的多只不动产私募基金（CapitaRetail China Incubator Fund、CapitaRetail China Development Fund I、CapitaRetail China Development Fund II）[①] 都曾经出售项目给凯德中国信托。

以凯德中国信托2008年收购凯德Mall·西直门为例，不动产私募基金对REITs扩张起到重要作用。凯德Mall·西直门的前身是北京西环广场零售商场，由凯德集团在2006年5月收购，并实际由凯德商用中国孵化基金（CapitaRetail China Incubator Fund）持有。凯德收购时该物业刚刚竣工，将其更名为凯德Mall·西直门，基金开展装修翻新、租赁招商等工作，于2007年10月正式开业。2008年2月，该基金向凯德中国信托出售凯德Mall·西直门。在该交易之后，估算该不动产私募基金在这笔交易中实现了17%的内部收益率，凯德中国信托收购后在管资产规模扩大了50.3%，显著推动了凯德REITs扩张。

2. 不动产私募基金为REITs解决了培育增值需求

REITs适合持有成熟期的购物中心。凯德集团主要投资于购物中心业态，而购物中心经历的开发期、开业筹备期、培育期、成长

---

① CapitaRetail China Incubator Fund、CapitaRetail China Development Fund I、CapitaRetail China Development Fund II后来分别更名为CapitaMalls China Income Fund II、CapitaMalls China Income Fund、CapitaMalls China Income Fund III。

期时间漫长，经营波动和风险较大，有些要5年以上才能进入成熟期。另外，新加坡对公募REITs监管严格，例如投资于开发中物业和未完成物业不得超过资产总额的10%。同时，零售投资者购买公募REITs有稳定租金回报的投资需求，这也需要成熟期购物中心相匹配。

不动产私募基金解决了凯德REITs投资购物中心的培育需求。凯德集团所管不动产私募基金都是将购物中心培育多年，推向成熟期之后，才将物业出售给REITs，使得REITs收购持有的均为租金可预测性较强的成熟物业。另外，公募REITs也为不动产私募基金的项目退出提供了便捷渠道。

以凯德中国信托2019年收购的3只物业为例，标的均经历不动产私募基金的长期培育。凯德中国信托2019年收购了凯德Mall·学府、凯德Mall·埃德蒙顿、凯德Mall·雨花亭3个物业，均为凯德集团所管不动产私募基金经长期培育后向REITs出售。从开业时间长度看，截至2019年3只物业开业时间最短的7年，最长的有14年。从经营表现看，3只物业承租率都在98%以上，物业净收入（Net Property Income，简写为NPI）收益率在6%左右。这些都说明，不动产私募基金不仅是向REITs出售物业，而且在出售之前做了长期的物业培育工作，实现了价值增值（见表3-3）。

（三）战略层面开展Pre-REITs对于凯德集团和市场投资者的意义

1. 不动产私募基金和公募REITs构成了凯德集团的Pre-REITs运作平台

通过不动产私募基金的资产出售和公募REITs的资产收购，凯德集团取得了“一石三鸟”的效果。

表3-3 凯德中国信托于2019年从不动产私募基金收购的3只物业的特征

	凯德 Mall·学府	凯德 Mall·埃德蒙顿	凯德 Mall·雨花亭
物业描述	多租户商场，包括5层地上和1层地下空间、1层地下停车场	多租户商场，包括4层地上和1层地下空间	多租户商场，包括4层地上和1层地下空间
开业时间（年份）	2012	2010	2005
收购来源	CapitaLand Mall China Income Fund III	CapitaLand Mall China Income Fund III	CapitaLand China Income Fund I 和 CapitaLand Mall Asia
可租面积（平方米）	104 294	43 394	62 080
承租率（%）	99.8	98.6	98.1
NPI 收益率（%）	6.1	5.6	6.2
评估值（亿元）	戴德梁行：17.60 仲量联行：17.48	戴德梁行：4.80 仲量联行：4.70	戴德梁行：7.60 仲量联行：7.49
收购约定价（亿元）	17.45	4.69	7.46

资料来源：凯德集团公司公告。

第一，不动产私募基金为公募 REITs 起到培育资产作用，Pre-REITs 成为凯德集团 REITs 扩张的关键途径。凯德集团扩大公募 REITs 资产管理规模可以增加永续管理费收入，但公募 REITs 面临严格的资产要求、杠杆率等监管政策，使得 REITs 平台自身开发并且扩大管理规模较为困难。因此，不动产私募基金为凯德公募 REITs 提供了项目储备，成为凯德公募 REITs 扩大规模的主要途径。

第二，公募 REITs 成为凯德集团不动产私募基金项目退出和增收表现费的重要渠道。凯德集团作为不动产私募基金的管理人，不仅根据不动产私募基金的资产管理规模收取管理费，还会按照基金的退出收益收取一定比例的表现费。一般来说，对不动产私募基金收取的费用都高于公募 REITs。因此，公募 REITs 不仅为凯德集团提供了理想的退出路径，也为凯德集团带来了可观的管理费和表现费收入。

第三，不动产私募基金和公募 REITs 共同推动了凯德集团轻资产化。凯德集团利用不动产私募基金和公募 REITs 两个平台，加快了资金周转，充分撬动了外部资金杠杆，让自身从开发、改造、培育到成熟运营的全链条都走向了轻资产化。

2. 不动产私募基金和公募 REITs 的联动满足了市场投资者的不同需求

不动产私募基金和公募 REITs 的投资标的和投资者群体不同，因此具备两种不同的金融职能。

不动产私募基金主要用于开发、改造、培育非成熟物业，其投资群体为专业的机构投资者。具体而言，凯德集团不动产私募基金封闭期较长、份额流动性较弱，并且凯德集团的不动产私募基金中 87% 为机会型和增值型，仅 7.2% 为核心型，因此不动产私募基金对投资者的资金期限、风险承受能力、专业判断力有较高的要求。与之相对应，凯德集团不动产私募基金的投资者主要为主权财富基金、养老金、险资、银行、捐赠基金等专业机构投资者。

公募 REITs 主要投资于成熟的核心型物业，其投资者群体更为普惠广泛，包括非专业的零售投资者。具体而言，公募 REITs 的流动性类似于股票，零售投资者等非专业投资者都可以参与投资。为保护这类投资者的利益，新加坡监管当局对公募 REITs 的要求较为严格，体现为投资于开发物业和未完成物业的资金不得超过资产总额的 10%[①]，REITs 负债不能超过资产总值的 45%，至少将每年税后经审计收入的 90% 以分红的形式分给投资者等。因此，像凯德集

① 获得基金持有人同意且用于已经持有至少 3 年的物业，开发金额限制可以提升为资产总额的 25%。

团旗下的公募 REITs 持有的主要是成熟物业。

不动产私募基金将非成熟资产培育成熟后注入公募 REITs，满足了不动产私募基金和公募 REITs 双方投资者的诉求。一是为不动产私募基金的机构投资者提供了可观的项目退出回报，二是为公募 REITs 的零售投资者提供了风险可控、相对稳定的分红收益。

五、光大安石不动产私募基金增值型投资首次以境内 REITs 退出实现 Pre-REITs 运作案例分析

2021 年 6 月，光大安石以旗下不动产私募基金中的张江光大园，作为底层资产发行华安张江光大园封闭式基础设施公募 REITs，募集资金总额为 14.95 亿元。张江光大园由光大安石管理的不动产私募基金于 2016 年 12 月收购，经过几年时间培育后，形成稳定的现金流，随后装入基础设施公募 REITs 中，从而实现了不动产私募基金首次以境内 REITs 退出。

（一）Pre-REITs 阶段：不动产私募基金投资项目资产

1. 不动产私募基金与底层资产基本情况

2016 年 5 月 12 日，上海光全投资中心（简称“光全投资”）成立，是为投资收购星峰企业园（后更名为“张江光大园”）而专门设立的不动产私募基金，总规模为 6.841 亿元，存续期为 20 年。

基金管理人为光大安石全资子公司光控安石，光大安石专注于中国地产私募股权投资近 10 年，在不动产私募基金的运营管理上积累了丰富的投资、融资、管理、运营、退出经验。基金设立时采取结构化设计，将有限合伙人分为优先级、夹层级、权益级，有限合伙人为首誉光控、张江集电、光兰投资，分别占 29.294%、25.376%、30.697%，其中首誉光控和光兰投资为光大安石的关联方，张江集电为张江高科的全资子公司（见表 3－4）。

表3-4 不动产私募基金主要投资者及比例

合伙人名称	合伙人类别	认缴出资额（元）	认缴出资额占认缴出资总额比例（%）
光控安石	普通合伙人	100 000	0.015
首誉光控	优先级有限合伙人	200 400 000	29.294
张江集电	优先级有限合伙人	133 600 000	19.529
光兰投资	夹层级有限合伙人	60 000 000	8.771
张江集电	夹层级有限合伙人	40 000 000	5.847
光兰投资	权益级有限合伙人	150 000 000	21.926
张江集电	权益级有限合伙人	100 000 000	14.618

资料来源：张江高科公司公告。

张江光大园位于上海市浦东新区盛夏路，占地面积20 914.5平方米，总建筑面积为50 947.31平方米，于2014年竣工，项目共有七栋4~11层不等的办公大楼。张江光大园具有位置优越、公共服务配套完善的优势，园区位于张江科学城核心位置，道路通达度和便捷性较高，紧邻展想广场、普洛斯盛银大厦等区域。

2. 不动产私募基金对底层资产开展资产管理

2016年12月，光全投资通过持有的上海安恬投资有限公司（简称“安恬投资”），收购了上海中京电子标签集成技术有限公司（简称“中京电子”）100%股权，中京电子为持有张江光大园的项目公司（见图3-7）。

光大安石通过优化租户结构、提升客户品质等一系列操作，提升了资产的出租率和租户质量。收购之前，2016年第三季度张江光大园出租率仅为70%，经过1年多的运营管理，2017年年底出租率达到96.3%，随后2年光大安石开始主动进行租户结构调整，主动调租面积约1.6万平方米，同时引入在线新经济、集成电路等符合国家重大战略、宏观调控及产业政策、发展规划的行业内优质企业入驻，尽管2018年受租户结构调整出租率有所下降，但近两年均保持了高出租率，尤其是在2020年，管理人对到期未续租面积进行了提前招商安排，完成了租约的新签工作，使得出租率达到 99.5% ，接近满租。与此同时，2017—2019 年平均租金也持续上涨，从 5.12 元/天/平方米上涨至 5.22 元/天/平方米（见图 3 -8）。

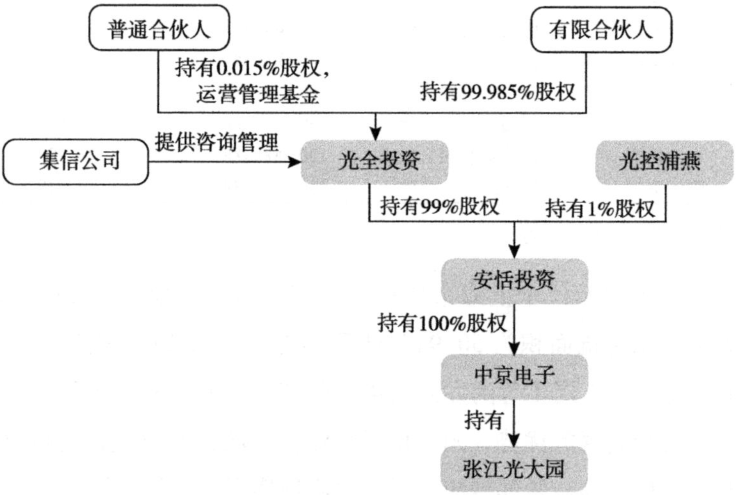

图 3 -7　不动产私募基金整体架构

资料来源：张江高科公司公告。

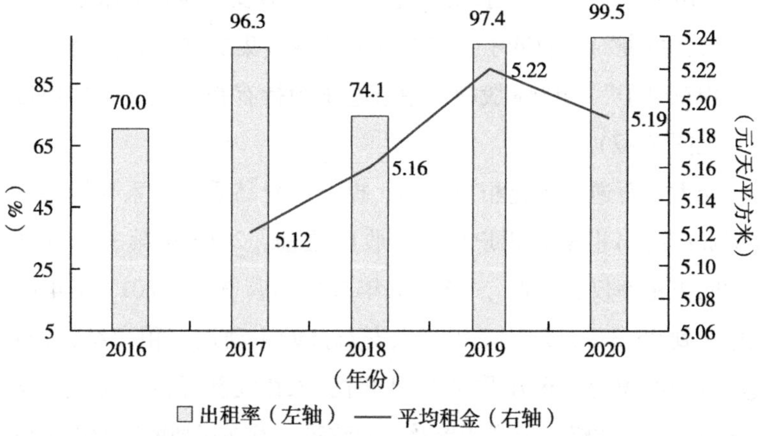

图 3 -8　张江光大产业园出租率及租金水平

注：2016 年为 2016 年 9 月末数据。

资料来源：张江高科公司公告，张江光大产业园基础设施 REITs 招募说明书。

（二）从 Pre-REITs 到 REITs：光全投资和光控安石作为原始权益人发起基础设施公募 REITs

1. 华安张江光大 REITs 基本情况

2021 年 6 月，华安张江光大园封闭式基础设施证券投资基金（简称“华安张江光大 REITs”）正式发行上市，募集份额总额为 5 亿份，发售价格为 2.99 元/份，募集资金总额为 14.95 亿元。项目的原始权益人为光全投资和光控安石，基金管理人为华安基金，运营管理机构为集挚咨询（见表 3－5）。

表 3－5 华安张江光大 REITs 主要参与方

角色	机构全称	机构简称
原始权益人	上海光全投资中心（有限合伙）	光全投资
	光控安石（北京）投资管理有限公司	光控安石
公募基金管理人	华安基金管理有限公司	华安基金
目标基础设施 ABS 管理人	上海国泰君安证券资产管理有限公司	国君资管
财务顾问	国泰君安证券股份有限公司	国泰君安证券
运营管理机构	上海集挚咨询管理有限公司	集挚咨询
法律顾问	北京市汉坤律师事务所	汉坤
基础设施项目资产评估机构	仲量联行（北京）土地房地产评估顾问有限公司	仲量联行
审计机构	德勤华永会计师事务所（特殊普通合伙）	德勤

资料来源：华安张江光大 REITs 招募说明书。

2. 从 Pre-REITs 到基础设施公募 REITs

从 Pre-REITs 到基础设施公募 REITs，基金主要进行了反向吸收合并安排，新设运营管理机构等操作。具体而言，中京电子吸收取得安恬投资的 100% 股权，在中京电子完成对安恬投资的合并后，安恬投资履行注销手续。另外，基金新设了运营管理机构集挚咨询，出资人为张江集电、光控安石、国泰君安证裕投资有限公司，分别占 45%、40%、10%（见图 3－9 和图 3－10）。

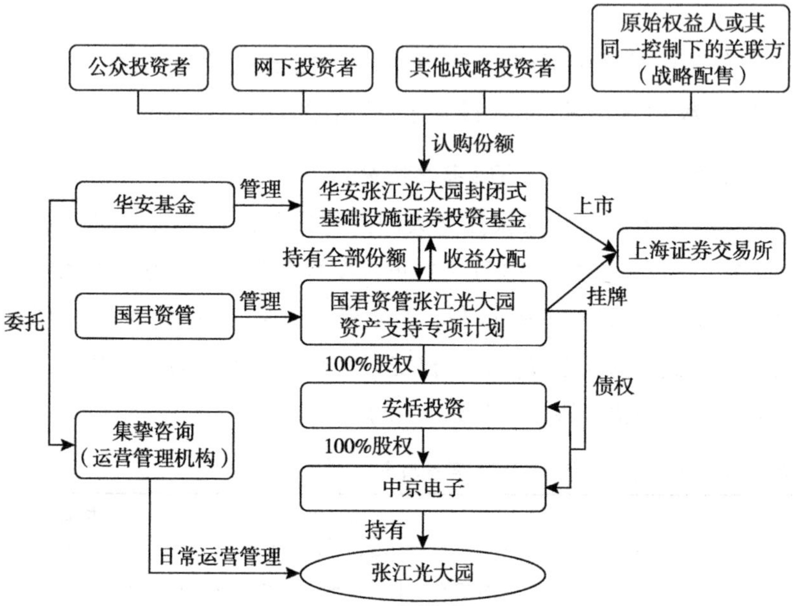

图3－9　基金整体架构（反向吸收合并前）

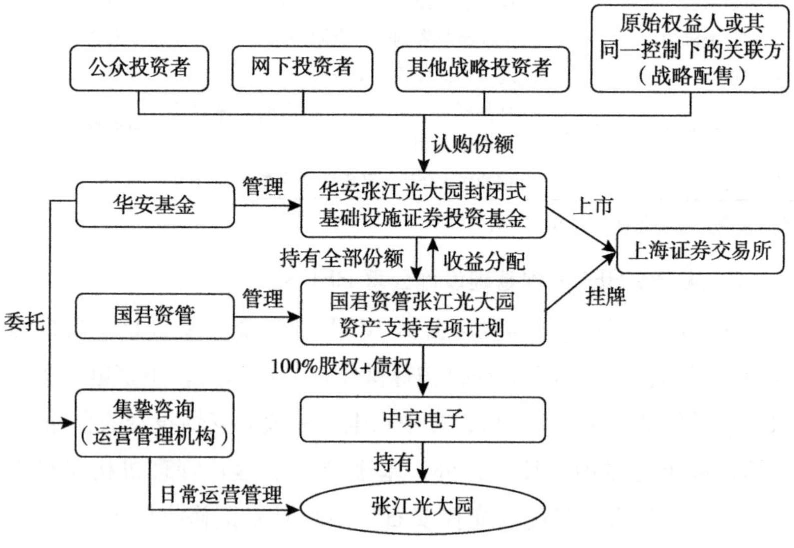

图3－10　基金整体架构（反向吸收合并后）

经过在不动产私募基金中的培育，张江光大园已经满足了基础设施公募 REITs 的发行要求，包括经营时间、现金流和投资回报等要求。

一是现金流持续稳定且来源合理分散。张江光大园收入主要来源包括经营性物业租赁收入、物业管理费收入、停车费收入及其他收入，2018—2020 年运营净收入分别为 8 474. 3 万元、7 183. 7 万元、8 344. 5 万元，保持稳定；2020 年前三大租户收入占比分别为 13. 13%、12. 59%、11. 09%，合计为 36. 81%，从租户所在行业看，分别来自在线新经济、金融科技、先进制造业、集成电路等，来源合理分散。并且，从租约年限来看，租约年限以 2 ~ 3 年为主，租金剩余年限分布结构合理，2 年内的到期租约面积占比为 58%。

二是投资回报良好，预计未来 3 年净现金流分派率原则上不低于 4%。2021 年、2022 年项目预计可供分配金额为 6 974. 05 万元和 6 042. 28 万元，现金流分派率预测值分别为 4. 74% 和 4. 11%。

（三）项目特色与重要意义

1. 不动产私募基金首次通过境内公募 REITs 退出，形成了“Pre-REITs 孵化培育—公募 REITs 退出”的项目模式

过去，境内不动产私募基金投资的退出渠道相对有限，主要为大宗交易转让、境外公募 REITs。2020 年我国境内基础设施公募 REITs 相关政策出台，首批试点项目于 2021 年上半年正式落地，该项目更是境内“Pre-REITs + 公募 REITs”的首单案例，实现了不动产私募基金培育资产然后通过公募 REITs 发行退出的 Pre-REITs 运作。

2. 该案例为后续不动产私募基金以基础设施公募 REITs 退出提供了宝贵的实践经验

境内基础设施公募 REITs 要求较高与不动产私募基金存续期较

短之间不相匹配。以不动产私募基金底层资产发行基础设施公募REITs，要求原始权益人或其同一控制下的关联方需要参与基金份额战略配售，配售比例不低于20%，持有期限不少于5年。再加上境内基础设施公募REITs要求发行前已经成熟运营3年以上，以及前期培育期也要数年，这对不动产私募基金的存续期和资金实力提出较高要求。然而，境内不动产私募基金的存续期普遍偏短，很多难以达到这一存续期要求。

该案例的成功为后续不动产私募基金以基础公募REITs退出提供了宝贵实践经验。原始权益人光全投资和光控安石并未直接出资持有战略配售份额，最终参与战略配售的为原始权益人的关联方张江集电和珠海安石宜达管理中心，其中珠海安石宜达管理中心的主要股东为光大控股和光大嘉宝，这就解决了存续期挑战。张江集电和光大嘉宝是以不动产开发运营为主的实业集团，一方面有较强的资金实力参与战略配售，另一方面也有意愿持有底层资产以获取未来市场投资收益，使得Pre-REITs型不动产私募基金顺利实现了退出。

如何在REITs发行前和发行后更好地运营不动产，该案例也提供了启示。在国际REITs市场，原始权益人、资产管理人、物业管理人相一致是惯例。该案例中不动产私募基金管理人及原始权益人光控安石并没能直接延续运营管理该不动产。实际上，当不动产私募基金管理人作为基础设施公募REITs原始权益人时，对底层资产最为熟悉、管理能力最强，未来若能直接被授予牌照，并获得运营管理机构资格，将更加有利于为投资者创造价值，促进基础设施公募REITs的发展。

3. 不动产私募基金为公募REITs提前培育储备优质项目，在公募REITs成功发行中起到关键作用

考虑到我国基础设施公募REITs为首次试点发行，为保护二级市场投资者的合法权益、保持市场的长期发展等，从项目权属、项目质量、原始权益人和运营企业等多方面，对底层资产提出了严格要求。该案例中，底层资产首先在不动产私募基金中培育运营3年左右，实现出租率从70%到99.5%的大幅提升，并主动调整租户结构，引入风险承受能力更强的优质租户，提升了未来现金流的稳定性，促成了成功发行基础设施公募REITs。

第三节　全球与中国境内不动产私募基金的行业发展

一、全球不动产私募基金市场概览

（一）市场总览

根据另类资产领域的数据和情报提供商Preqin的数据，截至2020年12月31日，全球不动产私募基金的总资产管理规模高达1.2万亿美元，近3年、5年、10年的复合增速分别为12.3%、7.8%、10.1%，保持较高速度增长。其中，已投资尚未退出的资金金额为0.8万亿美元，累计待投资的资金金额为0.4万亿美元，分别占66.5%、33.5%（见图3－11）。

（二）基金分类

1. 按投资策略分类

机会型和价值增值型不动产私募基金规模最大，两者合计占比接近60%。根据Preqin数据，截至2020年12月31日，全球不动产私募基金中，机会型的资产管理规模占比最高，达31.1%，价值增值型次之，为26.1%，不动产债位居第三，占比为17.9%，而困境型占比最低，仅为3.1%（见图3－12）。

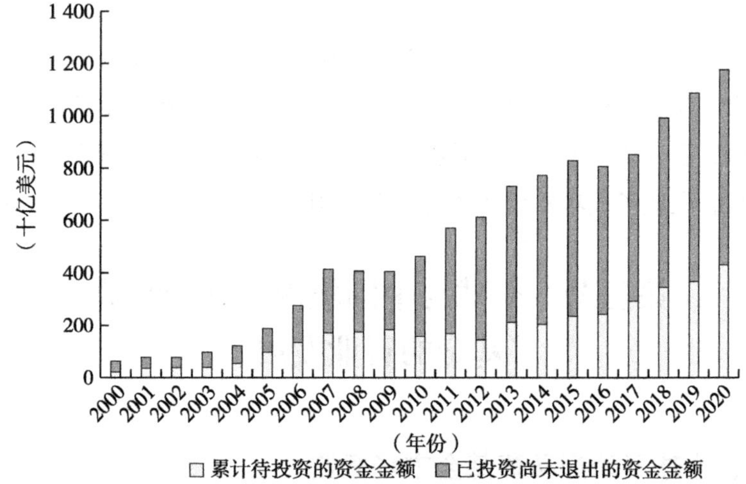

图3－11　全球不动产私募基金资产管理规模

资料来源：Preqin。

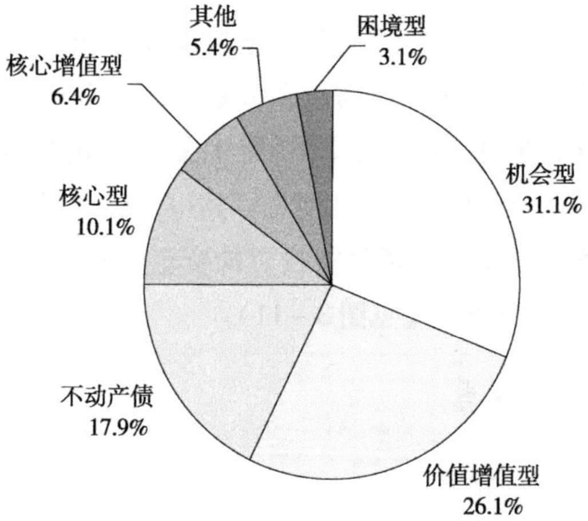

图3－12　截至2020年12月31日全球不同类型不动产私募基金资产管理规模占比

注：其他类型包括FOF和二手份额转让基金（Secondary Fund，简写为S基金）。

资料来源：Preqin。

近10年数据显示，不动产债和核心型基金的成长性最高。根据Preqin数据，2010—2020年不动产债、核心型不动产私募基金资产管理规模的复合增速分别高达21.2%、21.3%。规模增速相对较低的是机会型和困境型不动产私募基金，资产管理规模增速分别为5.7%、6.6%（见图3-13）。

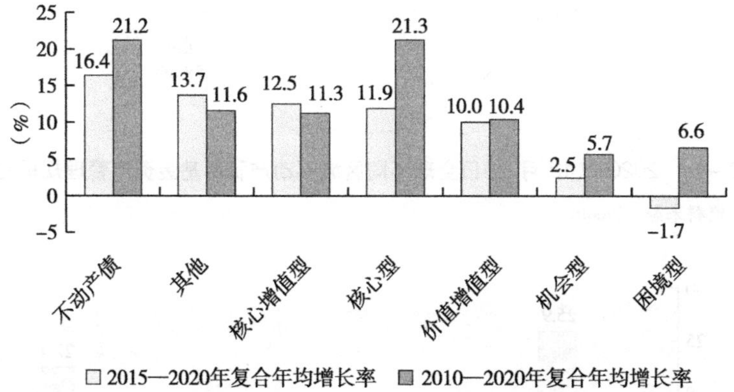

图3-13 近5年、10年全球不同类型不动产私募基金规模复合年均增长率

资料来源：Preqin。

2. 按所在区域分类

北美地区不动产私募基金资产管理规模占比最大。根据Preqin数据，2020年12月31日，北美、欧洲、亚洲等地区不动产私募基金资产管理规模占比分别为58.4%、27.5%、10%（见图3-14）。

近20年数据显示，亚洲地区不动产私募基金资产管理规模增速较快，表明亚洲地区在2000—2010年经历了较快的增长。2000—2020年亚洲地区不动产私募基金的资产管理规模由22亿美元增长至1 200亿美元，复合增速高达22.4%，仅次于欧洲（见图3-15）；将2000—2020年划分为两个阶段，2000—2010年亚洲地区增速高达44.4%，而2011—2020年仅增长了3.4%。

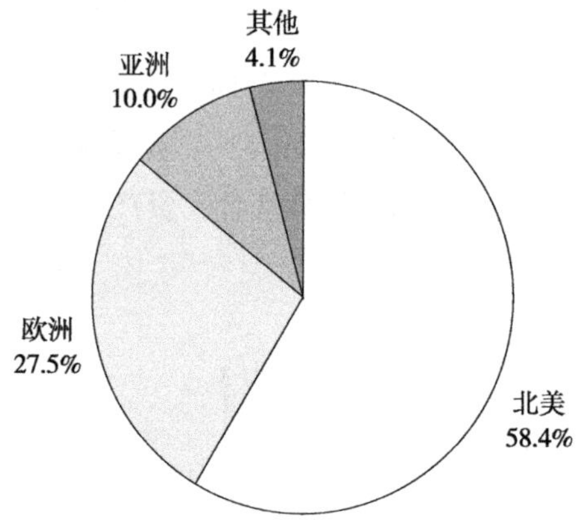

图3－14　2020年12月31日全球不同区域不动产私募基金资产管理规模占比

资料来源：Preqin。

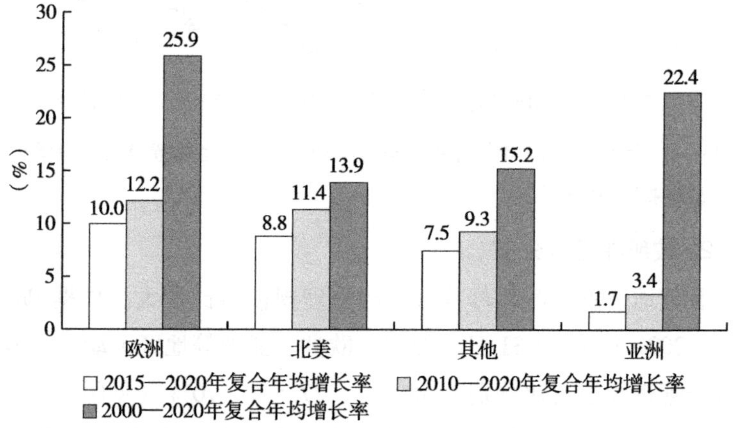

图3－15　近5年、10年、20年各地区不动产私募基金资产管理规模复合年均增长率

资料来源：Preqin。

（三）收益率情况

1. 收益率水平

近10年不动产私募基金平均净内部收益率为12.1%。根据

Preqin 数据，近 3 年、5 年、10 年的平均净内部收益率分别为 9.6%、10.7%、12.1%。

2005—2018 年，不动产私募基金收益率表现为先上升后下降。不动产私募基金净内部收益率从 2005 年的 1.4% 最高上升至 2011 年的 16.3%，随后下降至 2018 年的 9.1%（见图 3－16）。

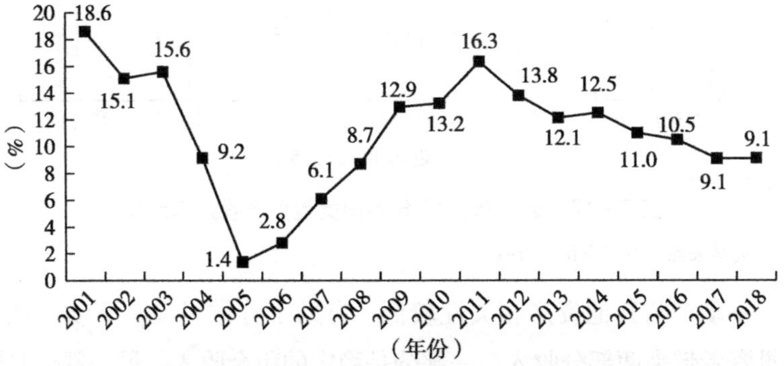

图 3－16 全球不动产私募基金净内部收益率

注：横轴表示基金开始投资的年份，收益率采用所有基金的中位数。

资料来源：Preqin。

不动产私募基金是收益率最高的资产类别之一。根据 Preqin 和万得资讯的数据，近 5 年的不动产私募基金平均净内部收益率为 10.5%，仅次于 PE 基金，与 MSCI 全球指数基本持平，高于自然资源基金、基础设施基金和私募债基金。近 10 年的不动产私募基金平均净内部收益率为 16.3%，在各类资产中处于最高水平（见图 3－17）。

2. 收益率特征

不动产私募基金收益率具有明显的年份效应。2005—2008 年不动产私募基金平均净内部收益率仅为 4.8%，显著低于 2008 年之后不动产私募基金的收益率，主要是由于 2008 年金融危机导致各类不动产价格急剧下跌，随后不动产市场花费数年时间才恢复到金融危机前的水平，因此2005—2008年投资不动产私募基金的损失较大，而2008年后投资的基金则获得更高的收益。

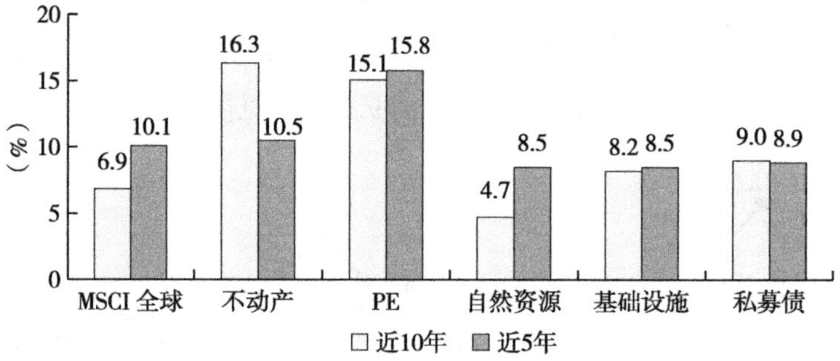

图3－17　近5年、10年不同类型资产收益率比较

资料来源：万得资讯，Preqin。

不动产与其他资产相关性较低，有助于分散风险。不动产能够为投资者带来两部分收入，一部分是稳定的租金收入，另一部分是资产增值的收入，因此不动产与股票、债券、私募股权等资产的收益率的相关性较低，将部分资金配置于不动产有助于投资者分散风险。

3. 收益率分布

不同基金管理人的表现差异较大。根据Preqin数据，2018年净内部收益率位于1/4分位的基金收益率达12.6%，而位于3/4分位的基金收益率仅为2.8%，不同机构管理的不动产私募基金的收益率差异较大，这也意味着优秀管理人能从市场获得更丰厚、更显著的收益（见图3－18）。

4. 不同策略不动产私募基金收益率

增值型（核心增值型和价值增值型）和机会型基金收益率高于核心型和不动产债。根据Preqin数据，2007—2016年，核心增值型、价值增值型、机会型基金的平均净内部收益率分别为12.4%、14.1%、12%，核心型、不动产债基金的平均净内部收益率分别为10.2%、9.8%。

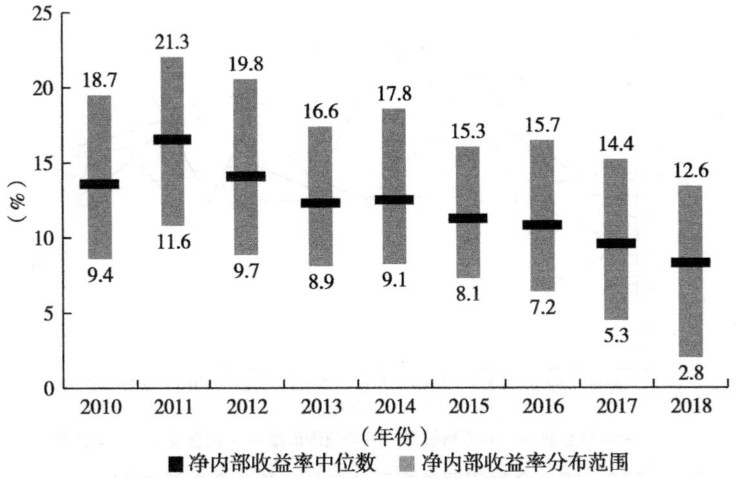

图 3－18　2010—2018 年全球不动产私募基金收益率分布范围

注：分布范围上下限指 1/4 分位和 3/4 分位。

资料来源：Preqin。

增值型（核心增值型和价值增值型）和机会型基金波动明显高于核心型和不动产债。与收益率相匹配，增值型和机会型基金的波动性也更高。以机会型基金为例，2008 年机会型基金净内部收益率仅为 4.3%，但 2011 年则达到 18.5%，相差高达 14.2%。而核心型基金 2007—2018 年净内部收益率为 7.3% ～13.3%，波动幅度明显更小（见图 3－19）。

亚洲地区的不动产私募基金收益率高于全球。根据 Preqin 数据，2007—2018 年北美、欧洲、亚洲地区的不动产私募基金的平均净内部收益率分别为 11.5%、10.6%、12.6%，亚洲收益率最高，北美次之，欧洲最低。近 5 年数据显示亚洲与欧美地区之间的不动产私募基金之间的收益率差距显著加大，亚洲比北美、欧洲地区的平均净内部收益率分别高 3.5% 和 3.1%（见图 3－20）。

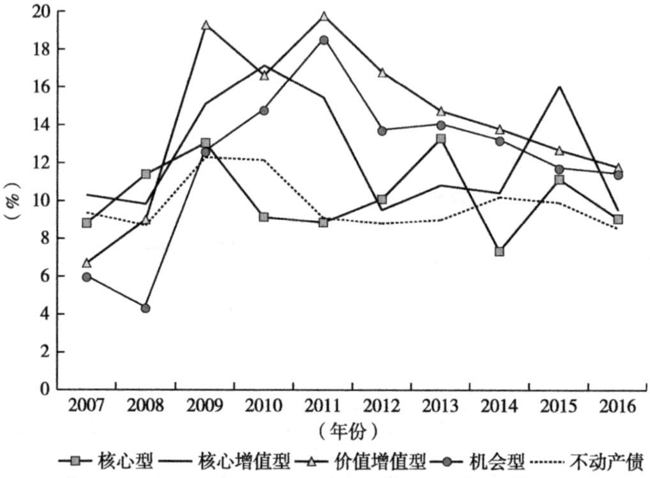

图3－19　全球不同类型不动产私募基金净内部收益率

注：收益率采用所有基金的中位数；由于数据原因，尚无困境资产型基金的收益率。

资料来源：Preqin。

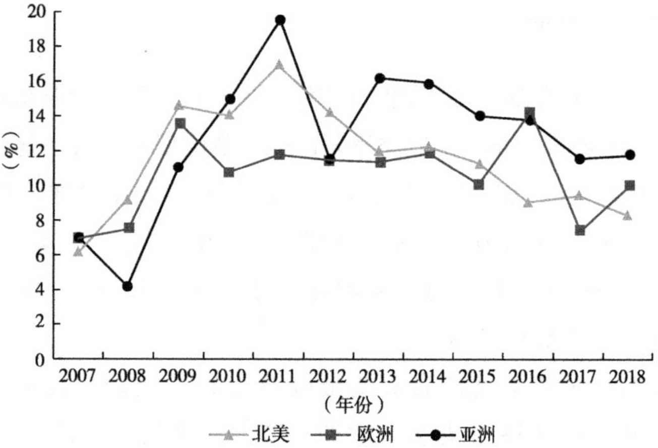

图3－20　全球不同地区不动产私募基金净内部收益率

资料来源：Preqin。

（四）投资者类型及结构

70%的不动产私募基金资金来自养老金、险资和资管公司等长线资金。根据 Preqin 数据，截至 2021 年 3 月 31 日，全球不动产私募基金资金来源中，公共养老金、保险公司、资产管理公司、私人部门养老金、企业投资者分别占 22.0%、20.6%、15.2%、14.3%、12.1%，而银行、主权财富基金占比相对较少，分别为 4.4%、3.0%，表明养老金、险资等长线低成本资金更青睐于不动产资产（见图 3－21）。

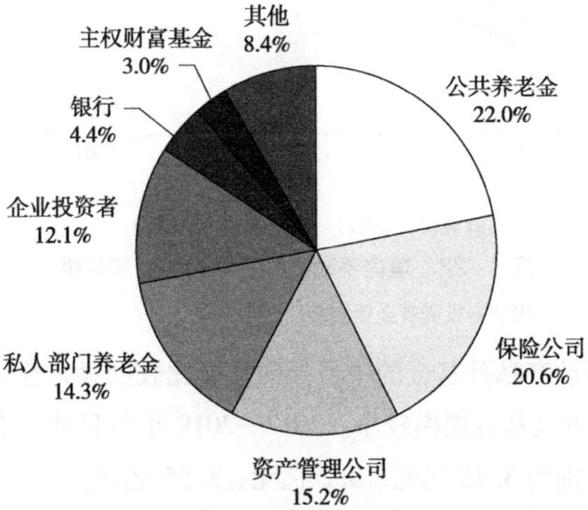

图 3－21　全球不动产私募基金投资者构成

注：其他包括退休金计划、基金会、基金管理人、捐赠基金、家族办公室、政府机构、投资公司、信托等。

资料来源：Preqin。

二、境内不动产私募基金市场概览

（一）市场总览

中国境内不动产私募基金方兴未艾，市场规模较小。根据中国证券投资基金业协会数据，2017—2019 年境内不动产私募基金资产管理规模分别为 3 375 亿元、3 330 亿元、3 892 亿元，2019 年同比增长 16.9%。2017—2019 年境内不动产私募基金数量分别为 979

只、1 044 只、1 096 只（见图 3 - 22）。

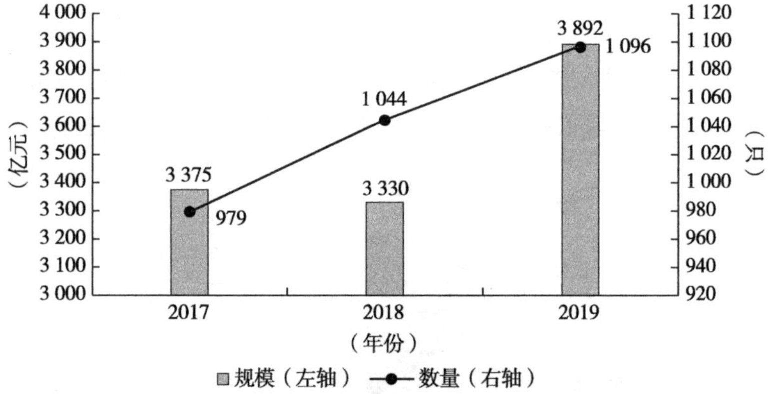

图 3 - 22　境内不动产私募基金数量和规模

资料来源：中国证券投资基金业协会。

境内不动产私募基金的项目导向特征比较明显，存续期一般为 3 年左右，单只基金规模较小。2017—2019 年每只基金的平均资产管理规模分别为 3.45 亿元、3.2 亿元、3.55 亿元。

（二）基金类型

机会型占据半壁江山。根据 Preqin 数据，截至 2020 年 12 月 31 日，在中国不动产私募基金中，机会型基金的规模占比最高，达 32.7%，价值增值型规模占比位居其次，为 31.5%；核心增值型和核心型基金占比分别为 11.7%、12.8%；困境型基金占比为 9.6%，不动产债占比最低，仅为 1.7%（见图 3 - 23）。

（三）收益率情况

由于收益数据缺乏权威、精确的统计，以历史数据为参考标准，境内不动产私募基金收益率为 10% ~20%。

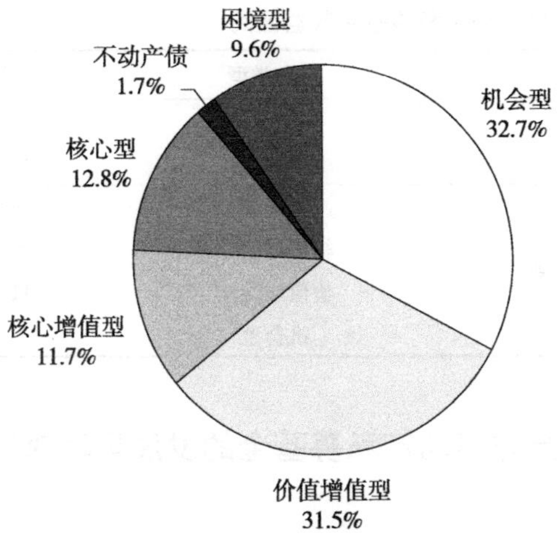

图 3－23　境内不同类型不动产私募基金资产管理规模占比

注：日期截至 2020 年 12 月 31 日，Preqin 统计口径与中国证券投资基金业协会有所差异。

资料来源：Preqin。

对于以住宅为底层资产的不动产基金，收益率为 10% ~20% 。其中，债型基金收益率为 10% ~15% ，股型基金收益率为 15% ~20% ，高于债型基金。近年来，债权模式减少，股权模式增多。债权模式曾经是主流，但资管新规等系列监管政策带来很大约束，股权模式、持有型物业成为未来转型方向。此外，股权模式能够比债权模式赚取更多超额收益，但对投后管理的要求也更高。

对于持有型物业的不动产基金，核心型、核心增值型、价值增值型和机会型的收益和风险依次递增。核心型的收益率为 6% ~8% ，核心增值型的收益率为 8% ~11% ，价值增值型的收益率为 11% ~15% ，机会型的收益率最高，高于 15% （见表 3－6）。相应地，这 4 类基金的风险也与收益率呈正比，机会型的风险最高，而核心型的风险最低、收益最为稳定。

表 3-6　中国境内不动产私募基金收益区间

标的类型	基金类型	收益区间
住宅	债型基金	10% ~15%
	股型基金	15% ~20%
持有型物业	核心型	6% ~8%
	核心增值型	8% ~11%
	价值增值型	11% ~15%
	机会型	>15%

三、境内与全球不动产私募基金的发展环境对比

（一）募资

第一，相比于全球不动产私募基金，境内不动产私募基金发展时间较短。从行业实践来看，不动产私募基金自 2011 年才在境内首次备案。近年来，随着监管层对房企的传统金融渠道进行严格调控，境内不动产私募基金开始快速发展。然而，这与已经发展数十年的国际不动产私募基金相比仍然属于起步阶段，境内不动产私募基金募资面临业绩记录偏短等问题。

第二，监管机构对险资、银行等金融机构资金投向不动产私募基金有严格约束，不动产私募基金难获长线资金。2020 年 11 月，中国银保监会发布的《关于保险资金财务性股权投资有关事项的通知》明确指出，险资不得直接投资从事房地产开发建设的企业，并且对险资、银行等资金流向有严格的监管，导致部分境内不动产私募基金在获取这些长线资金方面存在障碍，不动产私募基金期限普遍偏短。

第三，与发达国家相比，中国的养老金、保险等长线投资者规模偏小。根据 Preqin 数据，公共养老金、私人养老金及保险合计占到了全球不动产私募基金募资来源的 56.9%，这与不动产私募基金较长产品期限相匹配，其背后是发达国家庞大的养老基金和保险规

模。以美国为例，2019 年年末养老基金资产总规模达 18.8 万亿美元，寿险公司资产总规模达 7.6 万亿美元，两者合计规模/GDP 达 123%。但与之相比，中国养老金总规模约 1.6 万亿美元，寿险公司资产总规模约 2.5 万亿美元，两者合计规模/GDP 仅 28.7%。无论是绝对规模，还是与 GDP 比值的相对规模，中国长线投资者规模远低于美国，长线资金不足明显制约了中国不动产私募基金的发展。

（二）投资

在投资方向上，国际不动产私募基金以持有型不动产投资为主，境内未来将逐步与国际趋同。这一差异与中国经济发展阶段紧密相关，美欧等发达国家早已结束城镇化进程，住宅新开发规模相对较小，商业地产和产业地产市场规模广阔。过去中国处于城镇化上半场，住宅开发的新增需求非常旺盛，而且与持有型不动产相比住宅开发能快速周转且利润率更高，因此在过去一段时间内境内不动产私募基金的销售型物业投资偏多。展望未来，随着中国经济转型升级不断深入、城镇化进程步入下半场，境内不动产私募基金投资方向有望向国际同业趋同，持有型不动产投资将成为主流。

在投资策略上，境内以机会型和价值增值型为主，而国际上则以各种策略类型并重。与国际相比，境内的核心型物业收益率较低，在商业类物业上尤为明显。根据世邦魏理仕（CBRE）数据，2020 年 9 月北京核心区域甲级写字楼的资本化率为 3.5% ~4.5%，而同时期 10 年期国债到期收益率为 3.11%，北京核心区域甲级写字楼的收益率仅比无风险收益率高 0.39% ~1.39%；而美国纽约核心区域甲级写字楼的资本化率为 4.25% ~4.5%，同时期美国 10 年期国债到期收益率则仅为 0.68%，纽约核心区域甲级写字楼的收益率比无风险收益率高 3.57% ~3.82%。因此，境内投向商办的不动产私募基金较多采用机会型和价值增值型策略，才能满足投资者的回报要求。

（三）管理

国际知名机构的管理能力较强，而中国的不动产私募基金管理人能力需要向国际机构学习。黑石集团、博枫资产管理公司、凯德集团、嘉民集团等国际知名机构均具有庞大的不动产管理团队，对不动产项目的运营和管理能力较强，包括商业、写字楼、酒店、物流及公寓等，其中黑石集团更是借助其强大的投后管理能力从希尔顿酒店、办公物业投资信托等投资项目中获利颇丰。

（四）退出

国际退出渠道丰富，而境内退出渠道有限，尤其是缺乏畅通的境内公募 REITs 市场。国际上不动产私募基金的退出渠道包括大宗交易、公募 REITs 等，而境内的退出渠道主要为大宗交易。对于境内的私募 REITs，由于通常设有回购条款或类似安排，因此将资产发行私募 REITs，并不意味着基金管理人实现真正意义的退出。对于公募 REITs，2020 年 4 月中国证监会和国家发展改革委出台了《关于推进基础设施领域不动产投资信托基金（REITs）试点相关工作的通知》，指出物流仓储、产业园和数据中心可参与试点，但住宅和商业不动产不在此次试点范围内。因此，未来物流仓储、产业园和数据中心有望通过境内公募 REITs 退出，购物中心、写字楼、酒店等物业需要选择境外公募 REITs 或者等待境内政策进一步改革创新。

四、远洋资本不动产基金机会型投资以私募 REITs 退出案例分析

远洋资本是国内专注于另类资产管理的专业机构，目前资产管理规模已经超过 1 300 亿元。作为国内顶尖的不动产基金，远洋资

本已有北京硅谷亮城项目、上海大宁项目、成都华敏项目等多笔商办资产投资并退出的成功案例。其中，远洋资本与远洋控股集团（中国）有限公司（以下简称“远洋集团”）共同推动完成的北京银网中心大厦项目案例，创新实践了不动产基金机会型投资与私募REITs产品结合的资本运作模式。

（一）北京银网中心大厦项目的基础资产特征

北京银网中心大厦项目的基础资产具有位置优越、资源稀缺、运营成熟、资质较好的优势，但也面临困境资产的挑战。

1. 地理位置优越，资源稀缺

北京银网中心大厦位于北京市海淀区知春路113号，总规模约1.18万平方米。项目地处中关村商圈腹地，周边写字楼林立，办公氛围浓厚，步行可达新中关购物中心等核心商业中心，区域周边配套设施完善，为所处区域稀缺的交易标的。

2. 物业运营成熟，资质较好

北京银网中心大厦项目业态主要为办公和餐饮。租户类型丰富，包括银行、教育机构、科技公司、咨询公司等。资产现金流稳定，可预测性较强，收购时出租率接近100%且在租租户稳定，小于1年租约占比低于15%，1~3年租约占比约60%，3~20年租约占比约25%，出租率及租金水平在区域内皆处于较高水平。

3. 困境资产，盘活挑战较大

北京银网中心大厦物业收购前身为原某开发商持有未售资产，由于相关主体涉诉，导致目标资产上存在多起诉讼、仲裁及查封事项，同时相关主体仍有以标的资产为抵押物的金融负债。

（二）该项目通过私募REITs实现阶段性退出

远洋资本发挥与远洋集团的协同优势，共同推动北京银网中心大厦项目于 2019 年置入中联前海开源 - 远洋集团二号资产支持专项计划产品并成功发行，实现阶段性退出。

远洋集团于 2018 年获得上海证券交易所批准的储架式 REITs 无异议函，获批可发行规模达 98 亿元，并于同年成功发行中联前海开源 - 远洋集团一号资产支持专项计划，发行规模 32.03 亿元。时隔一年，远洋集团于 2019 年成功发行中联前海开源 - 远洋集团二号资产支持专项计划。该专项计划于 2019 年 12 月 25 日成功设立，产品发行规模为 13.03 亿元，优先级利率 4.23%，产品期限为 3 年，其底层资产为北京银网中心大厦（部分楼层）及天津远洋国际中心 A 座，专项计划的还款来源主要为底层资产的运营收入（见表 3 -7 和图 3 -24）。

表 3-7　中联前海开源 - 远洋集团二号资产支持专项计划产品概览

产品要素	内容	
产品名称	中联前海开源 - 远洋集团二号资产支持专项计划	
原始权益人/资产服务机构	远洋控股集团（中国）有限公司	
基础资产类别	办公楼	
产品总规模	13.03 亿元	
挂牌场所	上海证券交易所	
产品底层物业资产	北京银网中心大厦（部分楼层）及天津远洋国际中心 A 座	
	优先级资产支持证券	次级资产支持证券
产品分层（产品规模）	80%	20%
信用等级	AAAsf	未予评级
产品期限		3 年
票面年利率	4.23%	—
利率类型/付息频率	固定利率/按年付息	浮动利率/按年付息
设立日	2019 年 12 月 25 日	
到期日	2022 年 12 月 26 日	

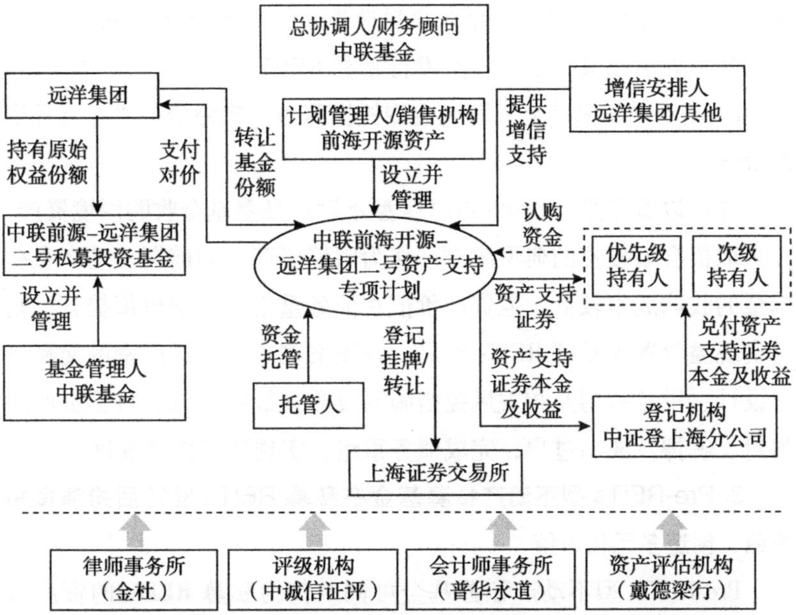

图3-24　中联前海开源-远洋集团二号资产支持专项计划交易结构

（三）项目特色与重要意义

1. 不动产私募基金发行私募 REITs，实现“Pre-REITs”

过去，境内机会型投资的不动产私募基金的退出渠道相对狭窄，以私募 REITs 退出的案例较少。在该项目中，创新性成功实践了以私募 REITs 实现困境资产的阶段性退出。该项目基础资产为核心区域的稀缺资源且运营状况良好，但由于产权分散，以传统市场化退出模式难度较大、周期较长。而因其现金流稳定、可预测性强、收购后产权清晰、融资结构简单等属性，更适合发行私募 REITs 产品。

这一实践成功开拓了成熟地产市场中困境资产与私募 REITs 相结合的资本运作模式，未来 Pre-REITs 型不动产私募基金可以各种形式投资尚未发展成熟或存在存量改造以及债务重组空间的物业，待孵化成熟后以其为底层资产发行私募 REITs 产品。

2. 不动产私募基金采取机会型投资策略，实施债务重组提升资产价值

这可以看作是一次 Pre-REITs 型不动产私募基金收购困境资产，并采取机会型投资的典型案例。作为困境资产，如前期不动产私募基金的收购成本较低，但资产价值在债务重组后实现价值提升，则可实现溢价置入私募 REITs 产品。在该案例中，通过严密的交易流程设计、税务筹划及相关风控措施的设置，最终实现了目标资产的解封、解押及成功过户，完成债务重组，实现项目价值改进。

3. Pre-REITs 型不动产私募基金在私募 REITs 发行后扮演多种角色，创造多元化价值

Pre-REITs 型不动产私募基金可同时作为私募 REITs 的资产服务机构和次级投资者，在以较低成本控制资产的同时，通过主动管理提升资产经营表现和潜在租金空间，最终置入 REITs 产品可以获取多种收益。在资产服务机构层面，不动产私募基金可快速扩大管理规模并获得管理费。在次级投资者层面，租赁表现优异亦可提升不动产私募基金的次级收益。

4. 不动产私募基金可以利用私募 REITs 设计并购安排、提高融资效率

私募 REITs 中包含资产转让的本质属性，也可以作为不动产私募基金的并购工具，主要应用场景包括高效融资、作为阶段性退出渠道、优化报表，以及通过多层次、对赌安排等设计实现或优化较为复杂的并购安排。其中对于融资效率而言，私募 REITs 产品较一般银行并购贷或经营性物业贷更高效，同时方案更具灵活性。

第四章
私募 REITs 发行实务

第一节　私募 REITs 的基本概念和相关政策

一、私募 REITs 概述

私募 REITs 可以看成“国际公募 REITs 的中国化”，也被称为“类 REITs”。投资者通过特殊目的载体直接和间接持有物业产权与控制权，分享标的物业现金流和资产增值收益。从现金流安排上，标的物业的经营收入（包括权利维持费），能够偿还优先级预期收益；标的物业（或是项目公司股权、债权或信托受益权等基础资产）的处置，能够偿还本金。目前私募 REITs 的标的资产类型多样，包括购物中心、写字楼、酒店、仓储物流、基础设施等。

私募 REITs 的具体操作为：由计划管理人发起设立资产支持专项计划，并发行资产支持证券（Asset-Backed Security，简写为 ABS）募集资金。资产支持专项计划使用该等级资金，通过信托计划/契约型私募基金向项目公司的股东，以直接或间接的方式完成对项目公司的 100% 股权收购，并向项目公司发放借款。①

① 出于简化交易结构安排的考虑，目前也有项目尝试采用单 SPV 结构，即资产支持专项计划项下不再设置信托计划/私募基金。

资产支持证券可分为优先级和权益级。其中，优先级资产支持证券向合格机构投资者进行募集，剩余份额为权益级资产支持证券。交易结构如图4－1所示。

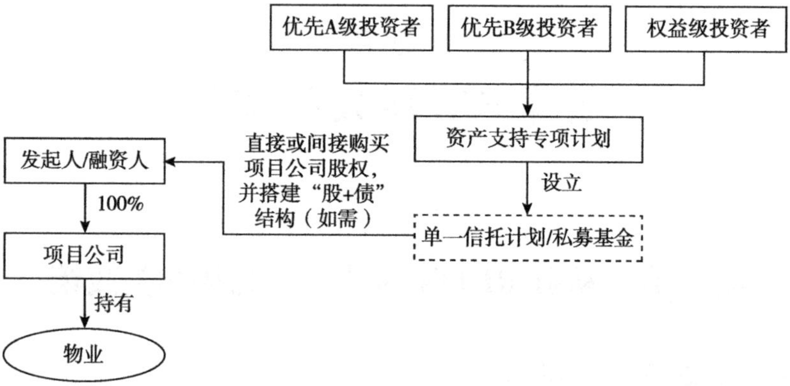

图4－1　私募REITs交易结构

（一）私募REITs发起机构的动机

简要而言，私募REITs发起机构的动机可以分为两种，即融资型和出表型。

融资型发起机构的主要目的是，使用标的资产实现最优的融资安排，包括扩大融资规模（符合发起机构的总体商业安排）、延长融资期限、降低融资成本。

出表型发起机构的主要目的是，改善资产负债表，即将风险和收益进行转移，资产和负债均实现“出表”。为此，在私募REITs的产品设计中，需要充分考虑增信安排，以满足《企业会计准则第23号——金融资产转移》的相关要求。该类型发起机构也会考虑通过发行私募REITs产品或者搭建不动产资本运作平台，实现投资的退出。

因此，在推动私募REITs项目时，中介机构首先需要厘清发起机构的动机，进而统筹安排项目方案。

（二）私募 REITs 的产品分类

根据私募 REITs 产品设计思路的不同，可以分为两种，即处置型（又称“权益型”）和增信型（又称“主体型”）。其中，处置型是指更多地依赖“资产信用”，即依托于标的资产的现金流和自身价值去覆盖资产支持证券的预期收益和本金；增信型则是引入高评级增信主体，通过运营期间的现金流补足和期间流动性支持等增信措施，实现投资者的退出。

（三）私募 REITs 相关的不动产常用指标

无论是发起私募 REITs 进行融资，还是通过投资私募 REITs 进行获益，都需要关注底层标的资产的经营情况。因此，需要了解私募 REITs 相关的不动产常用指标。

1. 偿债备付率

偿债备付率（Debt-Service Coverage Ratio，简写为 DSCR），用于考察特定周期内，净经营现金流（Net Operating Income，简写为 NOI）对于应还债务本息的覆盖倍数。其计算公式为：

偿债备付率 = 净经营现金流/资产支持专项计划
每年应该还本付息的金额 ×100%

净经营现金流指标的物业实现的收入扣除付现支出之后，可用于分配的净经营现金流。

特别地，若私募 REITs 账户中存有保证金或者资产支持专项计划分配后仍有留存，计算时应该综合进行考虑，即计算私募 REITs 存续期间每年可以用于还本付息的资金。

2. 入池债务价值比率

入池债务价值比率（Loan-to-Value Ratio，简写为 LTV）用于考察入池债务与标的物业评估价值之间的比率。其计算公式为：

$$入池债务价值比率 = 资产支持证券规模/标的物业评估价值 \times 100\%$$

3. 债务收益率

债务收益率（Debt Yield，简写为DY）用于考察特定周期内，净经营现金流对于债务总额的保障能力。其计算公式为：

$$债务收益率 = 净经营现金流/资产支持专项计划设立时的债务总额 \times 100\%$$

私募REITs设立时的债务总额，指资产支持证券的融资规模。根据资产支持证券产品设计理念的不同，分母可以进一步区分为优先级资产支持证券规模或资产支持证券总规模。

（四）私募REITs和公募REITs的区别

私募REITs和公募REITs具有显著的区别，包括属性不同、入池资产不同、募集形式不同、期限不同等。总体而言，私募REITs具有偏债属性，而公募REITs则具有权益属性。具体分析可见表4－1。

二、私募REITs的相关政策

私募REITs的相关政策可以分为两部分。

第一部分，私募REITs本身属于资产支持证券的一个细分品种，流通市场主要为证券交易所市场。[①] 因此，私募REITs的相关政策包括证监会、基金业协会、证券交易所等颁布的规定、指引等。

① 也有发起机构在银行间市场发行了私募REITs。本文的私募REITs主要指在上海证券交易所或深圳证券交易所发行的产品。

表4-1 私募REITs和公募REITs的区别

	私募REITs	公募REITs
属性不同	我国的私募REITs本质上属于资产证券化产品，有效存续期相对较短，具有偏债属性。多数私募REITs的支持资产流动性有限，发行仍然依托主体信用增信或提供退出的流动性支持	公募REITs是公募证券投资基金作为载体的上市产品，具有权益属性。存续期限较长，证券流动性更好，脱离主体采取市场化发行
入池资产不同	包括基础设施类资产与商业不动产资产，如购物中心、写字楼等	公募REITs的入池资产主要为各类基础设施，包括特许经营权属性基础设施、仓储物流、信息基础设施等
募集形式不同	私募发行，单个资产支持专项计划的认购人应属合格投资者，合计不得超过200人且单笔认购资金不低于100万元	公募发行，允许个人投资者参与
期限不同	私募REITs的有效久期相对较短，或采取3+2模式，或采取长期存续并每3年开放一次的模式，发起人要为开放期提供流动性支持	公募REITs多采用永续或长期存续的方式
增信方式不同	除分级结构外，多数产品包含差额支付、流动性支持、主体回购等增信措施。也有少数产品权益属性较强，主要通过分级结构进行增信	增信措施相对较少，发行通常不依托原始权益人增信
投资者退出方式不同	目前资产支持证券的二级市场流动性较弱，仅少数投资者采取二级市场交易退出。多数投资者采取持有到期策略，依托于发起人流动性支持、续发或者专项计划资产处置方式实现退出	公募REITs上市后通常具有更好的二级市场流动性，投资者主要通过二级市场基金份额交易实现投资退出

第二部分，私募REITs由于其产品结构设计的特殊性，涉及交易结构和资产转让等方面的政策。

（一）证监会、基金业协会和证券交易所的政策

1. 证监会颁布的政策

证监会颁布的《证券公司及基金管理公司子公司资产证券化业务管理规定》及配套的《证券公司及基金管理公司子公司资产证券化业务尽职调查工作指引》和《证券公司及基金管理公司子公司资产证券化业务信息披露指引》等，要求发起机构开展私募REITs业务，需要遵循上述基本规定。例如，《证券公司及基金管理公司子公司资产证券化业务管理规定》第三条明确了基础资产的范畴：基础资产可以是企业应收款、租赁债权、信贷资产、信托受益权等财产权利，基础设施、商业物业等不动产财产或不动产收益权，以及中国证监会认可的其他财产或财产权利；第二十四条则对基础资产存在权利限制的情形进行了明确：基础资产不得附带抵押、质押等担保负担或者其他权利限制，但通过专项计划相关安排，在原始权益人向专项计划转移基础资产时能够解除相关担保负担和其他权利限制的除外。

2. 基金业协会颁布的政策

基金业协会颁布的《资产证券化业务基础资产负面清单指引》和《资产证券化业务风险控制指引》则对基础资产的准入范围、风险控制进行了明确。根据《资产证券化业务基础资产负面清单指引》，与不动产相关的基础资产，有下列情形之一的不能准入：(1) 因空置等原因不能产生稳定现金流的不动产租金债权。(2) 待开发或在建占比超过10%的基础设施、商业物业、居民住宅等不动产或相关不动产收益权。当地政府证明已列入国家保障房计划并已开工建设的项目除外。根据《资产证券化业务风险控

制指引》，基础资产涉及不动产的，其价值评估需要进行专门安排：不动产等专业性较强的基础资产价值的评估，管理人应当委托符合条件的专业资产评估机构出具评估报告；基础资产为不动产的，发生收购或者处置等影响基础资产价值的重大事项时均应当进行评估。

3. 证券交易所颁布的政策

证券交易所通过《业务指南》、《业务指引》以及《业务问答》等政策，对资产证券化的业务操作细节进行了规定。例如，在深圳证券交易所2020年12月颁布的《资产证券化业务指南第1号——挂牌条件确认业务办理》中，对评估进行了规定：若基础资产或底层资产涉及不动产，需提供房地产估价报告或资产评估报告。出具房地产估价报告的评估机构应当为在住建部门备案的一级房地产估价机构；出具资产评估报告的评估机构应当根据法律法规取得相关资质。建议选用收益法作为最主要评估方法；同时对标的不动产的五证是否齐全进行了关注（五证是指建设用地规划许可证、国有土地使用证、建设工程规划许可证、建筑工程施工许可证、房地产权证/不动产权证）。

在深圳证券交易所2020年5月修订的《资产证券化业务问答》中，对不动产的要求进行了进一步细化。对于以运营稳定的、成熟的物业或其租金为基础资产的资产证券化，标的物业应当具备下列条件：物业或其租金的原始持有人享有物业的完全所有权或长期租赁物业，权属清晰，相关证照齐备，不存在经济或法律纠纷；基础资产及标的物业不存在抵押、质押等他项权利限制，或在原始持有人长期租赁标的物业的情形下租赁合同不受物业他项权利限制的影响；经营记录良好，租金收入稳定；如相关不动产存在空置、在建等情形的，需不违反负面清单要求，并有充分依据证明未来其可以产生长期稳定现金流。

上海证券交易所2018年发布了《基础设施类资产支持证券挂牌条件确认指南》，对基础设施类资产的发行条件进行了规范：(1) 基础资产的界定应当清晰，具有法律、法规依据，附属权益（如有）的内容应当明确。(2) 基础资产、底层资产及相关资产应当合法、合规，已按相关规定履行必要的审批、核准、备案、登记等相关程序。(3) 基础资产、底层资产的运营应当依法取得相关特许经营等经营许可或其他经营资质，且特许经营等经营许可或其他经营资质应当能覆盖专项计划期限。经营资质在专项计划存续期内存在展期安排的，管理人应当取得相关授权方或主管部门关于经营资质展期的书面意向函，在计划说明书中披露按照相关规定或主管部门要求办理展期手续的具体安排，说明专项计划期限设置的合理性，充分揭示风险并设置相应的风险缓释措施。

（二）产品交易结构相关的政策

私募REITs由于其产品结构特殊性，涉及其他方面的政策法规。

1. 与SPV相关的政策法规

在交易结构方面，私募REITs可以采用双SPV（资产支持专项计划+信托计划/契约型私募基金）的结构。鉴于信托计划在《中华人民共和国信托法》体系下拥有完备的破产隔离和信托机制，能够灵活地实现股权和债权等投资，并且信托公司可以作为抵押权人实现抵押登记，因此资产支持专项计划可以通过持有信托受益权的方式，间接持有项目公司股权和债权，进而持有标的物业的产权。在该等条件下，信托受托人设立信托，与委托人签署“信托合同”，需要满足《信托法》与银保监会关于信托备案的相关规定。“信托合同”中需要明确约定信托目的、信托本金及交付、信托成立及生效、信托期限、信托财产、信托财产管理、运用和处分的具体方法、信托费用、信托税收、信托利益的核算和分配、信托受益权的转让等事项。

2. 与资本弱化相关的政策法规

在底层结构设计方面，由于需要安排SPV持有项目公司股权和债权（SPV通过债权利息抽取底层资产的现金流），还需要考虑企业所得税和资本弱化的相关政策法规。

《中华人民共和国企业所得税法实施条例》第三十八条进行了一般性的规定，企业在生产经营活动中发生的下列利息支出，准予扣除：非金融企业向金融企业借款的利息支出、金融企业的各项存款利息支出和同业拆借利息支出、企业经批准发行债券的利息支出；非金融企业向非金融企业借款的利息支出，不超过按照金融企业同期同类贷款利率计算的数额的部分。

根据《中华人民共和国企业所得税法》第四十六条，企业从其关联方接受的债权性投资与权益性投资的比例超过规定标准而发生的利息支出，不得在计算应纳税所得额时扣除。

《财政部、国家税务总局关于企业关联方利息支出税前扣除标准有关税收政策问题的通知》（财税〔2008〕121号）进行了更加具体的规定：在计算应纳税所得额时，企业实际支付给关联方的利息支出，不超过以下规定比例和税法及其实施条例有关规定计算的部分，准予扣除，超过的部分不得在发生当期和以后年度扣除。企业实际支付给关联方的利息支出，除符合本通知第二条规定外，其接受关联方债权性投资与其权益性投资比例为：

（1）金融企业，为5∶1。

（2）其他企业，为2∶1。

因此，在设计私募REITs的底层交易结构时，股权和债权的设计需要综合以上政策法规进行考虑。

3. 与国有资产转让相关的政策法规

在重组过程中，如果发起机构是国有企业，其将持有项目公司100%的股权转让给私募REITs，根据《企业国有资产交易监督管理办法》（国务院国有资产监督管理委员会、财政部令第32号）的规定，涉及国有资产转让，属于“企业产权转让”。

《企业国有资产交易监督管理办法》是国有资产转让的核心规定之一。原则上，国有资产交易应通过产权交易机构公开进行（简称“进场交易”），也可以通过协议转让的方式进行。项目启动后可根据企业实际情况与国资委等相关部门协商确定。如果选用进场交易方式，需要按照图4－2所示程序进行。

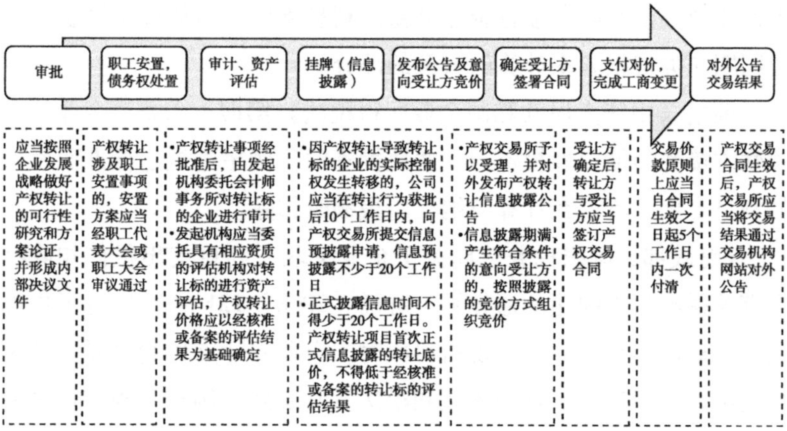

图4－2　进场交易流程

第二节　私募REITs操作流程

一、私募REITs的相关机构

由于私募REITs的交易结构复杂，所涉及的中介机构较多，因此，需要将各个中介机构的职责进行梳理，并做介绍。

（一）发起机构/原始权益人

一般而言，发起机构是指标的资产的所有者（在本章第一节中已经介绍了不同动机的发起机构）。需要说明的是，常见的原始权益人和发起机构可能不是同一家机构。原始权益人是指按照《证券公司及基金管理公司子公司资产证券化业务管理规定》及约定向专项计划转移其合法拥有的基础资产以获得资金的主体。在私募REITs的双SPV交易结构中，原始权益人可能是非特定的，仅是负责搭建契约型私募基金或信托计划等载体的机构。

原始权益人或发起机构不得侵占、损害专项计划资产，并应当履行下列职责：(1）依照法律、行政法规、公司章程和相关协议的规定或者约定移交基础资产。(2）配合并支持管理人、托管人以及其他为资产证券化业务提供服务的机构履行职责。(3）专项计划法律文件约定的其他职责。

（二）计划管理人/主承销商

私募REITs的发行载体为资产支持专项计划，需要由计划管理人进行发起设立。计划管理人是指为资产支持证券持有人的利益，对专项计划进行管理及履行其他法定及约定职责的证券公司、基金管理公司子公司。

计划管理人的职责包括：(1）按照《证券公司及基金管理公司子公司资产证券化业务管理规定》及《证券公司及基金管理公司子公司资产证券化业务尽职调查工作指引》对相关交易主体和基础资产进行全面的尽职调查，可聘请具有从事证券期货相关业务资格的会计师事务所、资产评估机构等相关中介机构出具专业意见。

(2）在专项计划存续期间，督促原始权益人以及为专项计划提供服务的有关机构，履行法律规定及合同约定的义务。(3）办理资产支持证券发行事宜。(4）按照约定及时将募集资金支付给原始权益人。(5）为资产支持证券投资者的利益管理专项计划资产。(6）建立相对封闭、独立的基础资产现金流归集机制，切实防范专项计划资产与其他资产混同以及被侵占、挪用等风险。(7）监督、检查特定原始权益人持续经营情况和基础资产现金流状况，出现重大异常情况的，管理人应当采取必要措施，维护专项计划资产安全。(8）按照约定向资产支持证券投资者分配收益。(9）履行信息披露义务。(10）负责专项计划的终止清算。(11）法律、行政法规和中国证监会规定以及计划说明书约定的其他职责。

同时，计划管理人往往还兼备“主承销商”的角色，需要向合格投资者进行推介，通过销售资产支持证券募集资金。

（三）投资者

投资者是指私募 REITs 载体资产支持专项计划所发行资产支持证券的持有人。而资产支持证券是投资者享有专项计划权益的证明，可以依法继承、交易、转让或出质。资产支持证券投资者不得主张分割专项计划资产，不得要求专项计划回购资产支持证券。

资产支持证券投资者享有下列权利：（1）分享专项计划收益。(2）按照认购协议及计划说明书的约定参与分配清算后的专项计划剩余资产。(3）按规定或约定的时间和方式获得资产管理报告等专项计划信息披露文件，查阅或者复制专项计划相关信息资料。(4）依法以交易、转让或质押等方式处置资产支持证券。(5）根据证券交易场所相关规则，通过回购进行融资。(6）认购协议或者计划说明书约定的其他权利。特别地，涉及重大事项的，需要召开资产支持证券持有人会议。投资者主要通过该会议行使权利。

根据证监会的规定，资产支持证券应当面向合格投资者发行，发行对象不得超过200人，单笔认购不少于100万元发行面值或等值份额。合格投资者应当符合《私募投资基金监督管理暂行办法》规定的条件，依法设立并受国务院金融监督管理机构监管，由相关金融机构实施主动管理的投资计划，不再穿透核查最终投资者是否为合格投资者和合并计算投资者人数。

（四）资产服务机构

资产服务机构是指私募REITs标的资产的管理者。资产服务机构应当具备管理基础资产的资质、能力和经验。计划管理人应当关注资产服务机构的持续服务能力，并设置资产服务机构解任后的处理方式。原始权益人或者发起机构担任资产服务机构的，应当明确与其管理的其他自有资产或受托资产相隔离的措施，防范道德风险。

需要说明的是，私募REITs的资产服务机构除了一般意义上的资产服务机构以外，有时候根据项目会设置“特殊资产服务机构”。特殊资产服务机构的职责包括：在存续期内协助计划管理人对标的物业的运营进行监督和管理；进入处置期后，接受计划管理人的委托，制订处置方案，并且按照处置方案处置私募REITs的份额或其底层资产（项目公司股权债权、契约型私募基金份额、信托受益权、标的资产等）。

（五）律师事务所

律师事务所在私募REITs中的职责包括两方面：一方面，律师事务所需要结合私募REITs的整体交易结构，起草主要交易文件；另一方面，律师事务所需要对项目进行法律尽职调查，包括基础资产和业务参与人等。在法律尽职调查和相关文件审阅的基础上，律师事务所出具法律意见书。

本书第七章对 REITs 的法律实务进行了详细介绍。

（六）评级机构

评级机构负责对私募 REITs 发行的资产支持证券进行信用评级。一般而言，评级机构的工作范围包括以下方面：资产池信用分析，包括全部资产池项下基础资产的资料核查及其尽职调查；证券交易结构现金流分析，包括压力测试条件下违约率、回收率等压力因子的具体数据；资产服务机构管理素质考察；资产支持证券信用评级；证券存续期内的跟踪评级等。

私募 REITs 的信用评级方法和一般资产证券化产品的信用评级方法类似，核心点也是对资产支持证券的本金和收益是否能够按时足额偿付进行判断。即评级机构对私募 REITs 信用等级的评定是建立在对基础资产信用质量、交易结构稳健性、现金流分析、主要参与方能力和政策及法律要素的综合分析评价后，对优先级资产支持证券预期收益和本金获得按期足额偿付的可靠性判断。

（七）评估机构

私募 REITs 的评估机构主要是对标的物业的价值进行评估。根据私募 REITs 发行、运营期和处置期的不同需要，均需要出具标的物业价值评估报告。物业评估机构的工作内容一般包括：物业状况评价、物业市场调研和物业价值评估等。具体包括对有关房地产项目进行实地视察，收集有关市场资料并进行分析，审阅所提供的有关房地产项目权属文件、租赁合同及相关资料，对有关房地产项目进行物业尽调工作并出具评估报告。

根据深圳证券交易所 2020 年 12 月颁布的《资产证券化业务指南第 1 号——挂牌条件确认业务办理》，评估的含义为，若基础资产或底层资产涉及不动产，需提供房地产估价报告或资产评估报告。出具房地产估价报告的评估机构应当为在住建部门备案的一级房地产估价机构，出具资产评估报告的评估机构应当根据法律法规取得相关资质。

本书的第九章将对 REITs 评估工作进行详细分析。

（八）会计师事务所

会计师事务所在私募 REITs 中的职责包括以下 4 个方面：

第一是现金流预测。根据《中国注册会计师其他鉴证业务准则第 3111 号——预测性财务信息的审核》，会计师事务所出具标的物业的“现金流预测报告及审核报告”[①]。

第二是验资。会计师事务所对私募 REITs 募集的资金出具验资报告。一般而言，计划管理人在募集资金达到预期规模后，宣布私募 REITs 成立。

第三是私募 REITs 审计。项目成立后，会计师事务所对报告期内专项计划资产管理业务的运营情况进行审计，并出具“审计报告”。

第四是专项会计意见。针对出表型私募 REITs 产品，会计师事务所对于发起机构为私募 REITs 的会计处理（特别是是否终止确认标的物业资产），提供会计评论意见。

本书的第八章将对 REITs 会计实务进行详细分析。

（九）税务顾问

税务问题是私募 REITs 的核心问题之一。私募 REITs 往往涉及资产重组和资产转让，需要进行合理的税收筹划。因此，需要由税务顾问（会计师事务所或者税务咨询机构）出具“税务意见书”，

---

① 也可以由资产评估机构出具“现金流评估报告”。

对资产重组和资产转让等环节的涉税情况进行详细分析。

本书的第八章也对 REITs 的税务实务进行了详细分析。

（十）商业银行

商业银行在私募 REITs 中往往扮演着重要角色。

一方面，商业银行往往把握着大量优质客户和公众资金。商业银行向计划管理人提供客户需求信息，是私募 REITs 业务的发起者。同时商业银行也是私募 REITs 重要的投资者之一。

另一方面，商业银行需要提供托管和监管服务。计划管理人需要在托管银行为专项计划开立托管账户，由托管银行对专项计划资产进行保管。同时，托管银行每年需要提供“当期专项计划托管报告”和“年度专项计划托管报告”，对托管银行履行职责和义务的情况、专项计划资产隔离情况、监督计划管理人对专项计划资产运作情况等进行报告。

由于私募 REITs 往往要求对资金进行闭环监管，需要现金流提供方在商业银行开立监管账户，标的物业所产生的现金流需要归集至监管账户中，因此，私募 REITs 项目一般也会增加监管银行的日均存款，能够提高商业银行的综合业务收入。

二、私募 REITs 的操作流程

（一）准备阶段

准备阶段的核心工作，是发起机构会同中介机构，对设立私募 REITs 的可行性和必要性，以及基本方案进行讨论，并进行内部决策。准备阶段应该完成 4 方面的工作。

1. 选定标的资产

首先需要选定私募 REITs 的核心标的资产。标的资产根据业态种类，可以分为写字楼、购物中心、酒店、仓储物流、科研中心等；根据经营情况，可以分为整租和散租等。在选定标的资产时，需要对地理位置、周边配套设施、物业管理水平、物业运营能力、目标客群等关键要素进行基本判断。一般而言，资产的通用性和稀缺性越高，投资者的认可程度越高。

中介机构在辅助发起机构选定标的资产时，应该对标的资产的价值有基本的判断，并且充分考虑资本市场投资者的认可程度。

2. 选择中介机构

选择中介机构需要关注选聘原则和选聘模式。

选聘原则方面，由于私募 REITs 的产品交易结构，通常操作流程较长，要求中介机构及其执行团队有丰富的项目操作经验。因此，发起人应该关注中介机构的项目操作经验，以及项目团队对于该项目的重视程度。

选聘模式方面，发起机构既可以根据既往项目合作经验，选择熟悉的合作机构；又可以先选定牵头机构（如计划管理人/主承销商)，并由牵头机构负责选聘其他合作机构。

中介机构的收费一般较为市场化。发起人应该结合市场平均水平、项目难易程度等因素，综合考量中介机构的收费水平。

3. 设计私募 REITs 的交易方案

交易方案的设计是私募 REITs 的全局工作。具体而言，交易方案应该包括以下部分：

(1) 资产重组。私募 REITs 的核心交易安排是“资产支持专项计划募集资金向发起人购买标的资产”。一般而言，该标的资产需要“装”在 SPC 中，主要交易标的是 SPC 的股权。因此，如果 SPC 中除了标的资产外还有其他的资产，需要考虑进行资产重组。

资产重组的方式一般包括投资设立、派生分立、划拨等。本节

第三部分“私募 REITs 涉及的资产重组”对资产重组进行专门的论述。

（2）资产转让。发起人将 SPC 股权转让至私募 REITs 时，还需要完成“股权 + 债权”结构的搭建。搭建该结构，主要是为了在满足资本弱化的约束条件下，以借款利息的形式在企业所得税前抽取现金流。

实际操作中，资产重组和资产转让两个部分，往往需要统筹考虑和安排。

同时，如果发起人是国有企业，按照《企业国有资产交易监督管理办法》（国务院国资委、财政部令第 32 号）中规定的国资转让程序，进行国有资产转让。

4. 确定私募 REITs 的融资要素

私募 REITs 的融资要素需要根据发起机构的动机进行综合考虑。具体包括：

（1）发行规模与分层安排。私募 REITs 的发行规模和标的资产的评估值紧密相关，在评估值基础上估算私募 REITs 总规模，并进行分层。

私募 REITs 的资产支持证券分层安排比较丰富。有些案例采用简单的优先级和次级分层，也可以根据标的物业现金流的情况进一步细分，在优先级和次级内部进行精细化分层。评级机构一般仅对优先级资产支持证券进行分层。

（2）融资期限。根据产品类型的不同，一般有两种融资期限设计。权益型私募 REITs 的融资期限通常为“3 + N”型，即 3 年存续期，之后的 N 年为退出期。在 N 年中通过续发或者资产处置等方式，实现投资者的退出。

主体型私募 REITs 的融资期限通常为“3 × N”型，即每 3 年设开放期，在开放期内，首先进行优先级资产支持证券的预期收益率调整。优先级资产支持证券持有人拥有回售权。

同时，该模式中会涉及流动性支持机制，即每3年末设定一个开放日，优先级投资者有权在约定的时间（通常是开放日前两个月或3个月）就自己的退出意愿进行登记，发起人与销售机构需要在约定时间至开放日之间的时间段内，帮助登记的优先级投资者将其持有份额按照不低于票面本金的价值对外卖出（即转售给其他潜在投资者）。对于截至开放日尚未转售成功的份额，流动性支持机构有义务将其按照约定价格进行收购。

（3）还本付息安排。私募REITs优先级各档证券的还本付息安排不同。根据评级机构的要求，可以采用存续期内本息摊还模式（前若干年以支付利息为主，偿还少量本金），也可以采用存续期内只支付利息，在处置期内偿还本金的模式。

（4）增信措施。根据发起机构动机的不同（出表还是不出表），私募REITs所采用的增信措施也不相同。一般而言，若需要满足出表的要求，则会计师可能会要求增信措施尽可能少。常用的增信措施包括优先级/次级结构化分层、增信机构对证券端进行差额补足、标的物业现金流超额覆盖、应收账款质押担保和物业抵押担保、股权质押等。

特别地，根据标的物业运营模式的不同，还可以采用不同的增信措施。若采用整租模式（由发起机构集团的商业管理公司作为物业运营方整租目标物业，并向项目公司支付整租租金），整租租金差额补足承诺人在整租期间对承租人支付的整租租金进行差额补足。

若不采用整租模式，专项计划需设置业绩补偿承诺机制，业绩补偿承诺人在专项计划存续期间对标的资产运营期间的净现金流收入做出业绩补偿承诺，当标的资产运营收入低于承诺值时，业绩补偿承诺人将对差额部分进行补足。

（5）优先收购权与权利维持费的安排。一般而言，发起人会拥有优先收购权，即在指定的期间内以某个价格优先收购标的物业的权利。优先收购权实际上是看涨期权（欧式期权+价内期权，即发起机构可以在未来特定的期间内，以固定价格行使优先收购的权利）。因此，发起机构需要缴纳权利维持费（即期权费）。权利维持费的设计较为灵活，可以包括实缴和计提两部分：①实缴部分。专项计划存续期间，每年发起机构实际缴纳权利维持费。实缴权利维持费缴纳至计划管理人开立的专项计划账户，和标的物业经营净现金流共同构成了偿付优先级证券本息的现金流来源。②计提部分。进入专项计划处置期后，发起机构如果没有行使优先回购权，需要缴纳计提部分的权利维持费（扣减已实缴部分）。

（6）资金流转安排。私募 REITs 存续期间，资金流转安排如图 4－3 所示。

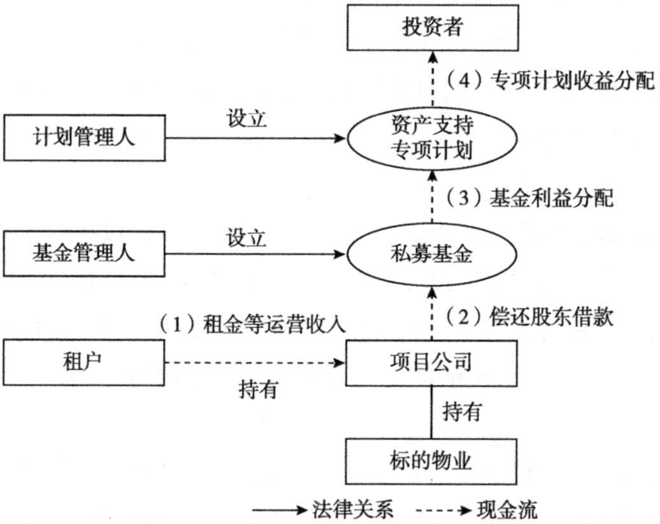

图 4－3　私募 REITs 存续期间资金流转

（二）执行阶段

在确定了私募 REITs 的基本方案后，中介机构进场进行详细尽职调查，并且讨论与起草交易文件。发起机构/原始权益人则开始履行内部决策流程。根据私募 REITs 的整体交易安排，开始推动标的资产的重组工作。

1. 中介机构尽职调查

私募 REITs 的尽职调查主要依据《证券公司及基金管理公司子公司资产证券化业务尽职调查工作指引》，包括对业务参与人和基础资产的尽职调查，并形成“尽职调查报告”。对基础资产的尽职调查包括基础资产的法律权属、转让的合法性、基础资产的运营情况和现金流历史记录，同时应当对基础资产未来的现金流情况进行合理预测和分析。

特别地，私募 REITs 重点关注标的物业的情况，包括以下方面：

（1）标的资产账面价值和评估价值情况及账面价值与评估价值差异情况；法律权属及抵押、查封、扣押、冻结等他项权利限制和应付未付义务情况；已经担保的债务总余额以及抵押、质押顺序；担保物的评估、登记、保管情况，并了解担保物的抵押、质押登记的可操作性等情况。

（2）标的资产履行规划、用地、环评等审批、核准、备案、登记的手续情况，以及取得固定资产投资管理等其他依据法律法规应当办理的手续齐备情况；特许经营等经营许可或其他经营资质的期限情况；工程建设质量及安全标准是否符合相关要求的情况；竣工验收情况。

（3）标的资产用地性质、所处区位和建设规划；标的资产使用状况；保险购买、承保范围和保险金额情况；标的资产各项设施设备现状；标的资产维修保养及定期、不定期改造需求或规划等。

（4）标的资产所处的行业、区位情况，以及宏观经济情况等对标的资产现金流稳定性的影响；标的资产所处区域宏观经济历史和趋势分析；标的资产运营相关的客群分析；区域经济发展对标的资产运营的影响分析；区域内可比竞品分析等。

（5）标的资产现金流的真实性、稳定性和分散度。

（6）重要现金流提供方的尽职调查。

2. 起草全套文件，并进行版本迭代

计划管理人会同各中介机构，起草私募 REITs 的全套文件，包括交易文件和中介机构报告。其中交易文件包括：私募 REITs 交易条款相关的文件，如“标准条款”“私募基金合同”（或“信托合同”）；资产转让相关的文件，如“股权转让协议”“产权交易合同”；标的资产运营相关的文件，如“标的物业运营保障合同”；私募 REITs 增信相关的文件，如“流动性支持协议”“差额补足协议”（如有）等。

核心中介机构报告包括“计划说明书”“尽职调查报告”“信用评级报告”“法律意见书”“资产评估报告”“现金流预测报告”等。

3. 发起人及各参与机构履行内部流程

发起机构需要根据其公司章程，履行规定的内部流程，主要出具包括内部有权机构同意发起机构设立私募 REITs 的相关决议，内部有权机构同意提供差额支付及流动性支持等增信措施的决议等。

除发起机构外，私募 REITs 的参与机构，包括计划管理人、私募基金管理人/信托公司、托管银行等均需要按照内部规定，履行相关的流程。

4. 同步推动资产重组

在执行阶段，根据整体时间安排，需要同步推动资产重组。详见本节第三部分“私募 REITs 涉及的资产重组”。

（三）监管审核阶段

私募 REITs 审核流程和一般资产证券化业务的审核流程基本相同。以深圳证券交易所为例，根据深圳证券交易所《资产证券化业务指南第 1 号——挂牌条件确认业务办理》，私募 REITs 项目申请挂牌，需要按照以下程序进行：

（1）计划管理人通过深圳证券交易所“固定收益品种业务专区”提交资产支持专项计划挂牌条件确认申请材料，并填报申请信息。

（2）深圳证券交易所受理后，对项目进行核对和反馈。自申请材料受理之日起至首次书面反馈意见出具或无书面反馈意见通知发出期间为静默期。

（3）计划管理人根据书面反馈意见，形成反馈回复，列明反馈结论及落实情况。

（4）反馈意见回复及经修改的申请材料符合要求的，召开挂牌工作小组会议。挂牌工作小组会议意见分为“通过”“有条件通过”和“不通过”3 种。

（5）会议意见为“通过”的，或者会议意见为“有条件通过”的，在相关事项落实完毕后，计划管理人应当尽快通过“固定收益品种业务专区”提交全套电子封卷材料，确保电子封卷材料齐全，且与纸质材料完全一致，并妥善保管和归档纸质材料。

证券交易所在确认电子封卷材料符合要求后，通过“固定收益品种业务专区”向管理人出具确认符合挂牌条件的无异议函。

（四）销售与发行阶段

取得无异议函后，私募 REITs 可以进入销售与发行阶段。

1. 确定目标投资者，并进行询价

目前私募 REITs 主要在沪深证券交易所发行，目标投资者多数为“持有至到期型”，以商业银行、保险机构为主。由于私募REITs兼具“主体”和“资产”两部分，既可以由发行主体所在地的商业银行基于主体进行授信和投资，也可以由标的资产所在地的商业银行基于标的资产进行投资。

2. 路演和推介

由于私募REITs的交易结构较为复杂，标的资产的亮点需要向投资者进行详细介绍，因此制订详细的路演和推介方案非常有必要。通常，路演和推介分为3轮：

第一轮询价，市场机构全面覆盖。全面启动销售工作，本轮销售旨在范围广，所有类型机构以及银行总行、分行、支行各个层级和部门条线可能会有需求的均要询问到，同时要视项目具体情况略有侧重，制定针对该项目的销售策略并进行迭代。

第二轮询价，逐步缩小询价范围。根据询价情况，逐步标出重点客户。汇总需要现场尽调和路演的机构名单，协调发起人尽快安排，同时做好路演、调研纪要，对反馈积极的重点客户提前沟通。

第三轮询价，基本锁定最终机构。明确意向投资机构的进度，安排接下来的流程。根据反馈的信息，推动投资机构进行最终投资确认。

3. 定价

目前私募REITs的定价思路比较简单，最常用的是可比定价法，即在可比债券收益率的基础上加上相应的溢价补偿。具体而言：

私募REITs的预期收益率 = 无风险债券收益率 +
信用风险收益补偿 + 流动性收益补偿

私募REITs的询价和定价过程大致可以分为：

第一步，采用合理的定价理论和方法，结合市场实际情况确定初步利率区间，作为市场摸底和投资者询价的基本依据。

第二步，在路演和推介过程中，收集投资者在投资意向和定价方面的反馈信息，并对利率区间进行必要调整。必要时，与重点投资者应该就定价问题进行更加深入的沟通。

第三步，根据前期销售摸底的情况，结合市场环境的变化，确定最终预期收益率。

4. 发行方式（簿记建档发行和协议发行）

私募 REITs 可以采用簿记建档的形式发行，也可以在征求投资者意见的基础上，直接确定价格进行协议发行。

簿记建档发行，是指计划管理人在结合融资人意见的基础上确定发行价格利率或价格区间，向市场上的合格投资者提供发行文件，由投资者发出申购订单，再由计划管理人记录投资者认购利率及数量意愿，按约定的定价和配售方式确定最终发行利率或价格并进行配售。采用簿记建档方式发行资产支持证券的，应当设立簿记建档场所，开展簿记建档工作。簿记建档场所物理空间应当满足簿记建档工作需要，且应与其他业务区域保持相对独立，符合安全、保密的要求。

若意向投资者数量不多，在计划管理人与投资者进行充分沟通交流后，也可以直接确定预期收益率，签订“认购协议”进行协议发行。

（五）备案与挂牌阶段

私募 REITs 设立后，计划管理人应该在 5 个工作日内于基金业协会进行专项计划备案。同时，计划管理人应该办理资产支持证券的挂牌登记工作。办理完毕后，私募 REITs 的资产支持证券将在证券交易所流通。

（六）后续管理阶段

详见本章第三节第一部分的“（一）存续期管理”，这里不再赘述。

三、私募 REITs 涉及的资产重组

私募 REITs 涉及的资产重组，核心点是“标的资产转让至单独项目公司中”以及“私募 REITs 最终持有项目公司股权和债权”。以财产权信托作为 SPV 为例进行说明。

第一步，底层资产和债务重组。目标是使得目标物业进入项目公司中，且该项目公司中无其他物业资产。可以使用派生分立或投资设立等方式完成此目标。此外，若目标物业原本就在较为“干净”的项目公司中，则无须进行该操作。

同时，还需要注意债务的安排。可以由原始权益人向项目公司发放股东借款，项目公司使用该笔股东借款偿还其存量债务（原始权益人也可直接支付对价受让存量债权）。通过上述债务重组流程，原始权益人持有项目公司 100% 股权，且享有对项目公司的债权，如图 4 -4 所示。

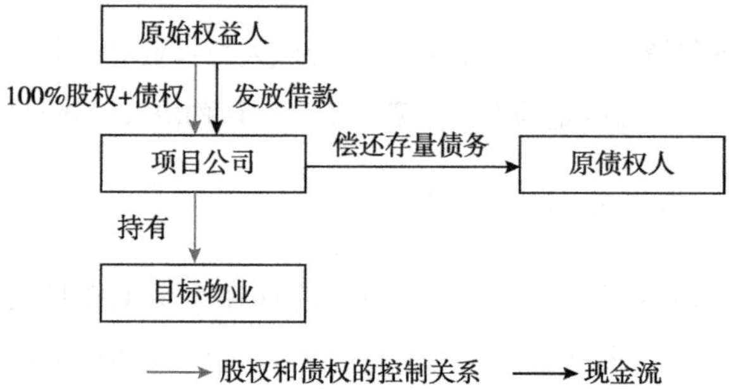

图 4 -4　重组后债务结构

第二步，设立财产权信托。原始权益人将项目公司的股权与债权作为财产信托予信托公司设立财产权信托（签署股权、债权转让协议），此时原始权益人为唯一信托受益人。项目公司股权可在转

让协议签署后，进行工商变更登记至信托公司（代表财产权信托）名下。如图4－5所示。

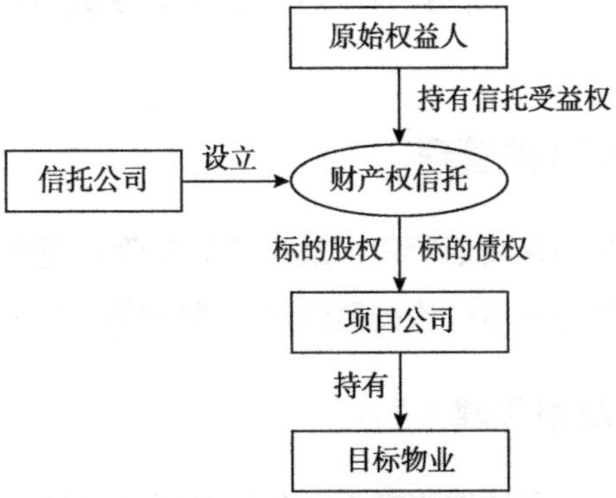

图4－5　财产权信托结构

第三步，搭建私募REITs结构。设立资产支持专项计划，专项计划设立日，管理人（代表专项计划）使用专项计划募集资金购买原始权益人持有的基础资产（即财产权信托之信托受益权），管理人（代表专项计划）通过财产权信托持有项目公司100%的股权和债权，从而间接持有目标物业。如图4－6所示。

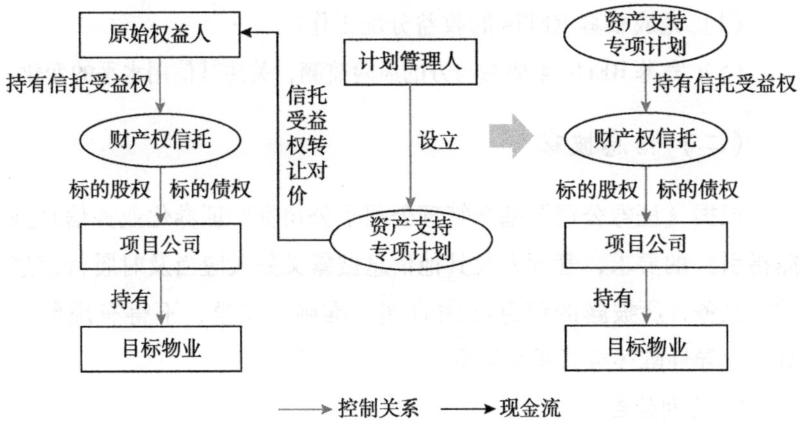

图4－6　私募REITs结构

通过以上步骤，完成私募 REITs 的资产重组和交易结构搭建。

第三节　私募 REITs 管理与资本运作

一、私募 REITs 的管理

私募 REITs 的存续期管理，最重要的是管理现金流。同时，计划管理人和各参与主体应该按照约定，进行信息披露。

（一）存续期管理

私募 REITs 的存续期管理主要包括对项目的日常管理、风险监测等工作，具体包括：

（1）督促标的物业现金流归集和转付。

（2）若标的物业运营方需要从监管账户中列支费用，计划管理人或私募基金管理人需要对该等事项进行批准。

（3）监测标的物业资产经营情况，包括重要承租方的变化、经营成本的列支等。

（4）完成私募 REITs 的收益分配工作。

（5）私募 REITs 重要参与方的风险监测，关注其信用水平的变化。

（二）信息披露

根据《证券公司及基金管理公司子公司资产证券化业务信息披露指引》的要求，管理人及其他信息披露义务人应当及时履行信息披露义务，所披露的信息必须真实、准确、完整，不得有虚假记载、误导性陈述或者重大遗漏。

1. 定期公告

（1）“年度资产管理报告”。计划管理人应在专项计划存续期内，每年4月30日前向资产支持证券持有人提供专项计划的“年度资产管理报告”（也称“资产管理报告”），并于4月30日前报中国基金业协会备案，同时抄送对计划管理人有辖区监管权的中国证监会派出机构（如监管机构要求）。专项计划设立距报告期末不足2个月或者每年4月30日之前专项计划在证券交易所所有挂牌资产支持证券全部摘牌的，计划管理人可以不编制和披露当年度的“年度资产管理报告”。

“年度资产管理报告”内容包括但不限于：专项计划基本情况（包括但不限于专项计划参与机构基本信息变化情况、各类别资产支持证券基本信息、截至报告期末已进行收益分配的分配时间、分配的本金与收益金额，以及未来收益分配安排等），专项计划参与机构履约情况，基础资产情况，资金收支与投资管理情况，特定原始权益人情况（如有），增信措施及其执行情况，其他重大事项。

（2）“当期专项计划托管报告”。专项计划托管银行应于每个专项计划托管银行报告日，向计划管理人提供一份专项计划的“当期专项计划托管报告”，并且计划管理人应在专项计划存续期内，每年4月30日前向资产支持证券持有人披露“年度专项计划托管报告”，并于4月30日前由计划管理人报中国基金业协会备案，同时抄送对计划管理人有辖区监管权的中国证监会派出机构（如监管机构要求）。专项计划设立距报告期末不足2个月或者每年4月30日之前专项计划在证券交易所所有挂牌资产支持证券全部摘牌的，专项计划托管银行可以不编制和披露当年度的“年度专项计划托管报告”。

“当期专项计划托管报告”和“年度专项计划托管报告”的内容包括但不限于专项计划托管银行履行职责和义务的情况；专项计划资产隔离情况；监督计划管理人对专项计划资产运作情况，计划管理人的管理指令遵守“计划说明书”及“托管协议”约定的情况以及对“年度资产管理报告”有关数据的真实性、准确性、完整性的复核情况等；专项计划资金运用、处分情况（包括但不限于专项计划账户资金收支情况、专项计划账户闲置资金投资情况、专项计划账户资金运用、处分的其他情况等）；根据届时所适用的法律规定及监管机构要求的需要对资产支持证券持有人报告的其他事项。

（3）“审计报告”。审计师应自专项计划设立日起每年4月30日的5个工作日前向计划管理人提供一份专项计划的审计报告，并由计划管理人对外进行公告（公告时间不迟于4月30日），同时于4月30日前报中国基金业协会备案。“审计报告”内容主要包括报告期内计划管理人对专项计划资产管理业务运营情况进行的年度审计结果和会计师事务所对专项计划出具的单项审计意见。

（4）“收益分配报告”。计划管理人应于专项计划每个计划管理人报告日，按照中国证监会规定的方式披露“收益分配报告”，披露该次资产支持证券的分配信息，并于报告日后的5个工作日内报中国基金业协会备案。披露内容包括但不限于权益登记日、兑付日、兑付办法以及每份资产支持证券的兑付数额。

（5）“标的物业运营报告”。物业运营方（或者项目公司）应于每个标的物业运营报告日，分别向计划管理人和受托人提供“当期标的物业运营报告”，并于专项计划设立日后每个会计年度结束之日起3个月内向计划管理人和受托人提供“年度标的物业运营报告”。“当期标的物业运营报告”和“年度标的物业运营报告”的内容包括但不限于在报告期内的标的物业运营收入，标的物业运营支出和费用，标的物业状况，与标的物业相关的运营收入及支出和费用情况等。

（6）“跟踪评级报告”。专项计划存续期内，评级机构应当于每年6月30日前向计划管理人提供一份专项计划的“跟踪评级报告”，根据专项计划的资信状况及时调整信用评级，揭示风险情况。“跟踪评级报告”由计划管理人对外进行披露，并于披露日后的5个工作日内报中国基金业协会备案。专项计划设立距报告期末不足2个月或者每年6月30日之前专项计划在证券交易所所有挂牌证券全部摘牌的，评级机构可以不编制和披露“跟踪评级报告”。

（7）“清算报告”。专项计划清算完成之日起10个工作日内，计划管理人应向专项计划托管银行、资产支持证券持有人出具“清算报告”，并将清算结果报中国基金业协会备案。“清算报告”的内容主要包括专项计划终止后的清算情况，以及会计师事务所对清算报告的审计意见。

2. 临时公告

专项计划存续期内，如果发生可能对资产支持证券持有人权益产生重大影响的临时事项，计划管理人应在知道该临时事项发生之日起2个工作日内，按照中国基金业协会规定的方式向资产支持证券持有人做临时披露，并及时向证券交易所、中国基金业协会报告，同时抄送对计划管理人有辖区监管权的中国证监会派出机构。

二、私募 REITs 的资本运作

相比公募 REITs 而言，私募 REITs 的资本运作较为单一。本书重点分析两个部分：私募 REITs 的扩募机制和储架发行机制，以及不动产基金与 REITs 业务联动。

（一）私募 REITs 的扩募机制和储架发行机制

1. 扩募机制

扩募是指私募 REITs 通过发行新的资产支持证券募集资金，收购标的项目公司的股权，从而帮助发起机构持续实现融资，盘活存量资产。

（1）私募 REITs 扩募的发起。

①自专项计划设立日起至某个特定期间，原始权益人或其指定主体、计划管理人、基金管理人中任一主体有权随时提出扩募要求。

②原始权益人或其指定主体与管理人、基金管理人协商一致后，提出扩募方案。扩募方案应符合扩募的要素，并按照中国法律、交易所的具体要求履行相应的审批/备案手续。

（2）私募 REITs 扩募的要素。

①专项计划扩募不改变资产支持证券的分层结构、资产支持证券的评级、专项计划的预计到期日、专项计划的法定到期日、资产支持证券的票面利率类型、专项计划的分配顺序、专项计划管理机制、专项计划信用增级安排、现金流归集及划转频率等既有安排。

②历次扩募时，扩募后全部次级资产支持证券对届时资产支持证券发行总规模的占比不低于专项计划设立时的占比。扩募发行的资产支持证券的到期日与专项计划设立时发行的资产支持证券的到期日一致，相同类别的资产支持证券的分配顺序也保持一致。

③专项计划扩募时，私募基金将收购扩募项目公司 100% 的股权，并按照扩募方案向扩募项目公司发放股东借款；扩募设立日后，全部标的物业资产所产生的物业资产净收入将共同作为全部资产支持证券的兑付资金来源。

④扩募所对应的基础资产满足“标准条款”约定的合格标准，扩募后全部资产支持证券规模不超过约定的上限。

（3）私募 REITs 扩募的启动和征询。

①扩募方案制订并审批后，计划管理人应当发布扩募公告，扩

募公告发布之日为扩募启动日。

②计划管理人应当于扩募启动日后向专项计划全体优先级资产支持证券持有人发送书面征询函。优先级资产支持证券持有人应当在“扩募征询函”发送之日起的一定期限内，向计划管理人书面回函确认其是否同意扩募，未在扩募征询期内回复的优先级资产支持证券持有人视作同意进行扩募。

③扩募征询期届满后，计划管理人启动扩募资产支持证券的募集。同时，管理人应当为不同意扩募的优先级资产支持证券持有人进行撮合交易。撮合交易过程中，计划管理人可以安排优先级资产支持证券转让方案，由该优先级资产支持证券持有人决定是否同意进行转让。

（4）扩募资产支持证券的发行和专项计划扩募的投资。

①在扩募发行期内，若各类别资产支持证券认购人的认购资金总额达到扩募资产支持证券目标扩募规模，且撮合交易全部完成的，扩募发行期终止，管理人宣布专项计划扩募成功。

②在扩募发行期结束时，若出现任一类资产支持证券认购人的认购资金总额，低于该类资产支持证券目标募集规模，或者撮合交易未全部完成，则专项计划未扩募成功。

2. 储架发行机制

储架发行是指发起人向证券交易所提交资产支持证券发行文件时，同时提交储架发行的申请，规定总发行规模及总发行期数，并根据证券交易所出具的“无异议函”，在有效期内（目前一般批复2年有效期）持续发行证券募集资金。即“一次申报，分期发行”。私募REITs申请储架发行，能够提高审批效率，缩短发行时间，并且有利于发起人灵活选择发行窗口期，合理安排证券发行规模和期限。

在满足以下条件的情况下，私募REITs可以采用储架发行：

（1）分期发行的各期产品，交易结构和增信安排相同。

（2）基础资产具有较高同质性、质量优良，法律界定及业务形态属于相同类型，且风险特征不存在太大差异，各期基础资产合格标准相同。

（3）发起人拥有与分期发行规模相适应的基础资产规模。

（4）发起人或增信方资信水平良好，履约能力强。

（5）计划管理人和相关参与方应当具备良好的履约能力和较为丰富的资产证券化业务经验。

需要说明的是，扩募机制和储架发行机制的不同之处在于，扩募机制是在同一期专项计划产品内，增扩规模实现融资；储架发行机制则是在申请总额度后，分期进行发行，对应多个专项计划产品。

（二）不动产基金与 REITs 业务联动

不动产另类投资强调“募（融）、投、管、退”的业务链条，“以退定投”也是另类投资机构重要的投资策略和模型。除了投资于住宅开发类的不动产投资基金，境内商业不动产或者基础设施不动产的交易主要体现为大宗交易，对投资者专业要求较高，投资门槛也较高，这就导致除北京、上海、广州、深圳等少数城市，商业不动产大宗成交规模仅占存量规模的很小比例，其他城市的商业不动产大宗交易成功案例凤毛麟角。基础设施类不动产本身更是由于专业门槛高、投资周期长，开发建设者与初始投资者难以通过交易将前期投资盘活变现，一方面，在微观角度造成企业投资沉淀以及权益资本（如基金有限合伙人或 PPP 社会资本方等）融资困难；另一方面，造成稀缺的专业投资资本周转效率低，不利于基础设施领域投资总额的增加。

随着基础设施公募 REITs 试点的启动，满足监管规定运营年限和条件的基础设施项目可以通过发行公募 REITs 的方式实现初始投资者的退出，通过专业基金管理来引入财务投资者及个人投资者参与投资。公开发行退出渠道的打开能够使得另类投资机构参与项目投资时的测算精确度更高，即另类投资机构不再需要在退出不确定的情况下预测很长持有期的每年预计收益，而是可以通过测算成熟运营满 3 年时的净运营收益来测算可以公开发行 REITs 的估值，进而大大增加另类投资在初始投资测算时的模型准确性，真正做到以退定投，这样也有利于不动产基金吸引更多 LP 参与开发及建设期项目投资。开发 - 培育 - REITs 的流程如图 4 - 7 所示。

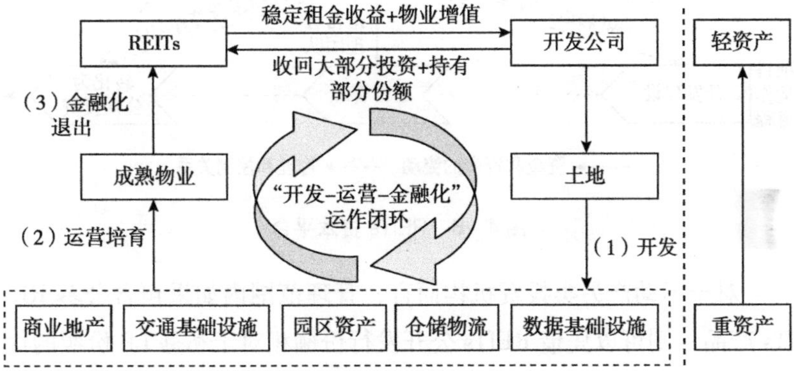

图 4 -7　开发 - 培育 - REITs 流程

REITs 不仅仅是一种项目融资或存量盘活的有效工具，也可以作为收购平台或收购工具。

无论是公募 REITs 还是私募 REITs，均是通过证券化的方式将不动产项目转化为证券或基金份额向投资者发行。如果进一步细化进行比较，私募 REITs 还具有显著的债务属性，需要在规定期限内完成本金和预期收益的偿付；而公募 REITs 本质类似于标的资产的 IPO，或者说类似持有标的资产的集团公司将其一个板块进行了公开发行处理。

从储架发行和扩募发行的角度看，企业未来可以将符合标准的资产发行私募 REITs。与此同时，企业也可以通过 REITs 的增发融资或贷款融资（符合负债比例的前提下）去收购其他机构持有的资产（见图 4－8）。

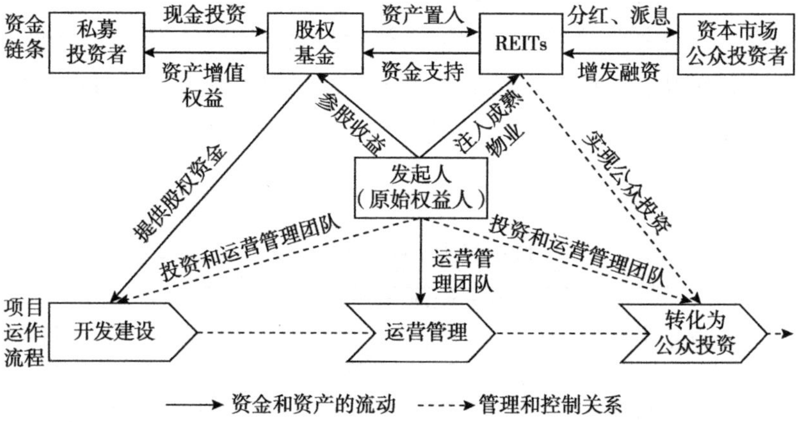

图 4－8　REITs 资本平台

对于不动产另类投资机构而言，管理范围内如果包含公募 REITs 产品，则可以凭借 REITs 公开发行份额相对于私募 LP 份额的优势，充分扩大自身资金募集能力和收购能力，不断扩大资产规模。需要说明两点，一是境内公募基础设施 REITs 试点要求基金管理人，是需要持有公募基金牌照并运营满 3 年的基金管理公司或持牌资管机构，所以没有公募基金牌照的不动产另类投资机构则需要设计合理的管理或授权结构参与对资产的控制和管理；二是公募 REITs 扩张收购的潜在标的资产，必须是符合 REITs 法规要求的，能够产生稳定运营收益的成熟资产，不适宜用于对未成熟资产或不能产生稳定运营收益资产的收购。

第四节 私募 REITs 案例分析

一、中信启航私募 REITs 案例分析[①]

（一）产品概览

中信启航私募 REITs 发行产品如表 4-2 所示。

表 4-2 中信启航专项资产管理计划产品概览

产品名称	中信启航专项资产管理计划	
规模	52.1 亿元	
分级	计划按 70.1∶29.9 的比例划分为优先级和次级 优先级份额存续期内获得基础收益，退出时获得资本增值的 10%（浮动收益部分） 次级份额存续期间获得满足优先级基础收益后的剩余收益，退出时获得资本增值的 90%（浮动收益部分）	
	优先级	次级
比例/规模	36.5 亿元（70.1%）	15.6 亿元（29.9%）
产品期限	预期 3 年，不超过 5 年 （产品有权提前结束）	预期 4 年，不超过 5 年 （产品有权提前结束）
预期收益率	7%	—
评级	AAA	无评级
基础收益分配时点	每年最后一个工作日分配，分配金额为完整年度的基础收益 （首年分配金额为产品设立日到 12 月 31 日的应计利息）	
产品发售对象	合格投资者	
增信措施	优先级/次级分层；中信证券认购 10% 的次级证券，与投资者共担风险	

① 资料来源：中信启航私募 REITs 投资者推介材料和募集说明书。

（二）交易结构

（1）认购人通过与计划管理人签订“认购协议”，将认购资金以专项资产管理计划的方式委托计划管理人管理，计划管理人设立并管理该计划，认购人取得收益凭证，成为收益凭证持有人。

（2）基金管理人非公开募集资金设立非公募基金，计划管理人根据该计划文件的约定，以自己的名义，为该计划收益凭证持有人的利益，向非公募基金出资，认购非公募基金的全部基金份额。

（3）非公募基金在设立后，按照该计划文件约定的方式，向中信证券收购其持有的项目公司全部股权，以实现持有目标资产的目的。

（三）基础资产

该专项资产管理计划的基础资产为非公募基金的全部基金份额。

该计划的目标资产为资产原持有人通过其持有100%股权的天津京证和天津深证拥有的北京物业和深圳物业。其中，北京物业是指位于北京市朝阳区亮马桥路48号院4号楼的中信证券大厦第2～22层房屋（包括附属机房一层2301房间）及其占用范围内的国有土地使用权，深圳物业是指位于深圳市福田区福华三路卓越时代广场（二期）北座的中信证券大厦第4～22层房屋及其占用范围内的国有土地使用权。

（四）项目特色

中信启航专项资产管理计划是第一只境内控股性质的私募REITs，第一只在证券交易所转让的私募REITs和第一只以自有投资性物业作为基础资产的私募REITs，对境内私募REITs破冰，进而带动政策开放具有重要意义。

二、新派公寓私募 REITs 案例分析[①]

（一）产品概览

新派公寓私募 REITs 产品概览如表 4－3 所示，不同产品分层情况如表 4－4 所示。

表 4–3　新派公寓私募 REITs 产品概览

要素	具体内容
标的资产	新派公寓 CBD 公寓楼（含 101 间青年公寓）
项目公司	北京通达富资产管理有限公司（简称“通达富”）
原始权益人	洋部落（北京）企业管理咨询有限公司
基础资产	契约型私募基金的份额，私募基金通过持有 SPV 的股权和债权而实现对标的资产的控制
物业运营商	青年乐（北京）企业管理有限公司（简称“青年乐”）
产品规模	2.7 亿元
产品分层	按 48:52 的比例划分为优先级和权益级证券。优先级证券：每年付息，付息资金来自标的资产现金流；到期一次性还本。权益级证券：期间不付息，获得标的资产处置偿还本金后的部分超额收益
证券挂牌场所	深圳证券交易所

表 4–4　新派公寓私募 REITs 不同产品分层情况

	优先级	权益级
规模	1.3 亿元	1.4 亿元
期限	3＋2 年（3 年运营期，2 年处置期）	

① 资料来源：新派公寓私募 REITs 投资者推介材料和计划说明书。

续表

	优先级	权益级
目标评级	AAA	不予评级
收益分配	每年支付固定利息，到期一次性偿还本金	期间不付息，退出获取 80% 物业增值收益
利率类型	固定利率	浮动利率
退出方式	处置分配：“转板”公募 REITs，契约型基金份额出售，SPV/项目公司股权转让，标的资产出售 再融资分配：基于标的资产向银行申请抵押贷款（或 CMBS 等类似方式）	

（二）交易结构

新派公寓交易结构如图 4－9 所示。

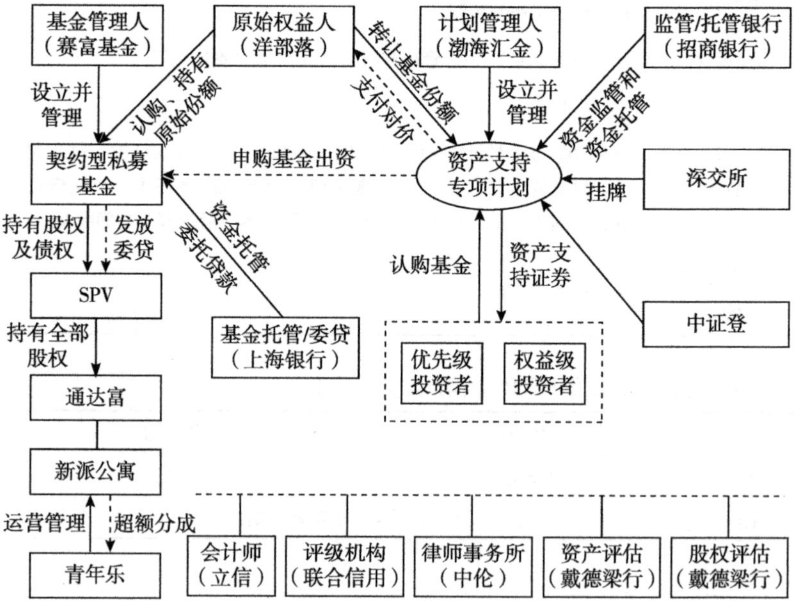

图 4－9　新派公寓交易结构

（三）基础资产

专项计划基础资产是指由原始权益人（作为初始的基金份额持有人）在专项计划设立日转让给计划管理人的，原始权益人根据“基金合同”在契约型私募基金“赛富新派私募股权基金”项下持有的全部契约型私募基金份额。

标的物业是指位于中国北京市朝阳区百子湾路40号楼“新派公寓”公寓房地产，公寓总建筑面积为5 711.57平方米，2017年6月30日的房地产市场价值为人民币3.15亿元。

标的物业坐落于北京市朝阳区百子湾区域，位于地铁10号线国贸站南侧、双井站北侧，紧临东三环中路。

租赁情况方面，截至2017年6月30日，新派公寓地上1～12层共有房间101间，其中103、703房间由产权方自用，其余为可出租房间，共计99间，可出租建筑面积合计为4 915.00平方米；截至2017年6月30日，已对外散租房间99间，出租建筑面积4 915.00平方米，出租率为100%。

（四）项目特色

新派公寓私募REITs是境内首单住房租赁类REITs。该项目是深圳证券交易所积极响应供给侧改革号召，对住房租赁市场持有型物业资产证券化的创新，新派公寓私募REITs的成功设立，为境内住房租赁市场开展资产证券化和REITs试点起到重要示范作用。

第五章
公募 REITs 发行实务

第一节　公募 REITs 参与机构

基础设施 REITs 作为我国资本市场公募 REITs 发展到现阶段的重要创新，既借鉴了国际资本市场 REITs 半个多世纪发展的成功经验，又充分适应了我国证券基金及基础设施投融资等相关领域的客观情况，因地制宜。REITs 试点采取“公募基金 + ABS”结构，在适应（或者说不改变）现有基金法框架的前提下，高效地完成了公开募集基金与基础设施项目之间的对接。根据现有制度，80% 以上的公募基金资产投资于基础设施资产支持证券，并持有其全部份额；基金通过基础设施资产支持证券，向原始权益人（或称发起人）收购进而持有基础设施项目公司全部股权。基金通过资产支持证券和项目公司等载体取得基础设施项目完全所有权或经营权利。公募基金采取封闭式运作，收益分配比例不低于合并后基金年度可供分配金额的 90% 。

基金管理人是 REITs 试点框架下的中枢，在综合统筹 REITs 尽调、申报、发行与管理各环节综合工作的同时：（1）可以聘请具有专业基础设施管理经验的外部管理机构辅助进行底层资产管理与运营，外部管理机构可以是原始权益人的关联企业，也可以是独立第三方企业，要求具有丰富的相关资产或相关行业的运营管理经验。从定位上讲，外部管理机构由基金管理人聘请，一方面可以利用自身针对性的底层资产运营经验为REITs提供专业服务，弥补基金管理人在特定资产管理领域或细分环节能力上的短板，提高综合效率；另一方面要受到基金管理人的管控与制约，确保运营管理操作符合基金整体及基金投资者的利益。（2）可以聘请具有保荐资格的证券公司作为财务顾问，辅助尽职调查以及基金份额发售工作，通过发挥保荐机构在既往企业IPO领域的丰富经验来为REITs的尽职调查和发售保驾护航。另外，在原始权益人与基金管理人属于关联关系的情况下，聘请第三方财务顾问是目前REITs试点要求的必须项，这样有助于从机制上保障外部投资者（特别是公众投资者）的合法权益。需要说明的是，在基金管理人与原始权益人不存在关联关系的情况下，是否聘请财务顾问属于可选项，且无论是否聘请财务顾问，基金管理人均为REITs尽职调查、发行与管理的第一责任人，并不因为聘请了财务顾问或其他服务机构而豁免自身责任。

与此同时，法律顾问（律师事务所）、资产评估机构、会计师事务所等专业服务机构的尽职履责也是REITs试点能够顺利进行的重要保障。

截至2021年6月底，REITs试点项目暂未囊括信用评级机构，在国际资本市场上，公募REITs是可以聘请外部信用评级机构的，这种外部信用评级是针对REITs这一主体的信用（而非资产证券化产品那样对分级后的份额进行债项评级），且部分国家和地区的监管制度还将（或曾经）外部信用评级作为REITs不同杠杆率要求的标准。期待未来境内公募REITs也能引入外部信用评级。

一、原始权益人

原始权益人，也称发起人，是指基础设施基金持有的基础设施项目的原所有人。原始权益人将其持有基础设施项目转让（或通过项目公司股权转让方式）给 REITs 获得交易对价，同时自身或其同一控制下的关联方需要认购不少于20% 的基础设施基金份额，且自持 20% 以内的部分持有不少于60 个月，超过 20% 的部分持有不少于 36 个月。

根据《REITs 通知》、证监会 54 号文等制度要求，原始权益人应当企业信用稳健，内部控制制度健全，具有持续经营能力，最近 3 年无重大违法违规行为。原始权益人享有完全所有权或经营权利，不存在重大经济或法律纠纷，且不存在他项权利设定，基础设施基金成立后能够解除他项权利的除外。与此同时，原始权益人通过转让基础设施取得资金的用途应符合国家产业政策，鼓励将回收资金用于新的基础设施和公用事业建设，重点支持补短板项目，形成投资的良性循环。

原始权益人不得侵占、损害基础设施基金所持有的基础设施项目，并应当履行下列义务：(1) 配合基金管理人、基金托管人以及其他为基础设施基金提供服务的专业机构履行职责。(2) 确保基础设施项目真实、合法，确保向基金管理人等机构提供的文件资料真实、准确、完整，不存在虚假记载、误导性陈述或者重大遗漏。(3) 依据法律法规、基金合同及相关协议约定及时移交基础设施项目及相关印章证照、账册合同、账户管理权限等。(4) 法律法规及相关协议约定的其他义务。主要原始权益人及其控股股东、实际控制人应当承诺，提供的文件资料存在隐瞒重要事实或者编造重大虚假内容等重大违法违规行为的，应当购回全部基金份额或基础设施项目权益。

二、基金管理人与专项计划管理人

根据《REITs通知》及相关制度，由符合条件的取得公募基金管理资格的证券公司或基金管理公司，依法依规设立公开募集基础设施证券投资基金，经中国证监会注册后，公开发售基金份额募集资金，通过购买同一实际控制人所属的管理人设立发行的基础设施资产支持证券，完成对标的基础设施的收购，开展基础设施REITs业务。

基础设施REITs采取“公募基金+ABS”的双SPV结构，两层结构对应着两个管理人——公募基金的管理人（基金管理人）与ABS的管理人（专项计划管理人），这是境内基础设施REITs与国际主流REITs的差别，不过考虑现有制度要求基金管理人与专项计划管理人属于同一控制下，且要求基金管理人承担管理的核心责任，专项计划管理人更多起到配合执行的作用，两者并不存在利益冲突或者说决策是一致的，因此双层管理人安排与境外REITs的单层管理人要求并没有实质的区别。当然，未来随着公募基金法规对REITs进行专门的完善，使得公募基金可以直接投资于项目公司股权或资产，则管理结构可以更加简化。

基金管理人可以与专项计划管理人联合开展尽职调查，必要时还可以聘请财务顾问开展尽职调查，但基金管理人与专项计划管理人依法应当承担的责任不因聘请财务顾问而免除。

从目前的情况看，基金管理人与同一实际控制人所属的专项计划管理人在具体操作中，包括但不限于如下几种组合：（1）公募基金管理公司与其股东证券公司，前者管理公募基金，后者管理ABS（下同），比如首批公募REITs里的中金基金管理有限公司与中国国际金融股份有限公司（简称“中金公司”）。（2）公募基金管理公司与其基金子公司，比如博时基金管理有限公司与博时资本管理有限公司。(3) 公募基金管理公司与其实际控制人旗下的证券公司，比如平安基金管理有限公司与平安证券股份有限公司。(4) 公募基金管理公司及其实际控制人旗下的资管子公司，比如华安基金管理有限公司与上海国泰君安证券资产管理有限公司。(5) 持有公募基金与资管牌照的券商或券商资管子公司，比如浙商证券资产管理有限公司等。

基金管理人应当符合《证券投资基金法》《公开募集证券投资基金运作管理办法》规定的相关条件，并满足下列要求：(1) 公司成立满3年，资产管理经验丰富，公司治理制度健全，内部控制制度完善。(2) 设置独立的基础设施基金投资管理部门，配备不少于3名具有5年以上基础设施项目运营或基础设施项目投资管理经验的主要负责人员，其中至少2名具备5年以上基础设施项目运营经验。(3) 财务状况良好，能满足公司持续运营、业务发展和风险防范的需要。(4) 具有良好的社会声誉，在金融监管、工商、税务等方面不存在重大不良记录。(5) 具备健全有效的基础设施基金投资管理、项目运营、内部控制与风险管理制度和流程。(6) 中国证监会规定的其他要求。

与此同时，基金管理人或其同一控制下的关联方应当具有不动产研究经验，配备充足的专业研究人员；具有同类产品或业务投资管理或运营专业经验，且同类产品或业务不存在重大未决风险事项。

专项计划管理人应该满足《证券公司及基金管理公司子公司资产证券化业务管理规定》等相关规定，开展资产证券化业务的证券公司须具备客户资产管理业务资格，基金管理公司子公司须由证券投资基金管理公司设立且具备特定客户资产管理业务资格。其他金融机构获得中国证监会认可从事资产证券化业务的，也要遵守中国证监会的相关规定。

在 REITs 的发行、设立和管理过程中，基金管理人应当按照法律法规规定和基金合同约定主动履行基础设施项目运营管理职责，包括：(1) 及时办理基础设施项目、印章证照、账册合同、账户管理权限交割等。(2) 建立账户和现金流管理机制，有效管理基础设施项目租赁、运营等产生的现金流，防止现金流流失、挪用等。(3) 建立印章管理、使用机制，妥善管理基础设施项目各种印章。(4) 为基础设施项目购买足够的财产保险和公众责任保险。(5) 制定及落实基础设施项目运营策略。(6) 签署并执行基础设施项目运营的相关协议。(7) 收取基础设施项目租赁、运营等产生的收益，追收欠缴款项等。(8) 执行日常运营服务，如安保、消防、通信及紧急事故管理等。(9) 实施基础设施项目维修、改造等。(10) 基础设施项目档案归集管理等。(11) 按照本指引要求聘请评估机构、审计机构进行评估与审计。(12) 依法披露基础设施项目运营情况。(13) 提供公共产品和服务的基础设施资产的运营管理，应符合国家有关监管要求，严格履行运营管理义务，保障公共利益。(14) 建立相关机制防范外部管理机构的履约风险、基础设施项目经营风险、关联交易及利益冲突风险、利益输送和内部人控制风险等基础设施项目运营过程中的风险。(15) 按照基金合同约定和持有人利益优先的原则，专业审慎处置资产。(16) 中国证监会规定的其他职责。

在聘请外部管理机构的情况下，基金管理人可以将上述 (4) ~ (9) 项运营管理职责委托给外部管理机构完成，但基金管理人依法应当承担的责任不因委托而免除。

三、基金托管人与专项计划托管人

根据证监会 54 号文的要求，REITs 基金托管人与专项计划托管人应当为同一人。目前境内金融机构中持有基金托管牌照的主要是商业银行及部分证券公司。根据《证券投资基金法》的规定，基金托管人与基金管理人不得为同一机构，不得相互出资或者持有股份。因此，REITs 的基金托管人与前述 REITs 的基金管理人不得为同一机构，也不得相互出资或持有股份。

基金托管人应当符合《证券投资基金法》《公开募集证券投资基金运作管理办法》规定的相关条件，并满足下列要求：（1）财务状况良好，风险控制指标符合监管部门相关规定。（2）具有良好的社会声誉，在金融监管、工商、税务等方面不存在重大不良记录。（3）具有基础设施领域资产管理产品托管经验。（4）为开展基础设施基金托管业务配备充足的专业人员。（5）中国证监会规定的其他要求。

基金托管人需要履行如下职责：（1）安全保管基础设施基金财产、权属证书及相关文件。（2）监督基础设施基金资金账户、基础设施项目运营收支账户等重要资金账户及资金流向，确保符合法律法规规定和基金合同约定，保证基金资产在监督账户内封闭运行。（3）监督、复核基金管理人按照法律法规规定和基金合同约定进行投资运作、收益分配、信息披露等。（4）监督基金管理人为基础设施项目购买足够的保险。（5）监督基础设施项目公司借入款项安排，确保符合法律法规规定及约定用途。（6）法律法规及中国证监会规定的其他职责。

四、财务顾问

财务顾问应当由取得保荐业务资格的证券公司担任。基金管理人或其关联方与原始权益人存在关联关系，或享有基础设施项目权益时应当聘请第三方财务顾问独立开展尽职调查，并出具财务顾问报告。除参与尽职调查并出具财务顾问报告等工作，财务顾问还可以参与基金份额发售、定价等环节的工作。

五、外部管理机构

外部管理机构是REITs试点初期非常重要的参与角色，实操过程中外部管理机构可以是原始权益人的关联机构，也可以是独立第三方机构。由于基础设施REITs与基金管理人以往所管理的传统证券投资基金（如股票型基金、债券型基金、货币型基金等）均存在明显的差异，REITs所投资的底层基础设施项目运营不属于基金管理人既往能力范围。在基金管理人逐步搭建管理团队并建立资产运营能力之前，具有丰富基础设施项目运营管理能力的外部管理机构可以为基金管理人提供有益的辅助作用。另外，从规模效应和合理分工角度来看，未来基金管理人自身具备项目运营管理经验后，仍可以将部分工作委托或授权给外部管理机构参与服务。需要说明的是，基金管理人聘请外部管理机构参与底层项目公司及项目资产的运营管理，并不因此豁免基金管理人的相关责任。

外部管理机构应当具备法律法规要求的基础设施运营管理机构标准。《REITs通知》要求："基础设施运营管理机构具备丰富的同类项目运营管理经验，配备充足的运营管理人员，公司治理与财务状况良好，具有持续经营能力。"

基金管理人委托外部管理机构运营管理基础设施项目的，应当自行派员负责基础设施项目公司财务管理。基金管理人与外部管理机构应当签订基础设施项目运营管理服务协议，明确双方的权利义务、费用收取、外部管理机构考核安排、外部管理机构解聘情形和程序、协议终止情形和程序等事项。基金管理人可以委托给外部管理机构的工作包括其工作职责中的第（4）~（9）项，具体指的是：（4）为基础设施项目购买足够的财产保险和公众责任保险。（5）制定及落实基础设施项目运营策略。（6）签署并执行基础设施项目运营的相关协议。（7）收取基础设施项目租赁、运营等产生的收益，追收欠缴款项等。(8) 执行日常运营服务，如安保、消防、通信及紧急事故管理等。(9) 实施基础设施项目维修、改造等。

外部管理机构应当按照《证券投资基金法》规定经中国证监会备案，并持续符合下列要求：(1) 具有符合国家规定的不动产运营管理资质（如有）。(2) 具备丰富的基础设施项目运营管理经验，配备充足的具有基础设施项目运营经验的专业人员，其中具有5年以上基础设施项目运营经验的专业人员不少于2名。(3) 公司治理与财务状况良好。(4) 中国证监会规定的其他要求。

外部管理机构受委托从事基础设施项目运营管理的，不得泄露因职务便利获取的未公开信息，不得利用该信息从事或者明示、暗示他人从事相关交易活动。外部管理机构同时向其他机构提供基础设施项目运营管理服务的，应当采取充分、适当的措施避免可能出现的利益冲突。外部管理机构不得将受委托运营管理基础设施的主要职责转委托给其他机构。外部管理机构应当配合基金管理人等机构履行信息披露义务，确保提供的文件资料真实、准确、完整。

六、评估机构

评估机构应当按照《证券投资基金法》经中国证监会备案，并符合国家主管部门相关要求，具备良好资质和稳健的内部控制机制，合规运作、诚信经营、声誉良好，不得存在可能影响其独立性的行为。评估机构为同一只基础设施 REITs 提供评估服务不得连续超过3年。评估机构在评估过程中应当客观、独立、公正，遵守一致性、一贯性及公开、透明、可校验原则，不得随意调整评估方法和评估结果。

七、其他专业服务机构

申请注册基础设施 REITs 前，基金管理人应当聘请符合条件的律师事务所就基础设施项目合法合规性、基础设施项目转让行为合法性、主要参与机构资质等出具法律意见书，聘请符合条件的会计师事务所对基础设施项目财务情况进行审计并出具报告。

第二节　公募 REITs 筹备工作

公募 REITs 的筹备工作是指以基础设施证券投资基金为载体的公募 REITs 产品启动前准备、项目执行（含产品设计）以及申报材料等工作。鉴于在试点阶段，基础设施 REITs 由国家发展改革委、中国证监会等部门依次核准，依次核准的具体筹备工作会贯穿于申报阶段。筹备阶段更多从尽职调查、产品设计等角度进行介绍，具体申报材料内容详见本章第三节。

一、公募 REITs 项目准备

公募 REITs 项目准备主要是站在原始权益人（或称发起人）的角度去考虑公募 REITs 要做哪些准备工作。基金管理人、计划管理人在开展一个项目时也需要按照监管要求和内部制度做好准备工作，鉴于金融机构通常都有明确流程安排及操作经验，因此本节对管理人内部准备工作不再赘述。

原始权益人在项目准备环节的主要工作包括公募 REITs 研究与启动环节、中介机构选聘环节。其中，在研究与启动环节，原始权益人需要充分考虑的工作包括但不限于，在了解 REITs 发行价值基础上梳理与明确发行需求、做好资金预算安排与费用估算、初步筛选项目及内部决策等；在中介机构选聘环节，原始权益人需要结合项目情况选择具备丰富经验和业务实力的基金管理人等中介机构，内部做好牵头对接部门的安排，外部指定牵头中介机构，通过合适程序确定各中介机构并签署相关协议。

（一）公募 REITs 研究与启动环节

2021 年，公募 REITs 属于境内试点推出的创新产品，对于资本市场发展和满足原始权益人的多元化投融资需求具有深远意义。公募 REITs 属于权益型金融工具，产品的发行与存续主要依赖于入池项目本身所产生经营收益以及（针对部分类型资产）资产增值，而不依赖于差额支付、担保等企业主体增信安排。对于原始权益人而言，选择合适的资产发行公募 REITs 相当于将该资产出售给金融产品，获取资产转让对价，可以通过投资部分 REITs 份额方式获取“同份额同权”的投资收益，通过担任外部管理机构的方式辅助基金管理人进行具体资产的管理。当原始权益人及其关联方或一致行动人持有 REITs 份额达到一定比例之后，可以对 REITs 未来投资与经营决策产生重大影响，甚至达到控制 REITs 进而继续控制资产的目的。基于成熟 REITs 市场的经验，很多国际化 REITs 发起人选择发行公募 REITs 而非将资产直接出售，继续保持管理乃至控制是重要原因。

原始权益人持有自身发起的 REITs 产品的份额占比，综合交易安排以及对存续期管理的涉入程度，会影响到 REITs 发行后原始权益人对入池资产的报表处理方式，即“出表”或“并表”，进而对原始权益人的自身报表及合并报表造成不同的影响。另外，选择何种资产入池以及未来公司与 REITs 之间的战略或运营联动也会对原始权益人的战略乃至估值造成影响。

通常来说，原始权益人选择合适资产发行公募 REITs 产品的发行需求包括但不限于，（1）盘活存量资产，实现融资或退出。（2）降低资产负债率，去杠杆或稳杠杆。（3）提升公司整体价值。（4）提升集团资产管理规模，提升管理水平等。原始权益人需要充分考虑自身的情况，因地制宜地明确一项或若干发行需求，进而通过产品设计来明确。需要说明的是，考虑到部分诉求之间在产品设计环节等领域可能存在一定冲突，因此可能无法实现“既要、又要、还要”的诉求，原始权益人需要明确自身核心诉求，或者尽早聘请中介机构协助梳理相关事宜。

1. 盘活存量资产，实现融资或退出

公募 REITs 属于权益型金融产品（需要说明的是，权益型产品是基于投资者的，或者说不存在担保增信安排的，并不代表公募 REITs 在原始权益人财务报表上并表是权益），实质上是入池资产的 IPO。因此，原始权益人通过发行公募 REITs，可以实现盘活存量资产的目的，将固定资产转化为对价的现金或银行存款，并可以作为未来项目投资的资本金使用，能够起到融资的功能。

对于优质资产的企业，公募 REITs 的发行是基于资产而非企业主体评级的特征，使得不适宜主体发债的企业可以得到更多元化的融资途径。

对于持有符合公募 REITs 要求资产标准的不动产投资基金或者 PE 基金，REITs 是其前期投资退出的重要手段。公募 REITs 的推出有望彻底打通基础设施领域不动产投资“募、投、管、退”的全流程。

2. 降低资产负债率，去杠杆或稳杠杆

通过发行公募 REITs，在产品设计满足会计准则的前提下，原始权益人可以实现高负债项目的资产出表，并可以通过部分募集资金偿还存量负债的方式实现降低杠杆率的目的，符合政策导向。鉴于公募 REITs 基于资产资质发行，并不包含原始权益人或者关联方的担保增信措施，对于参与投资的原始权益人和外部投资者属于“同份额同权”的金融产品。原始权益人将入池资产出售给 REITs 后，在不持有多数份额且不保持对资产控制的前提下能够满足企业会计准则关于资产出表的要求。具体设计需要满足《企业会计准则第33号——合并财务报表》等相关条款具体要求。

在资产不出表，或者原始权益人继续合并入池资产或合并REITs基金的情况下，比如原始权益人及其子公司持有基础设施基金的多数份额，或者尽管未持有多数份额但对基础设施基金实现了控制。根据截至2021年6月底的现有产品设计，公募REITs很大可能属于会计上的有限寿命主体（即基础设施基金有固定期限），根据《企业会计准则第37号——金融工具列报》要求，在原始权益人合并报表上需要列示为一项负债。

原始权益人在进行需求梳理时，要考虑到出表或并表对自身的综合影响，比如出表可能降低资产负债率，也会导致“项目资产与负债、收入与成本”都移出报表，会形成报表整体收缩的效果，提高资产回报率等运营指标，要结合企业自身诉求进行综合选择。

3. 提升公司整体价值

公募REITs发行实质上是入池资产的独立上市。无论对于已经是上市公司的原始权益人或自身尚未上市的原始权益人都是一次提升公司整体价值的机会，这对于自身已经上市的原始权益人来说类似于分拆上市，对于自身尚未上市的原始权益人则类似于子公司或板块上市。因此，原始权益人在研究公募REITs时，既要考虑公募REITs发行估值以及其折算后的市盈率水平，又要考虑公募REITs发行后与自身的协同价值、管理收入价值及战略价值，通过公募REITs来提升公司整体价值。

4. 提升集团资产管理规模，提升管理水平

在当前公募REITs的常见发行结构里，原始权益人或其关联方在公募REITs发行后多继续担任其外部管理机构的角色，辅助基金管理人进行入池资产的资产管理与运营管理工作。在没有REITs的情况下，多数基础设施领域的原始权益人通常只能对自身表内资产进行管理，企业表内资产规模的扩张通常会受到资产负债率、融资渠道等各方面约束。通过公募 REITs 发行来盘活存量资产并继续对盘活后资产进行管理，原始权益人可以有效扩大自身的资产管理规模，实现管理的规模效应，提升管理水平，实现管理收益。与此同时，公募 REITs 作为在沪深证券交易所挂牌的流通产品，信息透明度高，一方面能够督促外部管理机构提升自身管理水平，另一方面能够将管理效果体现在资产估值中，进而有利于推动原始权益人不断提升自身管理水平。

综上所述，公募 REITs 具有包括但不限于如上价值，原始权益人要结合自身特征与需求来明确发行公募 REITs 产品的诉求，进而初步筛选拟入池项目并结合预估资产价值做好资金预算安排与费用估算。

原始权益人在推动内部决策工作时，需要公司法务部门、财务部门结合公司章程等文件对于资产出售、融资等相关要求确定决策流程。对于作为上市公司的原始权益人，要根据上市公司制度和公司章程的规定履行必要的内外部决策及审批程序，做好信息披露工作。对于纳入国有资产管理的原始权益人，建议与国有资产主管部门提前就国有资产转让手续（特别是在出表结构下）进行必要沟通。

（二）中介机构选聘环节

境内公募 REITs 采取“公募基金 + ABS”的交易结构，需要选聘的中介机构主要有公募基金管理人、ABS 管理人、财务顾问（如有）、评估机构、会计师事务所、法律顾问（律师事务所）、外部管理机构等。根据当前的监管政策及操作管理，除管理人以外的中介机构原则上由基金管理人代表公募 REITs 进行选聘。基金管理人需要具备证券监督管理部门批准的公开募集证券投资基金业务牌照，且承担公募 REITs 发行与管理的核心责任，并由其聘任其他中介机构，是公募 REITs 业务中介机构的中枢。

公募 REITs 业务本质上是一个“基金管理+投行”的综合类业务，如果将公募 REITs 类比为一家公司，那么 REITs 的投资管理、经营管理等就像公司经营，其基金结构设计就像是公司治理结构，其首次公开发行就像公司 IPO。所以笼统地说，公募 REITs 开展需要基金管理与资产管理的能力，也需要投资银行发行的能力，这两项能力是有差异但又紧密联系的。

在公募 REITs 的执行操作中，基金管理人可以选聘具有保荐资格的证券公司担任财务顾问，这是当前境内多数基金公司不具备上述投行发行端能力与资源的情况下，发挥证券公司在投行业务的优势，提供 IPO 环节支撑的解决方法。在原始权益人与基金管理人具有关联关系或享有基础设施项目权益的情况下，聘请独立的第三方财务顾问是必须的；而在其他情况下，是否聘请第三方财务顾问是可选的。对于选择财务顾问而言，其境内外 REITs 领域业务经验以及发行承销能力是关键。

原始权益人根据自身特点，在选择合作的基金管理人时考虑的因素可能各不相同，整体而言，除了监管法规对基金管理人的基本要求，以下因素是可以纳入考虑的：（1）关联关系。部分原始权益人集团内包含具有公募基金牌照的子/孙公司，如公募基金管理公司或具有公募基金牌照的证券公司，此时选择关联基金公司作为公募 REITs 基金管理人有利于集团协同及扩大关联基金公司业务，不过如果关联基金公司规模与资源有限，可能影响未来公司 REITs 发展的外部资源引入。（2）业务经验。由于公募 REITs 业务与股票、债券等传统公募基金业务存在显著差异，因此基金管理人在 REITs 领域的投研实力及业务经验对 REITs 发展尤为关键，优秀的基金管理人不仅能够帮助 REITs 稳健运营，还可以为原始权益人及 REITs 引入综合资源以推动业务发展。（3）发行实力。发行实力关乎 RE-

ITs 首次公开发行的成败与定价，在权益型产品发行中更是如此，因此公募基金或其聘任负责发行的财务顾问的发行能力非常重要，在有财务顾问参与的情况下，基金管理人与财务顾问在发行工作中的协同与责任也很重要。（4）合规合法。从牌照角度考虑，当前公募 REITs 的基金管理资质与其他公募基金管理资质是无法分开的，且公募 REITs 的稳健也有赖于公募基金管理人的经营，如因各方面原因导致基金管理人业务资格或经营稳定性受到负面影响，也可能会对公募 REITs 经营产生负面影响，在其他条件类似的情况下，经营稳健且具备较强综合实力的基金公司是一种较为稳妥的选择。

对于其他中介机构，在满足监管法规的基本要求的基础上，要充分考虑其在 REITs 领域的研究与业务能力（如相关市场占有率指标）、合规合法性、专业特长、人员及团队配置、既往合作经验等因素，从 REITs 业务发行与发展的角度，客观公正地选聘优秀的中介机构参与。

鉴于公募 REITs 试点项目刚推出，具备境内公募 REITs 经验的基金公司及其关联的证券公司等各中介机构还相对有限，因此在进行中介机构选聘时，除境内公募 REITs 经验，还可以综合考虑其在境外 REITs，不动产与基础设施领域资产证券化（特别是私募 REITs 产品），不动产与基础设施企业 IPO 等领域的经验与专业能力。

对于不同类型及企业性质的原始权益人，在选聘合作的基金管理人时，其选聘流程应满足所遵守的法律法规、集团及公司自身章程及其他要求。对于基金管理人，在选聘其他中介机构时，其选聘流程应满足所遵守的法律法规、公司章程及投资制度、基金合同等基金法律文件，以及其他要求。相关选聘行为应当及时签署合法有效的聘任合同，来保障公募基金业务的稳健推进。

二、公募 REITs 项目执行

在原始权益人梳理自身需求，拟定初始入池资产，并选聘中介机构（含原始权益人选聘基金管理人及基金管理人选聘其他中介机构）后，就进入了项目执行环节。需要说明的是，由于初始入池资产是由原始权益人根据自身需求及意愿进行的初步选择，特别是在前期没有专业中介机构参与的情况下，资产选择可能并不能满足监管规定的要求或者自身目的，因此存在项目执行后部分或全部更换入池资产的可能性。

公募 REITs 的项目执行通常包括正式进场、尽职调查、资产组织、管理方案设计等步骤，各步骤在满足监管的一般性规定基础上，具体实施细节可以有所差异，根据具体项目情况而定。

（一）正式进场

在拟定初始入池资产和选聘中介机构的基础上，就进入了正式项目执行环节。从项目执行效率考虑，多数项目会以项目启动会或者类似的形式宣布公司相关部门及各中介机构正式进场，开始公募 REITs 项目执行阶段。

在正式进场阶段，通常由基金管理人（或基金管理人与财务顾问）在聘任协议基础上进一步确定各机构职能与分工，并与原始权益人、各中介机构商议制定项目执行时间表，以便统筹各中介机构的工作时间，高效、高质量地完成项目执行工作。

从效率角度考虑，原始权益人通常会指定一个业务部门或板块作为公募 REITs 项目的内部牵头部门，负责与基金管理人为代表的中介机构团队对接，并协调原始权益人内部相关部门执行或配合执行相关工作，包括提供项目执行所需要的材料、履行内部流程或完成必要工作等。

（二）尽职调查

公募 REITs 是基于入池资产的持续稳健运营向投资者分配收益的产品，其资产质量及运营稳定性直接关乎基金投资者的合法权益。这就需要基金管理人、专项计划管理人和财务顾问（如有）勤勉尽责地通过查阅、访谈、列席会议、实地调查等方法对基础设施基金拟持有的基础设施项目及业务参与人进行调查，并有充分理由确信相关发行文件及信息披露真实、准确、完整。基础设施基金拟持有的基础设施项目、业务参与人及交易设计应当满足《证券投资基金法》和证监会 54 号文等公募 REITs 各项规定以及《证券公司及基金管理公司子公司资产证券化业务管理规定》等与 ABS 相关的各项规定要求。

为了规范公募 REITs 的尽职调查工作，基金业协会制定了《公开募集基础设施证券投资基金尽职调查工作指引（试行）》（简称"《尽职调查指引》"），作为基金管理人等中介机构进行尽职调查的重要参考。需要说明的是，《尽职调查指引》是对尽调实施主体开展尽职调查工作的一般要求，凡对投资者做出投资决策有重大影响的事项，不论《尽职调查指引》是否有明确规定，基金管理人等机构均应勤勉尽责进行尽职调查。对于《尽职调查指引》部分条款的具体要求不适用于特定项目的，基金管理人等机构可根据实际情况，在不影响内容完整性的前提下做适当调整并说明调整内容及原因。

基金管理人、专项计划管理人和财务顾问（如有）可以联合做尽职调查，也可以单独做尽职调查。尽职调查内容包括对基础设施项目的尽职调查、对业务参与人的尽职调查等。尽职调查的主要内容详见《尽职调查指引》《证券公司及基金管理公司子公司资产证券化业务尽职调查工作指引》及其他相关法律法规。

1. 对基础设施项目的尽职调查

（1）项目公司合法合规性。核查项目公司的设立程序，工商注册登记的合法性、真实性以及相关历史沿革情况，核查项目公司股东人数、住所、出资比例等是否符合法律法规，项目公司设立后的重大重组事项（如有），项目公司是否合法拥有资产权属，资产权属是否存在纠纷或潜在纠纷，项目公司章程是否合法以及有权机构授权情况是否符合规定，组织架构是否健全、清晰。是否按期缴纳相关税费及合同履约情况，关注项目公司是否存在重大违法、违规或不诚信行为，核查项目公司是否被认定为失信被执行人、是否受到过行政处罚以及相应的整改情况，评价项目公司经营的合法合规性以及商业信用情况。基础设施项目采用 PPP 模式的，应调查 PPP 项目取得批复的时间，核查不同时期批复实施的 PPP 项目的合规性。

（2）项目公司独立性。项目公司是否具备完整、合法的财产权属凭证以及是否实际占有，调查商标权、专利权、版权、特许经营权等的权利期限情况，核查前述资产是否存在重大经济、法律纠纷或潜在纠纷；调查金额较大、期限较长的其他应收款、其他应付款、预收账款和预付账款产生的原因及交易记录、资金流向等，核查项目公司是否存在资产被原始权益人及其关联方控制和占用的情况；调查项目公司是否设立财务会计部门或具备财务人员团队、建立独立的会计核算体系，是否具有规范的财务会计制度和对分公司、子公司的财务管理制度，是否独立在银行开户、独立纳税等。

（3）项目公司所属行业情况。通过收集行业主管部门制定的发展规划、行业管理方面的法律法规及规范性文件，了解行业监管体制和政策趋势；判断行业的发展前景及行业发展的有利和不利因素；了解行业内主要企业及其市场份额情况，调查竞争对手情况；调查项目公司所处行业的技术水平及技术特点，分析行业的周期性、区域性或季节性特征；了解项目公司所属行业特有的经营模式，调查行业可比企业采用的主要商业模式、销售模式、盈利模式，对照项目公司所采用的模式，判断其主要风险及对未来的影响。

（4）项目公司经营模式。包括但不限于主营业务概况、业务开展的时间、盈利模式、盈利和现金流的稳定性及持续性；了解基础设施资产现金流的回收流程以及管理系统等；获取已签署正在履行期内及拟签署的相关重要合同，包括但不限于租赁合同、特许经营权协议、物业管理合同、运营管理协议等；对于项目公司与原始权益人及关联方存在同业竞争与关联交易的，应采取适当措施避免利益冲突，并调查关联交易是否满足相关法规或内部制度规定，定价是否公允等。

（5）项目公司经营情况。原则上需要调查项目公司可以反映基础设施项目历史财务表现的近 3 年及 1 期财务报告及审计报告（不能提供的按照《尽职调查指引》具体要求办理），调查分析各期营业收入、成本情况、资产情况及重大变动（特别是权属凭证及受限情况）、主要负债情况（特别是有逾期未偿还的）；结合项目公司的行业属性、经营风险、诚信情况等，确定需要重点调查的财务报表项目，对于存在合理怀疑的财务报表项目，应当进行审慎调查。

（6）项目合法合规性。基础设施资产账面价值和评估价值情况及账面价值与评估价值差异情况；法律权属及抵押、查封、扣押、冻结等他项权利限制和应付未付义务情况；基础设施资产履行规划、用地、环评等审批、核准、备案、登记的手续情况及取得固定资产投资管理等其他依据法律法规应当办理的手续齐备情况；特许经营等经营许可或其他经营资质的期限情况；基础设施资产用地性质、所处区位和建设规划；基础设施资产使用状况；保险购买、承保范围和保险金额情况；基础设施资产各项设施设备现状；基础设施资产维修保养及定期、不定期改造需求或规划等。

（7）项目现金流及预测情况。调查基础设施资产现金流的真实性及实际情况，核查项目运营是否满 3 年并调查基础设施资产的现金流构成以及历史现金流情况，核查现金流来源是否具备合理的分散度；预测和分析资产未来两年净现金流分派率及增长潜力情况、分析基础设施资产未来资本性支出；基础设施资产的单一现金流提供方及其关联方合计提供的现金流超过基础设施资产同一时期现金流总额的 10% 的，应当视为重要现金流提供方，需要调查其财务、经营情况以及履约能力。

2. 对业务参与人的尽职调查

基金管理人等对业务参与人的尽职调查覆盖了原始权益人、外部管理机构、托管银行等中介机构，其中主要是对原始权益人和外部管理机构的尽职调查。对于托管银行等中介机构的尽职调查按照相关法规要求即可。

（1）原始权益人。设立、存续情况；股权结构、控股股东和实际控制人情况；组织架构、治理结构及内部控制情况；是否对基础设施项目享有完全所有权或经营权利，且上述权利是否存在重大经济或法律纠纷；对基础设施项目的转让是否获得了合法有效的授权；基础设施基金是否可以合法取得基础设施项目的所有权或经营权利；原始权益人的近 3 年审计报告及 1 期财务报告（成立未满 3 年的自公司设立起）；对基础设施项目的转让是否获得了外部有权机构审批（如有）；公司资信水平；商业信用情况；公司主体评级情况（如有）；最近 3 年（成立未满 3 年的自公司设立起）在投资建设、生产运营、金融监管、工商、税务等方面是否存在重大违法违规记录；是否存在因严重违法失信行为被有权部门认定为失信被执行人、失信生产经营单位或者其他失信单位并被暂停或者限制进行融资的情形。

（2）外部管理机构。设立、存续和历史沿革情况；股权结构及治理结构；持续经营能力；不动产运营管理资质（如有）；同类型基础设施项目运营管理经验；主要负责人员在基础设施项目运营或投资管理领域的经营情况、其他专业人员配备情况；不动产运营相关业务流程、管理制度、风险控制制度；内部组织结构情况、内部控制的监督和评价制度的有效性；管理人员任职情况、管理人员专业能力和资信状况、公司员工结构分布和变化趋势；公司近3年审计报告及1期财务报告（成立未满3年的自公司设立起）、主要财务指标分析；运营管理机构同时向其他机构提供基础设施项目运营管理服务的，是否采取了避免可能出现的利益冲突的措施；公司资信水平。最近3年在投资建设、生产运营、金融监管、工商、税务等方面是否存在重大违法违规记录。

（三）资产组织

资产组织环节操作包括确定入池资产、资产评估以及将资产装入REITs结构的过程。

1. 确定入池资产

在前期原始权益人根据自身发行诉求初步筛选入池资产的基础上，基金管理人等中介机构进场后，应当与原始权益人共同梳理资产情况，根据《REITs指引》等法规的试点区域及行业要求、《尽职调查指引》等文件的项目材料要求，对资产进行进一步的筛选或补充，使入池资产满足要求并在必要时优化资产组合。

从操作效率角度，试点初期阶段一只基础设施基金在初始操作时入池资产建议选用同一类型的资产，以便具备更为清晰透明的风险收益特征。随着境内公募REITs市场的不断成熟，未来产品扩募或新产品发行时也可能囊括不同类型的资产。

2. 资产评估

资产评估是确定资产价值以及公募REITs发行规模的重要依据。

根据《REITs指引》的要求，申请注册基础设施基金前，基金管理人应当聘请独立的评估机构对拟持有的基础设施项目进行评估，并出具评估报告。评估机构为同一只基础设施基金提供评估服务不得连续超过3年。基础设施基金份额首次发售，评估基准日距离基金份额发售公告日不得超过6个月；基金运作过程中发生购入或出售基础设施项目等情形时，评估基准日距离签署购入或出售协议等情形发生日不得超过6个月。出现下列情形之一的，基金管理人应当及时聘请评估机构对基础设施项目资产进行评估：（1）基础设施项目购入或出售。（2）基础设施基金扩募。（3）提前终止基金合同拟进行资产处置。（4）基础设施项目现金流发生重大变化且对持有人利益有实质性影响。（5）对基金份额持有人利益有重大影响的其他情形。

结合国际惯例及《上海证券交易所公开募集基础设施证券投资基金（REITs）规则适用指引第1号——审核关注事项（试行）》《深圳证券交易所公开募集基础设施证券投资基金业务审核指引（试行）》，原则上以收益法作为基础设施项目评估的主要估价方法，即将未来收益现金流以合适的折现率进行折现获得当前资产价值。选择收益法是适宜的，这是因为投资者投资于公募REITs产品的目的在于获取长期稳定分红收益及资产增值收益，这都来自资产所能带来的租金收入或运营收益。收益法进行估价时最重要的因素就是对未来净收益现金流的判断，以及对于折现率的选择。

具体来说，根据基础设施资产收入获取来源不同，可以分为两大类，一类是以租金（部分含服务费）为主要收入来源的产权类基础设施，另一类是以收费为主要收入来源的特许经营权类或经营类基础设施。

（1）以租金（部分含服务费）为主要收入来源的产权类基础设施，比如仓储物流、产业园区、数据中心等，评估机构可参考住房和城乡建设部印发的《房地产估价规范》（GB/T 50291—2015）及《房地产估价基本术语标准》（GB/T 50899—2013）等行业准则，并可借鉴《房地产投资信托基金物业评估指引（试行）》开展尽职调查工作。在此类资产估价时，折现率的设定一般可采用市场提取法、累加法及投资报酬率排序倒插法。

（2）以收费为主要收入来源的特许经营权类或经营类基础设施，比如高速公路、污水处理、垃圾处理等，评估机构所参考的评估准则主要包含财政部印发的《资产评估基本准则》以及中国资产评估协会印发的各项资产评估准则，包括但不限于《资产评估职业道德准则》《资产评估执业准则——资产评估方法》《资产评估执业准则——不动产》《资产评估执业准则——无形资产》等。在此类资产估价时，折现率的设定一般可采用资本资产定价模型（CAPM）、加权平均资本成本（WACC）及风险累加法。

3. 将资产装入 REITs 结构

试点中的公募 REITs 是通过“公募基金 + ABS”的双 SPV 结构持有特殊目的公司，进而持有入池资产（不动产产权、特许经营权或经营收益）。将资产装入 REITs 结构的过程，包括入池资产装入项目公司的过程，以及 ABS 收购项目公司股权的过程。需要注意的是，在当前 REITs 试点初期，制度要求 REITs 持有入池资产 100% 的权属，即入池资产的全部权属应归属于特殊目的公司（即项目公司），且该公司 100% 的股权被 ABS 持有。

需要说明的是，单就“将资产装入 REITs 结构”这一环节看，公募 REITs 的重组与私募 REITs 型资产证券化项目的重组具有很高的相似性。

（1）资产装入项目公司。资产装入项目公司的过程，换个角度看，也可以是项目公司梳理资产的过程，目的就是使得入池资产成为作为特殊目的公司的项目公司的主要资产。具体来说，经过梳理的项目公司，除入池资产，可以有少量的现金或银行存款、应收或应付账款以及押金保证金、以 IT 系统为代表的无形资产（统称“少量资产”）等，但原则上不应该含有具有较高估值的非入池其他资产。

从实操经验看，梳理项目公司时首先要分析当前项目公司的资产情况，然后充分考虑法规权属、税务成本、人员安排等因素，再进行对应的处理。通常来说，如果项目公司除了入池资产和少量资产并无其他固定资产或高估值资产的话，只要对应收或应付账款进行必要处理即可，并根据少量资产的价值适当调整项目公司估值；如果项目公司里除入池资产和少量资产，还包含其他经营资产或估值较高资产，入池资产仍是项目公司主要资产，或虽然其他资产相对较多但剥离出去不涉及较高税负，可以考虑将其他经营资产或估值较高资产剥离出去，或者说将项目公司留给入池资产；如果项目公司含有大量其他资产，入池资产仅占项目公司小部分，且其他资产剥离涉及较高税负，则可以考虑采取分立或出资设立的方式，将入池资产单独剥入一个新的项目公司作为特殊目的公司。

（2）ABS 收购项目公司。公募 REITs 是通过 ABS 来收购项目公司股权进而持有基础资产的，所以在将资产装入项目公司后，需要通过 ABS 收购该项目公司 100% 股权，以实现公募 REITs 对基础资产的完整持有。在符合监管要求和税收法律法规要求的基础上，相关收购可以采取直接或间接的收购方式，并可以考虑借鉴企业并购中的技术手段以实现合法节税或递延的目的。

在美国等以税收政策推动 REITs 发展的国家和地区，通常对满足要求的 REITs 持有项目公司的合格收入免征企业所得税，即 RE-

ITs 所持有的项目公司，如其收入符合相关制度要求且 90% 可分配收入在实现当年就分配给 REITs 的话，项目公司层面上可以免征企业所得税。由于境内试点初期尚未出台等效的税收政策（截至 2021 年 6 月底），所以在搭建公募 REITs 结构时，基金公司和原始权益人通常借鉴既往私募 REITs 产品的业务经验，设计为 ABS 通过“股权 + 债权”结构持有项目公司，进而通过股东借款付息来获取项目公司的经营净现金流，而符合资本弱化限制的股东借款付息可以由项目公司作为财务费用进行税前抵扣，所谓资本弱化限制即权益性投资与债权性投资的比例不得小于 1∶2，股东借款利率符合市场化合理水平。

从实务角度看，搭建上述“股权 + 债权”结构，要视收购前项目公司的资本结构来确定。对于本身具有较多外部借款（包括银行贷款、应付账款等）的项目公司，ABS 可以通过收购股权后发放等额股东借款用于偿还存量外部借款的方式，实现“股权 + 债权”结构的搭建。对于本身没有承担对外借款的项目公司，如果注册资本和现金出资较多则可以考虑先减资形成应付股东款，再搭建“股权 + 债权”结构；如果不动产评估增值较多也可以考虑调整会计处理方法后形成分红应付款，再搭建“股权 + 债权”结构；或采取 ABS 以“股权 + 债权”结构设立新的壳公司，用以收购项目公司，再通过项目公司反向吸收合并壳公司，完成 ABS 与项目公司之间的“股权 + 债权”结构搭建。需要说明的是，若境内后续出台了项目公司层面所得税的优惠政策，可能就不再需要搭建“股权 + 债权”结构了。除了税收，也需要考虑摊销折旧、未弥补亏损等对于现金分红能力的影响。

（四）管理方案设计

公募 REITs 是基金管理人主动管理的金融产品，尽管法律载体是证券投资基金，但其投资运营与强调“分散投资、组合配置”的传统证券投资基金有很大差异，其经营模式类似于上市公司，涉及基金管理，所持有资产组合的资产管理，具体物业层面的物业管理。在原始权益人拿出资产发行公募 REITs 的过程中，还涉及企业运营模式、人员安置等方面的方案设计。

基金管理人是公募 REITs 管理工作的中枢，承担着公募 REITs 主动管理的责任。基金层面的管理主要包括基金存续期投资管理与运营管理（含报表管理），基金资产收购的投资管理与扩募工作，基金资产处置等，同时还包括基金内部治理结构，基金持有人大会制度以及相关决策流程的管理。另外，尽管首次公开发行工作属于基金正式成立之前的工作，不过其主要工作责任均属于基金管理人，因此从广义上看也可以视为基金管理的一个组成部分。除了按照监管规定履行存续期管理，基金扩募和优质资产注入也是基金管理的重要组成部分，参考国际经验，成长性是公募 REITs 发展、为投资者创造持续价值的重要特征。基金管理的具体内容详见本书第六章。

基础资产的稳健运营是一只 REITs 成功的重要基础，因此对 REITs 所持有资产组合的资产管理非常关键。基金管理人应当不断通过搭建团队和加强研究等手段来提升自身对于各类具体资产的管理能力，包括但不限于租户招商、运营维护及财务管理等。同时，聘请在相关领域具有丰富经验的外部管理机构辅助资产管理也是 REITs 试点初期以及未来发展过程中可以采用的重要手段。从目前 REITs 的操作实践看，基金管理人通常会聘请原始权益人或其关联方作为外部管理机构，参与资产管理过程。而对于重组前基础资产与具体资产管理人员均处于项目公司的经营类型，多数案例会将主要相关人员在重组过程中剥离出项目公司，并入外部资产管理团队。需要注意的是，聘请外部管理机构参与资产管理并不能免除基金管理人的资产管理责任。

基础资产物业层面的物业管理也是 REITs 管理的组成部分，目标是保障基础资产具备正常运营的条件，包括但不限于卫生、安保、供电、排水等。从目前 REITs 的操作实践来看，当具体资产装入 REITs 后一般会继续保持原有的物业管理模式，聘请专业物业服务机构来进行管理。

第三节　公募 REITs 申报工作

在试点阶段，公募 REITs 申报工作整体分为两个阶段（见图 5－1）。

第一，项目准入与推荐。由发起人（即基础设施基金的原始权益人）办理 REITs 试点项目入库，向省级发展改革委提出并报送相关业务申请，各省级发展改革委按是否符合国家重大战略、宏观调控政策、产业政策、固定资产投资管理法规制度，以及鼓励回收资金用途等方面出具专项意见。对于符合公募 REITs 项目申报要求的项目由省级发展改革委出具专项意见推荐至国家发展改革委，国家发展改革委将审批后符合条件的项目推荐至中国证监会。

第二，基础设施基金注册与上市。由中国证监会、上海证券交易所或深圳证券交易所依法依规，遵循市场化原则，独立履行注册、审核程序。证券交易所经审核同意基础设施资产支持证券挂牌和基础设施基金上市的，出具对基础设施资产支持证券挂牌和基础设施基金上市的无异议函，中国证监会同意基础设施基金注册的，对符合法规及要求的基础设施基金进行核准注册。基础设施基金经中国证监会注册后，即可开展后续的基金份额发售及挂牌上市等程序。

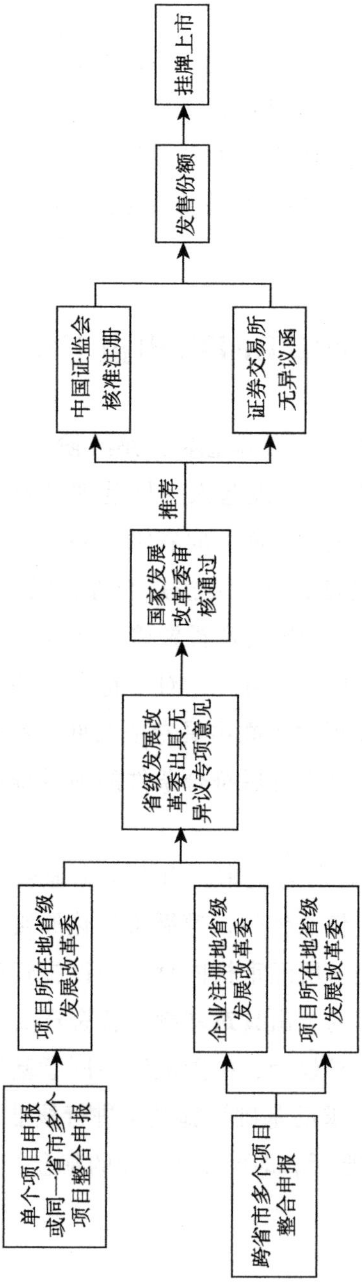

图5－1　基础设施REITs试点阶段申报与审核流程

一、项目准入与推荐

（一）项目准入与推荐的流程

项目准入的审核工作主要由省级发展改革委与国家发展改革委依次进行审核。

各地发展改革委组织发起人（原始权益人）等有关方面选择优质项目，纳入全国基础设施 REITs 试点项目库。发起人选择符合条件的入库项目，向省级发展改革委报送试点项目申报材料，未纳入全国基础设施 REITs 试点项目库的项目不得申报。

发起人向省级发展改革委报送的材料主要包括项目基本情况、合规情况、证明材料及发展改革委要求的其他材料等。（1）如果拟报送试点项目为单个项目申报或同一省（自治区、直辖市）多个项目整合申报，则发起人（即基础设施基金的原始权益人）向项目所在地省级发展改革委报送试点项目申请材料。（2）如果拟报送试点项目为分布在多个省（自治区、直辖市）的多个项目（资产包）整合申报的，则发起人向企业注册地省级发展改革委报送完整的项目申报材料，并分别向相关省级发展改革委报送涉及该地区的项目材料，发起人注册地省级发展改革委对本地区项目和 REITs 发行总体方案审查把关，其他相关省级发展改革委对本地区项目审查把关。省级发展改革委在收到申报材料后，按照“聚焦合规优质资产”的试点原则，严格把握试点项目质量，对于项目收益是否满足试点基本条件，需以打包后项目整体收益进行判断。

省级发展改革委经过初步筛选，对符合相关条件，拟推荐开展试点的项目，向国家发展改革委出具需包含“经初步审核，所推荐项目符合国家重大战略、发展规划、宏观调控政策、产业政策、固定资产投资管理法规制度，以及试点区域、行业等相关要求，推荐该项目开展基础设施 REITs 试点”表述内容的无异议专项意见，同时一并报送试点项目申请材料。

发起人（原始权益人）为中央企业的跨地区打包项目，有关中央企业可将申报请示文件和项目申报材料直接报送国家发展改革委，并附项目所在地省级发展改革委意见。

在省级发展改革委出具专项意见或有关中央企业出具意见基础上，国家发展改革委按照《REITs 通知》要求，支持符合国家政策导向、社会效益良好、投资收益率稳定且运营管理水平较好的项目，开展基础设施 REITs 试点，将符合条件的项目推荐至中国证监会。

（二）试点项目准入申报材料

《关于做好基础设施领域不动产投资信托基金（REITs）试点项目申报工作的通知》（发改办投资〔2020〕586 号，简称“586 号文”）从基本情况、合规情况、证明材料和其他相关材料 4 个方面对申报材料的准备工作提出了明确要求，并用 3 个附件《××项目开展基础设施 REITs 试点基本情况材料》《××项目开展基础设施 REITs 试点合规情况材料》《××项目开展基础设施 REITs 试点证明材料》，分别详细说明基本情况、合规情况、证明材料等申报材料准备的具体规定。根据上述政策材料，结合首批试点项目上报实践，试点项目准入申报需要覆盖如下内容。

1. REITs 试点基本情况

基础设施 REITs 试点基本情况的申报内容，应包括发起人（原始权益人）情况；项目及运营情况；基础设施 REITs 发行总体方案；基础设施运营管理机构情况，以及有关市场机构参与等情况。

（1）基础设施项目情况。

①发起人（原始权益人）情况。发起人（原始权益人）的主

营业务、行业地位、持有或运营的同类项目资产规模、信用状况、内部控制制度，以及依法合规拥有项目所有权、特许经营权或运营收费权等情况，相关股东同意转让的意见等。

②项目基本情况（如涉及多个项目，需按项目逐一说明）。项目所在地、行业、建设内容和规模、用地性质、开竣工时间、决算总投资（如有）、收入来源、资产范围、项目公司法人及其股权结构等情况。

③项目运营情况。项目运营时间，近3年资产收益、盈利、经营性净现金流情况，预计未来3年净现金流分派率及增长潜力情况。

④基础设施运营管理机构情况。基础设施运营管理机构承担同类项目运营管理经验，拟配备的运营管理人员情况，公司治理和财务状况等情况。

⑤其他情况。项目资产（或股权）、附着债务等其他权利（若有）的可处置性等情况。

说明：基础设施 REITs 需要将项目资产（或股权）转移至基础设施资产支持专项计划，需要项目资产（或股权）具有可处置性。如果因附属债务存在抵押或其他权利限制的，需要该类权利限制可以解除。

（2）REITs 发行总体方案。总体方案包括交易结构、资产管理安排、拟实施步骤及进展情况等。

说明：现阶段，基础设施 REITs 试点产品均为“公募基金 + ABS”的交易结构，公募基金的基金管理人与资产支持专项计划管理人属于同一控制下。资产管理的原则是基金管理人承担资产管理的主要权责并应拥有 REITs 投资决策权，资产支持专项计划管理人按照合同约定执行基金管理人的决策，基金管理人可以聘请外部管理机构辅助底层项目公司及资产的管理，但不因此改变基金管理人的权责。具体试点项目可以根据项目底层资产运营特点、发行 REITs 前原有资产管理模式等设计具体资产管理安排，但整体应遵循以上原则。在基金合同、运营管理服务协议等法律文件中，界定运营管理相关各方的权责利关系和奖惩机制，以及约定解聘、更换外部管理机构的条件和程序情况。

由于很多试点项目在进行 REITs 操作中涉及资产梳理剥离、项目公司重组或调整等工作，因此在总体方案中需要披露拟实施步骤及进展情况，以便判断项目实施的可行性以及是否存在风险、发行是否能被资本市场认可等。

（3）有关市场机构参与情况。包括公募基金管理人、资产支持证券管理人、财务顾问等市场机构情况。

说明：公募基金管理人、资产支持证券（资产支持专项计划）管理人与财务顾问（如有）是公募 REITs 结构中最重要的 3 个金融机构角色，申报材料要披露担任这些角色的金融机构的基本情况、相关业务能力及团队配置、相关业务经验等。另外，基础设施 REITs 试点推进还需要专业中介机构参与，包括律师事务所、资产评估机构、会计师事务所等，相关机构基本信息也需要介绍。如果已经确定全部或部分战略配售的投资者，也建议在申报材料里介绍相关情况。

另外，在基础设施 REITs 试点阶段，出于降低产品发行与交易成本、提高效率并降低交易结构复杂性等角度考虑，原则上建议尽量减少相关参与主体。

需要说明的是，项目由国家发展改革委推荐至中国证监会后，如需更换基金管理人、律师事务所、会计师事务所等机构，发起人（原始权益人）要及时将机构更换涉及的项目申报材料相关内容报送国家发展改革委备案和复核，并说明更换原因，国家发展改革委将以适当方式向中国证监会反馈有关复核意见。

2. 项目合规情况

基础设施项目合规性是发行 REITs 产品的基础条件，是我国投资管理法律法规和政策的强制规定，是防范投资建设和运营管理风险的必然要求，也是维护投资者利益的根本保障。纳入 REITs 试点的基础设施项目的合规性，应从以下方面进行考察：第一，项目符合国家重大战略、宏观调控政策、产业政策情况；第二，依法依规取得固定资产投资管理相关手续情况；第三，PPP 项目合规情况、项目收益和收入来源情况；第四，筹集资金用途情况；第五，基础设施项目持续健康运营保障条件等情况。

（1）项目符合相关政策要求情况。项目符合国家重大战略、宏观调控政策、产业政策、国家和当地的国民经济和社会发展规划及有关专项规划情况。

（2）依法依规取得固定资产投资管理相关手续情况。取得项目审批、核准或备案，规划、用地、环评、施工许可、竣工验收，以及依据相关法律法规必须办理的其他重要手续情况。如果以上某项手续无须办理或不完善，请说明具体情况并提供相关的法规和政策依据。

（3）筹集资金用途。回收资金的具体用途和相应金额。符合国家政策和企业主营业务情况。对拟用于新的固定资产投资项目建设的，需说明项目建设地点、行业、建设内容和规模、总投资、预期经济社会效益、前期工作进展等情况。

说明：在实践过程中募集资金用途要满足国家政策和企业主营业务要求，并不强制要求募集资金用在与发行 REITs 试点项目完全相同的省份或资产类型，为发起人的募资基金使用提供了一定的灵活性。

（4）其他有关情况。

①PPP 项目。基础设施资产如为 PPP 项目，需说明实施方

案批复、社会资本方选择方式、PPP 合同或特许经营协议签订情况；收入来源中使用者付费占比情况；收入来源中含政府补贴的，需对政府补贴的持续性、稳定性予以说明，并分析对投资收益的可能影响；项目运营是否稳健、正常，是否出现暂停运营等重大问题或重大合同纠纷情况；合作政府方同意股权转让情况。

②国有资产转让。涉及国有资产转让的，需说明基础资产转让的程序和合规性，以及与国有资产管理部门沟通和反馈情况。

说明：根据《企业国有资产交易监督管理办法》（国务院国有资产监督管理委员会、财政部令第 32 号），企业国有资产交易应当遵守国家法律法规和政策规定，有利于国有经济布局和结构调整优化，充分发挥市场配置资源作用，遵循等价有偿和公开、公平、公正的原则，在依法设立的产权交易机构中公开进行，国家法律法规另有规定的从其规定。国有资产转让程序主要包括公司有权机构审议形成转让决议，国有资产管理部门对资产转让事项的决定、批准、清产核资及财务审计，有资质的评估机构评估，公告，选择受让方，签订合同，审批备案，产权变更登记等步骤。

可以采取非公开协议转让方式的国有资产转让主要包括两种情况：涉及主业处于关系国家安全、国民经济命脉的重要行业和关键领域企业的重组整合，对受让方有特殊要求，企业产权需要在国有及国有控股企业之间转让的，经国资监管机构批准，可以采取非公开协议转让方式；同一国家出资企业及其各级控股企业或实际控制企业之间因实施内部重组整合进行产权转让的，经该国家出资企业审议决策，可以采取非公开协议转让方式。

因此在实际操作中，对于发起人（原始权益人）通过持有多数基础设施基金份额或虽未持有多数份额但因为控制而产生合并报表关系的，通常可以采取非公开协议转让方式。

试点项目的资产范围、REITs 产品结构设计，以及基金管理人、基础设施运营管理机构等主要参与方，符合国家固定资产投资管理相关规定和监管要求情况。在基金合同、运营管理服务协议等法律文件中，界定运营管理相关各方的权责利关系和奖惩机制，以及约定解聘、更换外部管理机构的条件和程序情况。

③外商投资项目。符合国家利用外资有关法律法规情况。这些法律法规包括但不限于《外商投资法》《外商投资法实施条例》《鼓励外商投资产业目录》（2019 年版）等。

3. 证明材料等申报材料

申报材料所阐述的基础设施 REITs 试点基本情况及合规情况，需要提供必要的证明材料进行佐证，包括项目有关材料、发起人（原始权益人）有关材料、法律意见书、国家发展改革委要求提供的其他相关材料以及申报材料承诺函。

（1）项目证明材料。具体包括：第一，与项目产权（或特许经营权、运营收费权）相关的政府批准文件（或法律文件）复印件，相关股东同意转让项目产权（或特许经营权、运营收费权）的证明文件原件；第二，项目可行性研究报告批复或核准、备案文件复印件；第三，规划、用地、环评、施工许可证书或批复文件复印件；第四，竣工验收报告、“五方验收单”或转商运批复文件复印件；第五，根据有关法律法规项目必须办理的其他重要手续批复文件复印件（如有）；第六，PPP 项目需提供已签订的实施方案及批复文件、招标文件（或其他竞争性程序文件）、PPP 合同或特许经营协议复印件，以及合作政府方同意股权转让的文件原件。

（2）发起人（原始权益人）证明材料。具体包括：第一，项目公司章程（包含项目股权结构）复印件。第二，项目公司及发起人（原始权益人）近 3 年及 1 期的经审计后的财务报告。上述期间，如基础设施项目发生过资产重组、资产剥离、资产划转等情况，需提供反映该项目近3年及1期运营情况的经会计师事务所审阅的备考财务报表。第三，基础设施运营机构运营管理经验和能力佐证材料，包括同类项目运营管理经验、配备的运营管理人员、公司治理与财务状况等。如已签订基金合同、运营管理服务协议等法律文件，需提供与运营管理相关各方的权责利关系和奖惩机制，以及解聘、更换外部管理机构的条件和程序有关章节复印件。相关证明材料需要加盖公章。第四，发起人（原始权益人）、基金管理人、基础设施运营管理机构承诺近3年在投资建设、生产经营、金融监管、工商、税务等方面无重大违法违规记录，项目运营期间未出现安全、质量、环保等方面重大问题的文件原件，并需要加盖公章。

（3）法律意见书。律师事务所就项目权属和资产范围、项目合法合规性、转让行为合法性等出具的法律意见书。

（4）其他相关材料。发展改革委在审核过程中针对具体项目特征或独特性而要求提供的有关材料。

（5）申报材料承诺函。申报材料的真实性直接影响对REITs发行方案的专业评估和审查判断。586号文要求发起人（原始权益人）应对所有申报材料的真实、有效、合规、完备出具承诺函，并需要由法人代表签字并加盖单位公章。

二、基础设施基金注册与上市

（一）基金申请注册与上市流程

项目经发展改革委审核准入并由国家发展改革委推荐至中国证监会后，基金管理人与资产支持专项计划管理人（根据规定，两者属于同一控制下的机构）要向中国证监会和证券交易所就基金注册、基金上市和专项计划挂牌申请条件进行确认，按要求提交相应的申请材料。

基础设施基金拟在证券交易所上市的，基金管理人应当同步向证券交易所提交相关上市申请。证券交易所同意基础设施资产支持证券挂牌和基础设施基金上市的，将出具无异议函。基金管理人须将无异议函在基础设施基金注册前报送中国证监会。

向证监会申请注册基础设施基金前，基金管理人应当对拟持有的基础设施项目进行全面的尽职调查，基金管理人可以与资产支持证券管理人联合开展尽职调查，必要时还可以聘请财务顾问开展尽职调查。同时基金管理人聘请符合规定的专业机构提供评估、法律、审计等专业服务，与基础设施资产支持证券管理人协商确定基础设施资产支持证券设立、发行等相关事宜，确保基金注册、份额发售、投资运作与资产支持证券设立、发行之间有效衔接。

（二）基金注册与上市申报材料

1. 基础设施基金注册

基金管理人向中国证监会提交基金注册申请，应当提交下列材料：（1）《证券投资基金法》《公开募集证券投资基金运作管理办法》要求的公开募集证券投资基金注册申请文件。（2）基金管理人及资产支持证券管理人相关说明材料，包括但不限于，投资管理、项目运营、内部控制与风险管理制度和流程，部门设置与人员配备，同类产品与业务管理情况等。（3）拟投资基础设施资产支持证券相关说明材料，包括但不限于，资产支持专项计划说明书、法律意见书、拟提交中国证券投资基金业协会备案材料等。（4）拟投资基础设施资产支持证券认购协议。（5）基金管理人与主要参与机构签订的协议文件。（6）中国证监会规定提交的其他材料。

基础设施基金拟在证券交易所上市的，基金管理人应当同步向证券交易所提交相关上市申请。证券交易所同意基础设施资产支持证券挂牌和基础设施基金上市的，基金管理人应当将无异议函在产品注册前报送中国证监会。

2. 基础设施基金上市申请

基金管理人应当向拟上市的证券交易所提交基础设施基金上市申请，由证券交易所审核是否具备上市条件；资产支持证券管理人应当同时向证券交易所提交基础设施资产支持证券挂牌申请，由证券交易所确认是否符合相关条件。

基金管理人向证券交易所提交基础设施基金上市申请材料。申请材料包括：（1）上市申请。（2）基金合同草案。（3）基金托管协议草案。（4）招募说明书草案。（5）律师事务所对基金出具的法律意见书。（6）基金管理人及资产支持证券管理人相关说明材料。（7）拟投资基础设施资产支持证券认购协议。（8）基金管理人与主要参与机构签订的协议文件。（9）证券交易所要求的其他材料。

资产支持证券管理人同时向证券交易所提交基础设施资产支持证券挂牌申请，申请材料包括：（1）挂牌条件确认申请。（2）资产支持证券管理人合规审查意见。（3）基础设施资产支持专项计划说明书、标准条款（如有）。（4）基础资产买卖协议、托管协议、监管协议（如有）、资产服务协议（如有）等主要交易合同文本。（5）律师事务所对专项计划出具的法律意见书。（6）基础设施项目最近3年及1期的财务报告及审计报告，如无法提供，应当提供最近1年及1期的财务报告及审计报告，相关材料仍无法提供的，应当至少提供最近1年及1期经审计的备考财务报表。（7）基础设施项目评估报告。（8）专项计划尽职调查报告。（9）关于专项计划相关会计处理意见的说明（如有）。（10）法律法规或原始权益人公司章程规定的有权机构做出的关于开展资产证券化融资相关事宜的决议。(11) 证券交易所要求的其他材料。

证券交易所接收申请文件后，在5个工作日内对申请文件是否齐备和符合形式要求进行审核。文件齐备的，予以受理；文件不齐备或不符合形式要求的，一次性告知补正。

证券交易所受理申请后确定审核人员对申请材料进行审核，自受理之日起30个工作日内出具首次书面反馈意见；无须出具书面反馈意见的，通知基金管理人、资产支持证券管理人。

基金管理人、资产支持证券管理人应当在收到书面反馈意见后30个工作日内予以书面回复。基金管理人、资产支持证券管理人不能在规定期限内予以回复的，应当提出延期回复申请，并说明理由和拟回复时间，延期时间不得超过30个工作日。证券交易所对回复意见文件进行审核，不符合要求的，可再次出具反馈意见；不需要基金管理人和资产支持证券管理人进一步落实或反馈的，依程序进行评议。

证券交易所根据评议结果出具基础设施资产支持证券挂牌和基础设施基金在本所上市的无异议函或者做出终止审核的决定，并通知基金管理人和资产支持证券管理人。

证券交易所出具无异议函后至基础设施基金上市前，发生可能对基础设施基金投资价值及投资决策判断有重大影响的事项的，基金管理人、资产支持证券管理人等相关业务参与机构应当及时报告，必要时应当聘请专业机构进行核查。

第四节　公募REITs发售阶段

公募REITs发售阶段兼具公募证券投资基金发售与企业IPO的特征，需要满足公募基金法规所要求的发售及认购相关的基本程序，同时定价模式类似于企业IPO。

基金管理人可以聘请具有保荐资格的证券公司作为财务顾问，委托财务顾问办理基础设施基金发售的路演、询价、定价、配售及扩募等相关业务，但基金管理人依法应当承担的责任不因此而免除。

在基础设施基金发售过程中，基金管理人、财务顾问，基金销售机构、律师事务所、会计师事务所、资产评估机构等基金服务机构，投资者及其他相关主体应当诚实守信、勤勉尽责，严格遵守相关法律法规、证券交易所业务规则的规定以及相关行业规范。不得操纵发行定价、暗箱操作；不得以代持、信托等方式谋取不正当利益或向其他相关利益主体输送利益；不得直接或通过其利益相关方向参与认购的投资者提供财务资助；不得有其他违反公平竞争、破坏市场秩序等行为。

一、发售材料准备

基础设施基金经中国证监会注册后，基金管理人应当在基金份额公开发售3日前，依法披露基金合同、托管协议、招募说明书、基金份额发售公告、基金产品资料概要等法律文件，以满足各类投资者及时了解基础设施基金的需求。

在各类法律文件及销售材料中，招募说明书是投资者了解和研究基础设施基金结构及底层物业资料的关键文件。除按照法律法规要求披露相关信息，招募说明书应当与基础设施基金、基础设施专项计划各法律文件保持一致，同时披露下列信息：（1）基础设施基金整体结构及拟持有特殊目的载体情况。（2）基金份额发售安排。（3）预期上市时间表。（4）基础设施基金募集及存续期相关费用，并说明费用收取的合理性。（5）募集资金用途。（6）基础设施资产支持证券基本情况。（7）基础设施项目基本情况，包括项目所在地区宏观经济概况、基础设施项目所属行业和市场概况、项目概况、运营数据、合规情况、风险情况等。（8）基础设施项目财务状况及经营业绩分析。（9）基础设施项目现金流测算分析。（10）基础设施项目运营未来展望。（11）为管理基础设施基金配备的主要负责人员情况。（12）基础设施项目运营管理聘请外部管理机构的，应当披露外部管理机构基本信息、人员配备、项目资金收支及风险管控安排等。（13）基础设施基金成立后保留基础设施项目已存在对外借款的，应当充分说明理由，详细说明保留借款的金额、比例、偿付安排、符合法定条件的说明及对基础设施项目收益的影响，并充分揭示相关风险。（14）关联关系、关联交易等潜在利益冲突及防控措施，包括基金管理人与原始权益人关联关系情况，基金管理人运用基金财产买卖基础设施资产支持证券涉及的关联交易及其他关联交易概况，基金管理人就关联交易采取的内控措施等。（15）基础设施项目原始权益人基本情况，及原始权益人或其同一控制下的关联方拟认购基础设施基金份额情况。（16）基础设施基金募集失败的情形和处理安排。（17）基础设施基金拟持有的基础设施项目权属到期、处置等相关安排。

基金管理人、财务顾问等参与基金发售的机构，通常会通过演示文档等方式准备发售材料，向投资者介绍基础设施基金及其持有项目的基本情况、估值情况、所属市场和行业概况，以及发售方案等相关内容，相关材料不得夸大宣传，或以虚假广告等不正当手段诱导、误导投资者，不得披露除招募说明书等公开信息以外的其他信息。

二、发售流程及要求

基础设施基金发售流程分为战略配售、网下配售、公众投资者认购等环节，其中基础设施基金份额的定价是在网下配售环节完成的。其中在战略配售和网下配售环节要求投资者属于专业机构投资者，包括证券公司、基金管理公司、信托公司、财务公司、保险公司、合格境外机构投资者、商业银行及其理财子公司、符合规定的私募基金管理人以及其他中国证监会认可的专业机构投资者。参加网下询价的机构还包括全国社会保障基金、基本养老保险基金、年金基金。

发售流程和步骤主要分为 4 步：

第一，除原始权益人及关联方按照法规要求持有不低于法定下限（20%）的份额外，基金管理人向其他战略投资者进行定向配售，战略投资者根据事先签订的配售协议进行认购。募集期结束前，战略投资者应当在约定的期限内，以认购价格认购其承诺认购的基金份额数量。战略配售的各类投资者要受法规要求的限售期约束。

第二，网下投资者通过证券交易所网下发行电子平台向基金管理人提交认购申请，并通过网下询价确定公募 REITs 的发售价格。网下投资者应当在募集期内通过基金管理人完成认购资金的缴纳，并通过登记机构登记份额。

第三，公众投资者通过场内证券经营机构或基金管理人及其委托的场外基金销售认购基金份额，并按照约定方式在募集期内缴纳认购款项。

第四，募集期届满，公众投资者认购份额不足的，基金管理人可以将公众投资者部分向网下发售部分进行回拨。网下投资者认购数量高于网下最低发售量，且公众投资者有效认购倍数较高的，网下发售部分可以向公众投资者回拨。

投资者类别、比例及锁定期如表 5 - 1 所示。

表5-1 投资者类别、比例及锁定期

投资者类别		法规要求	锁定期
战略配售	原始权益人及其关联方	不少于20%	20%以内部分60个月 20%以外部分36个月
	其他专业机构投资者	无	12个月
专业机构投资者（网下配售）		不少于（100% -战略配售比例）的70%	无
公众投资者（网上配售）		100% -战略配售比例-网下配售比例	无

相关发售环节及具体的法规要求说明如下。

（一）战略配售

原始权益人或其同一控制下的关联方参与基础设施基金份额战略配售的比例合计不得低于本次基金份额发售数量的20%，其中，20%基金份额发售总量的持有期自上市之日起不少于60个月，超过20%部分的持有期自上市之日起不少于36个月，基金份额持有期间不允许质押。原始权益人或其同一控制下的关联方拟卖出战略配售取得的基础设施基金份额的，应当按照相关规定履行信息披露义务。

原始权益人或其同一控制下的关联方以外的专业机构投资者可以参与基础设施基金份额战略配售，战略配售比例由基金管理人合理确定，持有基础设施基金份额期限自上市之日起不少于12个月。证券交易所鼓励参与战略配售的投资者包括，（1）与原始权益人经营业务具有战略合作关系或长期合作愿景的大型企业或其下属企业。（2）具有长期投资意愿的大型保险公司或其下属企业、国家级大型投资基金或其下属企业。（3）主要投资策略包括投资长期限、高分红类资产的证券投资基金或其他资管产品。（4）具有丰富基础设施项目投资经验的基础设施投资机构、政府专项基金、产业投资基金等专业机构投资者。(5) 原始权益人及其相关子公司。(6) 原始权益人与同一控制下关联方的董事、监事及高级管理人员参与本次战略配售设立的专项资产管理计划。

基金管理人应当与战略投资者事先签署配售协议，且应当在基金合同、招募说明书等法律文件中披露战略投资者的选择标准，向战略投资者配售的基金份额总量，占本次基金份额的发售比例及持有期限等。

参与一只基础设施基金战略配售的投资者不得参与该基础设施基金份额网下询价，但依法设立且未参与本次战略配售的证券投资基金、理财产品和其他资产管理产品除外。

战略投资者不得接受他人委托或者委托他人参与基础设施基金战略配售，但依法设立并符合特定投资目的的证券投资基金、公募理财产品等资管产品，以及全国社会保障基金、基本养老保险基金、年金基金等除外。

募集期结束前，战略投资者应当在约定的期限内，以认购价格认购其承诺认购的基金份额数量。参与战略配售的原始权益人，可以用现金或者中国证监会认可的其他对价进行认购。

(二) 网下发售

扣除向战略投资者配售的部分后，基础设施基金份额向网下投资者发售比例不得低于本次公开发售数量的70%。对网下投资者进行分类配售的，同类投资者获得的配售比例应当相同。参与前一步骤战略配售的投资者不得参与本次基础设施基金份额网下询价，但依法设立且未参与本次战略配售的证券投资基金、理财产品和其他资产管理产品除外。

基金份额认购价格确定后，询价阶段提供有效报价的投资者方可参与网下认购。网下投资者应当以询价确定的认购价格、在募集期内参与基础设施基金份额认购，募集期原则上不得超过5个交易日。网下投资者应当通过证券交易所网下发行电子平台向基金管理人提交认购申请。证券交易所接受网下投资者认购申请的时间为募集期内的每个交易日的9：00～15：00。网下投资者认购时，应当按照确定的认购价格填报认购数量，其填报的认购数量不得低于询价阶段填报的“拟认购数量”，也不得高于基金管理人、财务顾问确定的每个配售对象认购数量上限，且不得高于网下发售份额总量。网下投资者提交认购申请后，应当在募集期内通过基金管理人完成认购资金的缴纳，并通过中国结算登记份额。

参与网下询价的配售对象及其关联账户不得再通过面向公众投资者发售部分认购基金份额。

（三）公众投资者认购

募集期内，公众投资者可以通过场内证券经营机构或基金管理人及其委托的场外基金销售机构认购基金份额。

募集期届满，公众投资者认购份额不足的，基金管理人和财务顾问可以将公众投资者部分向网下发售的份额进行回拨。网下投资者认购数量高于网下最低发售数量，且公众投资者有效认购倍数较高的，网下发售部分可以向公众投资者回拨。回拨后的网下发售比例，不得低于本次公开发售数量扣除向战略投资者配售部分后的70%。

三、发售定价与询价说明

（一）询价与定价

基础设施基金份额认购价格应当通过向网下投资者询价的方式

确定。

参与询价的网下投资者应当根据基础设施项目评估情况，遵循独立、客观、诚信的原则，合理报价。网下投资者为证券公司、基金管理公司、信托公司、财务公司、保险公司、合格境外机构投资者、商业银行及其理财子公司、符合规定的私募基金管理人以及其他中国证监会认可的专业机构投资者。全国社会保障基金、基本养老保险基金、年金基金等可根据有关规定参与基础设施基金网下询价。

基金份额认购价格是由基金管理人和财务顾问（如有）根据所有网下投资者报价的中位数和加权平均数，并考虑各类型网下投资者的认购情况审慎合理确定。如果确定的价格高于前述中位数和加权平均数的孰低值，基金管理人需要发布特别公告说明原因并提示风险。

基金份额认购价格确定后，战略投资者、网下投资者和公众投资者按照确定的认购价格及证券交易所规定的认购方式，参与基础设施基金份额认购。

（二）询价准备工作

基金管理人或财务顾问办理询价业务的，应当提前向证券交易所申请获得网下发行电子平台的发行人 CA 证书。

网下投资者参与询价的，应当向证券交易所申请获得网下发行电子平台的投资者 CA 证书。符合条件的网下投资者利用证券交易所提供的网下发行电子平台进行询价报价和认购申报。同时，网下投资者及其配售对象应当在询价日前一交易日 12：00 前在中国证券业协会完成注册。

（三）询价操作程序

基础设施基金确定询价区间的，基金管理人和财务顾问根据基础设施项目的评估情况和市场情况，合理确定询价区间，并在询价公告中披露。

基金管理人、财务顾问确定参与询价的网下投资者条件、有效报价条件、配售原则和配售方式，并按照事先确定的配售原则，在有效报价的网下投资者中选择配售对象。原始权益人及其关联方、基金管理人、财务顾问、战略投资者以及其他与定价存在利益冲突的主体不得参与网下询价，但基金管理人或财务顾问管理的公募证券投资基金、全国社会保障基金、基本养老保险基金和年金基金除外。

网下询价时间原则上为1个交易日。基金管理人或财务顾问应当在规定时间内，在网下发行电子平台上确认基金代码、名称等相关询价参数，并通过网下发行电子平台确认拟参与网下发售的配售对象名称、场内证券账户或场外基金账户等相关信息，同时剔除不符合本指引及询价公告规定的网下投资者及其配售对象账户，完成询价准备的确认工作。

询价期间，网下投资者及其管理的配售对象的报价应当包含每份价格和该价格对应的拟认购数量，填报的拟认购数量不得超过网下初始发售总量，且同一网下投资者全部报价中的不同拟认购价格不得超过3个。

报价截止后，基金管理人或财务顾问应当根据事先确定并公告的条件，剔除不符合条件的报价及其对应的拟认购数量。剔除不符合条件的报价后，基金管理人、财务顾问应当根据所有网下投资者报价的中位数和加权平均数，并结合公募证券投资基金、公募理财产品、社保基金、养老金、企业年金基金、保险资金、合格境外机构投资者资金等配售对象的报价情况，审慎合理确定认购价格。基金管理人、财务顾问确定的认购价格高于前述中位数和加权平均数的孰低值的，基金管理人、财务顾问应至少在基金份额认购首日前

5个工作日发布投资风险特别公告，并在公告中披露超过的原因，以及各类网下投资者报价与认购价格的差异情况，同时提请投资者关注投资风险，理性做出投资决策。

四、募集失败情形

基金募集期限届满，出现下列情形之一的，基础设施基金募集失败：

（1）基金份额总额未达到准予注册规模的80%。

（2）募集资金规模不足2亿元，或投资者少于1 000人。

（3）原始权益人或其同一控制下的关联方未按规定参与战略配售。

（4）扣除战略配售部分后，向网下投资者发售比例低于本次公开发售数量的70%。

（5）导致基金募集失败的其他情形。

基金募集失败的，基金管理人应当在募集期限届满后30日内返还投资者已缴纳的款项，并加计银行同期存款利息。

五、扩募发售

成长性是公募REITs价值的一个重要来源。基础设施基金成长性的重要实现方式是其扩募机制，即可以发售新的基金份额收购符合REITs要求并满足投资者利益的新资产，实现基础设施基金规模的不断扩大，有利于实现管理的规模效应及价值提升。对于原始权益人而言，扩募机制使得基础设施基金成为类似于上市公司的资本运作平台，可以将自身管理的符合REITs要求的资产不断注入基金，有利于资产盘活或实现募、投、管、退的价值链条；对于投资者而言，扩募机制可以使得基础设施基金规模不断扩大，享受规模效应带来的基金成长，同时随着更多优质资产的注入实现资产多元化和风险分散的效应。

基础设施基金扩募的，可以向原基础设施基金持有人配售份额，也可以向不特定对象或特定对象发售。

基金管理人可以根据基础设施基金二级市场交易价格和拟投资项目市场价值等有关因素，合理确定基金扩募发售价格或定价方式，以及相应的份额数量，并将其与扩募方案等其他事项报基金份额持有人大会决议通过。

基础设施基金扩募的，基金管理人应当向证券交易所提交中国证监会同意变更注册的批准或备案文件复印件、扩募发售方案、扩募发售公告等文件。证券交易所5个工作日内表示无异议的，基金管理人启动扩募发售工作。扩募发售方案中应当包括本次基础设施基金发售的种类及数量、发售方式、发售对象及向原基金份额持有人配售安排、原战略投资者份额持有比例因本次扩募导致的变化、新增战略投资者名称及认购方式（如有）、基金扩募价格、募集资金用途、配售原则及其他证券交易所要求的事项。

第五节　首批试点项目部分案例分析

根据不同角度，首批基础设施 REITs 试点项目可分为以下几种：（1）从底层资产角度看，分为产权型 REITs 和特许经营权型 REITs，前者主要包括仓储物流、产业园区等，后者主要包括高速公路、污水处理等。（2）从基金管理人角度看，分为与原始权益人关联的基金管理人模式和与原始权益人非关联的基金管理人模式。（3）从两层管理人角度看，分为基金管理人与计划管理人属于同一控制下的两家法人持牌机构，基金管理人与计划管理人属于同一家法人持牌机构这两种情形。（4）从原始权益人角度看，分为内资原始权益人和外资原始权益人，后者的交易涉及跨境交易等。

综合各种分类类型，引用中金普洛斯 REITs、浙商沪杭甬 REITs 作为代表案例进行分析。中金普洛斯 REITs 属于外资原始权益人基于仓储物流资产产权发行的，基金管理人与计划管理人属于同一控制下母子公司关系，基金管理人与原始权益人不存在关联关系的代表产品。浙商沪杭甬 REITs 属于国资原始权益人基于高速公路特许经营权发行的，基金管理人与计划管理人属于同一家机构，且基金管理人与原始权益人存在关联关系的代表产品。

一、中金普洛斯 REITs 案例分析

中金普洛斯仓储物流封闭式基础设施证券投资基金（简称“中金普洛斯 REITs”）是境内首批 REITs 试点项目中产权型项目和物流地产项目的代表案例，也是首批产权型 REITs 中规模最大的。在基础设施资产的选择和尽调、交易方案的设计等方面为同类型项目提供了良好的借鉴。

中金普洛斯 REITs 在首批试点项目中具有基础项目多、运营市场化程度高的特点，可作为未来产权型项目操作 REITs 试点的重要参考。与此同时，中金普洛斯 REITs 原始权益人为 GLP China Holdings Limited（普洛斯中国控股有限公司，简称“普洛斯中国”），是国际知名、物流领域领先的外资企业。项目公司大部分为外商独资企业，该项目涉及的跨境重组安排，交易过程相对复杂而专业，可作为国际企业未来在境内发行公募 REITs 的有效案例。

中金普洛斯 REITs 基金管理人与计划管理人分别为中金基金管理有限公司（简称“中金基金”）与中国国际金融股份有限公司（简称“中金公司”），属于境内 REITs 领域专业基金管理人与领先的投资银行，中金基金为中金公司的全资子公司，符合监管制度中对两层管理人属于同一控制的要求。中金公司同时担任该 REITs 的财务顾问。

（一）发起人（原始权益人）情况

中金普洛斯 REITs 原始权益人是普洛斯中国，于 2013 年 10 月 15 日在中国香港成立，其在中国境内的主要业务为现代仓储开发、经营和物流相关业务。普洛斯中国为 GLP Pte. Ltd（简称“普洛斯集团”）于中国境内全部仓储项目公司和业务管理公司的控股公司。

普洛斯中国是中国境内最大的现代物流及工业基础设施提供商和服务商，在现代仓储领域具有显著的领先地位。截至 2020 年 12 月 31 日，其所拥有已建成的仓储物流等物业总建筑面积约为 3 170 万平方米，居于中国境内现代仓储行业第一。

普洛斯中国股权结构如图 5－2 所示。

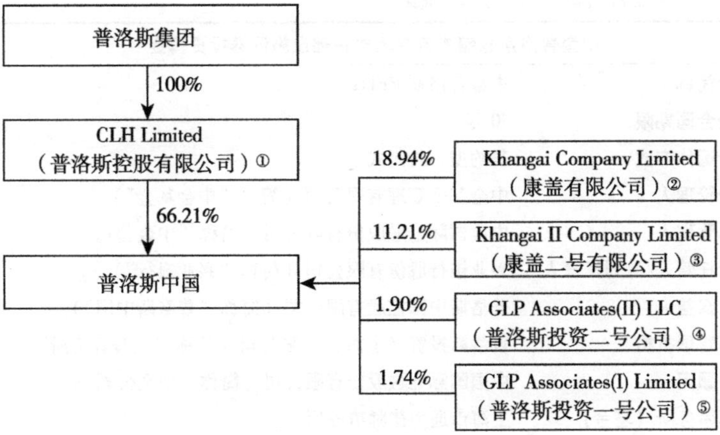

图 5－2　普洛斯中国股权结构

注：①～⑤无官方中文翻译，相关翻译仅为释义。

普洛斯中国实际控制人为普洛斯集团，其成立于 2007 年 8 月 28 日，注册地为新加坡，主要业务为全球范围内现代物流仓储设施的开发、运营和管理。2010 年普洛斯集团在新加坡主板挂牌上市，后于2018年完成私有化并退市。普洛斯集团是全球领先的专注于物流、不动产、基础设施、金融及相关科技领域的投资管理与商业创新公司。截至2020年12月31日，普洛斯集团的业务遍及中国、日本、巴西、印度、越南、美国以及欧洲部分国家，在不动产及私募股权基金领域的资产管理规模达1 000亿美元。中国市场是普洛斯集团的最大市场和最主要的增长市场。普洛斯集团的各个园区均战略性地选择建于关键物流枢纽并靠近主要海港、机场、交通枢纽或大都市区中的工业区。

（二）产品概览

中金普洛斯REITs产品概览如表5-2所示。

表5-2　中金普洛斯REITs产品概览

中金普洛斯仓储物流封闭式基础设施证券投资基金	
基金简称	中金普洛斯REITs
基金合同期限	50年
基金运作方式	契约型、封闭式
基金管理人	中金基金管理有限公司（简称“中金基金”）
计划管理人	中国国际金融股份有限公司（简称“中金公司”）
基金托管人/计划托管人	兴业银行股份有限公司（简称“兴业银行”）
原始权益人	普洛斯中国控股有限公司（简称“普洛斯中国”）
外部管理机构	普洛斯投资（上海）有限公司（简称“上海普洛斯”）
财务顾问	中国国际金融股份有限公司（简称“中金公司”）
律师事务所（基金）	上海市通力律师事务所
律师事务所（基础设施项目）	北京市海问律师事务所
会计师事务所	毕马威华振会计师事务所（特殊普通合伙）
评估机构	深圳市戴德梁行土地房地产评估有限公司
税务师事务所	普华永道咨询（深圳）有限公司北京分公司

续表

存续期、封闭期	存续期为50年，经基金份额持有人大会审议通过，本基金可延长存续期限
注册登记机构	中国证券登记结算有限责任公司
交易场所	上海证券交易所
投资目标	主要资产投资于基础设施资产支持证券并持有其全部份额，通过基础设施资产支持证券、项目公司等载体穿透取得基础设施项目完全所有权或经营权利
投资范围	基础设施资产支持证券，国债、央行票据、地方政府债、政策性金融债，信用评级为AAA的债券［包括企业债、公司债、政府支持机构债、中期票据、短期融资券（含超短期融资券）、非政策性金融债、公开发行的次级债、可分离交易可转债的纯债部分等］，货币市场工具［包括现金、期限在1年以内（含1年）的银行存款、债券回购、同业存单及中国证监会、中国人民银行认可的其他具有良好流动性的货币市场工具］，以及法律法规或中国证监会允许基础设施证券投资基金投资的其他金融工具
基金份额	15亿份
业绩比较基准	不设立业绩比较基准
基金分红	（1）在符合有关基金分红条件的前提下，应当将90%以上合并后基金年度可供分配金额分配给投资者，每年不得少于1次，若基金合同生效不满6个月可不进行收益分配 （2）收益分配方式为现金分红
发起人（原始权益人）自持情况	原始权益人同一控制下的关联方GLP Capital Investment 4 (HK) Limited（普洛斯资本投资香港公司）[1]认购300 000 000份基金份额，占基金份额发售总量的20.00%

注：①仅为释义，无官方中文翻译。

（三）交易安排

中金普洛斯REITs基金合同生效后首次投资的基础设施资产支

持证券为“中金普洛斯仓储物流基础设施资产支持专项计划基础设施资产支持证券”，并通过持有该资产支持证券全部份额，进而持有7处基础设施资产（目标基础设施资产）所属的6家项目公司的全部股权和对该等项目公司的全部股东债权。本基金通过资产支持专项计划受让项目公司股权前，上述项目公司均由注册在中国香港的普洛斯中国间接全资持有，其中广州普洛斯仓储设施管理有限公司（简称为“广州设管普洛斯”）为普洛斯（广州）保税仓储有限公司（简称为“广州保税普洛斯”）的全资子公司，其余项目公司均为外商独资企业。

整体交易结构如图5-3所示。

具体而言：

（1）募集资金。基金募集完成且基金合同生效后，募集资金扣除必要费用后，全部投资于由中金公司作为计划管理人发行的“中金普洛斯仓储物流基础设施资产支持专项计划基础设施资产支持证券”。

（2）债权投资。认购资金划入专项计划账户之日为专项计划设立日。专项计划预留部分资金用于支付必要的费用后，以发放股东借款的形式完成对各项目公司的债权投资（为免疑义，股东借款也包括计划管理人根据其与广州设管普洛斯签署的“股东借款合同”而向广州设管普洛斯发放的借款），定向用于项目公司向原股东支付分红款及预提所得税；偿付项目公司借款本金及其应付利息（如有）。

（3）股权收购。计划管理人（代表专项计划的利益）拟向各项目公司境外股东收购标的项目公司全部股权。其中，计划管理人（代表专项计划的利益）通过收购广州保税普洛斯的100%股权间接取得项目公司广州设管普洛斯的100%股权。

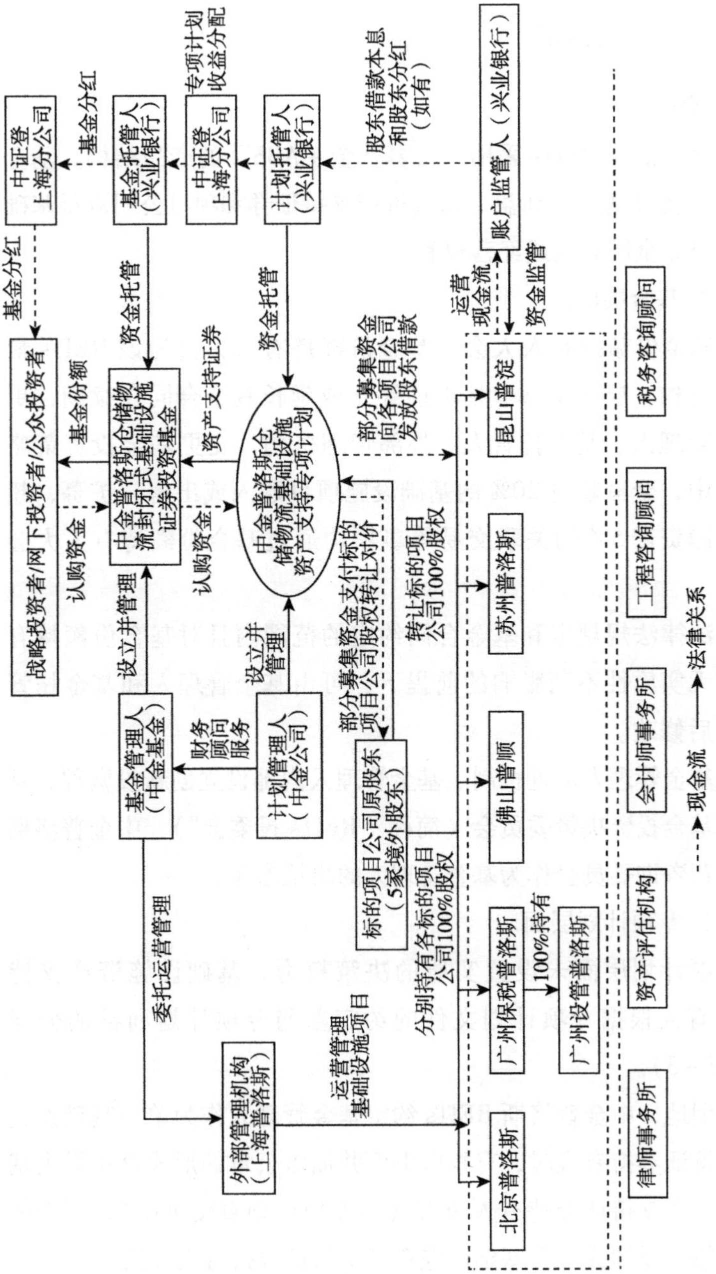

图5-3 中金普洛斯 REITs 交易结构

（四）关键问题

1. 治理机制

中金普洛斯 REITs 采用“公募基金 + ABS”的产品结构。基金管理人（代表基金的利益）通过资产支持证券和项目公司取得基础设施项目完全所有权或经营权利。

（1）基金层面。

①基金份额持有人大会。基金份额持有人大会为该 REITs 最高决策机构，决策事项包括提前终止或延长基金合同存续期，更换基金管理人、基金托管人、外部管理机构，变更基金投资策略等。其中，金额超过 20% 的基础设施项目购入或出售，扩募，超过基金净资产 5% 的关联交易等事项均通过基金份额持有人大会决策。

在法律法规规定和基金合同约定的范围内且对基金份额持有人利益无实质性不利影响的前提下，可由基金管理人和基金托管人协商后修改。

②基金管理人治理机制。基金管理人内部设立创新投资部、基础设施基金投资决策委员会（简称“REITs 投委会”）、中金普洛斯基金运营咨询委员会作为基金管理人的决策参考。

（2）专项计划层面。

专项计划层面未设置实质的决策权力，基础设施资产支持证券持有人根据专项计划文件的约定参与专项计划利益的分配（见表 5－3）。

特别地，中金普洛斯 REITs 约定基金管理人作为单一基础设施资产支持证券持有人时，有权以书面并加盖公章的形式直接做出基础设施资产支持证券持有人决议（即专项计划直接决议），而无须另行召集、通知或召开基础设施资产支持证券持有人会议。

表5-3 中金普洛斯 REITs 专项计划层面治理机制

治理机构设置	主要职能	人员设置
中金基金创新投资部	负责基础设施基金的研究、投资及运营管理等	基金管理人公司职员
REITs 投委会	(1) 负责对基础设施基金重大事项的审批决策。包括但不限于，融资，更换外部机构，审批项目购入和出售，审批关联交易，审批对外借款，审批运营过程中的重大事项等 (2) 事项属于基金管理人董事会和/或基金份额持有人大会审议事项的，基金管理人应当在形成具体方案或做出决定后，提请公司董事会和/或基金份额持有人大会审议	由基金管理人分管 REITs 业务的公司高管、REITs 业务核心骨干组成
中金普洛斯基金运营咨询委员会	为本基金的投资和运营提供专业咨询意见和建议	由5人构成，其中2人为基金管理人指定的资深 REITs 业务人员，2人为原始权益人提名并经基金管理人同意聘请的具备仓储物流项目投资、运营管理经验的资深人士，以及1人为基金管理人聘请的具备相关审计、法律、评估等专业能力的人士。前述2名经原始权益人提名的委员不得在中金普洛斯 REITs 所涉项目公司任职或领薪。运营咨询委员会委员的任免由基金管理人 REITs 投委会决定

(3) 项目公司层面。

①组织结构及人员安排。项目公司不设董事会，公司法定代表人由执行董事担任。项目公司法定代表人、执行董事、监事、财务负责人均应由基金管理人指定人员担任。

②运营管理安排。基金管理人、上海普洛斯与各项目公司就本基金签订运营管理服务协议，并在协议中明确约定基金管理人委托外部管理机构为基础设施项目提供运营管理服务的具体安排。

2. 基础设施项目建设与运营的合法合规性

REITs 产品所投资的基础设施项目建设与运营的合法合规性是基金成功获批及发行的基础。鉴于历史原因以及不同地方政策差异性，基础设施 REITs 项目可能存在相关方面问题，对此应该进行有效解释并得到主管部门认可或批准同意，或采取处理措施避免对项目权属或合法性产生实质不利影响，并进行充分信息披露。

根据招募说明书，中金普洛斯 REITs 在基础设施项目建设与运营的合法合规性方面存在的问题主要涉及：

（1）房屋规划用途与实际用途不符。根据招募说明书，普洛斯通州光机电物流园项目对应的“国有土地使用证”记载的土地用途为工业，但考虑到该项目的历史建设背景及相关业态要求，北京市规划和自然资源委员会通州分局已书面确认项目符合促进城市功能合理复合化发展、推进存量空间的精细化提升等要求，并同意普洛斯通州光机电物流园项目参与申报基础设施 REITs 试点；项目已取得北京市规划和自然资源委员会通州分局核发的相关规划手续，且完成竣工验收备案并已取得不动产权证书等相关产权证书。

（2）未办理取得建设项目的环评影响批复文件。普洛斯淀山湖物流园一期项目未办理取得建设项目的环评影响批复文件，经基金管理人、计划管理人及根据法律顾问适当核查，认为上述情形并未影响到普洛斯淀山湖物流园一期项目的后续规划、开发、建设手续及不动产权证书的办理，未对普洛斯淀山湖物流园一期项目的权属或合法性构成实质不利影响。

3. 资产转让的限制和解除

如果 REITs 所投资的基础设施项目转让受到政策文件、合同协议等方面的限制，对于政策文件限制转让的项目应当取得有权审批机关对于转让的同意或无异议函，对于合同原因受到限制转让的项目应当获得合同对手方对于转让的同意或无异议函，并在必要的情况下设置缓释措施避免因转让限制等原因损害投资者合法权益，同时进行充分信息披露。

（1）昆山普淀的股权转让限制。根据昆山市人民政府颁布的《昆山市工业用地再开发及交易管理办法（试行）》（昆政发〔2018〕7 号）规定，工业用地项目调整出资比例、股权结构的，经所在地区镇同意后，由市场监管部门依法予以变更；同等条件下，所在地区镇可优先收购（“昆山普淀股权转让限制”）。就上述昆山普淀股权转让限制，昆山普淀已经取得了淀山湖镇人民政府于 2020 年 12 月 22 日向昆山普淀出具的“回函”，该函载明，“你公司目前持有的普洛斯淀山湖物流园系我辖区内的物业，镇政府同意你公司股东通过转让你公司 100% 的股权的方式将普洛斯淀山湖物流园项目纳入公募基础设施基金及其持有的特殊目的载体，从而发行基础设施 REITs 项目”。

（2）位于保税区内的物流园的转让限制问题。根据招募说明书，就本次发行涉及的位于由海关等部门批准设立的、实行封关运行的广州保税区内的普洛斯广州保税物流园，持有普洛斯广州保税物流园的项目公司广州保税普洛斯实际经营业务为出租园区物业，主要用于物流仓储，虽然地理位置在广州保税区内，但并不从事海关报关服务或直接进出口货物的业务。经与区内海关部门沟通，广州保税普洛斯不属于受海关监管的报关单位，原始权益人将普洛斯广州保税物流园以 100% 股权转让方式发行基础设施 REITs 的事项无须海关部门审批。原始权益人已出具承诺函承诺：如因海关主管部门的监管原因，导致本基础设施 REITs 发行完成后未能完成普洛斯广州保税物流园所对应的项目公司广州保税普洛斯交割的，原始权益人将回购未能完成交割的基础设施项目权益，以确保本基础设施 REITs 及投资者的权益。

4. 纳税方案的合法合规性

根据招募说明书，原始权益人已制订完整的拟纳税方案，详细描述发行基础设施 REITs 过程中各纳税主体需缴纳的所有税种、税额区间以及测算过程，并将拟纳税方案向有权管辖的税务部门进行咨询并做书面报告；原始权益人已聘请税务师事务所普华永道咨询（深圳）有限公司北京分公司就拟纳税方案出具第三方专业意见。

同时，普洛斯中国承诺，在基础设施 REITs 发行或存续期内，如税务部门要求补充缴纳发行基础设施 REITs 过程中可能涉及的土地增值税等相关税费，原始权益人将按要求缴纳（或全额补偿其他相关缴税主体）相应税金并承担所有相关经济和法律责任。

5. 募集资金投向的合法合规性

根据招募说明书，原始权益人承诺，不低于 80% 的基础设施 REITs 募集资金以项目资本金方式，根据项目实际建设进度和资金需求，优先投资包括但不限于如下的基础设施项目。募投项目位于全国性商贸物流节点城市，如制造业较强，第二产业总产值高，交通枢纽城市、物流业增加值大的城市以及区域性商贸物流城市（主要布局电子商务发达的城市群，如长三角、京津冀和成渝城市群）。

需要说明的是，2021 年 7 月国家发展改革委颁布的 958 号文对于募集资金投资有了更为明确的规定，之后的项目申报应满足相关规定。

6. 同业竞争问题

招募说明书对于该 REITs 与基金管理人、原始权益人和外部管理机构可能存在的潜在利益冲突进行了披露：

（1）原始权益人及其同一控制下的关联方在中国境内以自有资金投资、持有或管理了竞品项目，与本基金可能存在潜在利益冲突。

原始权益人在出具的“承诺函”中说明，在原始权益人及其同一控制下的关联方持有基础设施基金份额超过10%的期间，对于原始权益人及其同一控制下的关联方在中国境内以自有资金投资、持有或管理的竞品项目，原始权益人承诺：原始权益人及其同一控制下的关联方将公平地对待其在中国境内以自有资金投资、持有或管理的物流仓储项目及基础设施基金所持有的物流仓储项目，不会将项目公司已取得的或本应由项目公司取得的业务机会不公平地授予或提供给任何其他竞品项目，原始权益人不会，且将敦促关联方不得，利用原始权益人及原始权益人同一控制下的关联方持有基础设施基金份额超过10%的地位或利用该地位获得的信息，做出不利于项目公司及基础设施资产，而有利于其他以自有资金投资或管理的竞品项目的决定或判断，并将避免该种客观结果的发生。

（2）基金管理人后续若同时管理其他投资于仓储物流类基础设施项目的基础设施基金，如该基础设施基金的投资策略、基础设施项目所在区域、基础设施项目运营管理策略与本基金相同或相近的，该基金与基金管理人管理的其他基础设施基金将可能存在潜在利益冲突。

为缓释该基金与基金管理人管理的其他仓储物流类基础设施基金之间同业竞争和潜在利益冲突所产生的风险，该基金设置了相应风险缓释措施，包括定期召开基础设施基金投资决策委员会会议，预防和评估不同基础设施基金之间同业竞争和潜在利益冲突情况，制定公平对待所有基础设施项目的相关措施，并在定期报告中予以公告；对可能发生的同业竞争和可能存在的利益冲突，由基础设施基金投资决策委员会召开临时会议讨论和决定处理方式。

（3）该基金的外部管理机构上海普洛斯除了为该基金所投资的基础设施项目提供服务外，持续为境内同类竞品项目提供运营管理服务，该基金与外部管理机构服务的其他同类竞品项目可能面临潜在利益冲突。

为缓释该基金与外部管理机构之间同业竞争和潜在利益冲突所产生的风险，该基金设置了相应风险缓释措施，包括：

①根据外部管理机构出具的“承诺函”，在其担任基础设施基金外部管理机构期间，对于外部管理机构或其关联方以自有资金投资及持有的或外部管理机构运营管理的竞品项目，外部管理机构承诺：外部管理机构将公平地对待其自身或其关联方在中国境内所投资或管理的物流仓储项目及基础设施基金所持有的物流仓储项目，不会将项目公司已取得的或本应由项目公司取得的业务机会不公平地授予或提供给任何其他竞品项目。外部管理机构不会，且将敦促关联方不得，利用作为外部管理机构的地位或利用该地位获得的信息，做出不利于项目公司及基础设施资产，而有利于其他外部管理机构或其关联方所投资或管理的竞品项目的决定或判断，并将避免该种客观结果的发生。

②根据基金管理人、各项目公司与外部管理机构签署的运营管理服务协议的约定，外部管理机构进一步承诺其作为外部管理机构受委托从事基础设施项目运营管理，不得泄露因职务便利获取的未公开信息，不得利用该信息从事或者明示、暗示他人从事相关交易活动；其作为外部管理机构同时向其他机构提供基础设施项目运营管理服务的，应当采取充分、适当的措施避免可能出现的利益冲突，对于在其他项目运营管理服务中可能与其履行运营管理服务协

议项下职责出现利益冲突的，其作为外部管理机构应当事先通知基金管理人并配合其履行信息披露，不得损害基础设施基金及其持有人的利益。

（五）基础设施资产情况

1. 资产情况

中金普洛斯 REITs 首次募集的资金投资于 7 个仓储物流园，分布于京津冀、长三角、大湾区的核心集散地，交通便利，地理位置优越。7 个仓储物流园建筑面积合计为 704 988 平方米，截至 2020 年 12 月 31 日，合计平均出租率约为 98.72%，合同租金及管理费平均约为 40.04 元/月/平方米。

根据戴德梁行出具的初始评估报告，截至 2020 年年末，7 个目标基础设施资产估值合计为 53.46 亿元，平均估值单价为 7 583 元/平方米（见表 5-4）。

2. 项目公司情况

该基金通过资产支持专项计划受让项目公司股权前，6 个项目公司均由注册在中国香港的普洛斯中国间接全资持有，其中广州设管普洛斯为广州保税普洛斯的全资子公司，其余项目公司均为外商独资企业（见图 5-4）。

根据招募说明书，6 个项目公司 2018—2020 年合并口径营业收入分别为 3.08 亿元、3.32 亿元和 3.29 亿元；其中房产租赁收入为主要收入，报告期内房产租赁收入分别为 2.86 亿元、3.12 亿元和 3.11 亿元，占营业收入合计的 92.73%、94.10% 和 94.48%。

6 个项目公司 2018—2020 年合并口径净利润分别为 0.91 亿元、1.11 亿元和 1.21 亿元。6 个项目公司 2018—2020 年合并口径净资产收益率分别为 6.29%、7.13% 和 8.91%，总资产收益率分别为 4.84%、5.70% 和 6.20%。

表 5-4　中金普洛斯 REITs 资产评估

序号	物流园名称	项目公司名称	项目所在地	建筑面积（平方米）	可租赁面积（平方米）	截至 2020 年年末出租率（%）	2020 年年末租金单价（元/平方米/月）	截至 2020 年 12 月 31 日估值（万元）	估值单价（元/平方米）
1	普洛斯北京空港物流园	北京普洛斯空港物流发展有限公司	北京市顺义区	130 540	128 061	96.85	67.38	163 700	12 540
2	普洛斯通州光机电物流园		北京市通州区	45 597	40 530	100.00	74.35	48 900	10 724
3	普洛斯广州保税物流园	普洛斯（广州）保税仓储有限公司	广东省广州市	44 201	43 895	100.00	24.63	20 100	4 547
4	普洛斯增城物流园	广州普洛斯仓储设施管理有限公司	广东省广州市	109 093	112 757	100.00	40.13	88 900	8 149
5	普洛斯顺德物流园	佛山市顺德区普顺物流园开发有限公司	广东省佛山市	105 008	106 737	100.00	33.05	58 700	5 590
6	苏州望亭普洛斯物流园	苏州普洛斯望亭物流园开发有限公司	江苏省苏州市	92 148	94 434	100.00	33.72	50 900	5 524
7	普洛斯淀山湖物流园	昆山普淀仓储有限公司	江苏省昆山市	178 401	181 223	97.24	25.24	103 400	5 796
合计				704 988	707 637	98.72	40.04	534 600	7 583

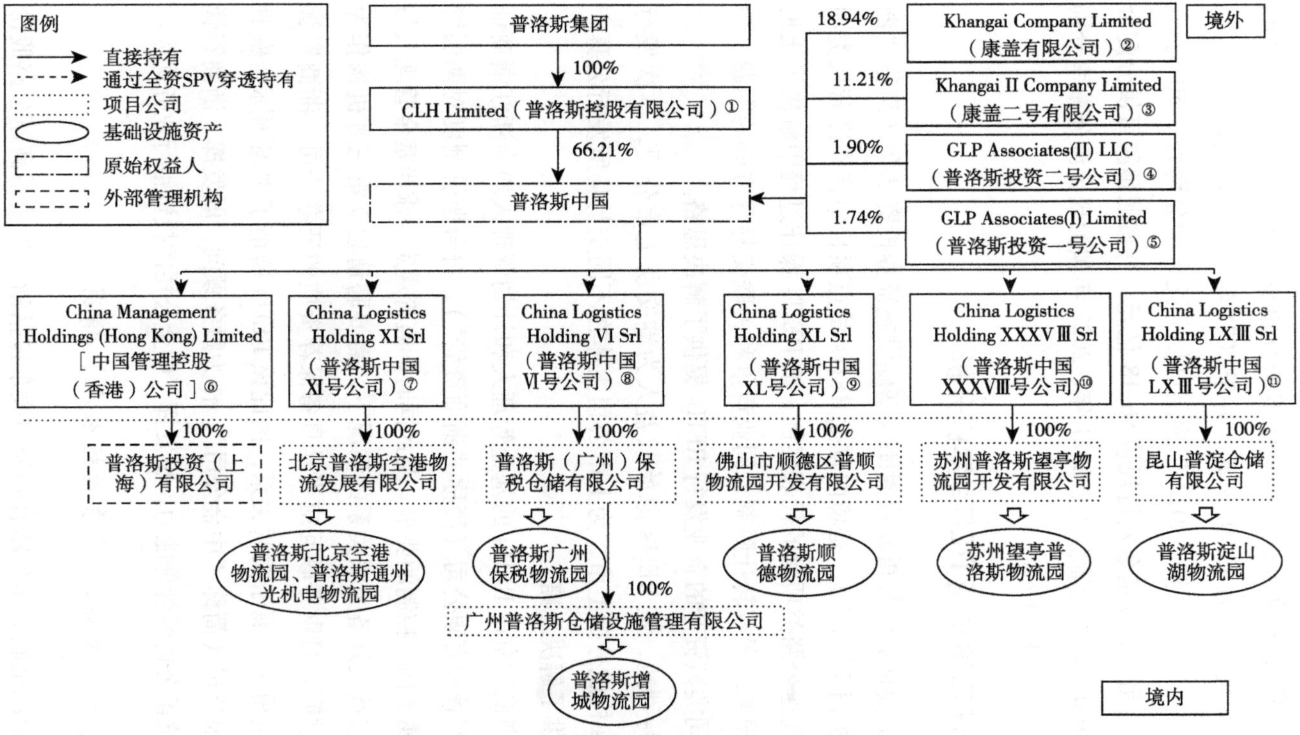

图5－4　中金普洛斯 REITs 项目公司情况

注：①～⑪无官方中文翻译，相关翻译仅为释义。

投资性房地产科目拟由成本法计量变更为公允价值法计量，12.08 亿元变更为 53.46 亿元，并于 2021 年 1 月 1 日生效。

该基金 2021 年、2022 年预测可供分配金额分别为 2.50 亿元、2.52 亿元，假设基金发行规模 56.18 亿元，并按照预测可供分配金额的 100% 向投资者分配，2021 年、2022 年预测现金流分派率分别为 4.45%、4.48%。

二、浙商沪杭甬 REITs 案例分析

浙商证券沪杭甬高速封闭式基础设施证券投资基金（简称“浙商沪杭甬 REITs”），是境内首批 REITs 试点项目中特许经营权类项目和高速公路类项目的代表案例。该 REITs 操作过程中解决了土地转让限制、股权转让限制、同业竞争和关联交易等方面的问题，为持有同类型资产的企业发行 REITs 提供了解决思路。

特别地，该 REITs 原始权益人为港交所上市公司，本次发行 REITs 构成分拆上市，为上市公司主体在不同交易场所发行公募产品提供了解决思路。

浙商沪杭甬 REITs 的基金管理人和计划管理人均为浙江浙商证券资产管理有限公司（简称“浙商资管”），符合监管制度对两层管理人属于同一控制的要求。与此同时，监管规定要求当基金管理人与原始权益人具备关联关系的情况下，需要聘请独立第三方机构作为财务顾问，且财务顾问应当是具备保荐资质的证券公司。浙商资管与沪杭甬公司属于关联关系，因此该 REITs 聘请了中国国际金融股份有限公司（简称“中金公司”）作为财务顾问，既发挥了浙商资管与沪杭甬公司的管理能力，也发挥了中金公司的投资银行业务优势。

（一）发起人（原始权益人）情况

浙江杭徽高速公路有限公司股东包括浙江沪杭甬高速公路股份

有限公司（简称“沪杭甬公司”）、杭州市交通投资集团有限公司（简称“杭州交投”）、杭州市临安区交通投资有限公司（简称“临安交投”）和杭州余杭交通集团有限公司（简称“余杭交投”），持股比例分别为88.6737%、5.4838%、4.0145%和1.8279%。沪杭甬公司、杭州交投、临安交投和余杭交投均为基础设施项目原始权益人，其中沪杭甬公司为主要原始权益人。

沪杭甬公司于1997年3月由原浙江省高等级公路投资有限公司发起成立，同年5月在港交所挂牌上市，是浙江省委省政府为开辟浙江交通与国际资本市场接轨，加快全省高速公路路网建设而设立的公司，同时是浙江省第一家境外上市的国有企业，也是浙江省交通集团旗下资产规模最大、盈利能力最强的子公司。

沪杭甬公司业务范围包括高速公路和金融证券两大板块以及部分酒店物业，拥有20家子（孙）公司，员工9 800余人。其中在高速公路业务方面，截至2020年年底，沪杭甬公司直接经营管理省内外16条高速公路，营运里程达1 351千米，包括沪杭甬高速、上三高速、甬金高速金华段、杭徽高速、申嘉湖杭高速、舟山跨海大桥高速等，均是浙江省和全国高速公路路网中重要的主干线；金融证券业务方面，控股浙商证券股份有限公司，浙商证券行业综合排名已跻身前30位并于2017年在A股上市，是浙江省内首家本土上市券商，拥有全牌照金融证券业务和122家分支机构，同时参股投资浙商转型升级母基金、上海长江金租、太平科技保险、上海农商行等金融业态。2020年，沪杭甬公司实现营业总收入174.42亿元，其中高速公路通行费收入和金融证券业务收入分别占比36.70%和29.44%。

截至2020年年底，沪杭甬公司的股权结构如图5－5所示。

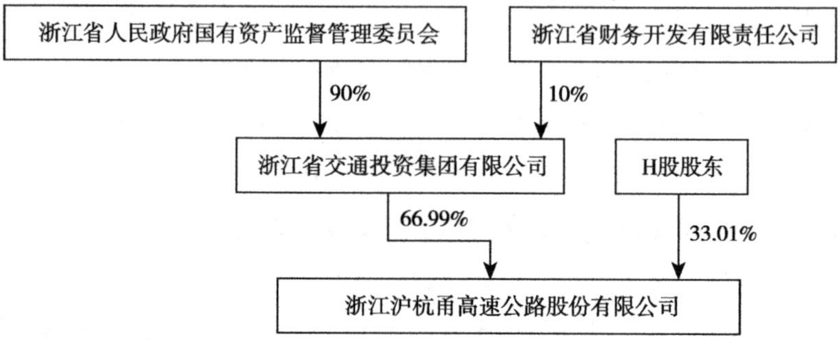

图5－5　沪杭甬公司的股权结构

（二）产品概览

浙商沪杭甬 REITs 产品概览如表 5－5 所示。

表5－5　浙商沪杭甬 REITs 产品概览

浙商证券沪杭甬高速封闭式基础设施证券投资基金	
基金简称	浙商沪杭甬 REITs
基金合同期限	20 年
基金运作方式	契约型、封闭式
基金管理人	浙江浙商证券资产管理有限公司（简称“浙商资管”）
计划管理人	浙江浙商证券资产管理有限公司（简称“浙商资管”）
基金托管人/计划托管人	招商银行股份有限公司杭州分行（简称“招商银行杭州分行”）
原始权益人	沪杭甬公司、杭州市交通投资集团有限公司、杭州市临安区交通投资有限公司和杭州余杭交通集团有限公司。主要原始权益人为浙江沪杭甬高速公路股份有限公司（简称“沪杭甬公司”）
外部管理机构	沪杭甬公司
财务顾问	中国国际金融股份有限公司（简称“中金公司”）
律师事务所	北京市金杜律师事务所
会计师事务所	天健会计师事务所（特殊普通合伙）

续表

浙商证券沪杭甬高速封闭式基础设施证券投资基金	
评估机构	天源资产评估有限公司
存续期、封闭期	自基金合同生效之日起20年
注册登记机构	中国证券登记结算有限责任公司
交易场所	上海证券交易所
投资目标	基金的主要资产投资于基础设施资产支持证券，并持有其全部份额，通过投资基础设施资产支持证券穿透取得基础设施项目完全所有权或经营权利，基金管理人主动运营管理基础设施项目，以获取基础设施项目运管过程中稳定现金流为主要目的
投资范围	基金所募集的资金只能根据“基金合同”的约定，主要投资于基础设施资产支持证券全部份额，该基金的其他基金资产应当依法投资于利率债、AAA级信用债或货币市场工具
基金份额	5亿份
业绩比较基准	不设立业绩比较基准
基金分红	在符合有关基金分红条件的前提下，应当将90%以上合并后基金年度可供分配金额以现金形式分配给投资者，每年不得少于1次，若基金合同生效不满3个月可不进行收益分配
发起人（原始权益人）自持情况	原始权益人及其同一控制下的关联方有效认购资金为人民币2 570 018 637.76元，折合份额为294 726 908.00份，占该基金发售份额总额的58.95%

（三）交易安排

该基金通过基础设施资产支持证券与项目公司特殊目的载体穿透取得基础设施项目的所有权。

整体交易结构如图5－6所示。

具体而言：

（1）资产支持证券设立前，项目公司根据2020年股东会决议进行减资，并形成21亿元应付减资款。

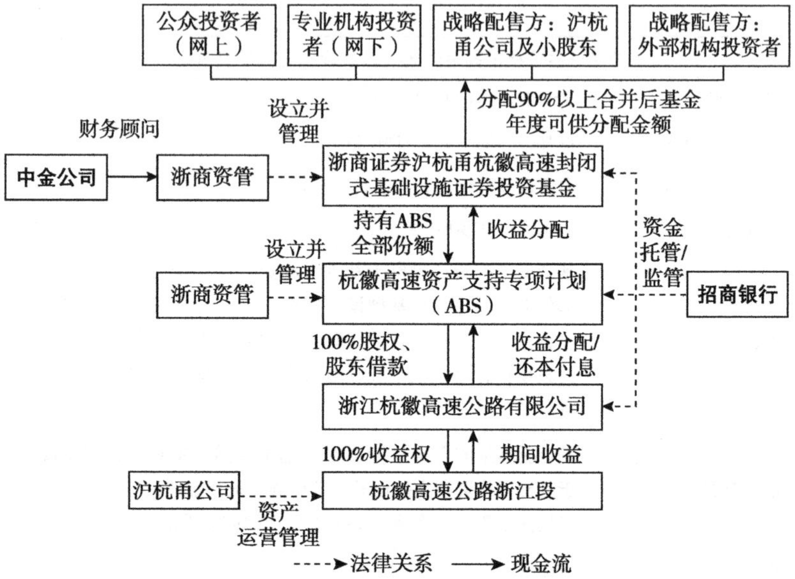

图5－6　浙商沪杭甬 REITs 交易结构

（2）基金初始募集资金全部投资于资产支持证券，认购完成后资产支持证券设立。

（3）资产支持证券管理人代表资产支持证券完成项目公司100% 股权的收购，并收购项目公司原股东就减资事宜所享有的对项目公司的债权。

（4）资产支持证券管理人于资产支持证券设立后 1 个工作日支付首笔股权转让价款，并于交割审计完成后支付剩余股权转让价款。股权交割完成后根据相关文件的约定办理工商登记手续。

（四）关键问题

1. 治理机制

浙商沪杭甬 REITs 采用“公募基金 + ABS”的产品结构。基金管理人（代表基金的利益）通过资产支持证券和项目公司取得基础设施项目完全所有权或经营权利。

（1）基金层面。

①基金份额持有人大会。基金份额持有人大会为该 REITs 最高决策机构，决策事项包括提前终止或延长基金合同存续期，更换基金管理人、基金托管人，与其他基金合并，变更基金投资策略等。其中，金额超过 20% 的基础设施项目购入或出售，扩募，超过基金净资产 5% 的关联交易等事项均通过基金份额持有人大会决策。

在法律法规规定和基金合同约定的范围内且对基金份额持有人利益无实质性不利影响的前提下，可由基金管理人和基金托管人协商后修改。

②基金管理人治理机制。基金管理人根据有关规定履行对该 REITs 的管理职责，并设立关联交易控制委员会和运营管理委员会。

（2）专项计划层面。专项计划层面未设置实质的决策权力，基础设施资产支持证券持有人根据专项计划文件的约定参与专项计划利益的分配（见表 5－6）。

（3）项目公司层面。

①组织架构及人员安排。项目公司不设股东会，浙商资管（代表资产支持证券）作为项目公司唯一股东行使股东权利。

项目公司不设董事会，设执行董事 1 人，由股东委派产生。

公司设总经理 1 名，由执行董事兼任。

公司不设监事会，设监事 1 名，由非职工代表担任，经股东委派产生。

基金管理人委派财务负责人负责管理项目公司的财务事宜。

项目公司将仅保留 5 名员工，其中财务人员 2 名。

②运营管理安排。基金管理人聘请运营管理机构沪杭甬公司参与项目公司日常运营。项目公司运营管理事项，应通过运营管理机构向资产支持证券管理人以电子邮件方式提交书面申请，根据相关约定，经基金管理人同意后开展。

表5-6　浙商沪杭甬REITs专项计划层面治理机制

治理机构设置	主要职能	人员设置
关联交易控制委员会	(1) 审议交易金额（连续12个月内累计发生金额）占基金净资产5%及以下的关联交易 (2) 本基金拟与关联人发生重大关联交易的，关联交易控制委员会应当同时对该关联交易事项进行审核，形成决议提交基金管理人和基金份额持有人大会。独立董事认为有必要的，可以聘请具有保荐资质的第三方担任独立财务顾问出具报告作为其发表书面意见的依据，该独立财务顾问的合理费用均由基金承担 (3) 基金管理人授权的其他事项	关联交易控制委员会由3名独立董事构成。关联交易控制委员会设委员会主席1名，负责主持委员会工作；基金管理人董事会从3名独立董事中确定1名独立董事担任委员会主席。独立董事任职期间，如不再具备法律法规、监管政策所规定的独立性，自动失去委员资格，并由基金管理人董事会重组关联交易控制委员会。基金管理人合规总监有权列席委员会会议。基金管理人投资部门合规风控专员担任关联交易控制委员会秘书
运营管理委员会	就基础设施基金合同和适用法律法规规定的与基础设施基金的投资、运营管理相关的应由基金管理人决策的重大事项，均需由运营管理委员会负责审议和根据表决情况形成决议	运营管理委员会设5名委员，具体为基金管理人总经理、REITs部门负责人，以及3名该基金的基金经理

2. 基础设施项目建设与运营的合法合规性

招募说明书披露了资产的合法合规性问题。

(1) 昌昱段土地仍登记在临安高速公司（已注销）名下，但临安高速已于2008年被合并新设为杭徽公司。招募说明书中披露，根据“公司合并协议”的约定，临安高速公司名下所有资产均纳入新公司即杭徽公司，故认为杭徽公司现已依法承继取得昌昱段项目的土地使用权。

（2）杭徽高速路全线收费站、服务区、监控管理中心和养护中心的所有房屋建筑物均未办理房屋所有权证。

招募说明书中披露，上述房屋系项目公司分别根据原浙江省发展计划委员会、浙江省交通运输厅批复同意的设计方案建设，并由3家公司分别取得投资建设相关的批准文件，3家公司作为土地使用权人通过合法建设的方式取得了昌昱段房屋建筑、汪昌段房屋建筑和留汪段房屋建筑的所有权，3家公司于2008年12月10日合并新设成立的项目公司根据合并协议承继取得昌昱段房屋建筑、汪昌段房屋建筑以及留汪段房屋建筑的所有权。

3. 资产转让的限制和解除

（1）股权转让构成分拆上市。沪杭甬公司为港交所上市公司，根据《香港上市规则》，本次发行构成分拆上市。

2021年1月29日，港交所上市委员会向沪杭甬公司发出书面通知，同意沪杭甬公司可根据《香港上市规则》第15项应用指引进行本次分拆上市，附条件豁免严格遵守《香港上市规则》第15项应用指引第3（f）项下有关本次分拆上市的保证配额的适用规定，并保留撤回和修改该同意和豁免的权利。

（2）收费公路企业股权转让限制问题。根据《浙江省收费公路管理办法》第17条的规定，收费公路经营企业股权（份）转让，致使对收费公路收费权具有控股地位的股东发生变化的，应当报省人民政府批准；国家另有规定的，从其规定。该规定目前仍现行有效。

沪杭甬公司出具“关于项目公司股权转让限制的承诺函”，承诺将在基础设施REITs发行时认购本次基金发售比例的51.00%，确保对杭徽高速公路（浙江段）收费权具有控股地位的股东不发生变化，并将对项目公司进行并表管理；并承诺在基金发行后，如减持导致对杭徽高速公路（浙江段）收费权具有控股地位的股东发生变化的，将依据现行有效的法律法规的规定履行相应的报批程序。

在对杭徽高速公路（浙江段）收费权具有控股地位的股东不发生变化的情况下，项目公司的股权转让无须报浙江省人民政府批准。

（3）股权转让的国资委审批程序。根据招募说明书，杭徽公司股权转让给公募 REITs 需要设立特殊目的载体，获得了浙江省国资委、杭州市临安区国资委及杭州市余杭区国资委、杭州市国资委的同意和批复。转让价格不低于资产评估值。

（4）划拨土地转让问题。根据招募说明书，该项目为划拨用地，律师已咨询杭州市临安区及余杭区的政府办公室及国土部门，得到的答复为若仅是项目公司的股东发生变更，而划拨土地的土地证所载的土地使用权人没有发生变化，则无须进行相关批准，目前实践操作中就该项事宜也没有对应的审批流程。故基础设施项目无须取得土地所在地的市（县）自然资源行政主管部门、原土地出让合同签署机构（或按现行规定承担相应职责的机构）等有权机构同意。

4. 募集资金投向的合法合规性

根据招募说明书，沪杭甬公司募集资金均用于固定资产项目的建设，募投项目为甬金高速（金华段）拓宽工程和临金高速公路（临安至建德段）工程。

5. 同业竞争问题

招募说明书对于 REITs 与基金管理人和外部管理机构可能存在的潜在利益冲突进行了披露：

（1）基金管理人管理其他同类型基础设施基金的情形。根据招募说明书，基金成立之时，基金管理人未管理其他基础设施基金；除了徽杭高速（安徽段），基金管理人未管理其他基础设施项目。

（2）运营管理机构管理的其他基础设施基金、基础设施项目的情况。沪杭甬公司控股及托管的高速公路与杭徽高速区域走向均不相同，不构成竞争关系，利益冲突风险较小。

为识别、防范和妥善处理基金管理人和运营管理机构的其他经营业务与本基金之间的利益冲突，有效防范合规风险，基金管理人和运营管理机构均制定利益冲突管理相关文件，并严格履行。

基金管理人和运营管理机构建立并执行信息隔离墙制度，通过对存在利益冲突的业务在机构设置、人员、资金、账户、系统等方面的独立运作、分开管理，办公场所相互隔离等措施防范利益冲突。

基金管理人运营管理委员会应逐月汇总并向基金管理人报告利益冲突基本情况及相关处理，基金管理人应根据法律、法规等规定以及基金合同的约定披露利益冲突相关事项。

（五）基础设施资产情况

浙商沪杭甬 REITs 资产范围为杭徽高速公路（浙江段）及其相关构筑物资产组的收费权，其中杭徽高速公路（浙江段）包含3段，分别为昌化至昱岭关段、汪家埠至昌化段和留下至汪家埠段。

采用收益法进行估值，上述资产的评估价值为45.63亿元（见表5－7）。

杭徽高速公路及构筑物资产组（含收费权益），2021—2031年，预测总通行费收入为99.65亿元。

基于招募说明书中的重要假设参数，以41.35亿为募集底数，经测算首年及次年现金分派率分别为12%和11%，全周期IRR不低于6%。

表5-7 浙商沪杭甬 REITs 资产评估

序号	项目名称	用地性质	项目所在地	规模（千米）	决算总投资（亿元）	运营开始时间	特许经营年限	截至2020年12月31日估值（亿元）
1	杭徽高速公路（浙江段）昌昱段	公路用地	杭州市临安区	36.537	9.871 81	2004年12月26日	25年，2004年12月26日—2029年12月25日	—
2	杭徽高速公路（浙江段）汪昌段	公路用地	杭州市临安区	67.41	28.569 001	2006年12月26日	25年，2006年12月26日—2031年12月25日	—
3	杭徽高速公路（浙江段）留汪段	公路用地	杭州市余杭区	18.298	14.307 114	2006年12月26日	25年，2006年12月26日—2031年12月25日	—
	合计			122.245	52.747 925			45.63

第六章
REITs 管理实务

第一节 REITs 管理模式

REITs 的管理模式分为内部管理与外部管理两种方式。

内部管理指的是 REITs 的资产管理团队是 REITs 内部的组成部分，此时 REITs 整体很像一个上市公司，而管理团队则是上市公司里的管理人员或团队，对公司资产进行管理并获得薪酬等报酬，或者说 REITs 内部管理部门或子公司来执行所有管理职责，包括且不仅限于资产运营、物业管理以及投融资管理等，美国和欧洲 REITs 市场通常采取内部管理的模式。

外部管理指的是 REITs 的资产管理团队在 REITs 的外部。REITs 聘请资产管理人来执行管理职责，管理人通过与 REITs 签署资产管理协议，为 REITs 提供资产管理服务并获取服务费，中国香港、新加坡等亚太地区 REITs 市场常采取外部管理模式。

从 REITs 载体的法律属性上分，以欧美市场为代表的公司型 REITs 主要采取内部管理模式，公司型加上内部管理模式使得 REITs 运营本身更像一家符合条件的上市公司。以亚太市场为代表的契约型 REITs 则主要采取外部管理模式，在管理关系上类似于其他基金产品，由基金管理公司通过资产管理协议的方式管理契约式基金载体的资产并收取管理费。

比较特别的是亚洲最大的 REITs——港交所上市的领展 REITs，是中国香港 13 只上市 REITs 中唯一采取了内部管理模式的，即作为一只契约型 REITs，领展 REITs 将资产管理人的股权包含在契约型基金内部，结构如图 6－1 所示。

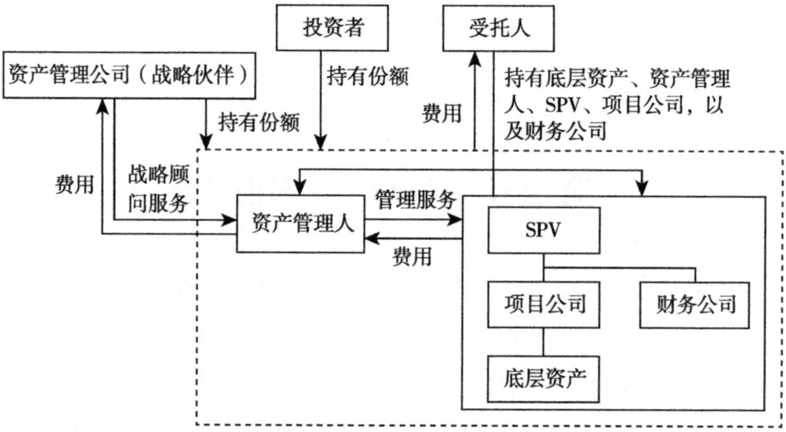

图 6－1　领展 REITs 结构

鉴于目前试点的境内公募 REITs 采取契约型结构，即以基础设施证券投资基金作为公募 REITs 的载体，且根据基金法律法规采取外部管理人模式，因此从管理模式上与中国香港或新加坡等市场的契约型 REITs 更具有相似性。

中国香港 REITs 市场发展起步于 21 世纪初，中国香港 REITs 管理公司进入行业需要向香港证监会申请第 9 类受规管活动牌照（资产管理类牌照，简称“9 号牌”）。公司应委任至少 2 名负责人员直接监管获发牌的每项受规管活动，负责人员除了一般能力要求外，个人还应拥有至少 5 年投资管理和/或物业组合管理的往绩记录。从业务实操中看，中国香港 REITs 大部分情况下是由原始权益人（目前以房地产开发商为主）在中国香港设立全资或控股子公司，招聘已被香港证监会批准为可进行第9类受规管活动的负责人员以及其他工作人员，以满足监管要求并申请9号牌。对于专为管理REITs而成立的新公司，香港证监会很可能会施加更多的发牌条件，将其业务活动范围仅限于REITs管理。在这种模式下，REITs基金管理人为原始权益人的全资或控股子公司，能够依托原始权益人的专业资源和赋能进行REITs资产管理，REITs也就成为原始权益人的发行上市平台。

第二节　境内公募REITs管理实务

一、境内公募REITs管理结构

相较境外资本市场上市的REITs，我国境内公募REITs（现阶段主要是基础设施REITs）采取“公募基金+ABS”的交易模式，因此REITs具有两层管理人，即公募基金层面的基金管理人与专项计划（ABS）层面的计划管理人。根据当前法规要求，基金管理人与专项计划管理人要属于同一控制，基金管理人具有投资决策的核心权利，计划管理人则根据合同要求负责执行。同一控制要求及分工保障了两层管理人决策一致性，在境内现有法规要求下最大化地实现了近乎单层管理人的效果。

与此同时，境内公募REITs的基金管理人要求是，持有公开募集证券投资基金牌照（“公募基金管理牌照”）的专业金融机构，考虑到境内公募基金管理牌照申请审批的要求远高于境外主流REITs市场，因此REITs基金管理人在很多情况下可能与原始权益人不属于关联关系，这与境外REITs市场在外部管理人模式下，REITs管理人通常是由原始权益人全资或控股子公司申请基金牌照后担任的模式存在很大差异。对于部分旗下拥有公募基金管理牌照的原始权益人，比如原始权益人自身或子公司、孙公司等拥有公募基金牌照，在持牌子、孙公司拥有满足法律法规和技术条件的公募 REITs 团队和系统的情况下，REITs 管理模式可以类似于境外 REITs 的关联模式，不过考虑到境内公募基金法规以及对全业务基金管理（不仅仅经营 REITs 管理业务）的要求，与境外模式仍不完全相同。

由于担任基金管理人的基金公司本身专业特长在资产投资、财务金融与资本市场领域，而在具体基础设施资产运营领域尚存在不足，因此境内公募 REITs 通常由基金管理人聘请具有资产运营专长的外部管理机构，来支持基础设施资产的运营管理。在实际操作中，该外部管理机构目前主要为原始权益人或其关联机构。外部管理机构也可以是完全独立的第三方管理公司（见图 6－2）。

正因如此，担任 REITs 基金管理人的基金管理能力，以及基金管理人与外部管理机构的配合，就变得至关重要。REITs 业务实质是优质资产的 IPO 及之后的类上市公司管理。REITs 上市后管理需要由基金管理人与原始权益人专业能力结合、长期协同共进，双方的优势互补有助于推动 REITs 上市载体经营稳定、市场价值充分体现，成为企业资产端资本运作和扩张的有效平台，反之，任何一方的能力缺陷都可能造成上市载体经营不力的结果，最终使 REITs 失去长期运作平台的价值。

不同于一般的公募基金或 ABS 产品，公募 REITs 上市后会像一家上市公司，需要长期持续地进行资本运营管理（如扩募增发、融资计划及收购等）、资产运营管理、发展研究、投资者关系与公共关系等方面的工作，需要得到市场的有效关注才能获得更好的流动性和市场表现，这些都需要基金管理人与外部管理机构协同完成。

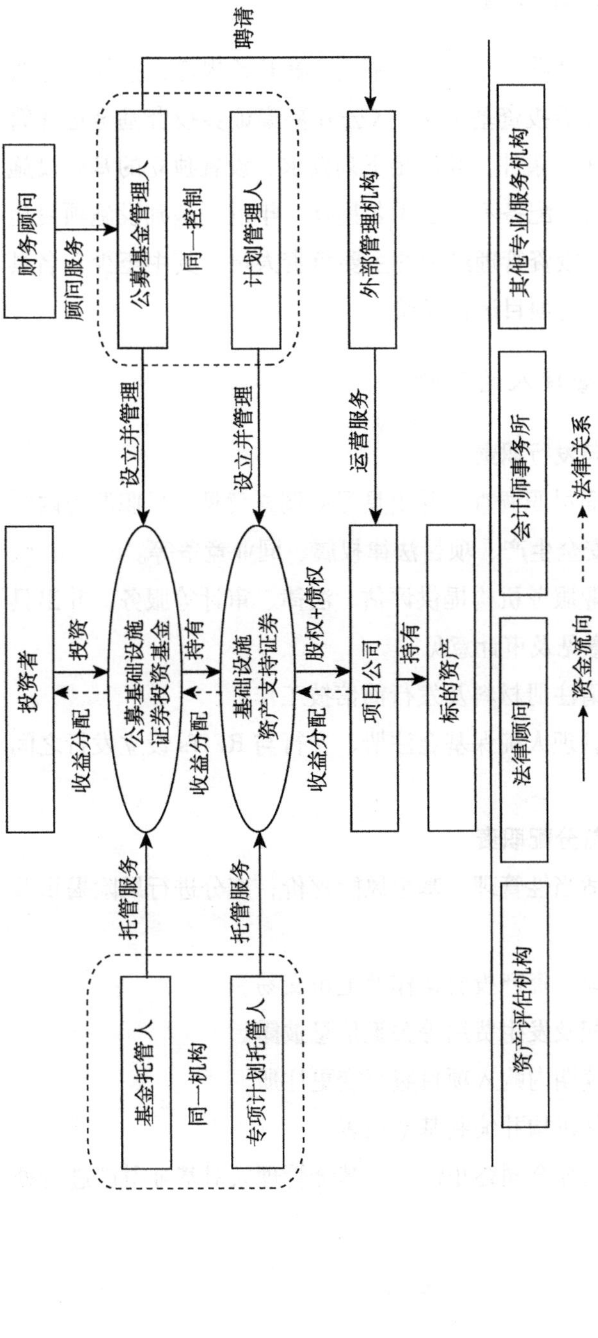

图6-2 境内公募 REITs 管理结构

二、境内公募 REITs 管理内容

从法律法规角度看，《REITs 指引》第五条规定，拟任基金管理人应当符合《证券投资基金法》《公开募集证券投资基金运作管理办法》规定的相关条件，并满足下列要求：设置独立的基础设施基金投资管理部门，配备不少于 3 名具有 5 年以上基础设施项目运营或基础设施项目投资管理经验的主要负责人员，其中至少 2 名具备 5 年以上基础设施项目运营经验。

（一）基金管理人的职责

1. 尽职调查与发行职责

（1）开展全面尽职调查，并出具尽职调查意见。尽职调查内容包括财务情况、安全生产、项目法律权属、同业竞争等。

（2）聘请专业服务机构提供评估、法律、审计等服务，并出具评估报告、法律意见及审计意见。

（3）准备申请注册材料及发行前信披工作。

（4）与计划管理人确保基金注册、发行与 REITs 设立发行之间有效衔接。

2. 估值与收益分配职责

（1）投资者适当性管理，基金风险评价，充分进行风险揭示及投资者教育。

（2）基金募集、资产投资运作及上市交易。

（3）收益分配及发生费用等关键信息披露。

（4）基金存续期内购入项目履行变更注册。

（5）聘请评估机构并编制基金报表。

（6）若触发基金合同终止情形，基金管理人对基金财产进行处置清算。

(7) 其他公募基金职责，如了解你的客户（KYC）、反洗钱等(AML)。

3. 信息披露投资者沟通

(1) 在重大关联交易中防范利益冲突，并健全内控制度，及时做信息披露。

(2) 安排持有人大会事项。

(3) 临时及定期信息披露要求。

(4) 积极与投资者沟通联系，维护产品在二级市场的活跃度。

4. 主动运营

(1) 主动运营基础设施项目，包括管理印章证照、账册合同、账户及现金流，归集档案，聘请评估机构，建立利益冲突防范及内控制度（不可委托），制定运营策略、协议签署、收取租金、追缴欠款、购买保险及日常运营服务，如安保、消防、维修改造等。

(2) 允许委托运营机构但不因委托而免责。

(3) 落实直接或间接借款安排。

(二) 基金管理人的实际操作工作

1. 人员及组织

《REITs指引》要求，基金管理人除应当具备常规公募基金投资管理能力外，还应当配备不少于3名具有5年以上基础设施项目投资管理或运营经验的主要负责人员。公募REITs管理业务主要包括，资产管理和运营、投资决策、资本运作、产品设计、业绩评估和客户服务等，以及与市场、风险控制、清算核算、法律合规等部门协作。

为保障REITs业务长期健康发展，基金管理人应成立专门的REITs业务管理委员会等组织机构，全面负责对该业务的领导，决策REITs管理业务运作中的产品设计与发行、资本运作以及风险合规事项，组织相关各部门制订 REITs 管理业务发展规划及实施方案，确定组织结构和各部门职责，建立相关管理制度和工作流程，协调解决日常运作中的重要事项。

REITs 投资管理业务的基金经理与其他证券投资基金的基金经理的办公区域应当相对隔离，人员不得相互兼任。

2. 投资决策与管理

公募 REITs 投资决策体系应由 REITs 投资决策委员会（或等效机构）、投资管理部门以及研究部门三者构成。REITs 投资决策委员会负责对 REITs 基金经理提交的投资配置策略和资本运作方案进行讨论，做出判断并形成决策。REITs 基金经理负责向 REITs 投资决策委员会提交投资建议，并负责在投资委员会有关决策的框架下执行具体的投资配置操作。投资管理总部和研究部门负责向 REITs 投资决策委员会提交宏观经济研究、产业政策分析、行业研究以及其他专题研究等方面的报告，同时负责向 REITs 基金经理提供行业和公司估值、公司调研以及其他基础分析报告的支持。

在完成法律法规及各项规章要求职责的基础上，投资决策委员会的工作包括但不限于：

（1）研究和制定"REITs 投资管理制度"相关的程序和业务规则。

（2）对 REITs 投资配置策略方案进行讨论，做出判断并形成决策报告，并交投资总监组织执行。

（3）决定并批准投资总监和基金经理的投资授权额度。

（4）对投资总监提交的有关 REITs 基金经理的评价报告进行审议，经审议的评价报告作为 REITs 基金经理聘用或变更的重要依据。

投资决策委员会在正常状态下（除非涉及重大政策变更和风险管理的诉求），不对 REITs 基金经理管理的具体组合实施干预。

基金经理的工作包括但不限于：

（1）根据 REITs 产品契约，划定基础设施配置范围，通过分析宏观经济形势及行业走向，对相关行业及项目进行研究，对具体项目开展尽职调查，除独立开展尽职调查外，基金经理也可委托取得保荐机构资格的证券公司作为财务顾问，对拟持有的基础设施项目进行全面的尽职调查。

（2）依据研究成果提出投资策略，并据此提出基础设施投资及资产配置（如有）方案供 REITs 投资决策委员会进行讨论。

（3）根据 REITs 投资决策委员会的决议，执行基础设施投资及资产配置（如有）方案，并依照既定的投资策略，制订投资组合方案并执行，确保投资决策流程的顺利执行。

（4）对于既定投资策略执行与效果进行回顾，对于市场的预期和判断以及既定的经营策略，按照法律法规及公司制度要求做好信息披露和信息沟通。

基金管理人应当根据 REITs 业务特点并结合制度规章要求制定合理的绩效监督机制，对投资运作进行必要的绩效监督。

3. 项目运营管理

基金管理人应加强基础设施项目运营管理，及时办理基础设施项目交割，有效归集和管理项目现金流，购买项目保险，办理租赁管理、协议签署、追收欠款、安保消防等。

基金管理人设立专门子公司承担基础设施项目运营管理职责，也可以委托符合条件的外部机构负责部分运营管理职责，但基金管理人应当派遣人员负责基础设施项目公司财务管理，并持续加强对外部管理机构履职情况的监督、评估，约定外部管理机构的考核安排、解聘情形和程序，同时，基金管理人应联合承担日常运营管理责任的专门子公司或外部第三方管理机构，共同建立适应全部 REITs 管理系统的数据交换平台体系，与登记过户、销售系统、交易系统、研发系统、客户服务系统等有机结合，共同为公募 REITs 产品提供全面、准确的信息支持。

4. 市场与投资者管理

基金管理人应按照监管部门规定及REITs上市交易所的要求，做好信息披露工作。与此同时，基金管理人应针对不同类型的投资者的投资限制、风险偏好、风险认知能力和承受能力，评估客户的财务状况，向客户说明有关法律法规和相关投资工具的运作市场及方式，充分揭示相关风险，并落实好投资者适当性管理工作。

基金管理人在对基础设施REITs产品营销推广时，应符合公募基金管理相关制度规定，避免夸大基金管理人的投资管理能力，避免违规向客户承诺收益或者承担损失，避免利用夸张的语言，用有选择性或虚构数据等形式进行产品和过往业绩宣传，或者许诺以各种形式的经济补偿以及奖励吸引客户。

5. 核算与估值管理

基金管理人通过对公募REITs核算、估值、过户登记（TA）清算等各部分业务的规范定义，使公募REITs管理的核算、估值、TA清算等系统，相互自成体系又紧密结合，同时系统应符合监管部门及自律组织的相关规定。

从业务发展角度看，基金管理人应建立模块化的程序设计满足公募基础设施REITs不断的业务发展需要，力求灵活、方便，在最短时间内完成新增业务的扩展。充分考虑到未来业务的扩展，支持多类别和对多个基础设施REITs产品的核算业务。

公募基金管理人应建立基础设施REITs核算与估值相关制度，对基础设施基金进行公允估值，并披露基金资产净值和基金份额净值，保障准确处理，及时完成各项REITs核算与估值流程。相关运营部门应负责审核新的公募REITs产品相关合同及其附件的会计相关内容，以及根据已签定的基础设施转让合同，开立有关账户。运营部门内部所有的资金划拨指令，以及对外提供的各项信息和数据，都必须经过相应授权和严格的实质性复核，保障公募 REITs 的资产安全。

6. 信息披露管理

基金管理人及公募 REITs 业务人员，应当依照法律法规，以及国家发展改革委和中国证监会的规定，履行与公募 REITs 业务有关的信息报告与信息披露义务。《REITs 指引》除要求基础设施基金进行常规基金信息披露外，还要求重点披露基础设施项目及原始权益人等信息，包括：

（1）份额发售环节。《REITs 指引》第十五条规定，基金招募说明书应重点披露基础设施基金整体结构及持有特殊目的载体情况，包括项目基本信息、财务状况、经营业绩分析、现金流测算分析、运营未来展望、原始权益人情况等，并载明基础设施项目最近 3 年及 1 期的财务报告及审计报告（如无法提供应说明理由并提供基础设施项目财务状况和运营情况）、基金可供分配金额测算报告、尽职调查报告、评估报告等。

（2）《REITs 指引》第三十五条要求，基金运作环节加强重大事项临时披露，发生金额超过基金净资产 10% 以上的交易或损失，对外借入款项，项目现金流或产生现金流能力发生重大变化，项目购入或者出售等重大事项时，应当及时进行临时信息披露。

（3）年度报告等基金定期报告披露基础设施项目运营情况、财务情况、现金流情况等，对外借入款项及使用情况，相关主体履职及费用收取情况，报告期内项目购入或者出售情况等。

7. 风险与合规管理

基金管理人应当依据公募 REITs 的特征制定针对 REITs 的风险管理制度，完善相应的风险管理方法、管理标准以及采用特定的风险管理模型和工具。《REITs 指引》第十条规定，基金管理人应严把项目准入关，对基础设施项目权属、现金流、运营等相关情况进行全面的尽职调查，可以与资产支持证券管理人联合开展尽职调查，必要时还可以聘请取得保荐业务资格的证券公司担任财务顾问，对项目进行尽职调查。如基金管理人或其关联方与原始权益人存在关联关系，或享有基础设施项目权益时，基金管理人应当聘请第三方财务顾问独立开展尽职调查。此外，基金管理人还应当聘请评估机构对基础设施项目进行评估，聘请律师事务所对基础设施项目转让行为合规性等出具专业法律意见，聘请会计师事务所对基础设施项目财务情况进行审计。

在关联交易的管理方面，基金管理人应建立关联方清单，严格管理利益冲突，并有专人负责关联方清单的维护和修改。关联交易表决中，实施分层表决机制，要求金额超过基金净资产 5% 但低于 20% 的关联交易应经持有人大会 1/2 表决通过，超过 20% 的须经持有人大会 2/3 表决通过，关联方应当回避表决，并依法进行信息披露。

基金管理人开展 REITs 管理业务应当恪守职责，履行诚实信用、谨慎勤勉的义务，公平对待所有的投资者，避免进行任何形式的利益输送。基金管理人在开展 REITs 业务过程中，禁止性行为有：利用所管理的其他公募或专户资产为该 REITs 产品谋取不正当利益，进行利益输送；利用所管理的基础设施资产为他人牟取不正当利益，进行利益输送；违规向投资者承诺收益或承担损失；以欺诈手段或者其他不正当方式误导、诱导投资者。

8. 资本运营管理

资本运营管理是 REITs 基金管理与传统公募基金管理相比差异最大的一点，也是对基金管理人最具考验的一点。公募 REITs 注重成长性与长期性，REITs 首次公开发行对基金管理人而言只是起点，在未来发展过程中，基金管理人要与外部管理机构等合作做好运营管理工作，努力保障 REITs 能够产生符合预期的可供分配现金流，以给予投资者相对稳定的分红收益。

基金管理人做好 REITs 的资本运营管理，一方面是合理利用财务杠杆提高 REITs 份额持有人的分红收益，并控制好利率风险与再融资风险；另一方面是充分挖掘优质潜在资产，通过扩募或杠杆资金融入收购资金，不断收购能够提高 REITs 分红水平或长期成长性的资产，扩大 REITs 管理规模，为投资者提供资本利得收益。从长期看，优质的基金管理人可以打造优质稳定的资产管理规模，通过高效的资本运作，打通融资渠道，降低融资成本，使得 REITs 资本运作呈现良性循环状态。

第三节　境内公募 REITs 治理分析

不同的 REITs 法律结构和管理模式，会带来不同的治理模式与效能水平，比如内部管理模式与外部管理模式在治理效能上的差异，始终是国际 REITs 研究领域关注与争论的重点，委托代理等问题也是国际 REITs 市场普遍讨论的问题，这里不展开讨论。本节分析主要针对境内公募 REITs 的特点。

境内公募 REITs 目前采取了专业持牌的基金管理公司等，担任基金管理人的“公募基金 + ABS”双 SPV 法律结构，采取了以基金管理人作为权责核心，并辅之以聘请财务顾问、外部管理机构的模式。此种治理机制在现有基金与证券法规体系下，强调平衡性，具有自身特点。

一、现行治理机制的优势

（一）压实基金管理人责任，压缩决策层级，缩短代理链条

公募 REITs 在现行治理结构下的主要委托代理关系包括：

(1) REITs 持有人委托基金管理人来进行投资;(2)基金管理人委托 ABS 管理人进行资产管理;(3)基金管理人可以委托外部管理机构负责底层资产的运营与管理。整体来看,境内公募 REITs 的代理链条较长,如实施层层管理,将大幅降低决策效率。目前的治理结构下要求基金管理人与 ABS 管理人为同一控制下的主体,从而实现基金管理人能够通过 ABS 直接控制和管理底层项目公司及资产。在机制设计上,ABS 产品作为项目公司的股东需根据基金管理人的决定来履行股东权利,项目公司层面的董事、监事、高管以及财务管理人员等均由基金管理人指派,从而实现在多层结构下有效压缩决策层级和流程,缩短代理链条,实现基金管理人对 REITs 基金的完全控制和管理。

境内公募 REITs 与中国香港、新加坡等地由原始权益人来申请设立资产管理人的模式不同,由公募基金(监管体系内的持牌机构)担任管理人,并强调压实基金管理人责任,要求基金管理人提升产业管理能力。在现阶段基金管理人专业管理能力还不足以履行所有运营管理职责的情形下,根据证监会 54 号文第三十九条约定,基金管理人可将部分运营管理职责委托给外部管理机构负责,但是基金管理人仍需要依法承担法律责任,且必须享有决策控制权,以此来有效避免多重委托下产生的代理问题。

此外,相较于传统原始权益人作为管理人的外治型模式,基金作为受到强监管的金融持牌机构,在现行治理机制设计上既保证了通过委托运营管理机制来充分发挥原始权益人参与运营管理的积极性,又能够保证基金作为管理人得到有效监管,在加强基金治理、落实监管责任和提高运营效率之间达到了一定平衡。

(二)基金管理人受规则和监管约束与自主自由决策的平衡

在多层委托代理关系的结构下,为了避免出现较为严重的信息不对称问题和利益冲突问题，必须对基金管理人的自主决策进行一定的约束，内部约束机制包括设立 REITs 投资委员会、运营咨询委员会等，外部约束机制主要通过基金份额持有人大会制度来实现。在现有的 REITs 治理结构下，包括基金扩募、重大资产处置/收购（超过基金净资产 20% 以上）、关联交易（超过基金净资产 5% 以上）、聘请或更换外部管理机构等重大决策通常需通过持有人大会来表决通过，能够有效保证基金存续期的重大决策由持有人来控制，避免损害持有人的利益。

与此同时，为了保障基金日常运营的效率，根据基金合同等文件的约定，基金管理人在日常运营管理事项上仍有较大的自主决策权。根据证监会 54 号文的要求，基金管理人需主动运营基础设施项目，包括管理印章证照、账册合同、账户及现金流，归集档案，聘请评估机构，建立利益冲突防范及内控制度（不可委托），制定运营策略、协议签署、收取租金、追缴欠款、购买保险及日常运营服务，如安保、消防、维修改造等。此外，针对不超过基金净资产 20% 的资产处置/收购以及不超过基金净资产 5% 的关联交易等，基金管理人具有一定的自由裁量权。综上所述，在目前的基金治理结构下，既保证了 REITs 持有人可以通过召开持有人大会的形式来决策重大事项，又保证了在基金日常运营层面基金管理人的灵活性，从而提高了基金的管理运营效率。

（三）提高原始权益人参与积极性、发挥原始权益人的行业经验及资源优势

在 REITs 产品运作管理过程中，必须发挥原始权益人的行业经验及资源优势，在公募 REITs 设立后，仍将存在与原始权益人之间持续的关联交易，并且原始权益人未来仍可积极开展同业储备投资项目。在现有 REITs 治理结构设计中，为发挥原始权益人作用，预

留了一定的制度空间，包括：（1）作为战略投资者。强制原始权益人作为战略投资者参与配售，且份额应当大于等于20%，从而将原始权益人的利益与REITs进行绑定。原始权益人能够参与REITs的后续分配中，将更加配合相关工作的执行，为REITs的投资运营提供宝贵的专业意见。（2）作为外部管理机构。在首批试点项目中，因目前基金管理人仍然不具备专业的运营管理能力，需委托外部管理机构（通常为原始权益人）来进行底层资产的运营管理。基金管理人通过与外部管理机构签订运营管理协议，明确双方的权责关系，并在商业模式和激励机制安排上倡导市场化，能够有效激励外部管理机构的运营积极性。（3）参与运营咨询委员会（部分产品参与REITs投资委员会）。参考成熟REITs市场案例，扩募是保证REITs长效健康发展的重要机制，且未来扩募的主要资产仍依赖于原始权益人的资产储备。首批试点项目中，如中金普洛斯REITs就通过基金管理人与外部管理机构联合成立运营咨询委员会，为基金的投资与运营提供专业咨询意见和建议，作为基金管理人的决策参考，从而使原始权益人在制度上能够参与基金管理人层面的具体决策工作，为基金的投资与运营提供专业化的意见。

二、现行治理机制的不足

（一）基金管理人专业性有待提升

由于现阶段公募REITs所投资的基础设施资产，与传统公募基金投资的证券资产相比，具有极大的特殊性，基金管理人需要提供全方位且涉猎范围广泛的投资运营服务。从监管对基金管理人专业性的最低要求来看，目前对公募REITs管理人勤勉尽责、履行管理职责的要求还有所欠缺。

此外，REITs管理人理论上可以运作多只REITs产品，其对待不同产品可能无法做到公平善意。REITs 的管理人如何避免潜在利益输送、同业竞争、利益冲突等问题，都将会对管理人的专业性提出更高的挑战。

（二）原始权益人绑定、激励机制有待进一步完善

在现有外治型治理机制下，原始权益人通过战略投资者、外部管理机构等重要角色，参与 REITs 基金的治理和运营管理。从首批发行项目来看，根据原始权益人对资产的控制意愿不同，通常可以分为并表型 REITs 和非并表型 REITs，前者需原始权益人作为战略投资者，认购超过 50% 的基金份额，REITs 底层资产实际上仍由原始权益人控制。然而针对后者非并表型 REITs 而言，原始权益人持有低于 50% 的基金份额，在重大决策上无法通过一票否决权来实现对底层资产的控制。与此同时，原始权益人作为外部管理机构，其法律关系是受到基金管理人的外部委托，实际上不具备对底层资产运营管理权的垄断能力。因此在上述机制下，将有可能出现部分原始权益人通过 REITs 一次性出售资产，不希望作为外部管理机构或者采取较为消极的运营管理策略。然而，运营管理能力是 REITs 产品的核心，在机制上必须要避免出现原始权益人激励不足，或者以出售资产为目的消极运营的情形。综上所述，REITs 产品必须要制定有效的激励策略，深度绑定原始权益人，提高原始权益人的参与积极性，才能够实现长效发展。

（三）大股东和小股东利益难以平衡，需建立有效的信息披露机制

目前公募 REITs 的结构中，监管要求原始权益人持有份额比例不低于 20%，且有相当一部分原始权益人在 REITs 上市后仍希望享有对资产的控制权，因此首批试点项目中有 3 个项目原始权益人的

持有份额比例超过了 50% 。此外，针对持有份额比例低于 50% 的原始权益人，其也可以通过引入战略投资者作为一致行动人的方式来实现对 REITs 的间接控制。原始权益人一旦具有对 REITs 决策的控制权，其对重大决策事项，包括资产处置/收购、基金扩募、关联交易及更换外部管理机构等均具有一票否决权，不可避免地将出现其可能以自身利益最大化为目标，导致侵害小股东利益的情形。

因此，为了有效避免大股东利用信息不对称等优势损害小股东的利益，必须要建立有效的信息披露机制，保证信息披露的及时、有效性。

需要说明的是，这一问题在境外成熟市场也是存在的，而且在基金管理人受原始权益人控制的情况下或原始权益人控制 REITs 的情况下更为显著。美国学者特别关注俘获型 REITs（Captive REITs，指单一份额持有人拥有超过 50% 份额的 REITs）的利益冲突问题，俘获型 REITs 是由 REITs 资产的原始权益人发起设立并由其控制管理的 REITs。在这种控制模式下，原始权益人有可能以非公允的条件与 REITs 交易，如高价向 REITs 转让资产，低价支付租金或使用费等。如果基础资产与原始权益人的其他资产和业务活动具有较强协同效应，关联交易不仅更加频繁而且更难监督。此外，原始权益人控制还经常与过度报酬、关联竞争、绑定业务、支出偏好行为等并存。

（四）交易结构和治理机构有待进一步简化

中国的公募 REITs 产品结构是根据现有的制度法规嫁接而成。因为《证券投资基金法》不允许证券投资基金直接投资于非上市公司股权，从而采用了“公募证券投资基金 + ABS”的结构。与成熟市场相比，目前的公募 REITs 交易结构和层级多，后续要在法律框架和税收政策这些大的方面进行突破有较大难度。为了 REITs 产品能够健康发展，建议进一步简化 REITs 结构，例如推动《证券投资基金法》的修改，允许 REITs 基金直接投资于非上市公司股权，允许符合条件的基础设施项目公司直接转换为 REITs 公司，或者允许基金管理人设立 REITs 子公司，同时开展基金和 ABS 层面的管理。此外，目前由于 REITs 税收问题尚未有明确的政策规定，市场上各类 REITs 产品交易结构复杂、产品个性化设计明显，不能实现标准化运作，不利于 REITs 市场的长远发展。

第四节　首批试点公募 REITs 治理机制案例分析

一、治理结构概述

在产品结构层面，相比境外 REITs（中国香港、新加坡等）传统的信托形式，境内公募 REITs 特殊的“公募基金 + ABS”形式，解决了制度上公募基金不能直接持有基础设施资产的问题。在整个结构中，基金份额持有人大会为基金的最高权力机构，专项计划和项目公司作为特殊目的载体，执行基金的决定。

在基金层面，通过基金合同约定基金份额持有人大会的决策权限与议事规则，同时建立基金管理人内部决策机制对 REITs 重大事项进行审批。从首批试点 9 个项目的设置来看，基金份额持有人大会的安排较为一致，大会决策权限未超过法定事由，同时均未设置基金份额持有人大会日常机构，但基金管理人的内部决策机制在设置上存在一定差异化安排，主要体现在原始权益人参与程度和形式方面。

在专项计划和项目公司层面，首批试点项目均体现了特殊目的载体通道化、空壳化的设置安排：一方面，通过专项计划直接决议机制，计划管理人执行基金管理人作为单一持有人的决定，专项计划实际通道化；另一方面，在满足业务实际需求的前提下，项目公司层面总体上以精简、高效的原则配置人员，不设董事会和监事会，项目公司法定代表人、执行董事、监事、财务负责人均由基金管理人指定人员担任，项目公司实际空壳化。

在基础设施项目运营管理层面，首批试点项目均采用了“基金管理人 + 外部管理机构”的模式，基金管理人与外部管理机构依据运营管理服务协议中的职责分工、权责利安排，对基础设施资产进行运营管理，联手打造“REITs 管理人”的角色。在这个特殊的外部管理模式下，明确的激励和处罚机制是实现基金管理人与外部管理机构利益绑定、归位尽责、各展所长的重要抓手，也因此成为运营管理安排设计的主要关注点。

二、基金管理人内部决策机制

首批试点项目的基金管理人内部决策机制，存在如下共性和差异化安排。

（一）集体决策机制

除中航首钢生物质 REITs 外，首批试点项目均在招募说明书中明确约定了基金管理人内部的集体决策机制，即基金管理人设立 REITs 投资决策委员会、运营管理委员会或投资运营委员会（以下统称为“决策委员会”）：由决策委员会对基金份额持有人大会决议范围之外的基础设施基金投资运营重大事项进行决策，或在决策委员会形成具体方案并做出决定后，提请基金管理人董事会和/或基金份额持有人大会（如需）审议。

（二）原始权益人参与形式

在设置基金管理人集体决策机制的 8 只产品中：3 只（苏州工

业园区产业园 REITs、富国首创水务 REITs 和平安广州交投广河高速公路 REITs）将决策委员会少数席位交由原始权益人或外部管理机构提名，从而使原始权益人或外部管理机构有机会参与基金层面决策；另 5 只（中金普洛斯 REITs、华安张江光大园 REITs、盐田港仓储物流 REITs、博时招商蛇口产业园 REITs 和浙商沪杭甬高速 REITs）则将决策权保留在了基金管理人体系内部，基金管理人自主决策的独立性更强。

作为基金管理人集体决策机制的补充，中金普洛斯 REITs、华安张江光大园 REITs 中设置了运营咨询委员会（以下简称“咨询委员会”），为基金的投资和运营提供专业咨询意见和建议。其中，中金普洛斯 REITs 的咨询委员会的人员构成中包含基金管理人、代表原始权益人的外部管理机构和第三方专业机构，华安张江光大园 REITs 的咨询委员会中包括原始权益人及计划管理人。值得注意的是，两个项目中均明确咨询委员会仅有建议权而无决策权，该设置一方面为原始权益人提供了参与基金投资运营讨论的途径，有助于提升原始权益人的参与积极性，充分发挥其行业经验及资源优势，帮助基金管理人提高基础设施项目运营方面的决策效率。另一方面，相较原始权益人直接参与基金管理人内部决策的方式，咨询委员会安排可以从机制上避免原始权益人的过度主导和基金管理人的通道化，对基金管理人的自主决策能力提出了较高要求，长期来看有助于提升基金管理人自身的治理水平与内控能力，以及其对于基础设施资产所在行业的专业能力。

三、运营管理安排中的激励和处罚机制

从首批试点项目的具体设置来看，运营管理安排中的激励和处罚机制主要体现在以下几个方面：

（1）通过“基本 + 浮动”的方式提高对运营方的绩效激励，

保证运营方主动管理的活力（见表6－1）。

（2）除法定解聘情形外，明确可提请基金份额持有人大会决议的解聘情形，与运营能力和绩效表现挂钩，对外部管理机构的履职尽责进行约束和督促。以产权类和特许经营权类各两单产品的设置为例介绍（见表6－2）。

表6-1　首批试点项目管理费用机制

项目	固定管理费用	浮动管理费用
中金普洛斯REITs	基金募集规模的0.70%	针对租赁收入（I）设置阶梯性浮动管理费：当I≤3.2亿元，浮动费率为4.8%；当3.2亿元<I≤3.8亿元，浮动费率为5.0%；当I>3.8亿元，浮动费率为5.2%
苏州工业园区产业园REITs	基金净资产的0.15%＋年度可供分配金额的1.05%	（净收入－对应目标金额）的40%
华安张江光大园REITs	基金净资产的0.55%	（净收入－净收入目标）的10%＋运营收入总额的4%－基金净资产的0.2%
盐田港仓储物流REITs	基金净值的0.3%	运营收入（4%～7%，与收入挂钩）＋年度运营收入超过目标值部分的0～45%
博时招商蛇口产业园REITs	基金净资产的0.15%＋年度可供分配金额的3.5%	—
浙商沪杭甬高速REITs	基金净资产（首期为募集规模）的0.205%	以考核年度当年基金净现金流分派率为考核指标，以考核年度当年项目公司的营业收入为收取基数
富国首创水务REITs	基金净资产的0.1%＋基金营业收入的0.86%	对项目公司的净收入指标进行考核，根据项目公司年度息税折旧推销前利润完成率确定浮动管理费

续表

项目	固定管理费用	浮动管理费用
平安广州交投广河高速公路 REITs	基金净资产的 0.115% + 项目公司营业收入的 1.37%	以项目公司经审计已实现的营业收入为考核指标，以其与“基础设施项目初始评估报告”中预计累计实现营业收入的差值为收取基数
中航首钢生物质 REITs	基金净资产的 0.1% + 可供分配金额的 7%	年度基金可供分配金额超出目标部分的 10% + 项目公司年度运营收入超过目标部分的 20%

表 6-2　首批试点部分项目的约定解聘情形

项目	约定解聘情形
中金普洛斯 REITs	(1) 基础设施项目连续 3 年的合并口径净运营收益金额总和，每年考核低于对应年度预设业绩指标的 80% (2) 外部管理机构未勤勉尽责地履行运营管理服务协议约定的义务或职责，导致基金或基金管理人受到行业自律组织、监管机构的自律处分，行政监管措施或处罚，或依法被追究刑事责任
博时招商蛇口产业园 REITs	(1) 发生“运营管理协议”约定的基础设施项目运营方 2 年连续考核标准不达标、履职不合格的情形 (2) 基础设施项目运营方擅自改变基础设施项目使用用途的，可能对公募基金的利益造成重大不利影响 (3) 基金管理人认为基础设施项目运营方怠于履行“运营管理协议”项下的职责，且可能对公募基金的利益造成重大不利影响 (4) 基础设施项目运营方未能采取充分、适当的措施防范利益冲突，可能对公募基金的利益造成重大不利影响 (5) 基础设施项目运营方超越“运营管理协议”的约定范围和基金管理人的授权范围从事特定事项 (6) 基础设施项目运营方不当履职导致项目公司 3 次以上受到行政处罚决定，不当履职导致项目公司 3 次以上对外承担违约责任 (7) 法律法规及中国证监会规定的和“基金合同”“运营管理协议”约定的其他情形

续表

项目	约定解聘情形
浙商沪杭甬高速 REITs	(1) 运营管理机构不当履职导致基金、基金管理人、项目公司在每个运营年内受到重大行政处罚决定累计达3次以上，且因此对目标基础设施项目和基金财产造成实质经济损害 (2) 运营管理机构不当履职导致基金、基金管理人、项目公司在每个运营年内对外承担违约责任累计金额达2 000万元以上 (3) 运营管理机构在"运营管理服务协议"履行过程中就目标基础设施项目从事特定事项未取得合法有效授权 (4) 运营管理机构不当履职导致连续2年完成经营绩效目标不足6项的，或者单个考核年度完成经营绩效目标不足3项的 (5) 运营管理机构发生停业、歇业、被吊销营业执照、经营状况严重恶化等情形，以及未补救重大违约或发生与项目公司相关的丧失履约能力事件导致"运营管理服务协议"履行不能 (6) 出现运营管理机构解任事件 (7) 运营管理机构对基础设施基金造成重大不利影响的其他事项
中航首钢生物质 REITs	(1) 运营管理机构运营效率持续低下，运营考核结果连续2年不达标 (2) 运营管理机构在任期内出现与主营业务相关的重大法律纠纷、重大违约事项等，可能严重影响项目后续平稳高效运营的事项 (3) 运营管理机构因故意或重大过失导致项目公司违反基础设施项目文件约定，导致基础设施项目无法继续运营或政府方提前终止基础设施项目文件的事项 (4) 有确定证据显示运营管理机构可能发生严重影响其项目运营能力以致无法完成运营管理服务协议约定的服务

第五节　对境内公募 REITs 管理的建议

一、切实保护基金份额持有人的利益，推动试点项目治理安排的落地实施

（1）落实缓释同业竞争、关联交易等利益冲突的相关安排。试

点项目普遍存在同业竞争、关联交易的情况，就利益冲突的缓释，从利益绑定、监督管理、事后审查等方面进行了相关安排，包括通过基金浮动管理费进行利益绑定，基金管理人对运营管理情况进行监督，对关联交易进行审查，重大事项需召开持有人大会等。

（2）做好信息披露，保密非公开信息，与投资者进行沟通教育。高质量地完成定期报告和临时公告的披露。密切关注预期分派率的实现情况，及时做好信息披露和投资沟通。同时，持续开展公众投资者的教育活动，引导公众建立合理的回报预期，鼓励公众理性参与公募 REITs 的投资。

（3）严格落实持有人大会决策机制。各只产品就持有人大会的决策事项和议事规则进行了约定，基金管理人和外部管理机构应严格按照基金合同的约定，在授权范围内履行管理职责，就需要基金份额持有人决策的事项，及时召开持有人大会进行决策，做好持有人大会的前期沟通和执行组织工作，顺利完成决策程序。

二、提升基金管理人的专业能力，鼓励基金管理人在实践中成长

公募 REITs 的业务实质区别于传统公募基金，对基金管理人的能力提出了差异化的专业要求，需从以下几方面提升基金管理人的专业性：

（1）建立复合的管理团队。虽然证监会 54 号文强制基金管理人引入投资和运营经验的人员作为基金经理，但就目前的情况来看，相关人才梯队建设依然薄弱，内部管理制度也有待完善，管理人的投资和运营管理能力，以及专业人才储备需要进一步加强。

（2）保障合理收费水平，引导市场良性发展。试点项目的发行规模适中，基金管理费率有限，再加上需要向外部管理机构支付运营管理服务费，基金管理人的实际收费金额普遍较低。从行业长期

发展角度来看，要对基金管理费费率和绝对金额的标准进行行业指导，保证合理收费水平，这样才能保证基金管理人能力建设与行业持续发展。

（3）鼓励优秀的基金管理人设立公募 REITs 子公司。目前要求基金管理人和 ABS 管理为同一控制下的关联方，保证了决策的一致性，但双法人模式下仍存在管理链条长的问题。建议允许具备试点项目经验和管理能力的基金管理人设立公募 REITs 子公司，在避免同业竞争的前提下，同一主体开展公募 REITs 基金和 ABS 业务，进一步压缩公募 REITs 的管理链条，提高公募基金管理人的管理职责与能力。

（4）鼓励优秀管理人通过新产品发售、产品扩募等，增加资产管理规模。参考成熟市场经验，头部 REITs 产品的资产规模较大，交易活跃，长期投资回报往往显著高于小型 REITs 产品。原因在于，大型 REITs 具备规模经济效益，在运营管理能力、投资并购能力、外部融资能力方面具备优势，这些优势能吸引更多机构参与投资，形成资产管理规模持续增长的良性循环。因此可支持专业能力突出的基金管理人通过扩募等方式打造标杆产品，通过新发产品实现规模增长，形成若干品牌 REITs 基金管理人。

第七章
REITs 法律基础与实务

第一节　公募 REITs 的法律体系和交易结构

一、公募 REITs 的法律体系

在我国境内公募 REITs 法律监管体系框架下，公募 REITs 的主管部门包括国家发展改革委、中国证监会、中国证券投资基金业协会（简称“基金业协会”）及证券交易所（简称“交易所”），其中，国家发展改革委主要负责基础设施试点项目的筛选及审核，建立基础设施试点项目库；中国证监会主要负责制定公募 REITs 上市、发行、投资、管理制度以及公募基金注册申请的审批；基金业协会主要负责公募基金的备案及合规管理，并进一步规范公募 REITs 的尽职调查、收益分配及信息披露等业务操作；交易所主要负责制定公募 REITs 的上市申请条件与确认程序、发售、上市与交易规则及存续期管理及信息披露要求，并负责基础设施资产支持证券挂牌和基础设施基金上市申请的批准及公募 REITs 的存续期监管。

自 2020 年 4 月以来，国家发展改革委、中国证监会、基金业

协会及交易所陆续制定公募 REITs 相关监管法规。目前，公募 REITs 的专项法律监管体系如表 7－1 所示。

表 7－1　公募 REITs 专项法律监管体系

序号	文件名称	发文机构	发布日期	效力级别	核心规范内容
1	《关于推进基础设施领域不动产投资信托基金（REITs）试点相关工作的通知》	中国证监会、国家发展改革委	2020－04－24	部门规范性文件	拉开基础设施 REITs 试点序幕；初步提出试点项目要求；明确试点交易结构
2	《关于做好基础设施领域不动产投资信托基金（REITs）试点项目申报工作的通知》	国家发展改革委	2020－07－31	部门工作文件	细化试点项目要求；明确试点项目的申报条件、合规要求、流程及材料等具体细则
3	《公开募集基础设施证券投资基金指引（试行）》	中国证监会	2020－08－06	部门规范性文件	明确基础设施范围；细化基础设施项目准入要求；规范公募基础设施基金的发行、投资、管理、扩募、收益分配、决策机制；规范参与机构的准入条件及权利义务
4	《关于做好第一批基础设施 REITs 试点项目申报工作的通知》	国家发展改革委投资司	2020－09－08	部门工作文件	提出第一批试点申报项目条件
5	《关于印发基础设施领域不动产投资信托基金（REITs）试点项目申报材料格式文本的通知》	国家发展改革委	2020－09－29	部门工作文件	规范试点项目申报材料格式文本要求

续表

序号	文件名称	发文机构	发布日期	效力级别	核心规范内容
6	《关于进一步做好基础设施领域不动产投资信托基金（REITs）试点有关工作的通知》	国家发展改革委	2020－11－27	部门工作文件	对各主管部门就试点项目的审核、落实及协调等进行规范
7	《关于建立全国基础设施领域不动产投资信托基金（REITs）试点项目库的通知》	国家发展改革委	2021－01－13	部门工作文件	建立全国基础设施REITs试点项目库
8	《上海证券交易所公开募集基础设施证券投资基金（REITs）业务办法（试行）》	上海证券交易所	2021－01－29	行业规定	规范基础设施REITs上市申请条件与确认程序；规范基础设施REITs的发售、上市与交易；规范基础设施REITs的存续期管理及信息披露
9	《深圳证券交易所公开募集基础设施证券投资基金业务办法（试行）》	深圳证券交易所	2021－01－29	行业规定	
10	《上海证券交易所公开募集基础设施证券投资基金（REITs）规则适用指引第1号——审核关注事项（试行）》	上海证券交易所	2021－01－29	行业规定	细化基础设施REITs上市确认、基础设施资产支持证券挂牌条件确认审核要求
11	《深圳证券交易所公开募集基础设施证券投资基金业务指引第1号——审核关注事项（试行）》	深圳证券交易所	2021－01－29	行业规定	

续表

序号	文件名称	发文机构	发布日期	效力级别	核心规范内容
12	《上海证券交易所公开募集基础设施证券投资基金（REITs）规则适用指引第2号——发售业务（试行)》	上海证券交易所	2021-01-29	行业规定	规范基础设施REITs的发售规则
13	《深圳证券交易所公开募集基础设施证券投资基金业务指引第2号——发售业务（试行)》	深圳证券交易所	2021-01-29	行业规定	
14	《公开募集基础设施证券投资基金网下投资者管理细则》	证券业协会	2021-01-29	行业规定	规范基础设施REITs网下询价和认购业务
15	《公开募集基础设施证券投资基金登记结算业务实施细则（试行)》	中国证券登记结算有限责任公司	2021-02-05	行业规定	规范基础设施REITs的登记结算业务
16	《中国证券登记结算有限责任公司、上海证券交易所公开募集基础设施证券投资基金登记结算业务指引（试行)》	中国证券登记结算有限责任公司	2021-02-05	行业规定	进一步规范上海证券交易所基础设施REITs的登记结算业务
17	《中国证券登记结算有限责任公司、深圳证券交易所公开募集基础设施证券投资基金登记结算业务指引（试行)》	中国证券登记结算有限责任公司	2021-02-05	行业规定	进一步规范深圳证券交易所基础设施REITs的登记结算业务

续表

序号	文件名称	发文机构	发布日期	效力级别	核心规范内容
18	《公开募集基础设施证券投资基金尽职调查工作指引（试行）》	基金业协会	2021-02-08	行业规定	规范基础设施 REITs 的尽职调查工作
19	《公开募集基础设施证券投资基金运营操作指引（试行）》	基金业协会	2021-02-08	行业规定	进一步规范基础设施 REITs 的财务报表编制、收益分配、信息披露等业务操作
20	《关于开展公募基础设施证券投资基金的基金经理注册登记的通知》	基金业协会	2021-02-25	行业规定	进一步完善基金经理的自律管理
21	《上海证券交易所投资者风险揭示书必备条款指南第 4 号——公开募集基础设施证券投资基金（REITs）》	上海证券交易所	2021-04-30	行业规定	规范上海证券交易所投资者风险揭示书必备条款
22	《上海证券交易所公开募集基础设施证券投资基金（REITs）业务指南第 1 号——发售上市业务办理》	上海证券交易所	2021-04-30	行业规定	规范基础设施 REITs 的发售、上市业务及相关信息披露等工作程序
23	《深圳证券交易所公开募集基础设施证券投资基金业务指南第 1 号——发售上市业务办理》	深圳证券交易所	2021-04-30	行业规定	规范基础设施 REITs 的发售与上市工作

续表

序号	文件名称	发文机构	发布日期	效力级别	核心规范内容
24	《深圳证券交易所公开募集基础设施证券投资基金业务指南第2号——网下发行电子平台用户手册》	深圳证券交易所	2021-04-30	行业规定	规范网下发行电子平台参与基础设施REITs的询价和发售
25	《上海证券交易所公开募集基础设施证券投资基金（REITs）业务指南第2号——存续业务》	上海证券交易所	2021-06-17	行业规定	规范公开募集基础设施证券投资基金存续业务
26	《深圳证券交易所公开募集基础设施证券投资基金业务指南第3号——交易业务》	深圳证券交易所	2021-06-18	行业规定	规范公开募集基础设施证券投资基金市场参与主体进行基金交易
27	《关于进一步做好基础设施领域不动产投资信托基金（REITs）试点工作的通知》	国家发展改革委	2021-06-29	部门规范性文件	进一步规范基础设施领域不动产投资信托基金试点工作
28	《深圳证券交易所公开募集基础设施证券投资基金业务指南第4号——存续期业务办理》	深圳证券交易所	2021-07-15	行业规定	规范公开募集基础设施证券投资基金存续业务

由于境内公募REITs采用“公募基金+ABS”的结构，境内公募REITs的申报、发行及存续期管理也受即有公募基金及资产支持证券法律监管体系的约束。其中，公募基金的上位法及主要监管法

规包括《证券法》《证券投资基金法》《公开募集证券投资基金运作管理办法》《关于实施〈公开募集证券投资基金运作管理办法〉有关问题的规定》《证券期货投资者适当性管理办法》《证券投资基金上市规则》《公开募集证券投资基金信息披露管理办法》等。资产支持证券的主要监管法规如《证券公司资产证券化业务管理规定》及一系列的配套文件，包括《资产支持专项计划备案管理办法》《资产证券化业务基础资产负面清单指引》《资产证券化业务风险控制指引》《证券公司及基金管理公司子公司资产证券化业务信息披露指引》《证券公司及基金管理公司子公司资产证券化业务尽职调查工作指引》等。

二、交易结构和交易步骤

根据证监会54号文，本次境内进行试点的REITs产品为基础设施领域的公募REITs，其交易结构如图7-1所示。

根据《证券投资基金法》对基金投资标的的规定，基金财产应当用于下列投资：（1）上市交易的股票、债券；（2）国务院证券监督管理机构规定的其他证券及其衍生品种。[①] 也就是说，公募基金不能直接投资不动产资产和未上市公司的股权，因此，通过公募REITs直接持有项目公司股权，进而实现控制项目的完全所有权或经营权利，在当前的法律框架体系下存在较大障碍。证监会54号文在立足现行法律框架体系的基础上，以对当前法律框架体系影响最小的方式推进公募REITs的落地，即通过构建“公募REITs基金+专项计划+项目公司”的结构，以持有资产支持证券的方式间接持有基础设施项目100%的所有权或经营权利，实现公募REITs对基础设施项目的控制。

① 《证券投资基金法》第七十三条。

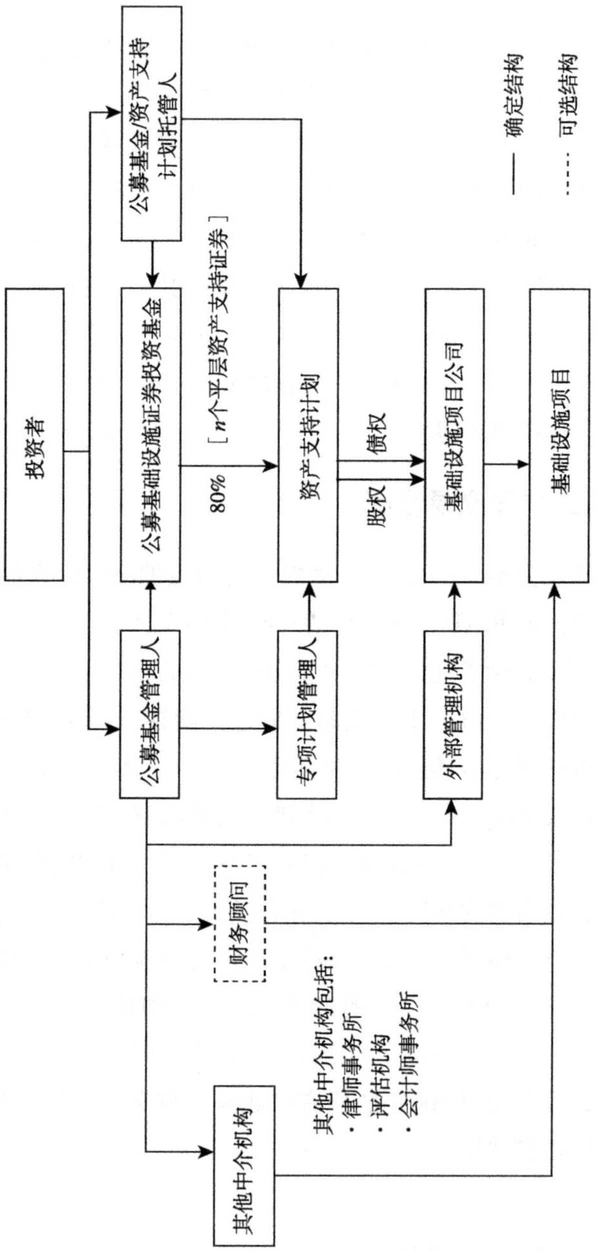

图 7－1 试点公募 REITs 交易结构

具体而言，公募REITs通过持有专项计划全部基础设施资产支持证券，实现对专项计划的控制，专项计划则通过“股+债”的构造，实现持有项目公司全部股权及债权，取得基础设施项目完全所有权或经营权利，并获取基础设施项目租金、收费等稳定现金流。

具体到“股+债”的结构安排，基于当前我国适用的税收政策①，大多采取1:2的股债比，以最大限度地实现税务筹划。以第一批上报的公募REITs项目为例，其在“股+债”结构构造环节所采取的债权构建的安排统计如表7-2所示。

表7-2 债权构建统计

项目名称	专项计划股东借款	项目公司减资形成股东应收款	股权转让价款递延支付	会计政策调整形成权益并宣告应付股利
铁建渝遂高速REITs	√			
苏州工业园区产业园REITs	√			
平安广州交投广河高速公路REITs	√			
中金普洛斯REITs	√			
盐田港仓储物流REITs	√			
富国首创水务REITs	√			
华安张江光大园REITs	√			
浙商沪杭甬高速REITs		√		
中航首钢生物质REITs			√	
博时招商蛇口产业园REITs				√

---

① 《财政部、国家税务总局关于企业关联方利息支出税前扣除标准有关税收政策问题的通知》：一、在计算应纳税所得额时，企业实际支付给关联方的利息支出，不超过以下规定比例和税法及其实施条例有关规定计算的部分，准予扣除，超过的部分不得在发生当期和以后年度扣除。企业实际支付给关联方的利息支出，除符合本通知第二条规定外，其接受关联方债权性投资与其权益性投资比例为：（一）金融企业，为5∶1；（二）其他企业，为2∶1。

（一）股债比搭建——专项计划发放股东借款

如图7－2所示，交易步骤主要分为以下几步：

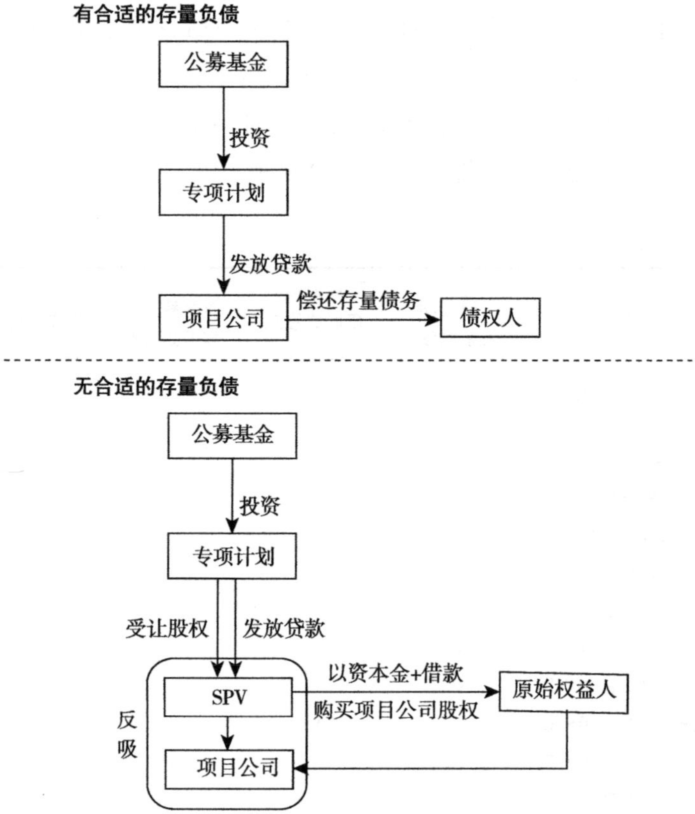

图7－2　专项计划发放股东借款

（1）预先确定结构，签署包括股东贷款协议等在内的重组交易文件。

（2）公募基金募集完成，投资于专项计划。

（3）在有合适存量负债的情况下，专项计划受让项目公司

100% 股权，然后直接向项目公司发放股东贷款，项目公司用于偿还存量债务。

（4）在没有合适存量负债的情况下，专项计划受让 SPV 100% 股权，然后向 SPV 发放股东贷款，SPV 以其获得的股权与债权投资，受让项目公司 100% 股权，然后 SPV 与项目公司进行反向吸收合并。

由此我们可以看出，选择专项计划发放股东借款方式搭建股债比的优势主要在于：（1）专项计划放款模式的法律关系和操作流程均简单、清晰；（2）专项计划放款模式是在公募基金募集完成并对专项计划进行投资后，以募集资金放款，无须过桥资金；（3）相比其他模式，该模式直接构造新债，在构造债权的过程中一般不会产生额外的税收负担；（4）运用专项计划放款模式能够同时适用于有存量负债和没有存量负债的情形。

（二）股债比搭建——项目公司减资形成股东应收款

如图 7 –3 所示，交易步骤主要分为以下几步：

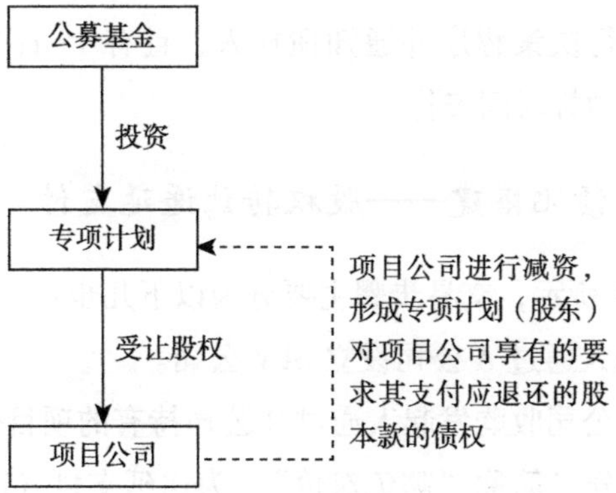

图 7 –3　项目公司减资形成股东应收款

（1）项目公司完成包括但不限于股东会决议等前置程序。

（2）公募基金募集完成，投资于专项计划。

（3）不晚于专项计划设立日，项目公司向市场监督管理部门递交减资申请。

（4）完成减资后，形成项目公司对于原股东的减资应付款。

（5）管理人代表专项计划与原股东签署相关股权转让文件，收购项目公司100%股权。与此同时，双方签署债权转让相关文件，收购项目公司原股东就减资事宜所享有的对项目公司的债权，至此完成项目公司股债结构的搭建。

选择项目公司减资形成股东应收款方式搭建股债比的前提是项目公司具备足够的注册资本和实收资本。

该类股债比搭建方式的优势主要在于：（1）减资模式是单层结构，不需要额外设立SPV；（2）实收资本的减少直接作用于所有者权益结构的调整，从而能简单同步完成股债比例的调整；（3）对市场监管部门而言，减资相对于反向吸收合并，是更常见也更容易理解和接受的操作。

需要注意的是，选择项目公司减资形成股东应收款方式搭建股债比，需要履行决策程序并通知债权人，且有45日公告期，耗时较长，需提前做好时间安排。

（三）股债比搭建——股权转让递延支付

如图7－4所示，交易步骤主要分为以下几步：

（1）发起人通过A公司设立SPV公司。

（2）SPV公司收购发起人通过B公司持有的项目公司，该等收购的价款大部分（简称“豁免对价”）为递延支付（除为使得该等交易不被定性为赠与或其他目的而支付的名义价金外，前述价金简称“名义价金”）。

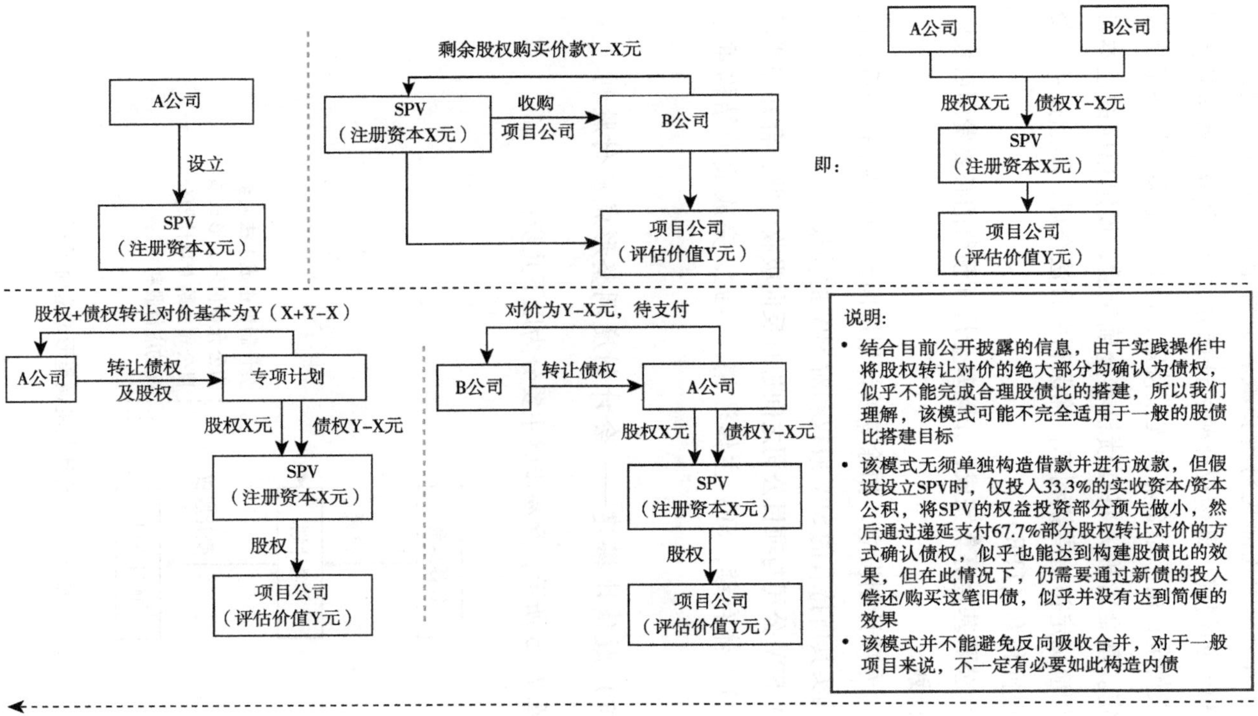

图 7 -4　股权转让递延支付

（3）各方将上述豁免对价扣减名义价金后的金额，确认为 B 公司对 SPV 的债权。即债权金额的计算方式为：债权金额 = 豁免对价 - 名义价金；由于基金募集规模待定，故具体金额也将在基金发行后确定。基金管理人将在债权本金确定后，设定相应的还本计划，并相应确定初始借款利率，确保利率合法合规，不超过 4 倍贷款市场报价利率（LPR）。

（4）公募基金募集完成，扣除基金层面预留的必要费用后投资于专项计划。

（5）专项计划设立，扣除专项计划层面预留的必要费用后，向 A 公司购买其所持有的 SPV 股权和对 SPV 的债权。

（6）SPV 公司与项目公司之间进行反向吸收合并，合并完成后项目公司主体存续，SPV 主体注销，至此，完成股债结构重组搭建。

（四）股债比搭建——会计制度调整形成应付股利

如图 7－5 所示，交易步骤主要分为以下几步：

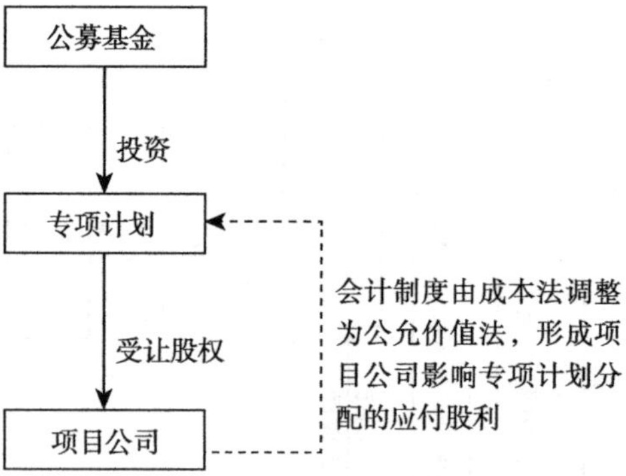

图 7－5　会计制度调整形成应付股利

（1）公募基金募集完成，投资于专项计划。

（2）专项计划向发起人收购项目公司 100% 的股权，并支付股权转让对价，成为项目公司 100% 的股东。

（3）项目公司的投资性房地产由成本法计量转为公允价值计量，公允价值与账面价值的差额调整期初留存收益。

（4）项目公司依据相应股东届时做出的利润分配决定，以会计政策变更形成的未分配利润，向专项计划进行分配，形成对专项计划的应付股利。

（5）专项计划与项目公司签署相应债权确认及重组协议，对各方之间的债权债务关系进行确认及重组，最终形成专项计划对项目公司的债权债务关系。至此，完成股债结构重组搭建。

选择该操作模式的前提为项目公司需持有投资性房地产，且按照成本法和公允价值法的评估结果差额可达到构造税盾的要求，并需要评估师的充分认可。

根据前述统计，在第一批上报的全部公募 REITs 中，10 只中有 7 只均运用了专项计划发放股东贷款的模式。根据这一趋势，未来计划放款模式可能成为公募 REITs 重组的主流债权构建模式。

三、文件体系梳理

公募 REITs 的交易文件分为公募基金端、专项计划端和 SPV 及项目公司端。所涉及的具体交易文件、内容和签署方如表 7－3 所示。

表 7-3 公募 REITs 交易文件体系

载体	文件/协议名称	内容	签署主体
公募基金	基金招募说明书	基础设施基金整体结构、基础设施基金治理、各参与机构、风险揭示、基金的募集、基金份额的上市交易和结算、基础设施项目基本情况、基础设施项目财务状况及运营业绩分析、现金流测算分析及未来经营展望、基础设施项目运营管理安排、利益冲突与关联交易、基础设施基金扩募与基础设施项目购入、基金财产的估值、基金的收益与分配等	公募基金管理人
	基金合同	公募基金的相关要素，包括定义、基金基本情况、份额发售、备案、上市交易、托管、基金份额持有人大会、基金的投资、利益冲突及关联交易、基金的扩募、基金财产、基础设施项目运营管理、基金资产估值、基金费用与税收、基金的收益与分配、信息披露、终止与清算等	公募基金管理人
	基金托管协议	公募基金财产的保管、相关指令的发送确认和执行、交易及清算交收安排、基金资产净值与会计核算、托管费用等	公募基金管理人、公募基金托管人
	运营管理服务协议	委托外部管理机构提供运营管理服务，明确权利义务、费用收取、协议终止情形和服务程序等事项	公募基金管理人、外部管理机构、项目公司
	战略投资者配售协议	战略投资者就公募基金战略配售部分进行认购	公募基金管理人、战略投资者
	财务顾问协议（如有）	明确财务顾问工作范围、各方权利义务等	公募基金管理人、财务顾问

续表

载体	文件/协议名称	内容	签署主体
专项计划	计划说明书	专项计划设立、交易结构与交易步骤、各参与主体权利与义务、资产支持证券要素、现金流和分配顺序、持有人大会、风险揭示、现金流预测等	计划管理人
	标准条款	专项计划相关要素，包括定义、专项计划设立、募集资金使用、资产支持证券要素、现金流和分配顺序、持有人大会等	计划管理人
	认购协议及风险揭示书	资产支持证券认购、风险揭示	计划管理人、公募基金管理人（代表公募基金）
	股权转让协议	股权转让、转让价款、交割	计划管理人、项目公司股东（专项计划层面原始权益人）
	投资协议（如有）	如涉及专项计划发放股东借款模式构建债权，则可能适用本协议，包括投资方式、偿付安排等	计划管理人、项目公司
	债权转让与确认协议	若通过存量债权构建股债比的，专项计划需与原始权益人签署本协议；债权转让、债权偿付安排、转让价款	计划管理人、享有债权的主体（原则上为项目公司股东，即专项计划层面原始权益人）
	托管协议	专项计划资金托管	计划管理人、托管银行
	SPV监管协议（如有）	SPV收入监管安排	计划管理人、监管银行、SPV
	监管协议	项目公司运营收入监管安排	计划管理人、监管银行、项目公司

续表

载体	文件/协议名称	内容	签署主体
SPV及项目公司（如有）	SPV设立文件及公司章程（如有）	SPV的设立及工商登记	SPV股东
	项目公司设立及资产剥离（如有）	项目公司的设立及资产剥离	项目公司股东
	项目公司股权转让协议（如有）	SPV向项目公司原股东购买项目公司股权，包括转让价款、交割安排	SPV、项目公司原股东、项目公司
	吸收合并协议（如有）	项目公司吸收合并SPV，完成兄弟公司间的吸收合并	SPV、项目公司

第二节　基础设施项目及项目公司的合法合规性的法律核查要点

基础设施项目及项目公司是公募REITs产品的基础。同时，基础设施项目投资建设程序是否合法合规，也是国家发展改革委推荐公募REITs试点项目时关注的重点。

一、基础设施项目的范围

中国证监会和国家发展改革委在586号文和《关于进一步做好

基础设施领域不动产投资信托基金（REITs）试点有关工作的通知》（简称“《进一步做好REITs试点申报工作通知》”）等公募REITs试点相关规定中，明确了试点行业。首批公募REITs项目则基本分布在586号文优先支持及鼓励类行业及业态之中。

二、基础设施项目的合法合规性的法律核查要点

（一）基础设施项目的权属、资产范围以及权属登记核查

交易所在《审核关注事项》中对基础设施项目提出了权属清晰、资产范围明确，并依照规定完成相应的权属等的要求。

1. 资产范围的法律核查要点

在法律尽职调查过程中，就基础设施项目的资产范围而言，一般根据原始权益人和项目公司等主体出具的说明函，以及各参与机构的现场踏勘和查验，以明确资产范围；资产范围查验需涵盖基础设施资产、附属设施以及对应占用范围内的土地使用权情况，以明确资产范围。

2. 权属及权属登记的核查

根据《民法典》的规定，不动产物权设立和变动具有要式性，需依法进行登记，未经登记，不发生效力。[①] 因此就基础设施项目的资产权属及权属登记核查而言，一般需对基础设施资产、附属设施以及其对应占用范围内的土地使用权分别进行核查。

一般要求项目公司提供相应的“国有土地使用权证”，同时由原始权益人和项目公司等主体出具说明函，确认项目公司已提供的“国有土地使用权证”能够覆盖基础设施资产的占地范围。

---

① 《民法典》第二百零九条，不动产物权的设立、变更、转让和消灭，经依法登记，发生效力；未经登记，不发生效力，但是法律另有规定的除外。

另外，应在基础设施资产所在地的土地主管部门查询相应的土地登记档案，并就土地上的房屋所有权情况审阅房屋所有权登记文件（如有）。

如房屋建筑的所有权是依据合法建设取得的，则需原始权益人和项目公司等主体出具说明函对建设情况进行说明，并提供房屋投资建设等相关的审批文件，以核查权属是否清晰以及权属是否完成登记手续。针对未完成权属登记等瑕疵情况，需在法律意见书中如实进行披露。

（二）基础设施项目的抵押、质押等权利限制核查

交易所在《审核关注事项》中对基础设施项目提出了不存在抵押、质押等权利限制（基础设施基金成立后能够解除相关限制的除外）的要求。

就基础设施项目的抵押、质押等权利限制，在法律核查过程中，需关注基础设施项目所在土地相关证照、收费权批复中是否设置任何限制性条款，以核查基础设施相关的收益权等权利上是否设置质押等第三方权利负担。

同时，应在基础设施资产所在地的土地主管部门查询相应的土地登记档案，并调取资产范围内的房屋建筑对应的不动产登记信息，以核查基础设施项目是否存在任何抵押、查封、扣押和冻结等他项权利和权利限制情况。

（三）基础设施项目的投资与建设核查

1. 基础设施项目的投资与建设的核查要求

586 号文就严格开展项目合规性审查做了具体要求，强调基础设施项目手续依法合规是试点工作顺利开展的必要前提，并在附件 3《××项目开展基础设施 REITs 试点证明材料》（简称“附件 3

材料”）中列明了法律尽职调查中需核查的项目有关材料明细。

同时，交易所在《审核关注事项》中也对基础设施资产开发建设流程中竣工验收、证照和手续办理、用途和证载的一致性等提出了明确要求。[①] 此外，证监会54号文及《公开募集基础设施证券投资基金尽职调查工作指引（试行）》（简称“《尽职调查指引》”）也对基础设施的投保情况做出了明确要求，需核查基础设施项目是否已购买保险、承保范围、保险金额及保险期限等情况。

基础设施项目的投资与建设主要包含对土地出让取得、立项批复、设计批复、规划选址和建设用地批复、项目规划许可、施工许可、环评及环保验收、竣工验收备案等整个基础设施项目开发建设流程中企业应当齐备的备案、审批手续、相关证照及其与实际用途一致性的核查。根据附件3材料梳理的项目要求如表7-4所示。

2. 基础设施项目的投资与建设的瑕疵问题处理

通过对已发行的9个试点项目的不完全统计，每个项目都存在或多或少的投资与建设方面的瑕疵问题。就瑕疵问题处理而言，从简单到复杂，我们可以归纳为4个层次的瑕疵解决问题方式，分别为：披露、论证、有权机关背书或补办缺失证照，其适用场景和规律如图7-6所示。

具体而言，我们对已发行试点项目的瑕疵情况及解决方式进行了梳理，如表7-5所示。

---

① 《审核关注事项》第十三条：（四）基础设施资产已通过竣工验收，工程建设质量及安全标准符合相关要求，已按规定履行规划、用地、环评等审批、核准、备案、登记以及其他依据相关法律法规应当办理的手续；（五）基础设施资产的土地实际用途应当与其规划用途及其权证所载用途相符。如不一致，基金管理人和资产支持证券管理人聘请的律师应说明其实际用途的法律、法规及政策依据，基金管理人和资产支持证券管理人应当在相关文件中充分揭示风险，并设置相应的风险缓释措施。

表 7–4 附件 3 材料包含项目

附件 3 材料	证照	相关要求	相关法规
项目可行性研究报告批复或核准、备案文件复印件	项目建议书、可行性研究报告，对上述文件的审批文件	固定资产投资在立项环节确定建设规模、项目总投资、资本金、建设资金来源等，固定资产投资项目应根据投资主体、资金来源、项目性质及规模等情况履行审批、核准或备案程序，分别取得投资主管部门出具的项目建议书、可行性研究报告审批文件	《国务院关于投资体制改革的决定》（国发〔2004〕20号）附件第一条；《政府投资条例》（国令第 712 号）第九条
	项目申请书，对上述文件的核准文件或备案证明	取得投资主管部门出具的项目申请书的核准文件或项目备案证明，是项目履行完毕立项审批、核准或备案程序的必要证明	《企业投资项目核准和备案管理条例》第三条、第六条到第八条
规划、用地、环评、施工许可证书或批复文件复印件	建设用地规划许可证、建设工程规划许可证、选址意见书	“建设用地规划许可证”，以划拨方式取得国有土地使用权的建设项目，建设单位在取得立项文件后，应向城乡规划主管部门申请核发“建设用地规划许可证”，方可申请划拨用地；以出让方式取得国有土地使用权的建设项目，建设单位在取得立项文件和签订国有土地使用权出让合同后，应向城乡规划主管部门领取“建设用地规划许可证”，以确保项目建设用地位置、面积、允许建设的范围、使用性质、开发强度等规划条件符合规划要求 “建设工程规划许可证”，涉及建筑物、构筑物、道路、管线和其他工程建设的基础设施项目，应该取得“建设工程规划许可证”，确保项目建设工程设计方案符合控制性详细规划和地块的位置、使用性质、开发强度等规划条件	《中华人民共和国城乡规划法》第三十七条、第三十八条、第四十条、第四十一条

续表

附件 3 材料	证照	相关要求	相关法规
规划、用地、环评、施工许可证书或批复文件复印件	建设用地规划许可证、建设工程规划许可证、选址意见书	“选址意见书”，需立项批准、核准的建设项目，以划拨方式提供国有土地使用权的，建设单位在报送有关部门批准或者核准前，应当向城乡规划主管部门申请核发“选址意见书”；适用备案的建设项目或以出让方式提供国有土地使用权的，无须取得“选址意见书” 其中，特别注意的是上述“建设用地规划许可证”和“建设工程规划许可证”一般由设市城市的市人民政府城市规划行政主管部门核发，县人民政府所在地镇和其他建制镇，由县人民政府城市规划行政主管部门核发。“建设用地规划许可证”和“建设工程规划许可证”虽然为同一部门颁发，但鉴于在核发程序层面一证照的合法并不以另一证照为前置条件，如若“建设工程规划许可证”与“建设用地规划许可证”的证载事项存在差异，原则上并不能认为在后核发的“建设工程规划许可证”变更或调整了“建设用地规划许可证”的内容	
	建设用地预审意见、建设用地批准书	对于需立项批准、核准的建设项目，因选址意见书和用地预审意见是前置文件，在已经取得相应立项批复、核准的情况下，缺失“建设用地预审意见”“建设用地批准书”不构成实质性瑕疵 如果项目用地已经办理土地权属证书，未能提供“建设用地批准书”不构成实质性瑕疵。自 2019 年 9 月 17 日多规合一通知发布后，不再单独核发“建设用地批准书”，统一核发新的“建设用地规划许可证”	《建设项目用地预审管理办法》（国土资源部令第 68 号）第十二条到第十四条；《建设用地审查报批管理办法（2016 修正）》（中华人民共和国国土资源部令第 69 号）第二十二条

续表

附件 3 材料	证照	相关要求	相关法规
	环境影响报告书、环境影响报告表、环境影响评价文件审批意见	建设项目应根据对环境的影响程度，按照建设项目环境影响评价分类管理名录完成环境影响评价，并区分不同情况取得环境保护行政主管部门对环境影响报告书、环境影响报告表的审批意见，或在环境保护行政主管部门完成环境影响登记表备案	《中华人民共和国环境影响评价法》第八条、第十二条、第十六条、第二十六条；《建设项目环境保护管理条例》第九条
规划、用地、环评、施工许可证书或批复文件复印件	节能审查意见	除不单独进行节能审查的项目（包括年综合能源消费量不满 1 000 吨标准煤，且年电力消费量不满 500 万千瓦时的固定资产投资项目，以及用能工艺简单、节能潜力小的行业的固定资产投资项目）外，政府投资项目，建设单位在报送项目可行性研究报告前，需取得节能审查机关出具的节能审查意见；企业投资项目，建设单位需在开工建设前取得节能审查机关出具的节能审查意见。但 2006 年以前的固定资产投资项目可绕行	《中华人民共和国节约能源法》第十六条；《国务院关于加强节能工作的决定》第六条、第二十三条；《固定资产投资项目节能审查办法》第三条、第六条
	建筑工程施工许可证	除不需要申领“建筑工程施工许可证”的小型工程（如工程投资额在 30 万元以下或者建筑面积在 300 平方米以下的建筑工程）以及按照国务院规定的权限和程序批准开工报告的建筑工程外，涉及房屋建筑及其附属设施的建造、装修装饰和与其配套的线路、管道、设备安装，以及城镇市政基础设施工程的施工的基础设施项目应取得“建筑工程施工许可证”	《中华人民共和国建筑法》第七条；《建筑工程施工许可管理办法》第二条、第三条

续表

附件3材料	证照	相关要求	相关法规
竣工验收报告、“五方验收单”或转入商运批复文件复印件	竣工验收报告、五方验收单	《中华人民共和国建筑法》《建设工程质量管理条例》要求建设单位组织勘察、设计、施工、监理各单位（合称“五方”）对建筑工程进行竣工验收，竣工经验收合格后，方可交付使用；未经验收或者验收不合格的，不得交付使用，且竣工验收合格后应将竣工验收报告等报建设行政主管部门或者其他有关部门进行竣工验收备案。竣工验收报告如存在缺失，可用“五方验收单”在一定程度上进行补正 基础设施项目中，竣工验收完成可能体现为交通、港口等主管部门签发的交工验收证书，或是主管部门签发的允许项目投入运行的批准文件，如并网发电许可、收费许可等	《中华人民共和国建筑法》第六十一条；《建筑工程施工许可管理办法》第十六条、第四十九条
	环保验收	2017年10月1日新修订的《建设项目环境保护管理条例》将建设项目环保设施竣工验收由环保部门验收改为建设单位自主验收。编制环境影响报告书（表）的建设项目竣工后，由建设单位对配套建设的环境保护设施进行验收，编制验收报告并依法向社会公开；填报环境影响登记表项目以及未纳入建设项目环境影响评价分类管理名录的项目，则不需要进行环保验收 建设项目需要配套建设水、噪声或者固体废物污染防治设施的，在相应的新修订的污染防治法生效前，仍应依法由环境保护部门对相应污染防治设施进行验收。一些项目还可能要求污水管网的纳管协议、危废处置协议等办理环保备案	《建设项目环境保护管理条例》第二十条；《建设项目竣工环境保护验收暂行办法》第五条
	消防验收	特殊建设工程竣工验收后，建设单位应当向住房和城乡建设主管部门申请消防验收，未经消防验收或者消防验收不合格的，禁止投入使用	《中华人民共和国消防法》第十三条；《建设工程消防设计审查验收管理暂行规定》第二十六条

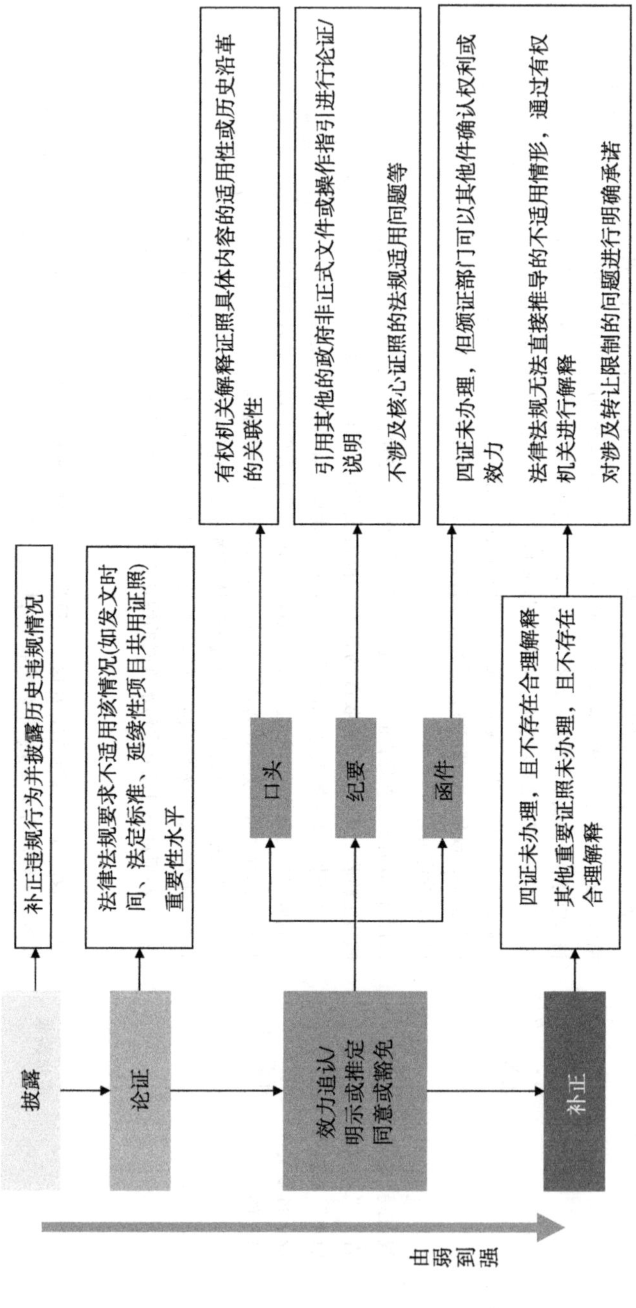

图7－6　基础设施项目的投资与建设的瑕疵问题处理

表 7-5　已发行试点项目的瑕疵情况及解决方式

采用方式	涉及问题	具体解决办法	涉及试点项目
披露	未缴纳土地使用税、房产税及滞纳金	补缴并披露具体情况	富国首创水务 REITs
	缺失记载证照编号、发文机关和发证日期	档案馆调档，若仍缺失如实披露	中金普洛斯 REITs（佛山资产）
	违反合同约定出租	如实披露	浙商沪杭甬高速 REITs
论证	未办理节能审查	项目报建时间早于相关政策发布时间	富国首创水务 REITs（深圳、合肥资产）、苏州工业园区产业园 REITs
		年综合能源消费量、年电力消费量未达需办理标准且通过验收阶段出具的“建筑节能专项验收意见书”进行了佐证	博时招商蛇口产业园 REITs、苏州工业园区产业园 REITs
	改造工程未办理选址意见书	说明改造工程为在原有设施设备基础上进行且不涉及使用其他新增用地情况	苏州工业园区产业园 REITs
	未办理房屋所有权证	律师论证房屋自建原始取得	浙商沪杭甬高速 REITs
	运营未满 3 年	部分项目竣工时间为 2020 年，不足 3 年，说明业务规模占比较小，符合发展改革委通知的规定	盐田港仓储物流 REITs

续表

采用方式		涉及问题	具体解决办法	涉及试点项目
背书	口头	用途不一致，工业用地用于研发办公及商业等	对深圳市规划和自然资源局南山管理局的访谈中口头答复实际可以用于互联网等新型产业的研发办公及商业等配套用途	博时招商蛇口产业园 REITs
	纪要	暂不涉及，仅在进场交易论证过程中中航首钢生物质 REITs 垃圾处理通过会议纪要的形式取得进场交易的豁免		
	函件	未取得不动产权证	广州市规划和自然资源局做出说明确认其对新设广河项目公司在特许经营期内合法使用广河高速划拨土地无异议	平安广州交投广河高速公路 REITs
		未办理环评批复文件	苏州市昆山生态局出具说明，确认仓储内容不涉及有毒有害危险品，无须办理	中金普洛斯 REITs（昆山资产）
		缺少施工证	2006 年 9 月 1 日，浙江省交通厅出函说明该项目属补报，以后须及时申报施工许可，杭州市交通局应督促建设单位（项目法人）严格履行基本建设程序	浙商沪杭甬高速 REITs
			北京市住房和城乡建设委员会出函说明鉴于该工程已完成施工，经研究，决定不再对此工程补办“建筑工程施工许可证”	中航首钢生物质 REITs

续表

采用方式			涉及问题	具体解决办法	涉及试点项目
背书	函件	用途不一致	工业用地用于仓储	北京市规划和自然资源委员会通州分局为该项目用途情况进行了单独确认，同意项目参与申报试点	中金普洛斯 REITs（北京资产）
			厂房用于产业园办公	上海市张江科学城建设管理办公室出具了“关于张江光大园项目情况的确认函”，确认“中京电子可以在宗地使用年限内继续按照现状用途使用张江光大园”	华安张江光大园 REITs
		转让限制	特许经营权协议中限制转让项目公司股权	深圳市水务局和合肥市城建局出具项目公司股权转让同意函	富国首创水务 REITs（深圳、合肥资产）
				广州市交通运输局做出复函，同意广河高速项目股权转让	平安广州交投广河高速公路 REITs
				北京市城管委出具项目公司股权转让同意函	中航首钢生物质 REITs
			项目公司融资合同中限制股权转让	贷款人签署书面文件对签署贷款合同中的限制性条款予以豁免	平安广州交投广河高速公路 REITs
			土地出让合同中限制基础设施项目转让	深圳市规划和自然资源局盐田管理局出具项目公司股权转让同意函（虽然博时招商蛇口产业园 REITs 和盐田港仓储物流 REITs 取得了豁免函，但其明确说明了将项目公司股权转让，并非是基础设施项目产权转让，不需满足基础设施项目转让涉及的前述相关转让条件）	盐田港仓储物流 REITs

续表

采用方式			涉及问题	具体解决办法	涉及试点项目
背书	函件	转让限制	苏州市法规规定产业用地受让人股权结构或出资比例改变需取得同意	独墅湖管委会已出具“无异议函”，出让人国土环保局已出具“无异议函”	苏州工业园区产业园 REITs
			深圳市法规规定基础设施项目进行整体转让需取得同意	深圳市规划和自然资源局南山管理局、深圳市南山区工业和信息化局出函同意项目公司股权转让	博时招商蛇口产业园 REITs
			上海市法规规定工业用地使用权人出资比例结构、项目公司股权结构改变的应事先征得出让人同意	上海市浦东新区规划和自然资源局对张江光大园项目出具同意函	华安张江光大园 REITs
			中国香港上市公司分拆上市限制	取得中国香港联合交易所分拆上市的同意函	浙商沪杭甬高速 REITs
补办	缺少用地规划证、工程规划证、施工证			深圳市水务局出函说明正在办理	富国首创水务 REITs
	缺少竣工备案			深圳市水务局出函说明正在办理	富国首创水务 REITs

（四）经营许可资质的核查

就基础设施项目中大部分优先支持及鼓励类行业及业态而言，其合法合规经营需取得相应的经营资质，或取得特许经营许可，在法律尽职调查中，核查此类特殊业态基础设施项目是否具备相应的经营许可资质，是确认其是否合法合规运营的关键。

1. 收费公路

根据《中华人民共和国公路法》第六十条、《中华人民共和国收费公路管理条例》第十四条及《市政公用事业特许经营管理办法》，持有公路资产需要项目公司拥有特许经营权或公路资产的收费权，且特许经营权或收费权需能够覆盖公募 REITs 项目期限。

2004 年 11 月 1 日起施行的《收费公路管理条例》（该条例的修订草案尚未正式实施）规定经营性公路的收费期限按照收回投资并有合理回报的原则确定，最长不得超过 25 年，且国家确定的中西部收费期限最长不得超过 30 年。

2. 仓储物流

根据《土地出让和转让暂行条例》第十二条，《危险化学品安全管理条例》第三十三条、第三十五条，《危险化学品经营许可证管理办法》及《中华人民共和国海关行政许可管理办法》，对于仓储物流类基础设施项目，除整个基础设施项目开发建设流程中企业应当齐备的基础证照，如项目规模及相关指标超过不单独进行节能审查的项目的要求，还需相关部门出具的节能审查意见。

根据《中华人民共和国城镇国有土地使用权出让和转让暂行条例》（简称“《土地出让和转让暂行条例》”）的规定，仓储用地的土地使用权出让最高年限为 50 年。

对于从事危险化学品仓储、保税仓储的基础设施项目，还应取得危险化学品经营许可，办理完保税物流中心设立审批手续等。

3. 污水处理

根据《城镇排水与污水处理条例》第十六条、第五十八条，《中华人民共和国水污染防治法》第二十条及《市政公用事业特许经营管理办法》，持有污水处理类基础设施项目需要项目公司拥有特许经营权，且特许经营权需能够覆盖公募 REITs 项目期限。此外，作为基础设施项目持有人和运营主体的项目公司应持有排污许可证。

4. 垃圾焚烧

根据《市政公用事业特许经营管理办法》，项目公司主要以特许经营权模式从事垃圾焚烧基础设施项目运营，且特许经营权需能够覆盖公募 REITs 项目期限。

5. 数据中心

根据《中华人民共和国电信条例》第七条、第十三条、第十四条及《电信业务分类目录》，互联网数据中心（IDC）属于第一类增值电信业务范畴。互联网数据中心业务分类有两种，分别为“互联网数据中心业务”（不含互联网资源协作服务）和“互联网数据中心业务”（仅限互联网资源协作服务）。项目公司从事物联网数据中心业务，需取得其业务范围对应的增值电信业务许可证。

（五）PPP 基础设施项目的特殊核查

除基础设施项目应当符合的基本条件，《REITs 通知》、586 号文及《审核关注事项》对 PPP 基础设施项目的核查提出了特殊要求。[①] 在法律尽职调查过程中，我们对 PPP 基础设施项目的核查，主要关注 PPP 项目在项目识别、项目准备、项目采购、项目执行 4 个阶段的相关材料是否齐备。具体包括以下几点：其一，PPP 基础设施项目是否符合国家发展改革委和财政部颁布的关于 PPP 项目的必备程序及相关规定；其二，对于 PPP 基础设施项目中的特许经营类项目，应当符合《市政公用事业特许经营管理办法》的各项规定；其三，PPP 基础设施项目的收入来源，应当以使用者付费为主，包括穿透后实质的使用者付费。

1. 项目识别阶段

PPP 项目识别阶段，主要是指政府在确定基础设施项目是否采用 PPP 模式时，需综合评价该项目是否符合“投资规模较大、需求长期稳定、价格调整机制灵活、市场化程度较高的基础设施及公共服务类项目”等条件，从而最终决定是否采用 PPP 模式。在该阶段，主要涉及的法律文件包括：项目立项申请文件及其批复、项目可行性研究报告及其批复、物有所值评价报告及财政部门同意目标项目通过物有所值评价的批复文件、财政承受能力论证报告及财政部门同意目标项目通过财政承受能力论证的批复文件、目标项目已经纳入财政部 PPP 综合信息平台项目库的证明材料。

在 PPP 项目识别阶段，物有所值评价报告、财政承受能力论证

---

① 《审核关注事项》第十五条：基础设施项目采用 PPP 模式的，除满足本指引第十三条、第十四条的规定外，还应当符合以下条件：（一）2015 年以后批复实施的 PPP 项目，应符合国家关于规范有序推广 PPP 模式的规定。（二）2015 年 6 月以后批复实施的特许经营项目，应符合《基础设施和公用事业特许经营管理办法》有关规定。此前采用 BOT（建设—经营—移交）、TOT（移交—经营—移交）、股权投资等模式实施的特许经营项目，应符合当时国家关于固定资产投资建设、特许经营管理等相关规定。（三）收入来源以使用者付费（包括按照穿透原则实质为使用者支付的费用）为主。收入来源含地方政府补贴的，需在依法依规签订的 PPP 合同或特许经营协议中有明确约定。（四）PPP 项目运营稳健、正常，未出现暂停运营等重大问题或重大合同纠纷。（五）中国证监会和本所规定的其他条件。

报告尤为重要。就物有所值评价而言，PPP 项目本级财政部门、会同行业主管部门，在物有所值评价结论形成后，完成物有所值评价报告编制工作，报省级财政部门备案，并将报告电子版上传财政部 PPP 综合信息平台。就财政承受能力论证而言，财政部门识别和测算单个项目的财政支出责任后，汇总年度全部已实施和拟实施的 PPP 项目，进行财政承受能力评估，通过论证且经同级人民政府审核同意实施的 PPP 项目，各级财政部门应当将其列入 PPP 项目目录，并在编制中长期财政规划时，将项目财政支出责任纳入预算统筹安排。

2. 项目准备阶段

通过物有所值评价和财政承受能力论证的项目，可进入 PPP 项目准备阶段。县级（含）以上地方人民政府可建立专门协调机制，主要负责项目评审、组织协调和检查督导等工作。政府或其指定的有关职能部门或事业单位可作为项目实施机构，负责项目准备、采购、监管和移交等工作。在 PPP 项目准备阶段，主要需关注政府授权 PPP 项目政府方机关实施招商工作的批复文件、政府关于项目招商投资主体签约有关事项的批复通知、项目招商和实施方案以及政府对实施方案的审核批复文件。

3. 项目采购阶段

在 PPP 项目的采购阶段，采用公开招标、邀请招标、竞争性谈判、单一来源采购方式开展采购的，需按照政府采购相关法律法规及有关规定执行。以公开招标方式为例，在采购阶段，需对政府批准同意目标项目采取公开招标方式进行采购的批复文件，已在政府财政部门指定媒体上发布“公开招标公告”的证明材料，已经签署的确认谈判备忘录及成交通知书，已经将项目采购结果和根据采购文件、响应文件、补遗文件和确认谈判备忘录拟定的合同文本进行公示的证明材料，政府已审核同意 PPP 合同的证明材料等进行核查。

4. 项目执行阶段

在 PPP 项目的执行阶段，主要关注项目公司的设立及融资、特许经营权交付、项目财政支付等事宜。就 PPP 项目合同中涉及的政府支付义务，财政部门应结合中长期财政规划统筹考虑，纳入同级政府预算，按照预算管理相关规定执行。在执行阶段，主要需核查政府确认将本项目财政支出责任纳入预算的批复文件，经签署的特许经营协议，以及补充协议等为本项目已签订的其他合同，项目公司设立的证明文件，项目已投入运营的证明文件（如有），经签署的“经营权交付协议”“交付确认书”以及与项目公司融资情况相关的文件。

三、项目公司的合法合规性的法律核查要点

针对项目公司的合法合规性，中国证监会《尽职调查指引》、交易所《审核关注事项》中主要对项目公司的合法合规性及核查标准提出了明确要求，重点关注项目公司的设立、存续、股东出资、增资出资、重大重组、内部制度、独立性、商业信用等，以核查项目公司是否具备成为基础设施基金的项目公司的主体资格和条件。

（一）项目公司设立

就项目公司设立的合法合规性核查而言，需对项目公司的设立程序进行关注，重点核查其工商注册登记的合法性、真实性，是否依法设立并合法存续。

（二）项目公司股东出资及增资

就项目公司股东出资及增资情况而言，需关注项目公司股东人数、住所、出资比例等是否符合法律、法规及其他有关规定，以及股东合法拥有出资资产的权属、项目公司重大股权变动的合法合规

性等情况。

（三）项目公司重大重组

就项目公司重大重组而言，需关注项目公司设立后发生过对投资者做出投资决策具有重大影响的重组事项情况，核查的要点包括审核相关有权机构决策或审批文件、审计报告（如有）、评估报告（如有）、中介机构专业意见（如有）、债权人同意债务转移的相关文件（如涉及）、重组相关的对价支付凭证和资产过户文件等资料，调查项目公司的重组动机、内容、程序和完成情况。

（四）项目公司内部制度、组织结构及治理机构

就项目公司的内部制度、组织结构及治理机构而言，需关注项目公司的财务会计制度和财务管理制度是否规范，项目公司组织机构、有权机构授权情况是否符合章程要求，以及组织机构是否健全、清晰。

（五）项目公司资产和财务的独立性及商业信用

项目公司的资产独立性核查要点包括核查财产权属凭证以及实际占有，调查商标权、专利权、版权、特许经营权等的权利期限情况，核查前述资产是否存在重大经济、法律纠纷或潜在纠纷，调查金额较大、期限较长的其他应收款、其他应付款、预收及预付账款产生的原因及交易记录、资金流向等，核查项目公司是否存在资产被原始权益人及其关联方控制和占用的情况。

项目公司的财务独立性核查要点则包括调查项目公司是否设立财务会计部门或具备财务人员团队，建立独立的会计核算体系，具有规范的财务会计制度和对分公司、子公司的财务管理制度，是否独立在银行开户、独立纳税等。

项目公司的商业信用核查要点包括调查项目公司是否按期缴纳相关税、费及合同履约情况，关注项目公司是否存在重大违法、违规或不诚信行为，核查项目公司是否被认定为失信被执行人，是否受到过行政处罚以及相应的整改情况。

第三节　关于转让的合法有效性的法律核查要点

公募 REITs 作为权益融资，要求项目公司股权必须 100% 转让给公募基金投资的专项计划，因此，关注项目公司股权的可转让性对于开展公募 REITs 至关重要。此外，结合《进一步做好 REITs 试点申报工作通知》及其附件《基础设施领域不动产投资信托基金（REITs）试点项目申报要求》（简称"《申报要求》"）的相关规定，并考虑公募 REITs 的本质是通过股权转让来实际控制项目公司拥有的相应入池资产，在项目公司股权转让之外，对包括项目土地使用权、经营收益权、建筑物及构筑物或相关资产的转让限制提出了进一步核查要求。据此，结合公募 REITs 的交易安排及相关政策要求，对相应项目公司股权转让及资产转让的法律核查要点梳理如下。

一、股权转让的法律核查要点

如前所述，在公募 REITs 交易结构下，需将项目公司股权全部转让给公募基金投资的专项计划，以构建"公募 REITs 基金 + 专项计划 + 项目公司"的结构。为了避免股权转让本身存在的限制因素可能对公募 REITs 发行及后续的投资者带来的不利影响，针对股权转让的合法有效性的法律核查要点，梳理如下。

（一）常规法律核查要点

针对项目公司的股权转让，通常需从法律层面及协议层面核查相应股权的可转让性：

（1）法规层面。《中华人民共和国公司法》（简称“《公司法》”）第七十一条规定，除公司章程对股权转让有特殊约定的需按公司章程执行相应转让程序，股权转让需按照《公司法》取得其他股东的过半数同意。[①] 特别地，就开展公募 REITs 而言，586 号文的附件 1“××项目开展基础设施 REITs 试点基本情况材料”，明确发起（原始权益人）情况应包括“相关股东同意转让的意见”。《申报要求》在基础设施项目具有可转让性中进一步明确，发起人（原始权益人）、项目公司相关股东已履行内部决策程序，并协商一致同意转让。鉴于此，在国家发展改革委就本条规定做出进一步释明或豁免前，笔者理解为原始权益人及项目公司股东针对基础设施 REITs 试点项目需出具内部决议文件。

（2）协议层面。需重点核查相应协议层面（包括但不限于项目公司或其股东、实际控制人签署的投资协议、土地出让/转让协议及手续、特许经营权协议、园区管理办法或其他项目合同文件）是否存在限制股权转让的条款，包括直接限制或禁止股权转让的条款以及明确相应股权转让需事先取得相关当事方事先同意的条款等。如存在相应的限制条款，需根据相应条款要求解除相关限制。

除上述常规法律核查要点，法律法规及相关政策针对国有企业、外商投资企业以及 PPP 项目等特殊主体的股权转让提出了更多的要求，下文将对此进行详细分析。

---

① 参见《公司法》第七十一条：股东向股东以外的人转让股权，应当经其他股东过半数同意。股东应就其股权转让事项书面通知其他股东征求同意，其他股东自接到书面通知之日起满三十日未答复的，视为同意转让。其他股东半数以上不同意转让的，不同意的股东应当购买该转让的股权；不购买的，视为同意转让。经股东同意转让的股权，在同等条件下，其他股东有优先购买权。两个以上股东主张行使优先购买权的，协商确定各自的购买比例；协商不成的，按照转让时各自的出资比例行使优先购买权。公司章程对股权转让另有规定的，从其规定。

（二）国有企业公司股权转让的特殊法律核查要点

除上述常规法律核查要点，国有企业的股权转让还需满足包括《企业国有资产法》《企业国有资产交易监督管理办法》《企业国有资产评估管理暂行办法》等在内的相关规定。根据上述相关规定，国有企业股权转让主要包括公开转让、非公开协议方式转让和无偿划转3种方式，相应适用情形详见表7-6。

表7-6　国有企业股权转让方式及适用情形

转让方式	法律法规	适用情形
公开转让	《企业国有资产交易监督管理办法》	产权转让原则上通过产权市场公开进行
非公开协议方式转让	《企业国有资产交易监督管理办法》	（1）涉及主业处于关系国家安全、国民经济命脉的重要行业和关键领域企业的重组整合，对受让方有特殊要求，企业产权需要在国有及国有控股企业之间转让的，经国资监管机构批准，可以采取非公开协议转让方式 （2）同一国家出资企业及其各级控股企业或实际控制企业之间因实施内部重组整合进行产权转让的，经该国家出资企业审议决策，可以采取非公开协议转让方式
无偿划转	《企业国有资产交易监督管理办法》《企业国有产权无偿划转工作指引》	企业国有产权在政府机构、事业单位、国有独资企业、国有独资公司之间的无偿转移

结合上述规定，3种方式下产权转让流程如图7-7所示。

具体到公募REITs，相应的国有股权转让安排不会涉及无偿划转的情形，因此本书仅讨论公开转让和非公开协议方式转让情形下相应的交易流程及转让规则。

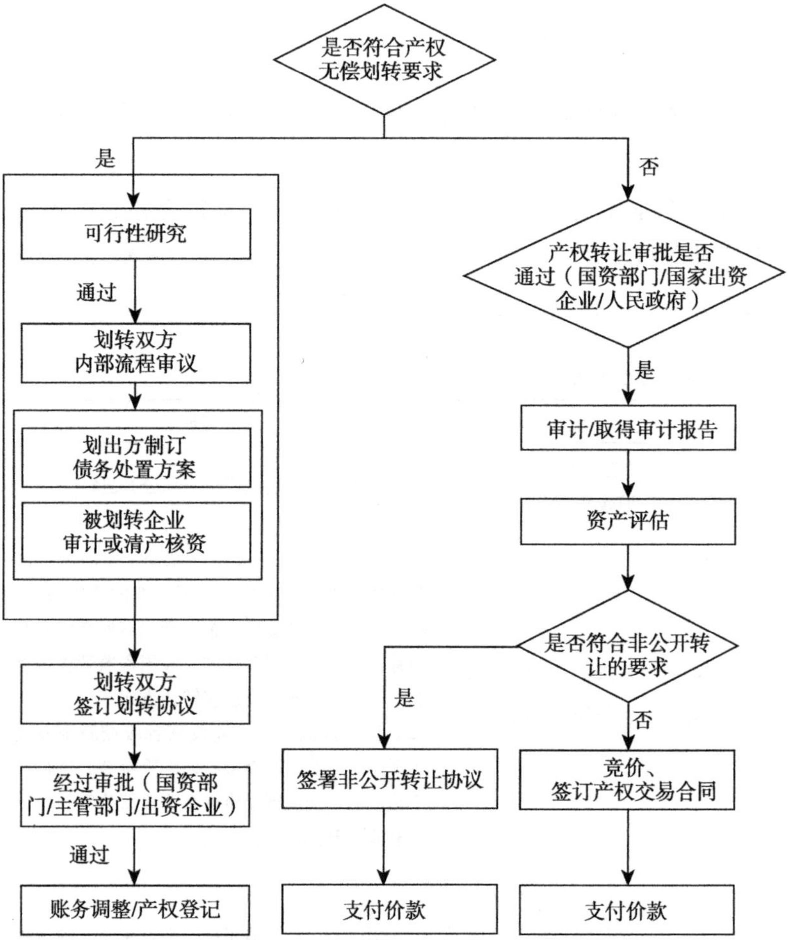

图 7 -7　国有企业股权转让流程

根据《企业国有资产交易监督管理办法》，国有股权转让以公开转让为原则，非公开协议转让为例外。具体到公募 REITs 项目中，如希望就国有股权转让适用非公开协议方式转让，通常需满足项目公司未在会计层面于国有企业体系内出表，结合当前的项目实践，前述要求通常通过相应国有企业或其关联方在公募基金层面持有超过 50% 的份额予以实现，但具体的判断需与会计师进行进一步沟通。

如若国有企业股权转让无法使用非公开协议方式转让，在公开转让路径下国有企业股权转让需进产权交易所进行交易，需进一步考虑国有资产评估价格是否公允，是否涉及折价，若涉及折价是否引起国有资产流失，原始权益人参与战略配售持有项目公司股权是否符合产权层级要求等诸多要素，以及公开转让程序中出现第三方摘牌使公募 REITs 最终无法持有基础设施项目公司股权，从而导致公募 REITs 无法成功设立的风险。

（三）外商投资企业股权转让的特殊法律核查要点

项目公司属于外商投资企业的，其股权的转让可以采取：（1）直接转给资产支持专项计划；（2）转让至境内主体后再转给资产支持专项计划。无论何种转让方式，相应的转让流程均涉及“外资转内资”流程，具体步骤如图 7－8 所示。

就相应的“外资转内资”流程，一方面，根据《中华人民共和国外商投资法》（简称“《外商投资法》”）第四条规定，国家对外商投资实行准入前国民待遇与负面清单结合的管理制度，即在投资准入阶段给予外国投资者及其投资不低于本国投资者及其投资的待遇。现行外商投资管理制度下最为直接的改变，即取消了商务主管部门对外商投资企业设立及变更的审批、备案制度。2020 年 1 月 1 日起，各级商务主管部门不再受理外商投资企业设立及变更的审批和备案业务。另一方面，根据《外商投资法》第三十四条的规定，国家建立外商投资信息报告制度。外国投资者或者外商投资企业应当通过企业登记系统以及企业信用信息公示系统向商务主管部门报送投资信息。一般而言，股权转让先由买卖双方根据《公司法》相关规定签订股权转让协议，完成公司内部股东名册的变更，并需公司其他股东放弃行使优先购买权，再根据《公司登记管理条例》的规定进行工商变更登记，股权即完成变更。

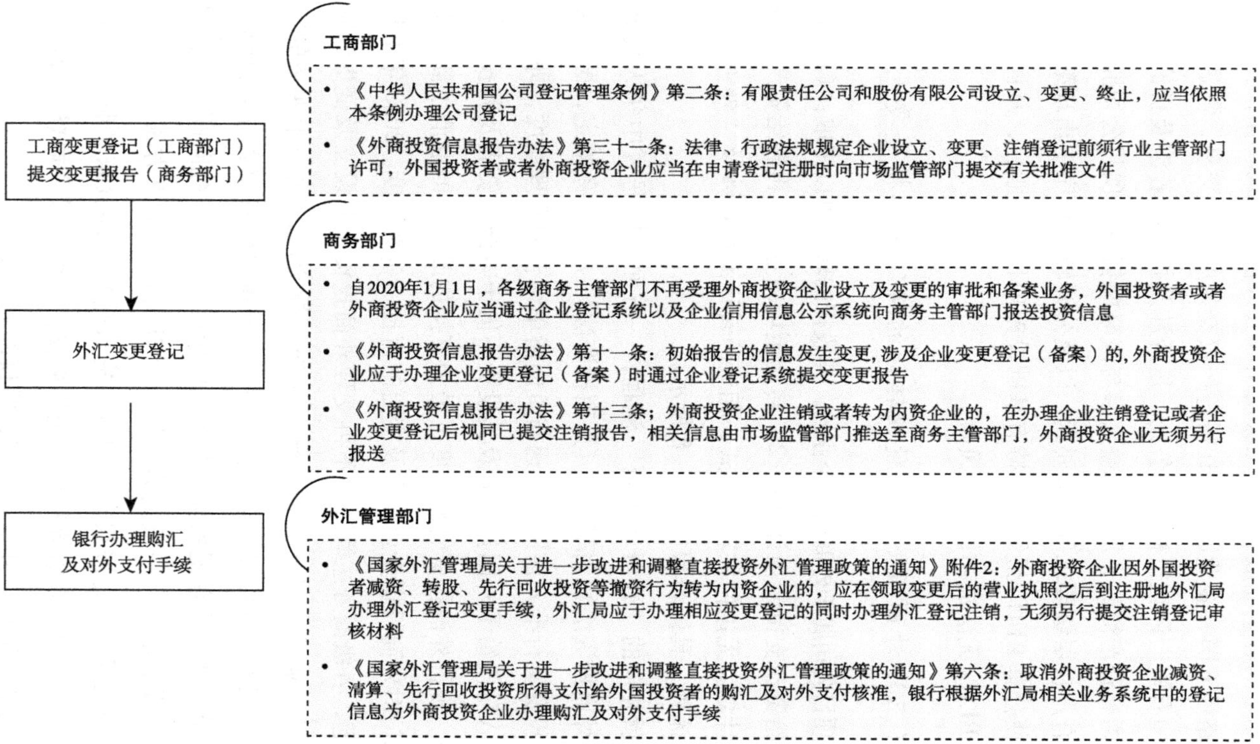

图7-8　外商投资企业股权转让流程

特别地，外商投资企业在办理工商登记变更手续转让股权后，需办理外汇变更登记，最后由银行办理购汇及对外支付手续。根据《国家外汇管理局关于进一步简化和改进直接投资外汇管理政策的通知》的附件1“直接投资外汇业务操作指引”的规定，外商投资企业因外国投资者减资、转股、先行回收投资等撤资行为转为内资企业的，应在领取变更后的营业执照之后到注册地银行办理基本信息登记变更手续。根据《国家外汇管理局关于进一步改进和调整直接投资外汇管理政策的通知》第六条的规定，银行根据外汇局相关业务系统中的登记信息为外商投资企业办理购汇及对外支付手续。

（四）特许经营或 PPP 类项目股权转让的特殊法律核查要点

本次公募 REITs 试点集中于基础设施领域，可能涉及包括收费公路、污水垃圾处理等特许经营或 PPP 类项目等在内的特殊项目。

就此类项目而言，基于保护公共安全及公共利益，在相应特许经营权协议、园区管理办法或其他项目合作文件中，可能设置合作政府方的批准或相关主管部门的控制权或对项目公司股权转让的一票否决权，或针对项目公司股权转让锁定期的要求等，因此需重点核查相应协议层面是否存在限制股权转让的条款。此外，根据 586 号文和《进一步做好 REITs 试点申报工作通知》《申报要求》等相关文件的要求，PPP（含特许经营）类项目均需取得 PPP（含特许经营）类项目协议签署机构或行业主管部门的批准和同意。

根据 586 号文和《进一步做好 REITs 试点申报工作通知》等相关文件的要求，针对此类项目，如若原始权益人发行公募 REITs 后拟并表管理的，须对发起人拟持有基金份额，持有基金份额的期限与转让条件，继续承担特许经营责任等情况进行详细说明，并在公募 REITs 发行申购日之前向社会公开披露。若原始权益人发行公募 REITs 后拟出表管理的，须制订详细方案，在公募 REITs 存续期及特许经营期内由项目公司承担特许经营责任，原始权益人及主要关联方承担连带或担保责任，原始权益人及持有基金份额的关联方依法依规不减持基金份额，持有的基金份额不以任何方式产生权利限制（如质押等），确保项目持续健康平稳运营。上述方案须在公募 REITs 发行申购日之前向社会公开披露。但国家发展改革委 2021 年 6 月 29 日发布的 958 号文中未明确提及上述要求。

（五）其他特殊法律核查要点

根据《国家发展改革委办公厅关于印发基础设施领域不动产投资信托基金（REITs）试点项目申报材料格式文本的通知》（2021 年 7 月 26 日版本）的要求，针对上市公司直接或间接持有的项目，如涉及分拆上市事宜，应说明取得相关监管部门关于分拆上市意见的情况；如不涉及分拆上市事宜，应说明具体原因。

针对境内上市公司，根据《上市公司分拆所属子公司境内上市试点若干规定》，上市公司分拆是指上市公司将部分业务或资产，以其直接或间接控制子公司的形式，在境内证券市场首次公开发行股票上市或实现重组上市的行为。笔者倾向于认为，公募 REITs 项目原则上不构成原始权益人直接或间接控制的子公司在境内证券市场首次公开发行股票上市或实现重组上市的行为，不适用于前项规定。

针对在中国香港联合交易所（简称“联交所”）的上市公司，需特别关注联交所对于项目公司股东的信息披露及资格要求，即满足联交所对于项目公司股权转让的特殊要求。

根据《香港联合交易所有限公司证券上市规则》（简称“《香港上市规则》”）“第 15 项应用指引”相关规定，有关发起人将其现有集团全部或部分资产或业务在本交易所或其他地方分拆作独立上市，是“第15项应用指引”所指的分拆上市。申请分拆上市需满足如下要求：(1) 项目公司需符合联交所新上市申请人的所有规定；(2) 该上市母公司最初上市已满3年；(3) 该上市母公司需保留有相当价值的资产及足够业务的运作；(4) 上市委员会对于分拆上市申请时需适用相应原则；(5) 需取得股东同意；(6) 保证获得新公司股份的权利；(7) 提交分拆上市申请并发布公告。除上述一般性原则之外，发起人如计划进行任何分拆上市活动，应及早与联交所上市科联络以了解有关申请事宜，获得联交所批准。由此，如项目公司涉及联交所上市规则项下的分拆转让，项目公司的上市母公司一般需满足已上市满3年且上述联交所“第15项应用指引”规定的分拆上市原则，取得联交所的批准。但如拟发行的证券不在中国香港联交所上市交易且无须获得上市母公司股东会的批准，则应该可以直接适用《香港上市规则》第19C.11条规定的豁免事项，即无须满足上述(2)、(4)至(7)的相关要求。

二、股权转让的法律核查要点

如前所述，公募REITs通过构建“公募REITs基金+专项计划+项目公司”的结构，以持有资产支持证券的方式间接持有基础设施项目100%的所有权或经营权利，实现公募REITs对基础设施项目的控制，因此，在公募REITs项下，原则上不涉及项目公司的资产转让。但受限于《进一步做好REITs试点申报工作通知》《申报要求》等相关文件的要求，发展改革委针对项目公司项下包括土地使用权、建筑物和构筑物所有权及经营收益权等资产的转让提出了特别的核查要求。

与项目公司股权转让的法律核查要点类似，针对资产转让的法律核查也主要集中在法律法规及政策层面以及协议层面。具体包括：（1）法律法规层面的直接限制，即现行法律法规中对于特定资产转让的限制性要求；（2）政策层面的特殊要求，如发展改革委在《进一步做好 REITs 试点申报工作通知》《申报要求》等文件中就划拨用地、协议出让土地使用权、产业园区用地、保税区项目提出的特殊核查要求；（3）项目手续文件或既有合同中的限制性要求，包括但不限于项目立项手续、土地出让合同、划拨决定书、特许经营权协议、融资合同、银行贷款合同、租赁合同及其他业务合同中可能存在的限制转让要求。

（一）土地使用权及建筑物、构筑物转让的法律核查要点

1. 法律法规层面的直接限制

在我国现行的土地管理制度中，《土地管理法》将国有建设用地的取得方式分为划拨及出让；其中，出让又进一步划分为协议出让方式和招拍挂的竞争性方式。总体而言，《土地管理法》将土地取得方式划分为划拨方式、协议出让方式和招拍挂方式。

一方面，基于土地使用权取得方式的不同，当前法律法规层面明确了不同的限制规定。具体而言：

（1）以划拨方式取得的土地使用权。《城市房地产管理法》第四十条规定：转让房地产时，应当按照国务院规定，报有批准权的人民政府审批。有批准权的人民政府准予转让的，应当由受让方办理土地使用权出让手续，并依照国家有关规定缴纳土地使用权出让金。因此，涉及划拨用地时，一般需取得相应政府部门的审批文件，此外，在项目层面还需衡量是否存在土地使用权转让引发的包括但不限于缴纳土地使用权出让金等程序的风险。

（2）以出让方式取得的土地使用权。《城市房地产管理法》第三十九条规定其转让必须满足已经支付全部土地使用权出让金并取得土地使用权证书，按照出让合同约定进行投资开发等条件。根据

《中华人民共和国城镇国有土地使用权出让和转让暂行条例》第十九条的规定，未按土地使用权出让合同规定的期限和条件投资开发、利用土地的，土地使用权不得转让。鉴于此，就出让方式取得的土地使用权转让应核查对应的土地出让合同、出让金的缴纳凭证，确认缴纳时间、金额及土地投资开发是否符合土地出让合同的约定；对于已建设完成的土地，还需核查对应的房屋产权证或不动产权证。

（3）以招拍挂方式取得的土地使用权。除需核查以出让方式取得的土地使用权的相关材料外，还需核查相应的招拍挂公告、出让公告及土地成交确认书等材料，以进一步确认其土地使用权的具体方式、出让（转让）方、取得时间及相关前置审批事项。

另一方面，基于土地用途的不同，当前的地方性规定层面也明确了不同的限制性要求。例如，上海市人民政府于 2016 年 3 月 30 日发布的《关于加强本市工业用地出让管理的若干规定》（沪府办〔2016〕23 号）第 15 条规定，针对工业用地标准厂房类土地，在国有建设用地使用权出让合同中，应当包括以下土地使用条件：（1）建设用地使用权不得整体或分割转让；（2）宗地上的房屋不得分幢、分层、分套转让，可出租；（3）建设用地使用权人出资比例结构、项目公司股权结构改变的，应当事先经出让人同意；（4）土地房屋整体转让的，需经出让人同意，也可按照出让合同约定由出让人或园区管理机构优先收购。采取土地房屋整体转让的，应当纳入全市统一土地交易市场实施。深圳颁布的《工业及其他产业用地供应管理办法》规定以划拨方式取得的建设用地使用权不得转让，而以出让方式取得的建设使用权部分特殊用地不得转让，包括重点产业项目用地、区域交通用地、城市道路用地、轨道交通用地、地下综合管廊设施用地、人才住房和保障性住房、创新型产业用房和科研项目用地、公用设施用地等。成都市《成都市土地市场管理办法》规定新供应 M0 的产业用房和配套用房须由土地使用权人全部持有，不得分割转让，不得以股权转让或变更等方式变相实施分割转让。

2. 政策层面的特殊要求

结合《进一步做好 REITs 试点申报工作通知》的要求：

（1）对项目公司拥有土地使用权的非 PPP（含特许经营）类项目：如项目以划拨方式取得土地使用权，土地所在地的市（县）人民政府或自然资源行政主管部门应对项目以 100% 股权转让方式发行基础设施 REITs 无异议；如项目以协议出让方式取得土地使用权，原土地出让合同签署机构（或按现行规定承担相应职责的机构）应对项目以 100% 股权转让方式发行基础设施 REITs 无异议；如项目以招拍挂出让或二级市场交易方式取得土地使用权，应说明取得土地使用权的具体方式、出让（转让）方、取得时间及相关前置审批事项。

（2）对项目公司拥有土地使用权的 PPP（含特许经营）类项目：发起人（原始权益人）和基金管理人应就土地使用权做出包含以下内容的承诺：项目估值中不含项目使用土地的土地使用权市场价值，基金存续期内不转移项目涉及土地的使用权（政府相关部门另有要求的除外），基金清算时或特许经营权等相关权利到期时将按照特许经营权等协议约定以及政府相关部门的要求处理相关土地使用权。

（3）对项目公司不拥有土地使用权的项目：应说明土地使用权拥有人取得土地使用权的具体方式、出让（转让）方和取得时间等相关情况，土地使用权拥有人与项目公司之间的关系，以及说明项目公司使用土地的具体方式、使用成本、使用期限和剩余使用年限，分析使用成本的合理性，并提供相关证明材料。

值得注意的是，招拍挂出让方式是1998年9月原国土资源部转发推荐广东省政府出台的《广东省城镇国有土地使用权公开招标拍卖管理办法》，要求各地结合实际推进这项工作。2001年4月30日，国务院颁布《国务院关于加强国有土地资产管理的通知》（国发〔2001〕15号），这是第一次在国家政策的层面上，明确提出了国有土地使用权招标拍卖的范围和界限，成为经营性土地由协议方式为主向招标拍卖方式为主转变的分水岭。即，在1998年之前取得的土地仅可能属于划拨方式或协议出让方式，不可避免地需要取得所在地自然资源行政主管部门或原土地出让合同签署机构的无异议函。如基础设施所涉及的土地使用权属于招拍挂出让方式取得，目前《进一步做好REITs试点申报工作通知》及《申报要求》未要求发起人额外取得行政主管部门的无异议函，但应说明取得土地使用权的具体方式、出让（转让）方、取得时间及相关前置审批事项。

此外，根据国家发展改革委发布的586号文和《进一步做好REITs试点申报工作通知》[①] 的要求，针对产业园区、仓储物流等非特许经营和PPP类项目，如基础设施涉及保税区内封关运行的不动产，则还需相应取得有管辖权的海关部门对该项目以100%股权转让方式发行基础设施REITs的无异议函。但国家发展改革委2021年6月29日发布的958号文，未明确提及上述要求。

---

① （1）依法合规以划拨方式取得土地使用权的项目，发起人（原始权益人）须以适当方式提供土地所在地的市（县）自然资源行政主管部门对该项目以100%股权转让方式发行基础设施REITs的无异议函；（2）依法合规以协议出让方式取得土地使用权的项目，须以适当方式提供原土地出让合同签署机构（或按现行规定承担相应职责的机构）对该项目以100%股权转让方式发行公募REITs的无异议函；（3）位于由海关等部门批准设立的保税区，实行封关运行的，属于税区内涉及有关保税仓库等不动产参与公募REITs的，还须征得有管辖权的海关等部门同意，并提供其对该项目以100%股权转让方式发行公募RETTs的无异议函。

3. 协议层面的限制性要求

参考项目公司股权转让的核查要求，需重点核查相应协议层面（包括但不限于项目公司或其股东、实际控制人签署的投资协议、土地出让/转让协议及手续、特许经营权协议、园区管理办法或其他项目合同文件）是否存在限制股权转让的条款，包括直接限制或禁止土地使用权和/或构筑物转让的条款以及明确相应土地使用权和/或构筑物转让需事先取得相关当事方事先同意的条款等。上述要求的提出主要是基于部分基础设施的建设，如产业园区或仓储物流项目，在原始投资之时可能是基于地方产业导入等政策方面的诉求给予了优惠政策，或协议本身在项目公司准入标准层面进行了严格要求和规定，因此项目公司如存在相应的限制条款，需根据相应条款取得园区管理部门或地方政府的同意并解除相关限制；特许经营权区别于产权类的产业园区、仓储物流项目，因此在转让限制的审查上也会略有差异。

（1）法律法规层面的直接限制。从法律法规层面对特许经营权的限制性要求来看，《市政公用事业特许经营管理办法》第十八条规定了擅自转让市政公用事业特许经营权的，主管部门应当依法终止特许经营权协议，取消其特许经营权。除此之外，现行国家层面的法律法规暂无明确限制特许经营权转让的规定。

从各地政府出台的法规政策来看，部分地方的法规政策禁止特许经营权的转让，例如，深圳市出台的《深圳市公用事业特许经营办法》禁止公用事业的特许经营权的转让[①]；《重庆市天然气管理

① 参见《深圳市公用事业特许经营办法》第十四条：特许经营者不得以转让、出租、质押等方式处分特许经营权。

条例》第二十五条明确禁止天然气特许经营权的转让[①]；部分地方如上海市、北京市及成都市分别出台《上海市城市基础设施特许经营管理办法》[②]《北京市城市基础设施特许经营条例》[③]及《成都市人民政府特许经营权管理办法》[④]，规定未经实施机关同意不得擅自转让特许经营权或需在特许经营权出让方案中明确特许经营权是否允许转让。

（2）政策和协议层面的限制性要求。特许经营权存在转让限制是由于基础设施和公用事业的建设事关民生，特许经营者必须具有相应经营资质和经验，政府也必须通过竞争方式选出特许经营者。特许经营协议签订时，往往是看中项目公司的股东的投资能力和运营能力或龙头企业对于当地经济发展的推动作用。因此，大多数特许经营协议会限制项目公司的股权转让，地方政府会评估变更后的主体对于整个收费项目的运营产生的影响及其资信能力。因此，国家发展改革委在《进一步做好 REITs 试点申报工作通知》[⑤]及《申报要求》中也明确要求，针对 PPP（含特许经营）类项目，PPP

---

① 参见《重庆市天然气管理条例》第二十五条：取得天然气特许经营权的企业不得转让、出租特许经营权，不得将特许经营权交与其他单位或者个人经营。

② 参见《上海市城市基础设施特许经营管理办法》第二十五条：未经实施机关同意，项目经营者不得转让、出租、质押、抵押或者以其他方式擅自处分特许经营权以及与特许经营活动相关的土地使用权、设施和企业股权等资产及其权益。

③ 参见《北京市城市基础设施特许经营条例》第二十五条：未经实施机关同意，特许经营者不得擅自转让、出租、质押、抵押或者以其他方式处分特许经营权和特许经营项目资产。在特许经营期限内，特许经营者不得将特许经营项目的设施及相关土地用于特许经营项目之外。

④ 参见《成都市人民政府特许经营权管理办法》第十二条：特许经营权出让方案应当包括但不限于下列内容，（六）特许经营权是否允许转让以及特许经营期限的延长或者终止。

⑤ 参见《进一步做好 REITs 试点申报工作通知》：在法律法规、政策文件、投资管理手续、PPP 合同或特许经营协议等相关规定或协议中，对转让项目公司股权、转让特许经营权有明确限定条件的项目，发起人（原始权益人）应按相关要求或协议约定，获得有权主管部门或协议签署机构的同意函。

（含特许经营）类项目协议签署机构或行业主管部门应对项目以100%股权转让方式发行基础设施REITs无异议。

第四节　REITs的治理结构

一、公募REITs的治理结构概述

公募REITs作为一种资产管理工具，与目前我国已有的以融资为目的的私募REITs不同，其核心在于通过对金融资产的投资管理和对不动产资产的专业化管理，以创造收入并达到资产增值为目的，这对公募REITs的治理主体提出了更高的要求，即公募REITs管理人需要兼具资产管理人和不动产管理人双重属性。因此，制定合适的治理结构，最大化发挥治理主体的管理能力并降低代理成本成为公募REITs治理结构的核心关注点。

参考国际市场中REITs已发展较为成熟的国家和地区，从管理模式的不同来看，REITs可以被分为外部管理模式和内部管理模式。外部管理模式即REITs聘用外部运营管理机构或投资顾问等独立第三方负责资产管理和物业运营工作；内部管理模式即指在REITs内部设立管理部门来负责资产管理和物业运营工作。不同管理模式的目的都是为了体现REITs管理人的管理能力并维护投资者利益。

（一）内部管理模式

从境外REITs市场经验来看，美国和欧洲等成熟市场的REITs多以内部管理模式为主①，其中一个重要的原因是成熟市场的RE-

① 参考SNL Financial数据，截至2017年8月，美国市场存续的REITs共195个，其中内部管理模式共169个，外部管理模式共26个。

ITs 经过长时间的实践发展，培育了良好的自身主动管理能力，或者通过收购管理公司从而具备了较强的经营管理能力；另一个重要的原因则是追求较低的管理成本，承担更少的外部风险。内部管理模式的 REITs 治理结构为“投资者→受托人”，单一链条的治理结构有效减少了内外部的协调沟通成本，并且更加简单灵活，同时降低外部管理人自身的经营风险和道德风险对 REITs 的影响；此外，美国及欧洲等成熟市场将 REITs 定位为一种市场商业实体，允许其高度市场化运营，因此其对管理模式的选择也较为灵活。

（二）外部管理模式

从对目前全球市场的观察来看，日本、中国香港、新加坡等亚洲市场的 REITs 多以外部管理模式为主。根据日本《投资信托与投资法人法》规定，法人型 REITs 必须委托外部管理机构①；中国香港《房地产投资基金信托守则》规定，受托人必须委任证监会认可的管理公司对 REITs 进行管理②；《新加坡房地产基金指引》要求其国内 REITs 管理人委托不动产投资顾问③。值得注意的是，中国香港和新加坡的规范虽然要求 REITs 委托管理公司或者要求 REITs 管理人委托投资顾问，但其并未要求被委托人必须独立于 REITs 受托人或管理人。亚洲市场对于外部管理模式的选择，主要是由其 REITs 内部管理运营能力和 REITs 的功能定位所决定的。

---

① 日本《投资信托与投资法人法》（The Law of Investment Trust and Investment Corporation）第一百九十八条第 1 款。

② 中国香港特别行政区证监会《房地产投资基金信托守则》第 5.1 款：每个要求获得认可的计划，必须委任证监会接纳的管理公司。

③ 新加坡《集合投资计划规范》（Code on Collective Investment Schemes）附件 2。

1. REITs 的内部管理运营能力

如前所述，REITs 运营的核心在于兼顾对金融资产的投资管理和对不动产资产的专业化管理，具体而言，又可以分为资产投资、资产改造和投后运营 3 个方面①，这就要求 REITs 管理人需要具备投前的尽调、评估、风险识别能力，对市场判断及商业定位能力、策划能力，物业运营、维护能力以及资产处置能力。在 REITs 市场发展初期或成长期，REITs 内部管理运营能力较弱，缺乏多方面专业的运营管理资源，因此选择外部管理模式，委托专业的不动产资产运营管理机构进行管理更能够盘活资产并保障投资者的收益。中国香港和新加坡都在 REITs 的专项法规中对管理人设置了严格的条件和要求，目的在于确保管理人具备较高的管理运营能力。

2. REITs 的功能定位

与欧美等发达市场将 REITs 定位为市场商业实体不同，亚洲部分国家和地区将 REITs 定位为一种盘活存量不动产资产以促进经济发展，同时为投资者提供投资不动产渠道的工具，监管机构更加注重对 REITs 管理机制的设计和规定。以中国香港为例，其在法规层面对受托人、管理公司、物业估值师等 REITs 参与主体的资格、责任及独立性做出了严格的规定。②

（三）不同管理模式的管理成本

REITs 是基于信托法律关系成立的基金，投资者基于信任将其财产委托给受托人（代表 REITs 基金），受托人应当基于信义义务以投资者的利益为原则对 REITs 进行管理。而在外部管理模式中，

---

① 资料来源：戴德梁行，《亚洲房地产投资信托基金（REITs）研究报告》，2017 年总第 3 期。

② 资料来源：中国香港证监会，《房地产投资基金信托守则》第 4、5、6 章。

REITs 的治理链条比内部管理模式中的链条更加冗长，典型的链条为“投资者→受托人→运营管理机构”。

在外部管理模式链条中，投资者与受托人之间的第一段链条是基于信托关系，受托人与运营管理机构之间的第二段链条则是基于委托代理关系。受托人与运营管理机构的委托代理关系区别于信托关系，运营管理机构仅需履行合同义务即可，无须为投资者的利益负责。因此，外部管理 REITs 参与主体间的利益冲突比内部管理 REITs 中更为明显，导致其管理成本更高。

二、我国公募 REITs[①] 治理结构的特殊性

根据证监会 54 号文的要求，我国公募 REITs 目前采取的是“公募基金 + ABS”的交易结构。在公募基金层面，其实质上是基于信托法律关系成立的契约型基金，投资者基于信任将其财产委托给公募基金管理人（代表公募基金）代为管理。在 ABS 层面，公募基金通过持有专项计划管理人发行的资产支持证券而享有基础资产权益，基础资产属于 ABS，独立于专项计划管理人与公募基金管理人财产，其实质上也是一种信托法律关系。

如图 7 - 9 所示，基于我国特有的公募 REITs 交易结构，在其结构中存在多个治理主体、多层委托关系。参与治理的主体主要包括基金份额持有人大会、公募基金管理人、专项计划管理人、项目公司以及运营管理机构。[②] 上述主体在公募 REITs 下具有不同的管理职能，为了公募 REITs 的正常存续及顺利运作发挥协同、监督作用。

① 为避免异议，下文“公募 REITs”仅指证监会 54 号文下的公开募集基础设施证券投资基金。

② 证监会 54 号文并未强制要求公募基金管理人聘请运营管理机构。

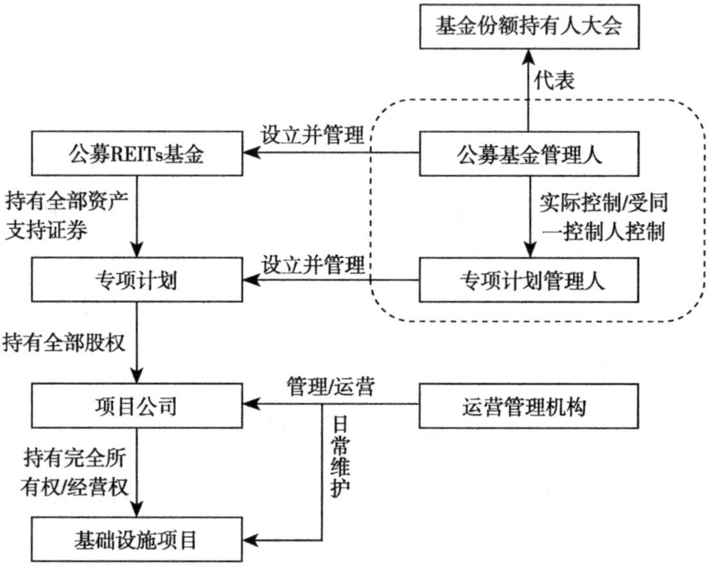

图 7-9　公募 REITs 交易结构

与境外 REITs 不同，根据证监会 54 号文的规定，公募 REITs 应当由基金管理人主动运营管理，但并未强制要求公募基金管理人集投资管理能力和基础设施项目运营管理能力于一身。部分投资管理决策被指定由基金份额持有人大会投票表决①；对基础设施项目的专业化管理而言，根据证监会 54 号文，公募基金管理人可以设立专门的子公司承担运营管理职责，也可以委托外部运营机构负责部分事项的运营管理。② 因此，公募 REITs 的治理结构是在结合中国香港、新加坡的外部管理模式与欧美的内部管理模式的基础上，适应我国基本国情及立法进展的特有治理结构。

---

① 证监会 54 号文第三十二条。

② 证监会 54 号文第三十九条。

三、基金份额持有人大会

（一）基金份额持有人大会委员会

根据《证券投资基金法》的规定，基金份额持有人大会可以按照基金合同的约定设立日常机构即基金份额持有人大会委员会，主要负责召集基金份额持有人大会、代表基金份额持有人大会监督公募基金管理人和公募基金托管人的活动以及基金合同赋予的其他职权[①]，但基金份额持有人大会委员会不得直接参与或干涉基金的投资管理活动。[②]

（二）基金份额持有人大会

基金份额持有人大会是由全体基金份额持有人组成的公募REITs基金的最高权力机构，对公募REITs的重大事项具有决策权。根据《运作办法》第四十九条的规定，基金份额持有人大会委员会、公募基金管理人、公募基金托管人和基金份额持有人应当执行生效的基金份额持有人大会的决定。

1. 基金份额持有人大会的职权

基金份额持有人大会的职权主要通过基金份额持有人表决实

---

① 《证券投资基金法》第四十八条：按照基金合同约定，基金份额持有人大会可以设立日常机构，行使下列职权：

（1）召集基金份额持有人大会。

（2）提请更换基金管理人、基金托管人。

（3）监督基金管理人的投资运作、基金托管人的托管活动。

（4）提请调整基金管理人、基金托管人的报酬标准。

（5）基金合同约定的其他职权。

② 《证券投资基金法》第四十九条：基金份额持有人大会及其日常机构不得直接参与或者干涉基金的投资管理活动。

现，需经基金份额持有人表决通过的事项如表 7 - 7[①] 所示。

表 7-7　基金份额持有人大会表决事项

需经参加大会的基金份额持有人所持表决权 1/2 以上表决通过事项	需经参加大会的基金份额持有人所持表决权 2/3 以上表决通过事项
（1）金额超过公募 REITs 基金净资产 20% 且低于公募 REITs 基金净资产 50% 的基础设施项目购入或出售	（1）基金占公募 REITs 基金净资产 50% 及以上的基础设施项目购入或出售
（2）金额低于公募 REITs 基金净资产 50% 的基金扩募	（2）金额占公募 REITs 基金净资产 50% 及以上的扩募
（3）公募 REITs 基金成立后发生的金额超过基金净资产 5% 且低于基金净资产 20% 的关联交易	（3）公募 REITs 基金成立后发生的金额占基金净资产 20% 及以上的关联交易
（4）除基金合同约定解聘外部管理机构的法定情形外，基金管理人解聘外部管理机构的	（4）决定更换公募基金管理人、公募基金托管人
（5）决定调整公募基金管理人、公募基金托管人的报酬标准	
（6）延长公募 REITs 基金合同期限	（5）决定提前终止基金合同
（7）决定修改基金合同重要内容	
（8）基金合同约定的其他情形	（6）对公募 REITs 基金的投资目标、投资策略等做出重大调整

2. 基金份额持有人的回避

根据证监会 54 号文的规定，与表决事项存在关联关系的基金份额持有人应当回避表决，其所持份额不计入有表决权的基金份额总数，但与外部运营管理机构存在关联关系的基金份额持有人就解聘、更换外部管理机构等事项无须回避表决。[②]

① 《证券投资基金法》第四十七条、第八十六条，证监会 54 号文第三十二条。

② 证监会 54 号文第三十二条、第四十二条。

其中，针对存在关联关系的基金份额持有人的一致行动人的回避问题，参考《上市公司收购管理办法》，投资者及其一致行动人在一个上市公司中拥有的权益应当合并计算[①]，以及《上交所业务办法》关于投资者与其一致行动人权益变动合并计算的规定，存在关联关系的基金份额持有人的一致行动人也应当回避表决。但是在常规一致行动的安排中，基金份额持有人仅会针对特定事项要求一致行动人保持一致行动，那么除一致行动安排以外的事项，拥有独立表决权的一致行动人是否还需要回避呢？从法律条文的理解上，一致行动人针对一致行动安排以外的、有权独立判断的事项是可以不进行回避表决的，但在上市公司监管实践中，考虑到一致行动人与投资者的特殊利益关系，监管机构存在要求将一致行动人视为投资者本人，不区分决议事项是否属于一致行动范围，一致行动人针对与投资者存在关联关系的表决事项均应回避表决的先例。而具体到公募 REITs 项下一致行动人表决事项的适用标准，有待监管部门在实践中进一步明示。

3. 基金份额持有人大会的召集

（1）基金份额持有人大会的召集人。基金份额持有人大会由基金份额持有人大会委员会召集；若不设基金份额持有人大会委员会或基金份额持有人大会委员会未按照规定召集的，由公募基金管理人召集；公募基金管理人未按照规定召集或不能召集的，由公募基金托管人召集。

代表公募 REITs 基金份额 10% 以上的基金份额持有人就同一事项要求召开基金份额持有人大会，而基金份额持有人大会委员会、公募基金管理人、公募基金托管人都不召集的，代表公募 REITs 基

---

① 《上市公司收购管理办法》第十二条：投资者在一个上市公司中拥有的权益，包括登记在其名下的股份和虽未登记在其名下但该投资者可以实际支配表决权的股份。投资者及其一致行动人在一个上市公司中拥有的权益应当合并计算。

金份额10%以上的基金份额持有人有权自行召集，并至少提前30日报中国证监会备案。基金份额持有人依法自行召集基金份额持有人大会的，公募基金管理人、公募基金托管人应当配合，不得阻碍、干扰。

（2）基金份额持有人大会的召开方式。召开基金份额持有人大会的，召集人应当至少提前30日在规定媒介公告大会事项。公告应当至少载明会议召开的时间、地点和会议形式，会议拟审议的事项、议事程序和表决方式等事项。基金份额持有人大会不得就未经公告的事项进行表决。

基金份额持有人大会可以采取现场方式召开，也可以采取通信等方式召开。采取通信方式召开的，召集人应当在会议公告中说明本次基金份额持有人大会所采取的具体通信方式，委托见证律师的联系方式，表决意见寄交的截止时间以及收取方式。

就公募REITs基金扩募、基础设施项目购入或出售等重大事项召开基金份额持有人大会的，相关信息披露义务人除应当依法公告持有人大会事项，还应当披露相关重大事项的详细方案、法律意见书等文件，方案内容包括但不限于：交易概况、交易标的及交易对手方的基本情况、交易的定价方式、交易的主要风险以及交易各方声明与承诺等事项。

出席基金份额持有人大会的基金份额持有人持有的公募REITs基金份额超过1/2以上的方可召开大会，否则召集人可以在原公告召开时间的3个月以后、6个月以内，就原定审议事项重新召集。重新召集的基金份额持有人大会应当由代表1/3以上份额的基金份额持有人参加方可召开。

（3）基金份额持有人的表决。每一基金份额具有一票表决权，除基金合同另有约定外，具体事项的表决通过比例参见表7－7。

四、公募基金管理人

根据证监会 54 号文的精神，公募基金管理人对于公募 REITs 的治理起到主导作用，其应当恪尽职守，遵守基金份额持有人利益优先的基本原则，对公募 REITs 进行专业化管理和托管。因此，证监会 54 号文对公募基金管理人的资质条件、职责做出了严格的规定。

（一）公募基金管理人的职责

公募基金管理人的职责可以分为投前尽调职责，运营管理职责以及退出处置职责，具体如图 7－10 所示。

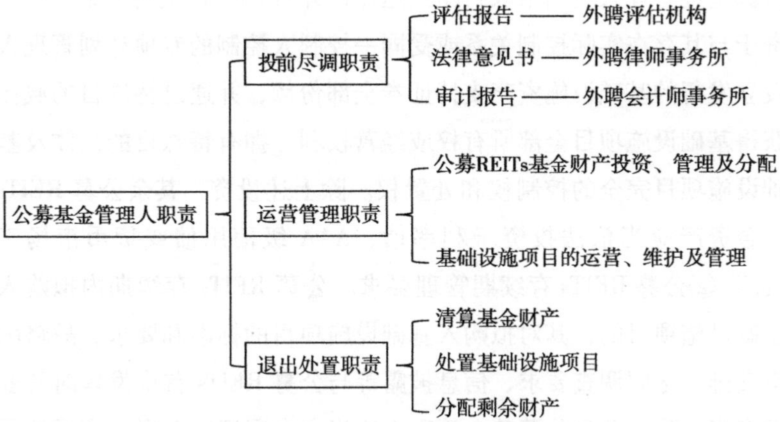

图 7－10　公募基金管理人职责

1. 投前尽调职责

申请注册公募 REITs 前，公募基金管理人应当对拟持有的基础设施项目进行全面的尽职调查，聘请符合规定的评估机构、律师事务所、会计师事务所等第三方机构，对拟持有的基础设施项目的整体状况出具评估报告，对拟持有的基础设施项目合法合规性、转让行为合法性及主要参与机构资质出具法律意见书，对拟持有的基础设施项目财务情况出具审计报告。

公募基金管理人可以与专项计划管理人联合开展尽职调查，必要时还可以聘请财务顾问开展尽职调查，但公募基金管理人与专项计划管理人依法应当承担的责任不因聘请财务顾问而免除。公募基金管理人或其关联方与项目公司存在关联关系或享有基础设施项目权益时，应当聘请第三方财务顾问独立开展尽职调查，并出具财务顾问报告。

2. 运营管理职责

（1）公募 REITs 基金财产投资、管理及分配。①公募 REITs 基金财产投资要求。根据证监会 54 号文的要求，公募 REITs 成立后，公募基金管理人应当采取封闭式运作，并将 80% 以上的基金资产投资于与其存在实际控制关系或受同一控制人控制的专项计划管理人设立发行的基础设施资产支持证券全部份额，并通过特殊目的载体获得基础设施项目全部所有权或经营权利，拥有特殊目的载体及基础设施项目完全的控制权和处置权。除上述投资，其余公募 REITs 基金资产应当依法投资于利率债、AAA 级信用债或货币市场工具。① ②公募 REITs 存续期管理要求。公募 REITs 存续期内拟购入基础设施项目的，其对拟购入基础设施项目的标准和要求、战略配售安排、尽职调查要求、信息披露等与公募 REITs 首次发售时的要求应当一致，并且公募基金管理人应当向中国证监会提出变更注册事项的申请。公募 REITs 存续期内，基金管理人应当聘请评估机构对基础设施项目资产每年进行 1 次评估。出现以下情形之一的，公募基金管理人应当及时聘请评估机构对基础设施项目资产进行评估：a. 基础设施项目购入或出售；b. 公募 REITs 扩募；c. 提前终

① 证监会 54 号文第二十五条至第二十七条。

止基金合同拟进行资产处置；d. 基础设施项目现金流发生重大变化且对基金份额持有人利益有实质性影响；e. 对基金份额持有人利益有重大影响的其他情形。除上述管理要求，在公募 REITs 存续期内，公募基金管理人还应当按照法律法规规定和基金合同约定主动履行信息披露义务。③公募 REITs 基金财产分配要求。公募基金管理人应当每年至少 1 次将公募 REITs 90% 以上合并后基金年度可供分配金额以现金形式分配给投资者，其中在公募 REITs 存续期内的与公募 REITs 有关的基金管理费、托管费，会计师事务所、律师事务所等收取的服务费及其他由基金财产承担的费用可以从公募 REITs 基金财产中列支。

（2）对基础设施项目的运营、维护及管理。根据证监会 54 号文第三十八条的要求，在公募 REITs 运作过程中，公募基金管理人应当按照法律法规的规定和基金合同约定主动履行以下对基础设施项目运营管理职责：①及时办理基础设施项目、印章证照、账册合同、账户管理权限交割等；②建立账户和现金流管理机制，有效管理基础设施项目租赁、运营等产生的现金流，防止现金流流失、挪用等；③建立印章管理、使用机制，妥善管理基础设施项目各种印章；④为基础设施项目购买足够的财产保险和公众责任保险；⑤制定及落实基础设施项目运营策略；⑥签署并执行基础设施项目运营的相关协议；⑦收取基础设施项目租赁、运营等产生的收益，追收欠缴款项等；⑧执行日常运营服务，如安保、消防、通信及紧急事故管理等；⑨实施基础设施项目维修、改造等；⑩基础设施项目档案归集管理等；⑪按照本指引要求聘请评估机构、审计机构进行评估与审计；⑫依法披露基础设施项目运营情况；⑬提供公共产品和服务的基础设施资产的运营管理，应符合国家有关监管要求，严格履行运营管理义务，保障公共利益；⑭建立相关机制防范外部管理机构的履约风险、基础设施项目经营风险、关联交易及利益冲突风险、利益输送和内部人控制风险等基础设施项目运营过程中的风险；⑮按照基金合同约定和持有人利益优先的原则，专业审慎处置资产；⑯中国证监会规定的其他职责。

公募基金管理人可以设立专门的子公司承担上述职责，也可以将上述④～⑨项委托给外部运营管理机构，但公募基金管理人应当承担的责任不因该等委托而免除，公募基金管理人应当自行派员负责基础设施项目公司的财务管理，且应当与运营管理机构签订基础设施项目运营管理服务协议，明确双方的权利义务、费用收取、考核安排、解聘情形和程序、协议终止情形和程序等事项。

公募基金管理人委托外部运营管理机构的，应当在运营管理服务协议履行期间，对运营管理机构履职情况进行监督，至少每年对其履职情况进行评估，至少每半年对其就获委托的运营管理活动而保存的记录、合同等文件进行检查。在委托事项终止后，公募基金管理人应当妥善保管基础设施项目运营维护相关档案。

3. 退出处置职责

当触发公募 REITs 基金合同约定的终止情形时，公募基金管理人应当按照法律法规规定和基金合同约定组织清算组对基金财产进行清算。如基金清算涉及基础设施项目处置的，基金管理人应当遵循基金份额持有人利益优先的原则，按照法律法规进行资产处置，并尽快完成剩余财产的分配。

（二）内部专业委员会

公募基金管理人根据其自身对公募 REITs 管理的需要，可以设立各专业委员会分别对不同事项进行决策。根据对我国首批发行的公募 REITs 项目的观察，主要的专业委员会包括投资决策委员会、运营管理委员会以及关联交易委员会，各专业委员会的召开、表决机制均可根据项目需求自行设定。

1. 投资决策委员会

投资决策委员会为公募基金管理人的内部决策机构，由公募基金管理人的高级管理人员以及其聘请的相关行业专业人员组成，主要为公募基金管理人提供投资建议并履行监督职能。我国首批发行的9个公募REITs项目中有6个选择了设立投资决策委员会。

根据对首批发行项目的观察，投资决策委员会主要履行以下职能：(1) 金额在公募REITs净资产20%以内的基础设施项目购入或出售；(2) 启动、终止或和解由公募基金或项目公司提出的，或由其他方针对公募基金或项目公司成员提起的，标的金额超过或可能超过一定金额的任何重大诉讼、仲裁或其他法律程序；(3) 选择、更换律师事务所、会计师事务所、证券/期货经纪商、财务顾问、资产评估机构或其他为公募基金、基础设施项目提供服务的外部机构；(4) 制订、实施及调整公募基金直接或间接的借入款项方案；(5) 审议运营管理机构提交的可分配净现金流低于上一年度的年度预算；(6) 判断是否纳入网下投资者等。

2. 运营管理委员会

运营管理委员会成员主要由公募基金管理人及运营管理机构分别进行委任，其中委员会主席由公募基金管理人委任的成员担任，并具有一票否决权。运营管理委员会主要为公募基金管理人提供运营管理建议并履行监督职能。我国首批发行的公募REITs项目中有4个项目选择设置运营管理委员会。

根据对首批发行项目的观察，运营管理委员会对基金份额持有人大会的审议事项具有提案权及建议权，需提交基金份额持有人大会决策的以下事项以及与基础设施基金的投资、运营管理相关的事项，均由运营管理委员会形成决议，并提交基金管理人作为基金份额持有人大会的决策依据：(1) 公募基金的扩募、延长或提前终止基金合同、修改公募基金相关文件的重要内容；（2）制订项目公司的经营方式和投资计划，提议选举和更换非由职工代表担任的董事，审议项目公司董事会的报告，审议项目公司的年度财务预算和决算方案；（3）交易金额占项目公司最近一年经审计营业收入一定比例以上的重大运营事项。

3. 关联交易委员会

关联交易委员会适用于关联交易较为频繁的场景，我国首批发行的公募 REITs 中，仅浙商沪杭甬高速 REITs 设置了关联交易委员会。关联交易委员会由独立董事及相关行业专业人士组成，独立董事具有一票否决权，相关行业专业人士的选任需由公募基金管理人提名并经基金份额持有人大会表决通过。

根据证监会 54 号文的要求，公募 REITs 成立后发生的金额超过公募基金净资产 5% 的关联交易事项需由基金份额持有人大会决议。对于其他重大关联交易（如交易金额占公募基金最近一年经审计营业收入一定比例以上的关联交易）可以交由关联交易委员会进行审议。

对于未设置关联交易委员会的公募 REITs，一般由投资决策委员会对重大关联交易事项进行审议。

五、专项计划管理人

在专项计划层面，专项计划管理人需要满足《证券公司资产证券化业务管理规定》要求的资质，并按照该规定对专项计划进行管理，除此之外，还应当满足以下要求：

（1）专项计划管理人应当受公募基金管理人实际控制或与公募基金管理人受同一控制人控制。

（2）专项计划管理人应当与公募基金管理人及其聘请的评估、法律、审计等专业机构协商确定专项计划的设立、发行等相关事宜，确保公募 REITs 注册、份额发售、投资运作与专项计划的设立、发行之间有效衔接。

（3）专项计划管理人应当配合公募基金管理人对拟持有的基础设施项目联合开展尽职调查。

（4）专项计划管理人应当持有项目公司全部股权。由于公募 REITs 将持有专项计划项下全部资产支持证券，因此，专项计划管理人应当执行基金份额持有人或公募基金管理人在公募 REITs 层面形成的决议，并形成相应的专项计划层面的决议。

六、项目公司

（一）项目公司的内部结构

根据证监会 54 号文的要求，专项计划管理人将代表专项计划成为项目公司的唯一股东。为了落实公募基金管理人对基础设施项目的控制权，若项目公司不设董事会，其执行董事应当由公募基金管理人委派；若项目公司设立董事会，由公募基金管理人委派的董事人数应当占据董事会的绝对多数席位。

（二）项目公司的义务

项目公司作为专项计划的原始权益人，不得侵占、损害公募 REITs 所持有的基础设施项目，并应当履行以下义务：

（1）配合公募基金管理人、公募基金托管人以及其他为公募 REITs 提供服务的专业机构履行职责。

（2）确保基础设施项目真实、合法，确保向公募基金管理人等机构提供的文件资料真实、准确、完整，不存在虚假记载、误导性陈述或者重大遗漏。

（3）依据法律法规、基金合同及相关协议约定及时移交基础设施项目及相关印章证照、账册合同、账户管理权限等。

（4）法律法规及相关协议约定的其他义务。项目公司及其控股股东、实际控制人应当承诺，提供的文件资料存在隐瞒重要事实或者编造重大虚假内容等重大违法违规行为的，应当购回全部公募REITs基金份额或基础设施项目权益。

七、运营管理机构

根据证监会54号文的规定，公募基金管理人可以设立专门的子公司承担基础设施项目运营管理职责，也可以委托外部运营管理机构负责部分对基础设施项目的运营管理职责，但公募基金管理人应当承担的责任不因委托外部运营管理机构而免除。

由于我国公募REITs尚处于试点阶段，对于普遍缺乏实体产业经营管理经验的公募基金管理人而言，设立专门从事基础设施项目运营的子公司成本较高、难度较大，因此，就目前阶段而言，对基础设施项目的具体运营、维护和管理，委托外部运营管理机构是公募基金管理人的更优选择。

（一）运营管理机构的职责

公募基金管理人应当与外部运营管理机构签订服务协议，明确双方的权利义务、费用、考核安排、外部运营管理机构解聘情形和程序、协议终止的情形和程序等事项，外部运营管理机构可以承担的运营管理职责包括：

（1）为基础设施项目购买足够的财产保险和公众责任保险。

（2）制定及落实基础设施项目运营策略。

（3）签署并执行基础设施项目运营的相关协议。

（4）收取基础设施项目租赁、运营等产生的收益，追收欠缴款项等。

（5）执行日常运营服务，如安保、消防通信及紧急事故管理等。

（6）实施基础设施项目维修、改造等。[①]

此外，运营管理机构还应当履行以下义务：

（1）不得泄露因职务便利获取的未公开信息，不得利用该信息从事或者明示、暗示他人从事相关交易活动。

（2）同时向其他机构提供基础设施项目运营管理服务的，应当采取充分、适当的措施避免可能出现的利益冲突。

（3）不得将受委托运营管理基础设施的主要职责转委托给其他机构。

（4）配合公募基金管理人等机构履行信息披露义务，确保提供的文件资料真实、准确、完整。[②]

（二）运营管理机构的选择

公募基金管理人在选择运营管理机构时，应当对拟委任的运营管理机构进行充分的尽职调查，以确保其符合以下条件：

（1）经中国证监会备案成为基础设施项目运营管理机构。

（2）具备符合国家规定的不动产运营管理资质（如有）。

（3）具备丰富的基础设施项目管理经验，配备充足的具备基础设施项目运营经验的专业人员，其中具有5年以上基础设施项目运营经验的专业人员不少于2名。

（4）公司治理与财务状况良好。

（5）中国证监会规定的其他要求。[③]

我国目前尚没有成熟的专门从事基础设施运营的第三方专业机

---

① 证监会54号文第三十八条。

② 证监会54号文第四十条。

③ 证监会54号文第四十条。

构，公募基金管理人一般会选择委任项目公司或其关联方担任运营管理机构。一方面，根据监管机构的要求，项目公司或其同一控制下的关联方应当参与公募 REITs 基金份额战略配售，且其比例合计不得低于公募 REITs 基金份额发售数量的 20% 。因此，作为基础设施项目原所有权人、运营方，其并不希望将基础设施项目出售后直接失去对基础设施项目的控制与管理权，其有动力继续参与基础设施项目的运营管理。另一方面，出于对管理成本的考虑，基础设施项目的运营对专业化程度要求较高，部分类型的基础设施项目还需要具备专业资质。若公募基金管理人在市场上引入项目公司及其关联方以外的第三方作为运营管理机构，由于该第三方机构对基础设施项目状况不熟悉，将会增加形成完善管理机制的时间成本以及与其他公募 REITs 参与方的沟通成本。因此，对目前试点公募 REITs 项目而言，公募基金管理人几乎都选择项目公司或其关联方作为基础设施项目的运营管理机构。

（三）运营管理机构与公募基金管理人的利益冲突及防范建议

1. 利益冲突

在外部管理模式下，运营管理机构与公募基金管理人之间的利益冲突较为明显，其主要体现在双方对基础设施项目的信息不对称而导致的运营管理机构的道德风险①、运营管理机构同时运营管理多个基础设施项目而导致的利益分配偏袒风险以及关联交易风险等方面。

2. 利益冲突防范建议

（1）防范道德风险建议——设立运营管理委员会。公募基金管

① 由于对基础设施项目运营管理的专业化程度要求较高，公募基金管理人通常不具备较为完善的专业知识储备人才，运营管理机构可能未遵循公募 REITs 利益最大化原则从而导致基础设施项目出现经营不善的风险。

理人可以在公募 REITs 层面为基础设施项目的运营管理设立运营管理委员会，委员会成员应当由公募基金管理人委派具有基础设施项目管理经验的人员参与并占绝对多数席位，运营管理机构派人参与，共同决策基础设施项目的运营管理事项。根据法律法规的规定以及基金合同、服务协议的约定，需要提交基金持有人大会决议，或应由公募基金管理人决策的重大事项，由运营管理委员会负责审议，根据表决情况形成决议，提交基金份额持有人大会或基金管理人作为决策依据。

（2）防范利益分配偏袒风险的建议——建立项目隔离制度。在运营管理机构同时运营管理其他基础设施项目的情况下，公募基金管理人可以在服务协议中明确要求运营管理机构对其同时运营管理的，可能与公募 REITs 的基础设施项目存在利益冲突的其他项目在机构设置、人员、资金管理、账户设置、系统运行等方面采取独立运作、分开管理，办公场所相互隔离等措施以防范利益冲突。

（3）防范关联交易风险的建议——制定关联交易制度并成立关联交易控制委员会。公募基金管理人应当与运营管理机构在服务协议中明确约定关联方、关联交易的定义，并在公募 REITs 基金层面成立关联交易控制委员会，专门负责审议和决策拟发生的关联交易。对于根据法律法规规定或基金合同约定应当提交基金份额持有人大会决议的重大关联交易，关联交易控制委员会应当负责审议，根据表决情况形成决议，并提交基金份额持有人大会作为决策依据。

第五节　特殊机制安排

一、REITs 的扩募安排

公募 REITs 的扩募也是诸多从业者关注的重点问题之一，在证监会54号文以及沪深交易所的相关业务规则关于扩募的原则性规定的基础上，公募REITs的扩募还有赖于实践过程中的进一步检验和完善。同时，中国香港、新加坡等成熟市场的REITs案例，也可以提供一定的借鉴经验，他山之石，可以攻玉。

（一）公募REITs扩募规则

证监会54号文、沪深交易所的《业务办法》和《发售业务指引》中，对公募REITs的扩募做出了部分规定，结合相关项目经验及交易所拟定参考的《公开募集基础设施证券投资基金（REITs）基金合同的内容与格式》的相关内容，基金合同层面需明确的扩募规则一般包括如下部分。

1. 扩募条件

扩募条件是公募REITs扩募的基本点，在设定扩募条件时，既要考虑条件的合理性，条件过宽或过苛均不利于存续期内扩募的开展，又要考虑基础设施项目和基础设施基金的具体特点，设定具有针对性和实质意义的扩募条件，以免扩募机制落空或难以实现。

关于公募REITs的扩募条件，相关规定并未明确列示或有所限制，因此该等扩募条件一方面取决于特定公募REITs的具体情况，另一方面也取决于公募基金管理人的规范性运营要求。除扩募的基础设施项目需符合相关规定这一基础性条件，扩募条件还可囊括公募基金的运营业绩、基金管理人以及公募基金的合规运营情况（如近两年未因违法违规行为受到行政处罚或者刑事处罚）等基本条件。

2. 扩募程序

在扩募程序方面，除持有人会议、临时公告等法定程序外，也包括不低于同等标准的尽职调查，具体示例如下：

（1）基金管理人聘请中介机构完成对拟扩募基础设施项目、项目公司和原始权益人等的尽职调查工作，并出具必要的法律意见书、审计报告和评估报告等中介报告。

（2）基金管理人可以聘请财务顾问，委托财务顾问办理基础设施基金的扩募相关业务，但基金管理人依法应当承担的责任不因此而免除。①

（3）基础设施基金按照规定或者基金合同约定就购入扩募基础设施项目事项召开基金份额持有人大会的，相关信息披露义务人应当按照证监会 54 号文规定公告持有人大会事项，披露拟购入扩募基础设施项目事项的详细方案及法律意见书等文件，涉及扩募的，还应当披露扩募发售价格确定方式。②

（4）基金管理人向基金份额持有人大会提交扩募方案，扩募发售方案中应当包括本次基础设施基金发售的种类及数量、发售方式、发售对象及向原基金份额持有人配售安排、原战略投资者份额持有比例因本次扩募导致的变化、新增战略投资者名称及认购方式（如有）、基金扩募价格、募集资金用途、配售原则及其他证券交易所要求的事项。③

（5）基金扩募需经基金份额持有人大会决议通过。其中，金额低于基金净资产 50% 的基础设施基金扩募，应当经参加大会的基金份额持有人所持表决权的 1/2 以上表决通过；金额占基金净资产 50% 以上的基础设施基金扩募，应当经参加大会的基金份额持有人所持表决权的 2/3 以上表决通过。④

（6）基金管理人应当在中国证监会的变更注册批文的有效期内，向证券交易所提交中国证监会同意变更注册的批准或备

---

① 证监会 54 号文第十条。

② 《上交所业务办法》第五十二条。

③ 《上交所发售业务指引》第五十三条第二款。

④ 证监会 54 号文第三十二条。

案文件复印件、扩募发售方案、扩募发售公告等文件。证券交易所5个工作日内表示无异议的，基金管理人启动扩募发售工作。①

（7）基础设施基金扩募的，可以向原基础设施基金持有人配售份额，也可以向不特定对象或特定对象发售。②

3. 扩募定价原则、定价方法

《上交所发售业务指引》第五十二条对扩募的定价进行了原则性规定，即基金管理人可以根据基础设施基金二级市场交易价格和拟投资项目市场价值等有关因素，合理确定基金扩募发售价格或定价方式，以及相应的份额数量。前述原则性规定也为后续公募REITs扩募定价实操留下了充分的灵活度和市场化可能，市场上首单公募REITs扩募值得拭目以待。

4. 其他事项

（1）基础设施基金扩募，基金管理人应当依法编制并发布临时公告。③

（2）基础设施基金扩募的相关登记结算业务参照登记机构制定的相应规则办理。

（二）其他市场REITs扩募安排概述

在中国香港和新加坡REITs中，大多数项目对扩募增发的定价规则和决议规则做出了原则性规定，例如约定增发定价的确定基准、特定条件下增发可豁免持有人会议决议，相对而言为市场化运行REITs赋予了更多的灵活性。

---

① 《上交所发售业务指引》第五十三条第一款。

② 《上交所发售业务指引》第五十一条。

③ 证监会54号文第三十五条。

1. 中国香港

中国香港 REITs 中对定价规则和决议规则的原则性约定示例：

（1）扩募定价大多约定在市场价格的 20% 范围内浮动，市场价格则根据约定的特定日期时该 REITs 在联交所的收盘价确定（示例：市场价格由管理人确定，为以下两者中较高者：①拟发行份额的相关协议签订日中国香港联交所该证券的收盘价；②新股发行公告日、拟发行份额的相关协议签订日、信托协议约定的发行价格确定日，三者孰早之日的前 5 个交易日联交所该证券的收盘价）。

（2）在按比例向现有持有人定向发行或紧急情况下（如 REITs 处于财务紧急状况）可以豁免签署发行定价幅度的限制。

（3）在满足特定条件时，增发无须经持有人大会同意，例如按比例向现有持有人定向发行（但增发将使 REITs 的市值扩大 50% 以上的除外），或增发单位数量不超过已发行单位的特定比例（如 20%），否则需经持有人大会一般表决通过。

2. 新加坡

新加坡 REITs 中对定价规则和决议规则的原则性约定示例：

（1）发行价格根据过去若干工作日的交易量加权平均价确定。如管理人认为不能反映公允价格的，可与证券经纪人商定，并经受托人认可而确定价格。

（2）限定特定条件下的价格浮动比例，例如向所有份额持有人按比例增发时每单位的发行价格不得低于发行公告日/要约日的前一个交易日该单位市场价格的 50%。

（3）满足特定条件下增发无须经持有人大会同意，例如增发单位不超过 REITs 中受托财产价值的 10% 且数量不超过已发行单位的 20%，或增发价格低于市场价格的折扣且折扣不超过 5%，否则应召集份额持有人大会以特别决议形式获得批准。

二、REITs 融资方案

（一）现行融资及杠杆规定

根据证监会54号文的要求，就基础设施基金的借款和杠杆安排，允许以募集资金偿还基础设施基金设立前的存量债务，如保留存量借款的应说明理由并揭示风险①，并对基础设施基金成立后的借款原则、用途和杠杆比例进行了限制，规定了收购借款的具体条件②，汇总如下。

1. 借款原则

基础设施基金直接或间接对外借入款项，应当遵循基金份额持有人利益优先原则，不得依赖外部增信。

2. 借款用途限制

限于基础设施项目日常运营、维修改造、项目收购等。

3. 杠杆限制

基金总资产不得超过基金净资产的140%，且用于基础设施项目收购的借款金额不得超过基金净资产的20%。

4. 用于基础设施项目收购的借款条件

（1）借款金额不得超过基金净资产的20%。

（2）基础设施基金运作稳健，未发生重大法律、财务、经营等风险。

---

① 证监会54号文第十五条：（十三）借款安排，基础设施基金成立后保留基础设施项目已存在对外借款的，应当充分说明理由，详细说明保留借款的金额、比例、偿付安排、符合法定条件的说明及对基础设施项目收益的影响，并充分揭示相关风险。《审核关注事项》第二十五条基础设施项目存在对外借款情形的，应当符合证监会54号文的相关要求。基金管理人、资产支持证券管理人应当核查并披露借款类型、金额、用途、增信方式、涉及的抵质押等权利限制情况，明确偿还安排及风险应对措施等。

② 证监会54号文第二十八条。

（3）基础设施基金已持基础设施和拟收购基础设施相关资产，变现能力较强且可以分拆转让，以满足偿还借款要求，偿付安排不影响基金持续稳定运作。

（4）基础设施基金可支配现金流足以支付已借款和拟借款本息支出，并能保障基金分红稳定性。

（5）基础设施基金具有完善的融资安排及风险应对预案。

（6）中国证监会规定的其他要求。

5. 借款及杠杆的监控

（1）不得新增借款并报告。[①] 基础设施基金总资产被动超过基金净资产 140% 的，基础设施基金不得新增借款，基金管理人应当及时向中国证监会报告相关情况及拟采取的措施等。

（2）发布临时公告。[②] 基础设施项目公司对外借入款项或者基金总资产被动超过基金净资产 140% 的，基金管理人应当依法编制并发布临时公告。

（3）定期报告披露。[③] 基础设施基金定期报告内容涵盖基础设施项目公司对外借入款项及使用情况，包括不符合本指引借款要求的情况说明。

（二）融资方案

针对基础设施基金存续期间的融资安排，对应前述借款用途限制，有以下两类贷款方案可以考虑适用，包括为项目收购提供的并购贷款，以及为基础设施项目日常运营、维修改造提供的经营性贷款。

① 证监会 54 号文第二十八条。
② 证监会 54 号文第三十五条。
③ 证监会 54 号文第三十六条。

1. 并购贷款

并购贷款整体交易结构及步骤如图7－11所示。

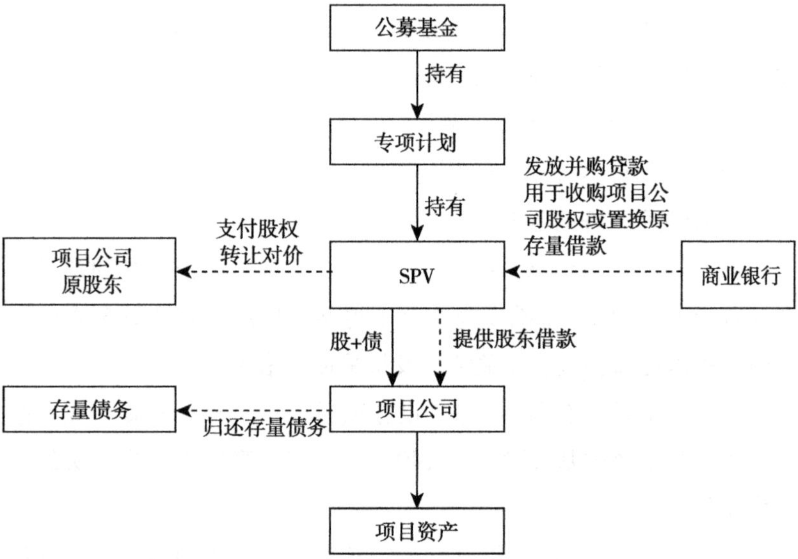

图7－11　并购贷款整体交易结构及步骤

并购贷款中整体交易要素如下：

（1）授信主体：SPV公司。

（2）授信用途：支付股权对价，置换项目公司存量借款。

（3）授信金额：不超过银行内部政策（如行内制定的《并购贷款管理办法》）和证监会54号文允许杠杆的上限。

（4）授信期限：以银行内部政策为准，一般不超过5年。

（5）放款要求：需满足证监会54号文第二十八条就收购借款规定的条件，以及银行内部政策要求，例如公募基金完成发行，SPV资本金到位或已支付给卖方，专项计划取得无异议函，基金管理人办理完毕基金备案手续并取得中国证监会书面确认等条件。

（6）还本安排：如为前期少量还本，最后一期一次性还本，由于最后一期可能因还本比例较高影响可供分配金额，基于“应保障基金分红稳定性”的要求，一般需考虑进行借新还旧处理，或考虑在到期前替换成经营性贷款。

（7）增信条件：以银行内部政策为准，一般包括物权担保，包括股权质押、物业资产抵押等，同时，因公募基金设立时资产不能存在权利负担，因此一般安排在放款后特定期限内落实担保并办理登记手续；账户监管安排，例如要求SPV公司在贷款行开立监管账户，要求归集物业资产租金收入等，同时设定一定的账户留存金额要求。

（8）承诺事项：以银行内部政策为准，可能包括消极承诺，如限制借款人新增对外融资及担保、借款人不得再以物业或股权设定担保；财务约束条件，如设定抵押率、贷款利率覆盖倍数；提前还款条款，如基础设施基金拟处置物业资产或公司股权、抵押率超过约定值且未能在特定期限内恢复等。

2. 经营性贷款

经营性贷款整体交易结构及步骤如图7－12所示。

经营性贷款中整体交易要素如下：

（1）授信主体：SPV公司。

（2）授信用途：归还股东借款，或置换原经营性物业贷款。

（3）授信金额：不超过银行内部政策（如行内制定的《并购贷款管理办法》）和证监会54号文允许杠杆的上限。

（4）授信期限：以银行内部政策为准，一般不超过10年。

（5）还本安排：分期还本，例如前5年每年还本5%，第6～10年每年还本15%，一般可提前还款。

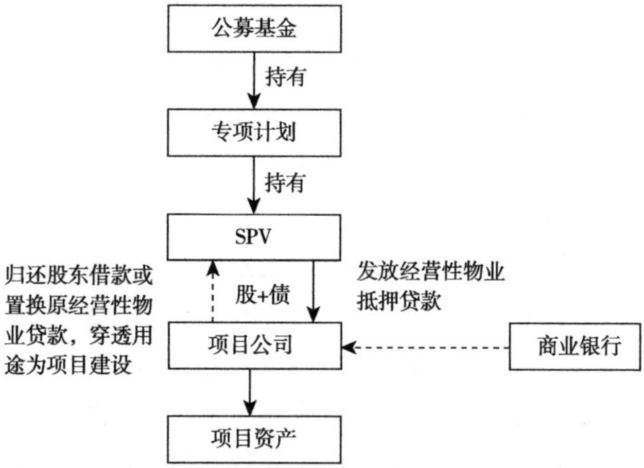

图7-12　经营性贷款整体交易结构及步骤

（6）增信条件：以银行内部政策为准，如在公募REITs发行前放款，放款后办理物业抵押，公募REITs发行时阶段性解押，公募REITs发行后追加抵质押担保；如在公募REITs发行时（或发行后）放款，于放款后特定期限内落实抵质押担保。增信条件和承诺事项，可参见前述“1. 并购贷款”的要求。

三、并表

进行公募REITs后就基础设施项目进行“并表”管理还是“出表”管理，是公募REITs中各利益相关方的重点关注事项/动因之一，市场上也不乏对于通过相关财务处理和机制设定实现设定财务结果的探讨。

“并表”与否作为会计认定事项，通常由会计师结合《企业会计准则第33号——合并财务报表》（简称“准则33号”）等规则进行综合判断。结合准则33号规定，财务报表的合并范围应当以控制为基础予以确定。控制，是指投资方拥有对被投资方的权力，通过参与被投资方的相关活动而享有可变回报，并且有能力运用对被投资方的权力影响其回报金额。

对应到公募 REITs 项目，结合笔者在相应项目中与会计师的沟通讨论，其认定控制的主要关注点大多落脚在原始权益人是否有能力直接或间接地主导或一定程度地影响项目公司相关活动，并通过主导或影响项目公司活动影响其回报金额。

据此，在当前推进的公募 REITs 项目中，大多数会计师为实现并表认定，一般要求原始权益人在公募基金各层面通过决策权的适当分配及配合对应的决策机制安排、传导，保障原始权益人的决策影响力，进而实现控制效果的认定。同时，具体的机制安排及其认可度有赖于不同会计师对于不同项目的具体判断。具体可概括为如下两种模式：

（1）在公募基金持有人大会下设投资决策委员，由原始权益人派驻一定席位的委员，且通过原始权益人派驻委员的整体表决意愿足以影响表决结果。①

（2）在项目公司及运营管理机构层面由董事会负责经营决策事项，原始权益人可派驻一定席位的董事且其整体表决意愿可影响表决结果，通过一系列治理和运营安排设置实现准则 33 号项下投资方对被投资方拥有权力的认定。

在前述决策机制的基础上，对于项目公司和/或标的物业资产足以影响可变回报的相应运营细节（例如基础设施维修改造及其额度的决定权、项目公司的运营支出及融资限制等）如何确定，也是在机制安排和设置上需要关注的重点。

此外，在前述治理和运营决策控制安排之外，为保障原始权益

① 目前这一安排受到了包括交易所在内的监管部门的挑战，根据之前同类项目与交易所的沟通，主任委员必须由基金管理人担任且必须出席，应享有一票否决权，这是交易所明确提出的监管口径要求。如若希望调整这一安排，可能需就此事项与相关监管部门进行进一步沟通。

人可变利益回报的实现，大多数会计师也将原始权益人持有公募基金份额这一要素纳入考虑，具体份额比例要求有赖于不同会计师对于不同项目的具体判断。实践中部分会计师结合准则33号第13条规定，要求原始权益人自行或通过一致行动人等安排实现持有半数以上公募基金份额。[①]

① 《企业会计准则第33号——合并财务报表》第十三条规定：除非有确凿证据表明其不能主导被投资方相关活动，下列情况，表明投资方对被投资方拥有权力：（1）投资方持有被投资方半数以上的表决权的；（2）投资方持有被投资方半数或以下的表决权，但通过与其他表决权持有人之间的协议能够控制半数以上表决权的。

第八章

REITs 会计和税收实务

第一节　公募 REITs 的会计处理

公募 REITs 从设立、发行、运作到清算，参与的主体主要为项目公司及其原始权益人、ABS、公募基金以及投资者，主要涉及 3 个方面的会计问题：(1) 从原始权益人的角度是否应该在合并报表层面终止合并相关项目公司。(2) 从公募基金的角度需判断取得的基础设施项目是否构成业务。(3) 从项目公司的角度如何对不动产进行计量。

公募 REITs 的会计处理需依照企业会计准则以及与 ABS 和基金相关的会计法规，具体包括：

(1)《企业会计准则第 33 号——合并财务报表》(简称“准则 33 号”)。主要涉及原始权益人合并报表层面对是否需要终止合并的会计处理。

(2)《企业会计准则解释 13 号》(简称“解释 13 号”)。主要涉及从公募基金的角度判断取得的基础设施项目是否构成业务。

(3)《企业会计准则第 20 号——企业合并》(简称“准则 20 号”)。主要涉及从公募基金的角度判断取得的基础设施项目构成业务，应当进行的会计处理。

（4）《企业会计准则第3号——投资性房地产》（简称“准则3号”）。主要涉及从项目公司的角度如何对不动产进行计量。

一、从原始权益人的角度是否应该在合并报表层面终止合并相关项目公司

针对这一问题的考量，主要依据的是准则33号。准则33号中关于主体合并的核心概念与《国际会计准则第10号——合并财务报表》（简称“国际准则10号”）中以控制为基础的单一合并模型一致。因此，准则33号也采用与国际准则10号一样的“控制+风险和报酬”的框架处理主体合并的问题。

根据准则33号，财务报表的合并范围应当以控制为基础予以确定。控制是指投资方拥有对被投资方的权力，通过参与被投资方的相关活动而享有可变回报，并且有能力运用对被投资方的权力影响其回报金额。控制的定义包含3项基本要素：一是投资方拥有对被投资方的权力，二是因参与被投资方的相关活动而享有可变回报，三是有能力运用对被投资方的权力影响其回报金额。在判断投资方是否能够控制被投资方时，当且仅当投资方具备上述3项基本要素时，才能表明投资方能够控制被投资方。

投资方在判断能否控制被投资方时，具体判断如下。

（一）投资方拥有对被投资方的权力

投资方拥有对被投资方的权力是判断控制的第一要素，这要求投资方需要识别被投资方并评估其设立目的和设计，识别被投资方的相关活动以及对相关活动进行决策的机制，确定投资方及涉入被投资方的其他方拥有的与被投资方相关的权利等，以确定投资方当前是否有能力主导被投资方的相关活动。

在判断投资方对被投资方是否拥有权力时，通常要结合被投资方的设立目的和设计。评估被投资方的设立目的和设计，有助于识别被投资方的哪些活动是相关活动，相关活动的决策机制，被投资方相关活动的主导方以及涉入被投资方的哪一方，能从相关活动中取得可变回报。判断时可能会出现两种情况：（1）被投资方的设计安排表明表决权是判断控制的决定因素。当对被投资方的控制是通过持有其一定比例表决权或是潜在表决权时，在不存在其他改变决策的安排的情况下，主要根据行使表决权来决定被投资方的财务和经营政策的情况，以判断控制。例如，在不存在其他因素时，通常持有半数以上表决权的投资方控制被投资方，但是，当章程或者其他协议存在某些特殊约定（如被投资方相关活动的决策需要 2/3 以上表决权比例通过）时，拥有半数以上但未达到约定比例等并不意味着能够控制被投资方。（2）被投资方的设计安排表明表决权不是判断控制的决定因素。当表决权仅与被投资方的日常行政管理活动有关，不能作为判断控制被投资方的决定性因素，被投资方的相关活动可能由其他合同安排规定时，投资方应结合被投资方设计产生的风险和收益，被投资方转移给其他投资方的风险和收益，以及投资方面临的风险和收益等一并判断其是否控制被投资方。

在识别被投资方的相关活动以及对相关活动进行决策的机制时需注意，被投资方为经营目的而从事众多活动，但这些活动并非都是相关活动，相关活动是对被投资方的回报产生重大影响的活动。识别被投资方相关活动的目的是，确定投资方对被投资方是否拥有权力。不同企业的相关活动可能是不同的，应当根据企业的行业特征、业务特点、发展阶段、市场环境等具体情况来进行判断。对许多企业而言，经营和财务活动通常对其回报产生重大影响。投资方是否拥有权力，不仅取决于被投资方的相关活动，还取决于对相关活动进行决策的方式。例如，对被投资方的经营、融资等活动做出决策（包括编制预算）的方式，任命被投资方的关键管理人员，给付薪酬及终止劳动合同关系的决策方式等。相关活动一般由企业章程、协议中约定的权力机构来决策。被投资方通常从事若干相关活动，并且这些活动可能不是同时进行。当两个或两个以上投资方能够分别单方面主导被投资方的不同相关活动时，能够主导对被投资方回报产生最重大影响的活动的一方拥有对被投资方的权力，此时，通常需要考虑的因素包括：（1）被投资方的设立目的和设计；（2）影响被投资方利润率、收入和企业价值的决定因素；（3）每一投资方有关上述因素的决策职权范围及其对被投资方回报的影响程度；（4）投资方承担可变回报风险的大小。

通常情况下，当被投资方从事一系列对其回报产生显著影响的经营及财务活动，且需要就这些活动连续地进行实质性决策时，表决权或类似权利本身或者结合其他安排，将赋予投资方拥有权力。但在一些情况下，表决权不能对被投资方回报产生重大影响（如表决权可能仅与日常行政活动有关），被投资方的相关活动由一项或多项合同安排决定。实务中可能出现以下不同情况。

1. 投资方拥有多数表决权的权力

表决权是对被投资方经营计划、投资方案、年度财务预算方案和决算方案、利润分配方案和弥补亏损方案、内部管理机构设置、聘任或解聘公司经理及确定其报酬、公司的基本管理制度等事项进行表决而持有的权力。表决权比例通常与其出资比例或持股比例是一致的，但公司章程另有规定的除外。

通常情况下，当被投资方的相关活动由持有半数以上表决权的投资方决定，或者主导被投资方相关活动的管理层多数成员（管理层决策由多数成员表决通过）由持有半数以上表决权的投资方聘任时，无论该表决权是否行使，通常持有被投资方过半数表决权的投资方拥有对被投资方的权力。

投资方持有被投资方半数以上表决权的情况通常包括如下3种：一是投资方直接持有被投资方半数以上表决权，二是投资方间接持有被投资方半数以上表决权，三是投资方以直接和间接方式合计持有被投资方半数以上表决权。

2. 投资方持有被投资方半数或以下表决权，但通过与其他表决权持有人之间的协议能够控制半数以上表决权

投资方自己持有的表决权虽然只有半数或以下，但通过与其他表决权持有人之间的协议，使其可以持有足以主导被投资方相关活动的表决权，从而拥有对被投资方的权力。该类协议安排需确保投资方能够主导其他表决权持有人的表决，即其他表决权持有人按照投资方的意愿进行表决，而不是投资方与其他表决权持有人协商并根据双方协商一致的结果进行表决。

3. 投资方拥有多数表决权但没有权力

确定持有半数以上表决权的投资方是否拥有权力，关键在于该投资方现时是否有能力主导被投资方的相关活动。当其他投资方现时有权力能够主导被投资方的相关活动，且其他投资方不是投资方的代理人时，投资方就不拥有对被投资方的权力。当表决权不是实质性权力时，即使投资方持有被投资方多数表决权，也不拥有对被投资方的权力。例如，被投资方相关活动被政府、法院、管理人、接管人、清算人或监管人等其他方主导时，投资方虽然持有多数表决权，但也不可能主导被投资方的相关活动。被投资方自行清算的除外。

4. 持有被投资方半数或半数以下表决权

持有半数或半数以下表决权的投资方（或者虽持有半数以上表决权，但表决权比例仍不足以主导被投资方相关活动的投资方，本部分以下同），应综合考虑下列事实和情况，以判断其持有的表决权与相关事实和情况相结合是否赋予投资方拥有对被投资方的权力。

（1）投资方持有的表决权份额相对于其他投资方持有的表决权份额的大小，以及其他投资方持有表决权的分散程度。

（2）投资方和其他投资方持有的潜在表决权。

（3）其他合同安排产生的权力，投资方可能通过持有的表决权和其他决策权相结合的方式使其当前能够主导被投资方的相关活动。

（4）其他相关事实或情况。

5. 权力来自表决权之外的其他权力

投资方对被投资方的权力通常来自表决权，但有时，投资方对一些主体的权力不是来自表决权，而是由一项或多项合同安排决定。

（二）因参与被投资方的相关活动而享有可变回报

可变回报是不固定的并可能随被投资方业绩而变动的回报，可能是正数，也可能是负数，或者有正有负。投资方在判断其享有被投资方的回报是否变动以及如何变动时，应当根据合同安排的实质，而不是法律形式。可变回报的例子包括：

（1）股利，被投资方经济利益的其他分配（例如，被投资方发行的债务工具产生的利息），投资方对被投资方投资的价值变动。

（2）因向被投资方的资产或负债提供服务而得到的报酬，因提供信用支持或流动性支持收取的费用或承担的损失，被投资方清算时在其剩余净资产中所享有的权益、税务利益，以及因涉入被投资方而获得的未来流动性。

（3）其他利益持有方无法得到的回报。例如，投资方将自身资产与被投资方的资产一并使用，从而提高投资方其他资产的价值。

（三）有能力运用对被投资方的权力影响其回报金额

只有当投资方不仅拥有对被投资方的权力，通过参与被投资方的相关活动而享有可变回报，并且有能力运用对被投资方的权力来影响其回报的金额时，投资方才控制被投资方。因此，拥有决策权的投资方在判断是否控制被投资方时，需要考虑其决策行为是以主要责任人（即实际决策人）的身份进行还是以代理人的身份进行。此外，在其他方拥有决策权时，投资方还需要考虑其他方是否是以代理人的身份代表该投资方行使决策权。

因此，原始权益人在公募 REITs 基金设立后，应当根据准则 33 号的规定，结合相关事实和情况判断其是否对公募 REITs 形成控制，确定是否对公募 REITs 进行合并。根据准则 33 号的要求，相关事实和情况包括以下几点：（1）公募 REITs 的设立目的；（2）公募 REITs 的相关活动及如何对相关活动做出决策；（3）原始权益人在公募 REITs 中享有的权力，是否使其目前有能力主导公募 REITs 的相关活动，并通过参与公募 REITs 的相关活动而享有可变回报；（4）原始权益人是否有能力运用对公募 REITs 的权力影响其可变回报等。一旦相关事实和情况的变化导致对控制定义所涉及的相关要素发生变化的，原始权益人应当重新进行评估。

二、从公募基金的角度需判断取得的基础设施项目是否构成业务

为明确公募 REITs 的操作运营，基金业协会发布了《公开募集基础设施证券投资基金运营操作指引（试行）》，其中第九条：基金管理人在编制基础设施基金合并日或购买日合并资产负债表时，应当按照解释 13 号的规定，审慎判断取得的基础设施项目是否构成业务。不构成业务的，应作为取得一组资产及负债（如有）进行

确认和计量；构成业务的，应该依据准则 20 号，审慎判断基金收购项目公司股权的交易性质，确定属于同一控制下的企业合并或是非同一控制下的企业合并，并进行相应的会计确认和计量。

关于企业合并中取得的经营活动或资产的组合是否构成业务的判断，解释 13 号从以下 3 方面进行了详细讲解。

（一）构成业务的要素

根据准则 20 号的规定，业务是指企业内部某些生产经营活动或资产的组合，该组合一般具有投入、加工处理过程和产出能力，能够独立计算其成本费用或所产生的收入。合并方在合并中取得的生产经营活动或资产的组合（以下简称“组合”）构成业务，通常应具有投入、加工处理过程、产出 3 个要素。

例如，P 公司是餐饮集团，最近 P 公司从 S 公司收购了在成都的 10 家餐厅：（1）收购的资产组包括土地、建筑物、租赁资产及其装修、设备及 S 公司使用的商标；（2）P 公司向餐厅员工提供就业机会，包括管理人员、服务人员和厨师；（3）P 公司收购了 S 公司的采购系统，该系统用于购买经营餐厅所需的食物、饮料和其他用品；（4）P 公司计划将这 10 家餐厅整合至自身现有的财务和人力资源系统中。我们来分析 P 公司收购餐厅是否构成业务？从构成业务的 3 个要素出发，首先该案例的投入为非流动资产（土地、建筑物、租赁资产、租赁改良、设备、商标使用权）、员工、食物、饮料等；其次例子中的加工处理过程为创造产出所必需的管理和操作流程（通过保留管理人员和相关员工获取）和采购系统；最后案例中涉及的产出是提供食物、饮料和餐饮服务。由于具备创造产出所必须的投入和加工处理过程，因此 P 公司收购餐厅构成业务。在上述情形中，假设 P 公司未收购 S 公司的采购系统，其他条件保持不变，P 公司收购餐厅是否构成业务？我们依然从构成业务的 3 个要素出发，首先例子中的投入为非流动资产（土地、建筑物、租赁资产、租赁改良、设备、商标使用权）和员工；其次案例中的加工处理过程为管理和操作流程；最后产出是提供食物、饮料和餐饮服务。由于P公司自身具备采购系统，因此P公司收购餐厅构成业务。

（二）构成业务的判断条件

合并方在合并中取得的组合应当至少同时具有一项投入和一项实质性加工处理过程，且二者相结合对产出能力有显著贡献，该组合才构成业务。合并方在合并中取得的组合是否有实际产出并不是判断其构成业务的必要条件。

企业应当分别考虑下列情况以判断加工处理过程是否是实质性的：

（1）对于该组合在合并日无产出的，同时满足下列条件的加工处理过程应判断为是实质性的：①该加工处理过程对投入转化为产出至关重要；②具备执行该过程所需技能、知识或经验的有组织的员工，且具备必要的材料、权利、其他经济资源等投入，例如技术、研究和开发项目、房地产或矿区权益等。

（2）对于该组合在合并日有产出的，满足下列条件之一的加工处理过程应判断为是实质性的：①该加工处理过程对持续产出至关重要，且具备执行该过程所需技能、知识或经验的有组织的员工；②该加工处理过程对产出能力有显著贡献，且该过程是独有、稀缺或难以取代的。

企业在判断组合是否构成业务时，应当从市场参与者角度考虑是否将其作为业务进行管理和经营，而不是根据合并方的管理意图或被合并方的经营历史来判断。

（三）判断非同一控制下企业合并中取得的组合是否构成业务，也可选择采用集中度测试进行简化判断

进行集中度测试时，如果购买方取得的总资产的公允价值几

乎相当于其中某一单独可辨认资产或一组类似可辨认资产的公允价值的，则该组合通过集中度测试，应判断为不构成业务，且购买方无须按照上述“（二）构成业务的判断条件”进行判断；如果该组合未通过集中度测试，购买方仍应按照上述判断条件进行判断。

购买方应当按照下列规定进行集中度测试。

1. 计算确定取得的总资产的公允价值

取得的总资产不包括现金及现金等价物、递延所得税资产以及由递延所得税负债影响形成的商誉。购买方通常可以通过下列公式之一计算确定取得的总资产的公允价值：

总资产的公允价值 = 合并中取得的非现金资产的公允价值 +
（购买方支付的对价 + 购买日被购买方少数股东权益的公允价值 +
购买日前持有被购买方权益的公允价值 -
合并中所取得的被购买方可辨认净资产公允价值）-
递延所得税资产 - 由递延所得税负债影响形成的商誉

总资产的公允价值 = 购买方支付的对价 +
购买日被购买方少数股东权益的公允价值 +
购买日前持有被购买方权益的公允价值 +
取得负债的公允价值（不包括递延所得税负债）-
取得的现金及现金等价物 - 递延所得税资产 -
由递延所得税负债影响形成的商誉

2. 关于单独可辨认资产

如果资产（包括租赁资产）及其附着物分拆成本重大，应当将其一并作为一项单独可辨认资产，例如土地和建筑物。

3. 关于一组类似资产

企业在评估一组类似资产时，应当考虑其中每项单独可辨认资产的性质及其与管理产出相关的风险等。下列情形通常不能作为一组类似资产：（1）有形资产和无形资产；（2）不同类别的有形资产，例如存货和机器设备；（3）不同类别的可辨认无形资产，例如商标权和特许权；（4）金融资产和非金融资产；（5）不同类别的金融资产，例如应收款项和权益工具投资；（6）同一类别但风险特征存在重大差别的可辨认资产等。

例如，甲公司从第三方购买了标的公司100%股权，标的公司持有15套公寓，购买对价等于15套住房的公允价值总和，该15套公寓具有以下特征：（1）均包含土地、建筑物及装修；（2）每套建筑面积和装修不同；（3）均位于同一地区，具有类似租房和营运风险；（4）未转移员工、其他资产、其他过程或活动。上述15套公寓是否满足一组"类似"资产的定义？我们做如下分析，每套公寓均为一项单独可辨认资产，因为公寓性质相似，管理和创造产出相关的风险没有显著不同，具有相似的客户类别和营运风险，因此15套公寓是一组类似资产。若标的公司除15套公寓外，还拥有2幢用于出租的办公楼，包括以下特征：（1）2幢10层办公楼已全部出租；（2）收购标的还包括清洁、安保的外包合同，其公允价值与15套公寓的公允价值总额近似。上述15套公寓和2幢办公楼是否满足一组"类似"资产的定义？由于经营资产、获得租户和管理租户的风险显著不同，特别是这两类客户的经营规模和相关风险存在显著差异，因而上述15套公寓和2幢办公楼不是一组类似资产。

三、从项目公司角度如何对不动产进行计量

证监会54号文对基础设施的范围做出了规定。基础设施包括仓储物流，收费公路、机场港口等交通设施，水电气热等市政设施，污染治理、信息网络、产业园区等其他基础设施，不含住宅和商业地

产。其中，投资性房地产是公募 REITs 涉及的一类主要资产。因此，投资性房地产的计量是公募 REITs 中一个重要的会计问题。

准则 3 号中对投资性房地产的计量有明确规定。

投资性房地产应当按照成本进行初始计量：（1）外购投资性房地产的成本，包括购买价款、相关税费和可直接归属于该资产的其他支出。（2）自行建造投资性房地产的成本，由建造该项资产达到预定可使用状态前所发生的必要支出构成。（3）以其他方式取得的投资性房地产的成本，按照相关会计准则的规定确定。

企业应当在资产负债表日采用成本模式对投资性房地产进行后续计量，但有确凿证据表明投资性房地产的公允价值能够持续可靠取得的，可以对投资性房地产采用公允价值模式进行后续计量。

采用公允价值模式计量的，应当同时满足下列条件：（1）投资性房地产所在地有活跃的房地产交易市场。（2）企业能够从房地产交易市场上取得同类或类似房地产的市场价格及其他相关信息，从而对投资性房地产的公允价值做出合理的估计。

投资性房地产的公允价值，是指在公平交易中，熟悉情况的当事人之间自愿进行房地产交换的价格。确定投资性房地产的公允价值时，应当参照活跃市场上同类或类似房地产的现行市场价格（市场公开报价）；无法取得同类或类似房地产现行市场价格的，应当参照活跃市场上同类或类似房地产的最近交易价格，并考虑交易情况、交易日期、所在区域等因素，从而对投资性房地产的公允价值做出合理的估计；也可以基于预计未来获得的租金收益和有关现金流量的现值计量。上述所说“同类或类似”的房地产，对建筑物而言，是指所处地理位置和地理环境相同，性质相同，结构类型相同或相近，新旧程度相同或相近，可使用状况相同或相近的建筑物；对土地使用权而言，是指同一位置区域、所处地理环境相同或相近，可使用状况相同或相近的土地。

采用公允价值模式计量的，不对投资性房地产计提折旧或进行摊销，应当以资产负债表日投资性房地产的公允价值为基础调整其账面价值，公允价值与原账面价值之间的差额计入当期损益。

需要注意的是，企业对投资性房地产的计量模式一经确定，不得随意变更。成本模式转为公允价值模式的，应当作为会计政策变更处理，并按计量模式变更时公允价值与账面价值的差额调整期初留存收益，具体参考《企业会计准则第28号——会计政策、会计估计变更和差错更正》（简称“准则28号”）。已采用公允价值模式计量的投资性房地产，不得从公允价值模式转为成本模式。同一企业只能采用一种模式对所有投资性房地产进行后续计量，不得同时采用两种计量模式进行后续计量。

采用公允价值对投资性房地产进行后续计量的企业，对于在建投资性房地产（包括企业首次取得的在建投资性房地产），如果其公允价值无法可靠确定但预期该房地产完工后的公允价值能够持续可靠取得的，应当以成本计量该在建投资性房地产，其公允价值能够可靠计量时或其完工后（两者孰早），再以公允价值计量。在极少的情况下，采用公允价值对投资性房地产进行后续计量的企业，有证据表明，当企业首次取得某项非在建投资性房地产（或某项现有房地产在完成建造或开发活动或改变用途后首次成为投资性房地产）时，该投资性房地产的公允价值不能持续可靠取得的，应当对该投资性房地产采用成本模式计量直至处置，并且假设无残值。但是，采用成本模式对投资性房地产进行后续计量的企业，即使有证据表明，企业首次取得某项投资性房地产时，该投资性房地产公允价值能够持续可靠取得，该企业仍应对该项投资性房地产采用成本模式进行后续计量。

税法规定，企业以公允价值计量投资性房地产，持有期间公允价值的变动不计入应纳税所得额，在实际处置或结算时，处置取得的加价款扣除其历史成本或以历史成本为基础确定的处置成本后的差额应计入处置或结算期间的应纳税所得额。按照该规定，以公允价值计量的投资性房地产在持有期间公允价值的波动在计税时不予考虑，有关资产在某一会计期末的计税基础为其取得成本，从而造成在公允价值变动的情况下，对以公允价值计量的投资性房地产账面价值与计税基础之间存在差异，具体应参考《企业会计准则第18号——所得税》进行会计处理。

第二节　公募 REITs 的会计实务探讨

一、公募 REITs 会计实务探讨

境内公募 REITs 基金作为一项新生事物，其在财务报告和会计核算方面也与一般的企业 IPO 和公募基金发行存在着一定区别。下文将站在原始权益人和公募基金管理人两个角度来为读者分析境内公募 REITs 基金在申报发行过程中所需要注意的财务报告和会计核算方面的事项。

（一）原始权益人角度

1. 历史财务信息的报备和披露要求

根据相关的监管要求，原始权益人在申请发行公募 REITs 的过程中，需要向发展改革委及中国证监会等监管机构提交一系列相关资产的历史财务数据，用于监管机构的审查以及面向投资者的公开披露。相关的历史财务数据包括项目公司财务报告以及原始权益人的财务报告。

以房地产行业或者仓储物流行业为例，项目公司财务报告中涉

及的主要会计问题包括投资性房地产的确认和初始计量、后续计量以及房地产租赁收入的确认。可参考的会计准则包括《企业会计准则第3号——投资性房地产》（简称“准则3号”），《企业会计准则第8号——资产减值》（简称“准则8号”）和《企业会计准则第21号——租赁》（简称“准则21号”）。原始权益人及项目公司在筹备发行公募REITs时需要考虑会计政策的选择，比如房地产的后续计量模式。

根据准则3号，原始权益人可使用成本模式对项目公司投资性房地产进行后续计量，也可采用公允价值模式进行后续计量，如果有确凿证据表明投资性房地产的公允价值能够持续可靠取得。如果原始权益人在项目公司财务报告中原先使用成本模式对投资性房地产进行后续计量，后转为公允价值模式，应当作为会计政策变更，按照准则28号进行会计处理和披露。已采用公允价值模式计量的投资性房地产，不得从公允价值模式转为成本模式。

除上述会计政策的选择，还存在一些与财务报告披露相关的考虑事项。例如，需要明确相关历史财务报告的披露要求，兼顾企业会计准则的披露要求、监管机构要求、基金募集说明书的披露要求等多种因素。

除上述项目公司相关的会计信息提交要求，原始权益人也会被监管机构要求提供其历史财务报告。在这种情况下，原始权益人需考虑财务报告涵盖的期间，是否需要编制合并报告以及其他报告披露要求。

另外，原始权益人需针对筹备发行公募REITs所需要提交的各项资料提前做出规划，以免因为申请文件不全而导致项目进度延迟。

2. 预测性财务信息的报备和披露要求

根据证监会54号文，基金招募说明书需要包含经会计师事务所审核的基金可供分配金额测算报告。基金管理人在计算可供分配金额的过程中，应当先将合并净利润调整为税息折旧及摊销前利润，并在此基础上综合考虑项目公司持续发展、项目公司偿债能力、经营现金流等因素后确定可供分配金额计算调整项。调整项包括折旧和摊销、基础设施项目资产的公允价值变动损益、应收和应付项目的变动、未来合理相关支出预留等。可供分配金额测算报告应当包括合并利润表、合并现金流量表以及可供分配金额计算表等。基金管理人应当在可供分配金额测算报告中，充分披露测算涉及的假设条件、计算公式及结果等。

3. 发行完成后对原始权益人财务报告的影响

原始权益人在公募 REITs 基金设立后，应当根据准则 33 号的规定，结合相关事实和情况判断其是否对公募 REITs 形成控制，确定是否对公募 REITs 进行合并。根据准则要求，相关事实和情况包括公募 REITs 的设立目的，公募 REITs 的相关活动及如何对相关活动做出决策，原始权益人在公募 REITs 中享有的权力是否使其目前有能力主导公募 REITs 的相关活动并通过参与公募 REITs 的相关活动而享有可变回报，原始权益人是否有能力运用对公募 REITs 的权力影响其可变回报等。一旦相关事实和情况的变化导致对控制定义所涉及的相关要素发生变化的，原始权益人应当进行重新评估。

由于基础设施项目存在多样性及灵活性，公募 REITs 基金本身在编制合并财务报告过程中也应当对交易进行谨慎判断从而做出恰当的会计处理。在初始计量时，公募 REITs 应当首先按照解释 13 号中关于企业合并中取得的经营活动或资产的组合是否构成业务的判断的相关解释，判断取得的基础设施项目是否构成资产或者业务。基础设施项目不构成业务的，则应视为取得一组资产及负债（如有）进行确认和计量；构成业务的，应当按照准则 20 号的规定，区分同一控制下的企业合并和非同一控制下的企业合并，进行相应的会计确认和计量。

在发行公募REITs的过程中，应通盘考虑需使用的各项历史财务数据以及预测性财务数据的申报期间、列报及披露方式、会计政策的选择、数据之间的合理性及连贯性，并尽早着手进行准备。原始权益人应及时充分地向公募基金管理人及参与发行的各中介机构提供相关的支持与配合。

（二）公募基金管理人角度

从公募基金管理人的角度，境内公募REITs基金主要有如下3项较为特殊的估值核算和披露报告要求。

（1）需要编制个别和合并财务报告。传统公募基金一般出具的是基金个别财务报告，体现的是公募基金自身的资产净值、份额净值和单位份额净值。然而，公募REITs基金由于其独特的“公募基金+ABS”结构，其申报财务报告和定期财务信息不仅包括公募基金层面自身的个别财务报告，还需要包括整个公募REITs基金下整体基础设施项目的合并财务状况、合并经营成果和合并现金流量。

这些合并财务报告的编制和内部交易抵销流程对于公募基金管理人来说比较陌生，也需要更多的时间进行探索。

（2）需要在申报前测算以及发行后定期计算可供分配金额。可供分配金额是公募REITs基金下的一个新的概念，是在净利润基础上进行合理调整后的金额。根据相关法规的要求，公募REITs基金应当将90%以上的合并后基金年度可供分配金额以现金形式分配给投资者。因此相关可供分配金额的计算将会很大程度上影响到公募REITs基金投资者每年可以分得的现金红利的金额，从而影响公募REITs基金发行的定价。

除在定期报告中计算和披露可供分配金额外，公募基金管理人还需要在申请注册公募REITs基金前编制预计未来可供分配金额的测算表（测算期限不超过2年），若测算的可供分配金额与实际的可供分配金额存在重大差异，需要在基金年度报告中说明。因此，公募基金管理人在测算可供分配金额时，需充分考虑净利润的调整金额，是否会与未来相关期间的实际情况发生重大差异。

（3）需要定期进行与基础设施资产运营相关的核算和相关财务信息编制。传统公募基金的投资标的主要为标准化证券。公募基金管理人运用基金财产进行传统证券投资的主要目的，并不在谋求被投资企业的日常经营，而主要是从财务投资者的角度通过买卖和持有证券获得相应的投资回报。因此，传统公募基金产品在进行估值核算时主要关注相关的投资标的的市值或最近交易价格是否代表了其公允价值。公募REITs基金的投资标的不是标准化证券。公募REITs基金管理人募集的基金财产通过认购资产支持证券的形式间接持有了底层基础设施项目公司的股权和债权。公募REITs基金的管理人除了需要拥有常规公募基金投资管理能力以外，还需要有基础设施项目投资管理和项目运营经验，通过主动管理基础设施资产获取其运营收益。因此，公募REITs基金管理人需要对基础设施资产在运营过程中的包括基础资产收入确认、成本费用分摊、购买日会计、商誉初始计量、长期资产减值测试等在内的所有交易环节进行会计处理，并定期编制个别财务报告和合并财务报告。

第三节　公募REITs的税收处理

REITs的发展离不开特定税收政策的支持，纵观全球实行REITs制度的国家，大多数国家和地区设置了特殊的税务规则，以此提高REITs份额的投资收益率，吸引社会资本对REITs进行投资。我国境内自2020年4月30日，《REITs通知》发布以来，市场也一直密切关注REITs相关的税收政策动向。

截至 2020 年 12 月 31 日，境内还未出台 REITs 专门的税收法规。梳理现行的税收法规，针对金融工具的税收政策较少，即使从更广范围观察，境内目前针对资产证券化的专门税收法规也只有《财政部、国家税务总局关于信贷资产证券化有关税收政策问题的通知》（财税〔2006〕5 号，简称“5 号文”）。而自 2016 年 5 月 1 日全面推行营改增后，金融业的各项业务落入增值税的征收框架，以及 2018 年 1 月 1 日起开始对资管产品征收增值税，境内也没有在增值税框架下针对资产证券化业务出台过专门的税收法规，或者对上述 5 号文进行更新。

在 REITs 专门税收法规缺失的情况下，公募 REITs 的税收处理只能基于散落在现行法规中的一些税收政策进行逐一分析，有时甚至需要结合税制原理进行分析，以便在不确定中尽可能做出较为合理合适的判断。不同于会计上基于控制的合并处理，税收一般需要基于单一主体、单一交易进行分析，这要求对 REITs 交易结构进行分解，逐一细分为单一交易项，并明确每一交易项中的各个主体，基于此，对各个交易项和各个主体的业务活动以及收入进行定性，以便做出合适的税收处理分析。而在定性分析中，一般需结合交易的法律关系、会计处理、反避税规定等一系列规则进行判定。

一、公募 REITs 的一般涉税处理

基于已出台的公募 REITs 规定和一系列指引，REITs 业务中涉及包括发起人、投资者、项目公司、资产支持专项计划及管理人、公募基金及管理人等多个实体，涉及包括所得税、增值税、财产行为税（如土地增值税、房产税、土地使用税、契税、印花税）等一系列税种。分析相关各方在各个交易中的税收影响，我们可将公募 REITs 分为设立、运营以及退出 3 个阶段进行分析。

（一）公募 REITs 设立

公募 REITs 设立中涉及一系列的资产转让等交易活动，从税务角度，可将其细分为以下主要交易步骤，包括：

（1）发起人将标的资产注入项目公司以及将项目公司置换到资产支持专项计划下。

（2）REITs 公募基金发行。

（3）公募基金利用发行所获资金收购资产支持专项计划全部份额。

上述交易步骤中（1）涉及的税收考量较多，相对而言，（2）和（3）涉及的税收考量较有限。（1）中发起人把标的不动产通过资产转让或投资方式注入到新设项目公司，在这一资产重组环节，入池的资产历史成本可能较低，而重组这一节点较高的市场溢价往往会导致企业在没有优惠税收政策可利用的情况下面临较高的企业所得税和土地增值税等税负成本。为了避免正向剥离方式下所产生的较高的税收成本，企业也可以选择反向剥离方式，以尽量避免入池资产的权属变更，而把一些不需要入池的资产和业务通过反向剥离方式转出。

如果标的不动产本身已经转入到专门的项目公司运营而无须进行资产剥离时，则发起人可直接将项目公司的股权转让给资产支持专项计划。这一情况下，股权转让主要涉及所得税，而不动产转让项下需评估的土地增值税、增值税以及契税等税收将不再涉及，税收成本将可能降低，交易的税收效率将提高。

总体上，在上述交易步骤（1）中，结合资产转让和股权转让，主要需要考量如下税收影响。

1. 所得税

在现行的税收体系下，企业和个人分别适用不同的所得税法规，即企业适用企业所得税法规，个人适用个人所得税法规。

企业分为税收居民企业和非居民企业。税收居民企业应当就其来源于中国境内、境外的所得缴纳企业所得税，即税收居民企业应当就其全球收入缴纳企业所得税。非居民企业仅就其来源于中国境内的所得缴纳企业所得税。税收居民企业现行的企业所得税税率一般为 25% （特殊情况下可享受 15% 的优惠税率），非居民企业目前适用 10% 的优惠税率，同时如能享受中国与其他国家签订的双边税收协定，非居民企业某些收入的税率将有可能进一步减低。

个人也分为税收居民和非税收居民，适用不同的税收处理。税收居民需就其全球收入缴纳个人所得税，非税收居民基于其在中国境内的时间长短以及其他因素确定应税收入。基于收入性质不同，个人适用不同的所得税税率。

由于发起人（包括企业和个人）在上述交易步骤中主要涉及财产转让所得，基于发起人的不同属性，适用如下所得税税收处理。

（1）发起人如为中国税收居民企业，一般就其所得所产生的利润（即发起人扣除税前可扣除的成本、费用以及未弥补亏损后）缴纳 25% 的企业所得税。

（2）发起人如为非中国税收居民企业，一般就财产转让所得扣除历史投资成本后缴纳 10% 的预提所得税。如适用上述双边税收协定优惠处理，遵从协定优惠。

（3）发起人如为中国税收居民个人或非税收居民个人，在应税的情况下，一般就财产转让所得扣除历史投资成本后缴纳 20% 的个人所得税。

2. 增值税及附加

发起人如为一般纳税人，对于销售房地产、转让土地使用权的行为，适用一般计税方法，以取得的全部价款和价外费用作为销售额，按 9% 的税率计算增值税。同时，一般纳税人出售房地产老项目或老房地产，可以选择使用一般计税方法或简易计税方法，如果选择简易计税方法，则适用5%的税率。根据发起人转让的不动产为自建还是非自建情形的不同，简易计税的销售额根据以下不同方式确定：

（1）自建。以取得的全部价款和价外费用作为销售额。

（2）非自建。以取得的全部价款和价外费用扣除不动产购置原价或者取得不动产时的作价后的余额为销售额。

而上述的“房地产老项目或老房地产”是指：

（1）房地产开发企业销售开发的房地产情形，指“建筑工程施工许可证”注明的合同开工日期在2016年4月30日前的房地产项目，即“房地产老项目”。

（2）其他情形，指纳税人在2016年4月30日前取得或自建的房地产，即“老房地产”。

3. 土地增值税

土地增值税纳税人为“转让国有土地使用权、地上建筑物及其附着物，并取得收入的单位和个人”，主要涉及在房地产交易环节中对交易收入的增值部分征收。发起人如为发行公募REITs目的而转让不动产的将产生土地增值税的纳税义务。

土地增值额规定为纳税人转让房地产所取得的收入扣除项目金额后的余额。根据不同的土地增值税计算方式，扣除项目有所不同，比如开发商自行建造并转让不动产时，扣除项目主要包括取得土地使用权时支付的价款，对土地进行开发的成本和费用。建造商品房及配套设施的成本和费用，销售税金等。目前，我国土地增值税实行4档累进税率，包括：

（1）增值额未超过扣除项目金额的50%，土地增值税额＝增值额×30%。

（2）增值额超过扣除项目金额的50%未超过100%，土地增值

税额 = 增值额 ×40% - 扣除项目金额 ×5%。

(3) 增值额超过扣除项目金额的 100% 未超过 200%，土地增值税额 = 增值额 ×50% - 扣除项目金额 ×15%。

(4) 增值额超过扣除项目金额的 200%，土地增值税额 = 增值额 ×60% - 扣除项目金额 ×35%。

4. 契税

契税规定为在房屋买卖、典当、赠予或交换订立契约时，由承受人缴纳的一种税收。上述交易步骤（1）中，项目公司受让标的不动产一般需缴纳契税。根据现行规定，契税一般按成交价格的 3% ~5% 计算缴纳，具体按不动产所在地规定的税率而定。

5. 印花税

根据现行印花税法规，在中国境内书立、领受应税凭证的单位或个人都需缴纳印花税，由合同书立双方或多方按同一税率缴纳。应税凭证包括产权转移书据、营业账簿、权利许可证、借款合同等，适用正列举方式，即未在列举之中的凭证一般不应税。上述交易步骤（1）中如涉及不动产和股权转移，其书据属于产权转移书据，应由交易双方分别缴纳印花税，税率为书据所载金额的 0.05%。

相对而言，上述交易步骤（2）和（3）中所涉及的税收影响较为有限，除了某些情况下可能涉及印花税的处理，一般不涉及其他税收处理。这主要由于上述两个交易步骤一般涉及投资行为，而投资行为当期不涉及所得，一般不产生纳税义务。

（二）公募 REITs 运营

公募 REITs 运营中主要涉及基础资产运营产生收益以及收益分配，从税务角度，可将其细分为以下主要交易步骤，包括：

(1) 项目公司从所持有的基础设施中产生包括租金等收入，同时发生成本、费用等支出。

（2）项目公司对资产支持专项计划进行分配，后者再进一步分配以便现金流最后分配至公募基金投资者。

（3）在某些情况下，可能产生利息以及本金的偿付。

上述交易步骤中（1）的税务影响主要在项目公司层面，而（2）和（3）的税务影响涉及资产支持计划、公募基金产品以及投资者层面。

1. 项目公司层面税收

项目公司主要就持有并运营基础设施涉及增值税、房产税、土地使用税、企业所得税以及印花税等。假定项目公司为增值税一般纳税人，其出租不动产所得一般适用9%的增值税销项税率，除非其出租房地产老项目或老房地产（相关定义请见本节前述说明）。在此情况下，项目公司可以选择适用一般计税方法或简易计税方法，如选择简易计税方法，则适用5%的税率。项目公司运营基础设施获得的其他类型收入一般也涉及增值税，根据其收入性质不同而适用不同税率，如仓储物流收入适用6%的增值税税率。

房产税规定为按不动产的计税余值或出租不动产的租金收入征收的税收，纳税人一般为产权所有人。根据现行规定，房产税分为从价计征和从租计征两种。从价计征按不动产原值减除10%～30%后的余值计算缴纳，年税率为1.2%；从租计征以租金收入作为计税依据，一般按12%税率计算缴纳。

土地使用税以开征范围内的土地为课税对象，以实际占用的土地面积为计税依据，向土地使用人征收。土地使用税采用定额税率，采用有幅度的差别税额，按大、中、小城市和县城、建制镇、工矿区分别规定每平方米土地使用税年应纳税额。

项目公司作为独立的法人实体，也需要就其收入产生的利润缴纳企业所得税，税率一般为25%。而从印花税角度，房屋租赁、仓储保管合同等为应税凭证，项目公司需按合同金额的适用税率缴纳印花税。

2. 资产支持专项计划、公募基金层面税收

资产支持专项计划、公募基金层面比较确定的税收处理主要是增值税。根据财政部、国家税务总局《关于明确金融、房地产开发、教育辅助服务等增值税政策的通知》（财税〔2016〕140 号，简称“140 号文”）以及《关于资管产品增值税有关问题的通知》（财税〔2017〕56 号，简称“56 号文”），资管产品管理人运营资管产品过程中所发生的增值税应税行为，暂适用简易计税方法，按照 3% 的征收率缴纳增值税。

资产支持专项计划和公募基金都落在 56 号文定义的资管产品范围内，由此，其运营过程中如取得利息性质的收益，则需由管理人按上述简易计税方式缴纳增值税。判定计划和公募基金所获分配收益是否增值税应税的关键在于判定该收益是否属于利息性质，如不是，则收益一般不应税。现行的增值税法规定“贷款服务”为增值税应税税目，而针对其他的投资行为，其持有收益无对应增值税应税税目而一般无须纳税。

基于现行公募 REITs 的规定，上述计划和公募基金所获收益一般不属于贷款利息性质，从而所得一般无须缴纳增值税。但如 REITs 结构中存在债权安排导致部分或全部收益属于利息收入性质，则该收益需要缴纳增值税，由相关管理人作为纳税人缴纳。

从所得税角度，由于资产支持专项计划和公募基金都不是企业所得税的纳税主体，一般不产生所得税的影响。但如参考 5 号文的规定，管理人则需评估所得税的影响。5 号文规定，对于信托项目收益在取得当年向资产支持证券的机构投资者分配的部分，在信托环节暂不征收企业所得税；在取得当年未向机构投资者分配的部分，在信托环节由受托机构按企业所得税的政策规定申报缴纳企业所得税；对在信托环节已经完税的信托项目收益，再分配给机构投资者时，对机构投资者按现行有关取得税后收益的企业所得税政策规定处理。

而对于个人所得税，主要涉及代扣代缴义务的评估。根据财税字财政部、国家税务总局《关于证券投资基金税收问题的通知》（财税字〔1998〕55 号，简称“55 号文”），对于投资者从基金分配中获得的股票的股息、红利收入以及企业债券的利息收入，由上市公司和发行债券的企业在向基金派发股息、红利、利息时代扣代缴 20% 的个人所得税，基金向个人投资者分配股息、红利、利息时，不再代扣代缴个人所得税。在公募 REITs 运营中，如参考上述规定，资产支持计划取得来自项目公司的分红进一步向公募基金分配收益时，计划管理人需评估是否代扣代缴个人所得税。

3. 投资者层面税收

投资者就其从公募基金所分配的收益应基于其自身情况进行相应的税务处理，需评估是否应缴的税收主要包括所得税、增值税等。基于现行的税收体系，在评估涉税影响时，投资者需特别关注以下税收规定。

（1）根据财政部、国家税务总局《关于企业所得税若干优惠政策的通知》（财税〔2008〕1 号，简称“1 号文”），对投资者从证券投资基金分配中取得的收入，暂不征收企业所得税。

（2）根据现行个人所得税法及其实施条例，应纳税的个人所得包括利息、股息、红利所得，是指个人拥有债权、股权等而取得利息、股息、红利所得。同时，根据 55 号文，对于投资者从基金分配中获得的股票的股息、红利收入以及企业债券的利息收入，如已代扣代缴 20% 的个人所得税，基金向个人投资者分配股息、红利、利息时，不再代扣代缴个人所得税。同时对于投资者从基金分配中获得的国债利息、储蓄存款利息以及买卖股票价差收入，暂不征收所得税。结合上述规定，如REITs项目分配收益未被代扣代缴个人所得税，个人投资者需评估是否就收益缴纳个人所得税。

（3）从增值税角度，如前所述，主要需评估收益是否属于利息收入性质，如是，则应税，反之一般不应税。

（三）公募REITs退出

公募REITs结构涉及多层主体，未来在REITs清算退出环节的安排存在较大的灵活性，不同的退出路径有不同的税收影响，需要根据个案进行特别分析评估。此处仅就投资者常规处置公募REITs份额的税收处理说明如下。

1. 增值税

现行增值税法规定了“金融商品转让”应税税目，规定金融商品转让是指转让外汇、有价证券、非货物期货以及其他金融商品所有权的业务活动。其中，其他金融商品转让包括基金、信托、理财产品等各类资产管理产品和各种金融衍生品的转让。基于上述规定，投资者转让公募基金份额实现退出，对于转让所得需要按转让金融商品税目缴纳增值税。但同时，法规也给予个人投资者从事金融商品转让增值税免税处理。

特殊情况下，如投资者持有基金至到期清算退出，这一行为不被视为“转让金融商品”行为，不适用上述规定。根据140号文，纳税人购入基金、信托、理财产品等各类资产管理产品持有至到期，不属于《关于全面推开营业税改征增值税试点的通知》（财税〔2016〕36号）中所称的金融商品转让。在此情况下，除某些特殊情况，投资者针对该退出收益一般无须缴纳增值税。

2. 所得税

对于机构投资者，不管持有期间转让还是到期赎回退出，如存在收益均需计入应税所得缴纳所得税。

而对于个人投资者，根据55号文，其买卖基金单位获得的差价收入，在对个人买卖股票差价收入未恢复征收个人所得税以前，暂不征收个人所得税。基于此，考虑到目前个人买卖股票的差价收入尚未恢复征收个人所得税，个人投资者一般可争取转让收益不缴纳所得税。

二、公募 REITs 主要税收问题

（一）重组相关税收成本

公募 REITs 项目中原始权益人需将入池资产转移至结构中，这一般涉及资产和/或股权的转让。其中，装有入池资产（包括拥有收益权现金流）的项目公司股权转至结构中一般为必备事项，而根据原始权益人前期准备情况的不同，在某些项目中还需要原始权益人通过重组步骤先将资产隔离在项目公司中。

上述重组步骤如按应税处理，涉及的相关税负较高，将是公募 REITs 项目上市发行中主要的税负。为尽可能降低税负，在未有针对 REITs 的特殊税收政策的现实下，原始权益人需基于一般税收规定早做规划。税收规划一般集中于将资产装入项目公司这一步骤中，而针对项目公司股权转入 REITs 结构中规划余地较小。

在现行中国税收体系下，如前所述，不动产资产的转让涉及较多税收，而股权转让则一般只涉及企业所得税和印花税。由此，原始权益人应在资产入池装入项目公司环节争取有利的税收处理以降低税负。从税收规划的角度，一般需注意以下几点：（1）尽可能早做规划，这主要由于现行中国税收体系下关于重组的某些特殊税收处理有时间要求，比如企业所得税下若适用特殊重组，一般要求重组后股权或实质经营活动不得在 12 个月内改变。（2）考虑到不动产转让中土地增值税税负较高，规划应着眼于多个税种，以尽可能

降低税负，在此情况下需注意不同税种规划的不同要求，包括财务处理等非税方面的要求。(3）需注意不同税种之间处理口径可能的不一致之处。比如，某些情况下企业所得税以无偿划转申报，而增值税处理上采用一般转让，涉及两套不同的申报口径。

原始权益人将项目公司转移至REITs结构中，考虑到受让方一般为计划或者特殊情况下（如搭建股+债结构下）外部新设立的SPV，现行税收体系下关于企业所得税特殊性重组税收处理的政策一般无法享受，原始权益人需就股权转让增值部分缴纳所得税，这将可能产生较高的税负。尽管根据REITs相关规定，原始权益人被要求在公募REITs基金发行上市时持有不低于20%的份额，由此，穿透来看，原始权益人实质上保留了项目公司至少20%的份额，但在现行的税收体系下，该部分份额无特殊税收政策可利用。

同时，在项目公司股权转让中，如项目公司的资产主要为不动产，原始权益人也需关注国家税务总局《关于以转让股权名义转让房地产行为征收土地增值税问题的批复》（国税函〔2000〕687号）的影响。尽管实践中该文在各地被应用的情况较少，考虑涉及土地增值税等税负可能较高，原始权益人一般也需和主管税务机关进行事先沟通确认。

（二）不确定的税收处理

REITs作为一类新型的金融创新产品，如无配套专门的税收政策，不可避免地会涉及不确定税收处理问题。这主要包括以下方面。

1. 印花税

在REITs结构搭建以及运营中，一些交易事项是否印花税应税并不明确，比如，REITs公募基金发行并认购资产支持专项计划份额的印花税处理，操作中一般也仅能参考5号文中规定的“对受托机构发售信贷资产支持证券以及投资者买卖信贷资产支持证券暂免征收印花税”进行处理。

2. 所得税

一些交易事项的所得税处理，比如针对个人投资者，其来源于公募 REITs 基金分配的收益的税收处理，是否可以及如何适用 55 号文；针对企业投资者，是否可以适用 1 号文的政策。

3. 其他

公募 REITs 项目中的基础设施资产涉及范围较广，包括不动产、特许经营权、收益权以及其他资产，比如铁路设施中涉及的线路、路基、轨道等资产，以及某些项目中可能会搭建特殊结构，这将可能进一步涉及不确定的涉税事项。比如，在搭建股 + 债的结构中，项目公司支付给私募基金的利息在所得税税前列支是否受现行税收规定下债资比限制等问题。

（三）重复征税

税收中性原则是税收规定的基本原则之一，REITs 这一金融产品的发行也应避免给投资者带来额外的税负。而由于政策的不明确，在某些情况下 REITs 可能存在重复征税的情况，从而给相关主体带来较高税负，而不利于这一金融工具的发展。这其中，较为明显的一项处理在于个人投资者获得公募 REITs 所分配的收益是否需缴纳个人所得税，如需缴纳，则该收益在项目公司层面缴纳企业所得税的基础上，投资者将另行承担个人所得税，从而产生多重税负。

（四）特殊税收政策的延续

在现行的税收体系下，针对某些基础设施以及某些原始权益人，在税收上存在特殊的政策，比如根据财政部、国家税务总局

《关于明确免征房产税、城镇土地使用税的铁路运输企业范围的补充通知》（财税〔2006〕17号）等规定，一些铁路运输企业可以对自用的房产、土地免征房产税、土地使用税等。开展公募 REITs 后，现行的特殊税收政策是否能延续，特别是，是否有机会争取承继或者在满足什么条件下可承继该政策，这无疑也是市场参与主体所关心的事项，也是各相关主体在 REITs 产品发行中需要处理的事宜。

三、税收政策和实践展望

REITs 肇始于美国，由税法先行创制了相应的规则，符合规定的实体构成税法上的 REITs，适用特殊的税收规定。随后，其他国家和地区也大多效仿美国 REITs，设置了特殊的税收规则，这些规则的目的在于提供 REITs 份额的投资收益，以此吸引社会资本对 REITs 进行投资。从某种意义上说 REITs 的兴起是由税收规则推动的。

税收作为 REITs 发展中重要的一环，在我国公募 REITs 推进过程中也应充分考量其影响以及可发挥的效用。我们看到国家发展改革委等相关部门在第一批公募 REITs 上市项目中，已肯定税收的重要性，操作中提出一系列要求包括针对特定 REITs 项目由税务师事务所出具涉税鉴证报告，REITs 项目涉及的税收处理需与相关税务机关进行汇报和沟通等，这将有助于明确 REITs 项目的税收成本，以便为项目收益率测算、投资者投资项目决策等多方面提供支持。未来，希望上述操作进一步优化，以便切实体现税收是 REITs 项目发行上市中重要的一环，税务师相比审计师以及其他相关中介方具有同等重要性。

而从政策角度，借鉴国际经验，建议出台 REITs 专门的税收政策，如短期出台税收规定不可行，也可考虑先通过税务机关政策解答方式针对一些事项进行解释、说明，以增强确定性。在此基础上，基于充分参考，吸收其他国家和地区一些好的税收政策，不妨从以下几方面考虑出台相关税收政策：

第一，针对 REITs 结构搭建中股权、资产等的转让给予特殊的税收政策，如能降低这一交易过程中的税收成本，将较为有效地降低 REITs 发行上市的壁垒，提振原始权益人将基础设施资产发行上市的积极性。特别地，针对原始权益人在发行上市后继续持有的不低于 20% 的份额部分，应考虑给予相关的暂免征收或递延纳税的处理，以使税收处理更合理反映交易的实质，从实质重于形式原则配套相关的税收政策。

第二，公募 REITs 采用封闭式公募基金形式，在现行的税收体系下，公募基金可享受一些特殊的税收优惠政策，包括增值税以及所得税等，希望税务机关能明确公募 REITs 也适用上述税收政策。同时，在此基础上，可考虑针对个人投资者从公募 REITs 中分配的收益明确暂免征收个人所得税，以消除项目公司分配的税收收益被重复征税的影响。这一处理在现行税收体系下也有先例可参考。《关于上市公司股息红利差别化个人所得税政策有关问题的通知》（财税〔2015〕101 号）中特别规定个人从公开发行和转让市场取得的上市公司股票，持股期限超过 1 年的，股息红利所得暂免征收个人所得税。公募 REITs 鼓励长期投资，应配套类似的税收减免政策。

第三，参考国际上一些国家和地区的税收政策，适当考虑针对 REITs 经营环节的税负给予税收优惠，比如针对项目公司分红支出特别给予税前扣除的优惠，针对一些资产给予房产税、土地使用税等税收优惠。政策的倾斜将向市场传递积极信号，将激发投资者投资 REITs 的积极性。

第九章
REITs 评估

第一节　基础设施资产尽职调查及估值

基础设施 REITs 是将基础设施资产进行“证券化”的一种金融产品，其投资收益依赖于基础设施项目运营产生的收益，其投资价值核心为基础设施资产价值。因此，基础设施资产合理估值是助力 REITs 成功发行、保护投资者合法权益、防范 REITs 市场风险的重要手段，应贯穿于 REITs 产品运营的始末。

根据《公开募集基础设施证券投资基金指引（试行）》《公开募集基础设施证券投资基金尽职调查工作指引（试行）》《公开募集基础设施证券投资基金运营操作指引（试行）》的规定，基金管理人应当聘请具备良好资质的评估机构对基础设施资产开展尽职调查及评估工作，文件对评估机构资质要求、评估工作频率、评估报告需披露内容、报告有效期及机构聘用期限等操作细节也做了规范。这些文件的要求，在产品发行阶段，为 REITs 产品的定价提供了重要参考；在产品存续期间，要求每年必须评估一次，定期披露基础设施资产信息及估值水平；在产品提前终止拟进行资产处置，或基础设施资产购入、出售，或基金扩募，或基础设施项目现金流发生重大变化且对持有人利益有实质性影响及其他必要情形时，采取不定期评估。

《REITs 通知》及 958 号文对基础设施 REITs 资产的试点区域、所处行业及基础设施项目筛选条件做了进一步扩充。

（1）扩大试点区域。全国各地区符合条件的项目均可申报。重点支持京津冀协同发展、长江经济带发展、粤港澳大湾区建设、长三角一体化发展、海南全面深化改革开放、黄河流域生态保护和高质量发展等国家重大战略区域。

（2）试点行业范围。扩增至 9 个行业领域，新增清洁能源、保障性租赁住房、水利设施及旅游基础设施。总体包括仓储物流基础设施（通用仓库及冷库等专业仓库）；园区基础设施（位于自由贸易试验区、国家级新区、国家级与省级开发区、战略性新兴产业集群的研发平台、工业厂房、创业孵化器、产业加速器、产业发展服务平台等园区基础设施）；保障性租赁住房（各直辖市及人口净流入大城市）；交通基础设施（收费公路、铁路、机场、港口项目）；能源基础设施（风电、光伏发电等清洁能源项目，特高压输电项目等）；生态环保基础设施（城镇污水垃圾处理及资源化利用环境基础设施、固废危废医废处理环境基础设施等）；市政基础设施（城镇供水、供电、供气、供热项目，以及停车场项目）；新型基础设施（数据中心、人工智能项目，5G、智慧能源、智慧城市项目等）；水利设施以及旅游基础设施。

（3）基础设施项目基本条件。①权属清晰、资产范围明确。依法合规拥有项目的完整产权或特许经营权或运营收费权，依法合规使用土地，项目具有可转让性。②资产规模。首发基础设施 REITs 时，目标资产评估净值原则上不低于 10 亿元；扩募时，原则上不低于拟首发基础设施 REITs 资产规模的 2 倍（如高速公路通车里程、园区建筑面积、污水处理规模等）。③运营时间。原则上不低于3年。对已能够实现长期稳定收益的项目，可适当降低要求。④底层资产的现金流要求。资产产生的现金流持续稳定，并且来源合理分散，直接或穿透后来源于多个现金流的提供方；因经营模式或者经营业态等，资产现金流的提供方较少的，其提供方应财务状况稳健且资质优良；近3年内总体保持盈利或经营净现金流为正；预计未来3年净现金流分派率（预计年度可分配现金流/目标不动产评估净值）原则上不低于4%。⑤基础设施运营管理机构具备丰富的同类项目运营管理经验，配备充足的运营管理人员，公司治理与财务状况良好，具有持续经营能力。⑥发起人（原始权益人）、基金管理人、基础设施运营管理机构近3年在投资建设、生产运营、金融监管、工商、税务等方面无重大违法违规记录，项目运营期间未出现安全、质量、环保等方面的重大问题。

基于上述文件对基础设施项目资产的分类及要求，从基础资产估值角度看，可按基础设施资产收入获取来源不同，分为两大类：第一类是以租金为主要收入来源的基础设施，包括仓储物流、产业园、保障性租赁住房等，常见于拥有完整资产所有权的基础设施；第二类是以收费为主要收入来源的基础设施，如水电气热市政工程、生物质能源、高速公路等，常见于拥有特许经营权或经政府部门批准的收费权力的基础设施。两类资产差异对比如表9-1所示。

从目前境内首批及第二批公募REITs的发行结果看，共成功发行11只公募REITs产品（上交所发行6只，深交所发行5只），总募集金额为364亿元左右。资产所属行业涉及产业园、仓储物流、高速公路、生态环保（固废处理、污水处理）四大类，具体占比如图9-1所示。

表9-1 以租金和收费为主要收入来源的资产对比

主要差异	以租金为主要收入来源资产	以收费为主要收入来源资产
资产类别	仓储物流、产业园、保障性租赁住房	高速公路、水电气热、城镇污水垃圾处理等
运营模式	租赁模式	经营模式
收益期限	国家法定出让年限50年或70年（城镇国有建设用地使用权）	一般30年以内（特许经营权）或者主体资产经济寿命年限
收入定价模式	市场化租金定价（保障性租赁住房另需参照政府定价）	政府主导收费标准
终端使用者	特定行业租户	用户较为广泛
收入增长动力	租赁调整、市场供需、资产运营	用户需求量
资产估值内涵	不动产价值	资产组价值

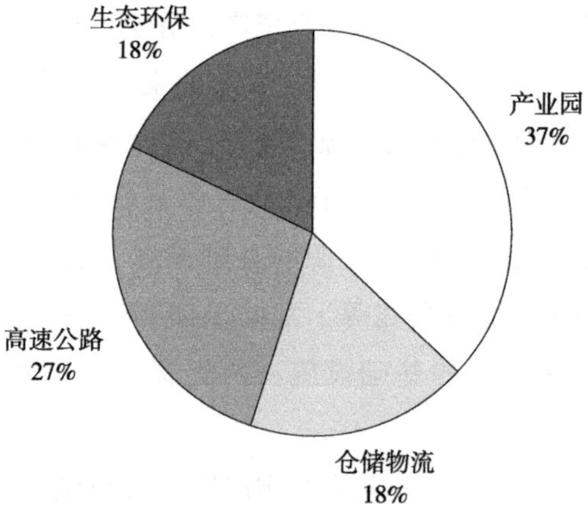

图9-1 公募REITs产品资产所属行业

从11只已发行产品的预期收益率看，以租金为主要收入来源的基础设施（即拥有资产完整所有权）的产品未来净现金流分派率为4%～5%，未来可享受资产升值收益；以收费为主要收入来源的基础设施（即拥有特许经营权或政府部门批准收费权利）的产品未来净现金流分派率为6% ~11%，预期收益较高，但经营年期有限，一般为30年以内或者主体资产经济寿命年限，运营到期后资产归零或者剩余可变现资产残余价值。

为更直观、清晰地阐明两类资产在尽职调查工作及估值方面工作内容，我们把两类资产分别表述。

一、以租金为主要收入来源的基础设施项目尽职调查工作

（一）基础设施资产市场调研

基础设施资产市场调研包括所在地区经济社会发展状况、行业总体发展状况、该区域同类物业市场状况及自身有关市场状况。通过判断基础资产的核心竞争力、市场未来的发展趋势、项目收益的稳定性，衡量项目未来是否具有可提升的潜力。

1. 宏观层面

（1）基础资产所在地区经济总体状况调研。对基础资产所在城市经济社会发展的主要因素及其变化趋势进行调查和分析，特别是城市经济发展状况及未来规划、产业结构、产业布局和规划，基础设施状况（包括基础设施现状和建设规划）、行业相关的财政货币政策、金融税收政策等来判断未来发展趋势。

（2）基础资产所在地区市场总体状况、过往及发展趋势。通过对市场新增供应量、存量市场的成交量、存量物业的租金水平等数据做出调查，结合当地土地、不动产的相关产业政策及过往3年的历史数据，对基础资产所在市场未来的发展趋势做出合理的判断。

2. 微观层面

（1）基础资产所在地区同类物业市场状况调研。通过对同类物业现有存量、新增供应量、租金水平、租户结构等进行调查。分析

供给和需求影响因素，结合过去3年的历史数据，对未来的供给、需求、租金空置率等变化趋势进行判断。

（2）竞争性物业对比分析。对竞争性资产的市场定位、承租人构成、租金（或者经营收入）、出租率、物业服务费、运营管理服务机构及过往3年增长情况进行调查，与基础资产进行对比分析。

（二）基础设施资产自身状况调查工作

1. 基础设施资产权属状况

对于基础设施资产权益状况的调查，主要是通过审阅基础设施资产的出让合同、购房合同、相关票据及不动产权证书等相关业权文件进行的。估价师应查看基础设施资产的权属证明原件，并将复印件与原件核对，不得仅凭复印件判断或假定其权属状况。

基础设施资产权益状况包括土地部分、建筑部分以及相关他项权利部分。

（1）基础设施资产所分摊建设用地的获取方式、相关出让金（转让费用）及契税票等相关信息可以根据“国有建设用地出让合同”“转让合同”和相关票据获取；土地使用权人、土地用途、土地使用权终止年限、是否涉及查封等相关信息都可以在基础设施资产所属项目的“不动产权登记证”“国有土地使用证”上获取。

（2）基础设施资产建筑部分的房屋使用权状况，是否涉及查封等相关信息都可以在基础设施资产所属项目的“不动产权登记证”“房屋所有权证”上获取。其中，如果基础设施资产所属项目办理竣工备案手续未满6个月，还需要估价师额外调查基础设施资产是否存在应付未付的工程款等法定优先受偿款。

（3）建筑物的他项权利设定一般会涉及地役权、抵押权、租赁权等。估价师及相关法务人员应对相关业权文件、租赁合同、相关票据进行现场核对。如有必要则需到基础设施资产所在的土地、房产登记部门进行调档查询，以求如实、客观地在报告中披露基础设施资产的权益状况。

2. 基础设施资产运营状况

估价师通过基础设施资产过往 3 年的实际经营情况，确定其收入及成本构成科目，详细了解项目运营现状，至少列出项目近 3 年的运营情况。

从收入方面看，通过查阅过往签订租赁或服务合同，就租赁事项（如约定租期、租金水平、押金、递增方式、续租事项等）约定及实际履约情况进行调研，判断基础资产获取收益的稳定性及未来是否具有可提升的潜力；调查现有租户结构、详细了解主力租户所在行业及背景，判断其黏性。

资产租赁信息包括但不限于以下：

（1）近 3 年的承租人基本情况。租赁面积、免租期、租赁期限及起止日期、租金水平及递增机制、续租条款、换租期；

（2）近 3 年的租赁情况。主力承租人构成、出租率、前十大承租人（按照租赁面积）、前十大承租人（按照租金额）、前十大承租人公司财务状况调查；

（3）同一时期对于承租人或关联方合计提供的收入贡献超过同一时期收入总额的 10%，应重点关注承租人的信用及稳定性；

（4）对于第三方整租资产，需从租户的行业背景、盈利能力、承租稳定性及可持续性等多维度进行分析。

从成本方面看，通过获取基础设施资产在运营中实际发生的费用科目及金额，结合企业未来经营策略及成本控制措施，对比其他类似资产发生的运营成本，判断其运营过程中所发生成本的合理性。

同时，应重点关注基础设施资产的资本性支出（主要包括主体工程及设备设施的更换及改造）。在对物业现状进行查勘后，应向项目公司充分了解基础设施资产未来5～10年的改造计划及拟发生金额，合理预测基础资产未来拟投入成本。

估价师在对以上工作进行现场调查及核验外，还应与执行财务、审计、法律尽职调查的专业人员进行充分沟通，从不同的信息来源交叉检查产权方或运营机构提供的收入及成本数据的真实性和客观性。

3. 基础设施资产实物状况

在对基础设施资产的位置、交通、外部配套设施（基础设施和公共服务设施）、周围环境（自然环境、人文环境和景观）以及未来规划等进行充分调查的基础上，做出合理的分析和评价。

估价师应以照片或者文字方式现场记录发现的基础设施资产实物状况、权益状况和区位状况缺陷或者瑕疵。对于其中的严重缺陷和瑕疵，应当在评估报告中特别说明。

（三）基础设施资产估值工作

在对基础设施资产的市场状况、实物状况、权益状况及运营状况尽职调查的基础上，我们遵循行业相关准则及法律法规，采用科学合理的估价方法，对基础设施资产进行评估。

按照《公开募集基础设施证券投资基金尽职调查工作指引（试行）》的要求，在申请注册基础设施REITs前，对基础设施项目的市场价值进行评估，为基金管理人和专项计划管理人提供价值参考依据。从会计处理上看，会计师会将评估机构出具的基础设施资产市场价值作为以公允价值计入投资性房地产科目的依据，评估中的市场价值等同于会计准则的公允价值。

对于估价原则，在评估中，估价师除遵循基本原则和一般原则，还应遵循特殊原则中的一致性原则和一贯性原则，具体如下：

（1）基本原则，即独立原则、客观原则、公正原则。①独立原则。要求估价师和评估机构与估价委托人及估价利害关系人没有利害关系，在估价中不受包括估价委托人在内的任何单位和个人的影响。②客观原则。要求估价师和估价机构在估价中不带着自己的情感、好恶和偏见，应按照实物的本来面目，实事求是地进行估价。③公正原则。要求估价师和估价机构在估价中不偏袒估价利害关系人中的任何一方，应坚持原则，公平正直地进行估价。

（2）一般原则，即合法原则、最高最佳利用原则、价值时点原则和替代原则。①合法原则。估价遵循合法原则，应当以基础设施资产的合法产权、合法使用、合法交易为前提进行。估价之所以要遵循合法原则，是因为基础设施资产状况不是委托人或估价师可以随意指定的，甚至不是根据基础设施资产实际状况确定的，而必须依法判定。②最高最佳利用原则。所谓最高最佳利用，是指法律上允许、技术上可能、财务上可行并使价值最大的合理地、可能地利用。除现状价值评估，估价之所以要遵循最高最佳利用原则，是因为在现实资产利用中，每个拥有者都试图采取最高最佳利用方式充分发挥其潜力，以获取最大的经济利益。这一原则也是基础设施资产利用竞争与优选的结果。因此，市场价值评估不仅要遵循合法原则，还要遵循最高最佳利用原则。③价值时点原则。价值时点原则要求估价结果是根据估价目的确定的某一特定时间的价值或价格。之所以要遵循价值时点原则，是因为影响价格的因素是不断变化的，市场是不断变化的，从而价格和价值是不断变化的。④替代原则。替代原则的理论依据是同一市场上相同物品具有相同市场价值的经济学原理。替代原则是保证估价能够通过运用市场资料进行和完成的重要理论前提：只有承认同一市场上相同物品具有相同的市场价值，才有可能根据市场资料对基础设施资产进行估价。替代原则也反映了估价的基本原理和最一般的估价过程，估价所要确定的估价结论是基础设施资产的客观合理价格或价值。对于交易目的而言，该客观合理价格或价值应当是在公开市场上最可能形成或者成立的价格。估价就是参照公开市场上足够数量的类似资产近期成交价格来确定基础设施资产的客观合理价格或者价值的。

（3）特殊原则。主要为某些特定估价目的的评估需遵循的原则，即一致性原则和一贯性原则。①利用一致性原则选用估价方法时，应根据基础设施资产及其所在地的市场状况等客观条件进行适用性分析，选取适用的一种或多种评估方法进行估价，因此当为同一估价目的对同一 REITs 的同类物业在同一价值时点的价值或价格进行评估时，应采用相同的评估方法。②一贯性原则即为同一估价目的对同一 REITs 的同一物业在不同价值时点的价值或价格进行评估时，应采用相同的估价方法。

在对同一只 REITs 内的同一物业在不同价值时点的价值或价格进行评估时，应避免改变评估方法对资产价值或价格产生的影响。当未遵循一致性原则或一贯性原则而采用不同的估价方法时，应在报告中说明并陈述理由。

（四）估值方法

对租金收入（或经营收入）类基础设施的估价，估价师可参考住建部印发的《房地产估价规范》（GB/T 50291—2015）、《房地产估价基本术语标准》（GB/T 50899—2013），以及中国房地产估价师与房地产经纪人学会于 2015 年 9 月发布的《房地产投资信托基金物业评估指引（试行）》。基础设施资产仅适用一种估价方法进行估价的，可只选用一种估价方法进行估价。基础设施资产适用两种以上估价方法进行估价的，宜同时选用所有适用的估价方法进行估价，并对各种估价方法的测算结果进行校核和比较分析后，合理确定评估价值。

1. 比较法

比较法是指通过将评估对象与可比参照物进行比较，以可比参照物的市场价格为基础确定评估对象价值的评估方法。比较法应用的前提条件：（1）评估对象的可比参照物具有公开的市场，以及活跃的交易；（2）有关交易的必要信息可以获得。在符合比较法应用前提下，可采用比较法对 REITs 底层基础设施资产进行评估。其公式为：

基础设施资产价值 = 可比实例成交价格 × 交易情况修正系数 × 市场状况调整系数 × 区位状况调整系数 × 实物状况调整系数 × 权益状况调整系数

此方法适用于同类型交易数量较多且经常发生交易的资产。近年来全国不动产大宗交易市场上仓储物流项目多以资产组形式交易，因此较难获取单个资产的交易价格；产业园项目由于前期多以招商引资为主，扶持企业开发建设，在获取土地方面政府通常会给予优惠政策，故在产权转让方面均会提出限制性要求，因而限制了比较法的使用。

2. 成本法

成本法是指按照重建或者重置被评估对象的思路，将重建或者重置成本作为确定评估对象价值的基础，扣除相关贬值，以此确定评估对象价值的评估方法。其本质是以资产的重新开发建设成本为导向来求取资产价值，应用的前提条件为：（1）评估对象能正常使用或者在用；（2）评估对象能够通过重置途径获得；（3）评估对象的重置成本以及相关贬值能够合理估算。对于拥有完整产权的基础设施资产来说，则适宜采用成本法进行评估，使产权持有人和其他市场参与者可以从重建或重置的角度了解评估对象价值。但资产的价值通常不是基于重新购建该等资产所花费的成本进行判断，而是更多的是基于市场参与者对未来收益的预期来进行最终判断，故而针对发行基础设施 REITs 这一评估目的，成本法一般不宜作为唯一定价的方法。采用成本法估价时须注意所选取土地使用权出让价格的合理性。以物流仓储为例，近年随着各地政府有关土地集约利用及提高产能效益政策的出台，限制了物流仓储用地在土地出让市场上的供应，特别是一线城市为疏解城市功能而严禁仓储物流用地的土地出让。考虑到获取土地使用权出让价格的时效性存在一定限制，故在实际操作中需结合资产的实际情况对成本法进行选取。

3. 收益法

收益法是指通过将评估对象的预期收益资本化或者折现，来确定其价值的各种评估方法的总称。收益法应用的前提条件为：（1）评估对象的未来收益可以合理预期并用货币计量；（2）预期收益所对应的风险能够度量；（3）收益期限能够确定或者合理预期。仓储物流、保障性租赁住房及产业园项目均以租赁方式进行运营，其运营层面的过往实际发生收入、成本及费用科目清晰，已发生金额均可获取，且对资产未来产生的收益可进行合理预测，在估价实际操作中收益法通常作为最主要的评估方法。

在使用收益法时，资产未来收益情况及折现率取值对估值结果将产生直接影响，估价师应以客观、审慎的态度预测资产未来各年的净收益并选取合理的折现率进行估价。在选用收益法时，宜优先选用报酬资本化法中的持有加转售模式。报酬资本化法是预测基础设施资产未来各年的净收益，利用折现率将其折现到价值时点后相加得到基础设施资产价值或价格的方法。折现率的求取方法和有关计算过程应当在评估报告中说明。其持有加转售模式的公式为：

$$V = \sum_{i=1}^{t} \frac{A_i}{(1+Y_i)^i} + \frac{V_t}{(1+Y_t)^t}$$

其中：

V：基础资产价值。

A_i：期间收益。

V_t：期末转售收益。

Y_i：未来第 i 年的报酬率（%）。

Y_t：期末报酬率（%）。

t：持有期（年）。

收益法适用于有经济收益或有潜在经济收益发生，且具有可持续性获取收益能力的资产。如仓储物流、产业园及保障性租赁住房目前均以租赁方式进行运营，其经营层面的过往实际发生收入及成本科目清晰，数据均可获取，且未来收益可进行合理预测，能充分体现出资产收益价值。

估价测算思路为：估价师对基础设施资产前10年每年进行净现金流量折现分析，第11年的收入净额及剩余土地使用年期按适当折现率进行资本化。在评估测算时估价师未扣除任何收购成本及出售成本，认为该部分应为未来买家的考虑因素。此方法假设基础设施资产是以现金购买的，并不涉及利息及其他融资成本（见图9－2）。

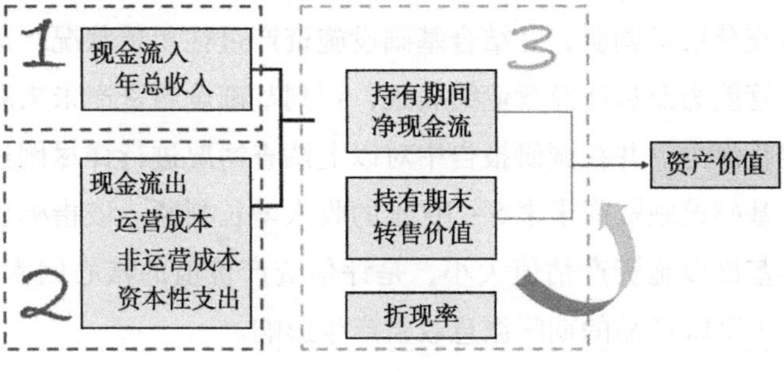

图9－2　估价测算思路

从图中可以看出，影响基础设施资产收益价值的三大因素为未来预期的净现金流、收益年期及折现率。净现金流越大，资产收益价值越高；收益年期越长，资产收益价值越高；资产获取收益方式越可靠，预期经营风险或不动产市场风险系数越低；折现率越低，资产收益价值越高。对以租金为主要收入来源的基础设施资产进行评估时，估价师应重点从以下几点出发：

（1）不高估运营期间获取的年总收入。年总收入是基础设施资产未来每年预期可产生的有效毛收入，即有效毛收入 = 潜在毛租金收入 - 空置和租金损失 + 其他收入。

在确定项目收入时，租赁期内参照租赁合同中约定的签约租金及递增条款进行测算，租赁到期后及未出租部分参考各年度当期市场租金进行确定。市场租金采用比较法求取。

在确定未来收益年期内的出租率及免租期时，应结合当前市场供求状况、行业未来发展趋势、项目过往时点的履约率、续租率及合同签署的租赁条款（如装修期限、递增条款等）以及当前价值时点租赁状况进行综合分析、确定。

在预测基础设施资产未来增长率时，估价师应根据基础设施资产的不同类型，对资产所在行业发展趋势、资产所属类型的不动产市场整体状况及所处区域不动产市场发展状况、竞标项目的租赁状况进行充分市场调研，并结合基础设施资产过往租赁状况，运营机构的运管能力及过往经营业绩表现，预判基础设施资产未来获取收入的增长潜力，并在调研报告中对以上调查情况进行详尽阐述，最终给予基础设施资产未来 5 ~ 10 年的收入增长判断。该指标也将直接影响基础设施资产估值大小，是评估资产价值的核心因素之一，也会对 REITs 产品的期间派息收益产生影响。

因此，出租率是从租户角度出发，客观反映其对于基础设施资产硬件条件（如楼宇外立面、辨识度、设备设施水平、建筑物绿色环保等级）、软件条件（如区位、交通、园区物业管理及配套服务水平等）或提供的服务标准的认可程度。增长率是从运营服务方角度出发，通过对其过往运营业绩的情况，并结合行业现状及未来发展趋势、资产所处运营周期以及未来改造更新物业或提升运管能力等方面，对基础设施未来成长性给出的判断。

（2）不低估运营期间发生的运营成本及非运营成本。运营成本是为维持基础设施资产正常使用或营业的必要支出，包括管理费、物业服务费、日常维修费、水电费、物业公共维修基金等，具体费用应根据与承租人签署的合同进行取舍，其中由承租人负担的部分不应计入；非运营成本包括运营期间缴纳增值税及附加、房产税、城镇土地使用税、印花税、保险费等。以上成本均不应包括 REITs 基金管理人及专项计划管理人层面的管理费、利息费、企业所得税、资本支出和折旧与摊销费。

（3）合理预测资本性支出。资本性支出主要包括基础设施资产的大修支出及更新改造支出。根据《公开募集基础设施证券投资基金尽职调查工作指引（试行）》的规定，在对基础设施资产现金流的预测情况进行调查时，应预测和分析基础设施资产未来资本性支出（建筑和设备维修保养支出、改造更新支出等），并说明各项预测参数的设置依据及其合理性和充分性。在实操中，估价师应了解建筑物及设备的使用情况，以及未来 5～10 年的更新改造或大修计划安排，参考第三方专门机构出具的《工程尽职调查报告》，在测算基础设施资产经营净现金流时予以扣除。同时，根据《公开募集基础设施证券投资基金运营操作指引（试行）》的规定，会计师和基金管理人在出具《可供分配金额测算报告及审核报告》时，应将资本性支出作为可供分配金额涉及的调整项目，对未来合理的相关支出金额进行预留。该指标也将直接影响基础设施资产估值大小，是评估资产价值的核心因素之一，也会对 REITs 产品的期间派息收益产生影响。

（4）剩余收益期限的确定。较长的剩余期限是基础设施资产能够产生投资价值的基础。从 REITs 收益的两大来源（期间派息收益和资产增值收益）可以看出，投资者不仅可以通过持有基础设施项目取得运营期间的收益，还可在资产出售时获取一定的价值提升空间，因此其剩余收益期限不能过短。

根据《房地产估价规范》（GB/T 50291—2015），估价师按照建筑物剩余经济寿命（T1）和国有建设用地使用权法定剩余年限（T2）“孰短原则”来进行确定。当 T1 > T2，如期限届满对建筑物残值予以补偿，则为 T2 期限内的不动产价值加上建筑物在收益期结束时的价值折现到价值时点的价值；如果期限届满对建筑物残值不予补偿，则为 T2 期限内的不动产价值。当 T1 < T2，为 T1 期限内的不动产价值与剩余期限内国有建设用地使用权价值（等于价值时点 T2 期限的建设用地使用权价值减去估价时点 T1 期限内的建设用地使用权价值）之和。

（5）折现率的求取。折现率是为资本成本或用转换日后应付或应收货币金额的回报率，理论上反映资本的机会成本。一般来看，折现率的求取方法有市场提取法、风险累加法和投资报酬率排序倒插法 3 种。①市场提取法。利用与基础资产具有相同或相似收益特征的可比实例的价格、净收益、收益期或持有期等数据，选用相应的报酬资本化公式，计算出报酬率，或通过完善的市场调研获得特定类型资产的报酬率。通常为避免偶然性，应尽量搜集较多的可比实例，求其净收益与价格之比的平均数。②风险累加法。投资者投资于收益不确定的资产时，必然带有风险的成分。累加法的理论依据是当投资者愿意投资于某一风险性资产时，它必然会要求对其额外承担的风险及其额外的负担有所补偿。因此累加法是将无风险的报酬率加上对各种风险及负担的补偿率作为折现率的一种方法。③投资报酬率排序倒插法。由于具有同等风险的任何投资的报酬率应是相近的，所以可通过与获取基础设施资产净收益具有同等风险的投资的报酬率来求取基础设施资产的报酬率。

从境内已发行的首批及第二批公募 REITs 来看，以租金为主要收入来源的基础设施资产，在公开交易市场上可直接获取的单项对标资产的相关信息较少，资产间的可比性较弱，目前以风险累加法和投资报酬率排序倒插法求取。

二、以收费为主要收入来源的基础设施项目尽职调查工作

（一）基础设施资产权属状况

根据《资产评估对象法律权属指导意见》，资产估价师执行资产评估业务时，应当对委托人和其他相关当事人提供的资产评估对象法律权属资料进行核查验证，并对核查验证情况予以披露。资产估价师执行资产评估业务的目的是对资产评估对象价值进行估算并发表专业意见，对资产评估对象法律权属确认或者发表意见超出资产估价师的执业范围；资产估价师不得对资产评估对象的法律权属提供保证。

对资产评估对象法律权属资料核查验证的方式通常包括核对原件与复印件的一致性，通过公开的信息渠道进行查询，到相关产权登记部门现场查询等。超出资产估价师能力的核查验证事项，资产估价师可以委托或者要求委托人委托律师事务所等相关机构出具专业意见。

估价师针对收费类基础设施资产的法律权属情况做尽职调查时主要关注以下事项：

（1）基础设施资产是否取得相应的权属证明文件，比如特许经营权合同、土地使用权证、设备购置合同及发票、车辆行驶证、专利权证书等。

（2）法律权属及抵押、查封、扣押、冻结等他项权利限制和应付未付义务情况。

（3）是否存在法律权属不清、瑕疵，权属关系复杂、权属资料

不完备的资产评估对象。

（4）对项目公司不拥有土地使用权的项目，应要求委托人说明土地使用权拥有人取得土地使用权的具体方式、出让（转让）方和取得时间等相关情况，土地使用权拥有人与项目公司之间的关系，以及说明项目公司使用土地的具体方式、使用成本、使用期限和剩余使用年限，分析使用成本的合理性，并提供相关证明材料。

（5）基础设施项目采用 PPP 模式的，应调查 PPP 项目取得批复的时间，核查不同时期批复实施的 PPP 项目的合规性。采用 BOT、TOT、股权投资等模式实施的特许经营项目，应符合当时国家关于固定资产投资建设、特许经营管理等的相关规定。

（二）基础设施资产市场调研

市场调研应就宏观和区域经济因素进行调查分析，对项目所在行业现状与发展前景进行调查分析，具体调研时主要相关内容如下：

（1）对国家、地区经济形势及未来发展趋势进行市场调查。项目运营情况与国家、地区经济形势及未来发展趋势密切相关，在合理分析国家及地区经济发展趋势的前提下对项目未来业务发展情况进行合理假设。

（2）根据项目公司的主营业务，确定项目公司所属行业；通过收集行业主管部门制定的发展规划、行业管理方面的法律法规及规范性文件，了解行业监管体制和政策趋势。

（3）了解项目公司所属行业的市场环境、市场容量、市场细分、市场化程度、进入壁垒、供求状况、竞争状况、行业利润水平和未来变动情况，了解项目公司所在行业与上下游行业之间的关联性，判断行业的发展前景及行业发展的有利和不利因素；了解行业特有的经营模式，行业的周期性、区域性和季节性特征等；了解行业内主要企业及其市场份额情况，调查竞争对手情况。

（4）调查项目公司所处行业的技术水平及技术特点，项目公司所属行业特有的经营模式，调查行业可比企业采用的主要商业模式、销售模式、盈利模式，对照项目公司所采用的模式，判断其主要风险及对未来的影响。

（三）基础设施资产运营状况

估价师需要对基础设施项目的运营情况进行尽职调查，收集其历史年度运营情况并对未来年度运营情况进行合理预测。

1. 对基础设施项目历史年度运营情况进行调查分析

对基础设施项目历史年度运营情况进行分析调查为对未来年度现金流预测的前提和重要基础之一，往往从以下几个方面开展：

首先，调查项目公司经营模式，包括但不限于主营业务概况、业务开展的时间、盈利模式、盈利和现金流的稳定性及持续性，了解基础设施资产现金流的回收流程以及管理系统等。

其次，获取已签署正在履行期内及拟签署的相关重要合同，包括但不限于特许经营权协议、销售合同、重大成本支出合同等。

最后，对历史年度经营数据进行收集和分析。取得项目公司的可以反映基础设施项目历史财务表现的近3年及1期财务报告及审计报告；如无法提供上述材料，应调查最近1年及1期的财务报告及审计报告；仍无法提供的，应调查基于过往运营经验和合理假设编制的近1年及1期经审计的备考财务报表。对取得的历史年度财务数据进行分析并收集相关资料进行核查验证，主要从资产构成、项目采购环节、生产环节、销售环节、税务环节等方面进行分析。收入方面主要调查分析企业生产能力及利用率、产品定价政策、产销比率、结算方式与收入确认政策、销售价格及销售数量、应收账款及坏账等情况；成本方面主要调查分析成本构成、存货数量及质量、营业费用及构成、毛利率与营业利润率、销售费用及管理费用构成；税务环节重点调查分析执行的税种基税率、税收优惠、纳税记录等。

2. 对基础设施资产未来年度运营情况进行调查分析

对未来经营状况进行收益预测时，在谨慎分析宏观经济状况、行业发展状况、历史年度经营情况的前提下，首先，对收益期限进行合理分析，其次，收集项目未来年度的经营计划、发展规划相关资料，同时，通过调研基础设施资产的盈利模式、业务结构、历史业绩、已经签订的相关合同、营运资金、资本性支出、资本结构，结合宏观经济因素合理确定评估假设，形成未来收益预测。涉及特殊专业知识和经验时，评估专业人员可以利用专业机构出具的专业报告作为评估依据，即要求委托人聘请某一领域中具有专门资质或者相关经验的第三方专业机构出具专业报告，比如车流量预测报告等。

（四）估值方法

对于以收费为主要收入来源的基础设施，估价师可参考财政部印发的《资产评估基本准则》以及中国资产评估协会印发的各项资产评估准则，包括但不限于《资产评估职业道德准则》《资产评估执业准则——资产评估方法》《资产评估执业准则——不动产》《资产评估执业准则——无形资产》等开展估值工作。

此类基础设施资产在评估方法选取原则和评估方法定义上与以租金为主要收入来源的基础设施项目一致，故不在此赘述。重点介绍每种评估方法对以收费为主要收入来源的基础设施项目的适用性。

1. 比较法

对于收费公路、水电气热、城镇污水处理、固废危废处理等收费类基础设施资产，公开交易市场供选择的可比交易案例数量较少，相关具体交易信息较难获得，加之此类资产同质性较弱，故而在实际操作中基本不适宜采用市场法进行评估。

2. 成本法

对于收费类基础设施项目，由于项目主要是依附于合同权益而存在的资产，成本法评估结果较难体现资产对应的特许经营权合同的价值。

3. 收益法

对于收费公路、水电气热、城镇污水处理、固废危废处理等收费类基础设施资产，企业通过行政许可、特许经营等投资建设并取得该类资产的产权和经营权，或取得一定年限的经营权。该类资产的生产规模、生产能力以及提供产品或者服务的价格较为明晰，可以以此为基础对未来收益进行合理预测。从方法适用性角度来看，收益法评估结果能够合理体现市场参与者对项目未来收益的预期，且预期收益所对应的风险能够度量，采用收益法能够较为合理地体现资产价值，所以该类基础设施资产适宜采用收益法进行评估，在实际操作中收益法通常作为最主要的估价方法。

在采用收益法评估时，比较常见的估值模型为自由现金流折现模型，具体如下：

$$P = \sum_{i=1}^{n} \frac{R_i}{(1+r)^i} + S$$

其中：

P：评估对象的资产价值。

R_i：预测期内第 i 年的预期收益。

r：折现率。

n：收益预测期。

S：资产终值，为预期期末可回收资产价值折现到评估基准日的价值。

（1）项目未来现金流量折现公式。项目未来现金流量一般可采用自由现金流进行测算，具体如下：

项目未来现金流量折现（DCF）= EBITDA - 资本性支出 -
营运资金追加额 = 净利润 + 所得税 + 利息支出 +
折旧及摊销 - 资本性支出 - 营运资金追加额 =
主营业务收入 - 主营业务成本 - 税金及附加 - 期间费用
（销售费用、管理费用、财务费用、研发费用）+
利息支出 + 折旧及摊销 - 资本性支出 - 营运资金追加额

（2）折现率。折现率求取方法有资本资产定价模型（Capital Asset Pricing Model，简写为 CAPM）、加权平均资本成本（Weighted Average Cost of Capital，简写为 WACC）、市场提取法和风险累加法。因市场提取法和风险累加法也适用于以租金为主要收入来源的基础设施资产，在前文已有详细介绍，因此这里重点介绍资本资产定价模型和加权平均资本成本两种折现率求取方法。

①资本资产定价模型是由美国学者夏普、林特尔、特里诺和莫辛等人在现代投资组合理论的基础上发展起来的，是现代金融市场价格理论的支柱，广泛应用于投资决策和资产评估领域。资本资产定价模型的基本公式是：

$$R = R_f + \beta \times (R_m - R_f) + R_C$$

其中：

R：折现率。

R_f：无风险收益率。

R_m：市场风险溢价。

R_C：个别风险系数。

②加权平均资本成本为全投资回报率，即权益资本成本和债务资本成本的加权平均值。全投资税后现金流口径的加权平均资本成

本公式如下：

$$R = (1 - T) \times R_d \times w_d + R_e \times w_e$$

其中：

R：折现率。

T：所得税率。

w_d：债务资本占全部资本的比重。

w_e：权益资本占全部资本的比重。

R_d：债务资本成本。

R_e：权益资本成本，按 CAPM 确定。

折现率选取的基本原则之一是折现率口径应当与收益口径保持一致。基础设施项目的预期收益为所得税前口径，则折现率相应也应当为所得税前口径；如采用自由现金流口径，折现率相应需选取加权平均资本成本模型。

就已发行的公募 REITs 看，以收费为主要收入来源的基础设施资产采用加权平均资本成本模型或者迭代方式（即税后折现率折现税后现金流量结果与税前折现率折现税前现金流量结果相等的前提下，锁定税后折现率折现税后现金流量结果以及税前现金流以迭代方式求取税前折现率的方式）求取折现率。

根据《公开募集基础设施证券投资基金运营操作指引（试行)》《上海证券交易所公开募集基础设施证券投资基金（REITs）规则适用指引第 1 号——审核关注事项（试行)》《深圳证券交易所公开募集基础设施投资基金业务指引第 1 号——审核关注事项（试行)》等文件的要求，原则上以收益法作为基础设施项目评估的主要估价方法。在实操过程中，从境内首发的 9 只公募 REITs 及第二批发行的 2 只公募 REITs 持有的底层基础设施资产估值方法来看，均仅采用收益法进行评估。

三、境内 REITs 与亚太市场 REITs 资产尽职调查与估值方法对比

首批公募 REITs 成功发行不仅得益于成熟 REITs 市场的丰富经验，更得益于境内政府相关部门及证券监管机构给予的大力支持，在充分理解理论的基础上，推出了境内 REITs。其最大特色在于底层基础设施资产的选择，是从基础设施领域开始推行公募 REITs 试点项目，而非持有型不动产。下面一起来看看，评估机构在参与发行 REITs 产品时应遵循的具体要求。

（一）境内 REITs 与亚太市场 REITs 资产尽职调查对比

考虑以往境内优质资产通常会优先选择在港交所和新加坡交易所发行 REITs，为增加对比性，我们整理了中国香港、新加坡、中国境内 REITs 相关准则中对评估机构在尽职调查工作内容、评估机构选聘以及报告信息披露等方面的规定，分析如表 9－2 所示。

表 9－2　境内与亚太市场相关法律法规对评估机构要求的对比

内容	中国香港	新加坡	中国境内
颁布机构	中国香港证监会	新加坡金融管理局	中国证监会
遵守准则	香港证监会公布的《房地产投资信托基金守则》（2020 年 12 月第 6 版修订第 6 章）、中国香港测量师学会《物业估值准则》以及国际评估准则委员会《国际估值准则》	新加坡金融管理局公布的《集体投资计划守则》（2021 年 7 月修订版）、新加坡测量师与评估师协会《估值标准和实务指南》以及国际评估准则委员会《国际估值准则》	中国证监会《公开募集基础设施证券投资基金指引（试行）》、财政部印发的《资产评估基本准则》以及中国资产评估协会印发的各项资产评估准则；住房和城乡建设部发布的《房地产估价规范》《房地产估价基本术语标准》及中房协印发的《房地产投资信托基金物业评估指引（试行）》

续表

内容	中国香港	新加坡	中国境内
估价频率	必须每年一次通过实地观察有关房地产项目的所在地及巡视当中所竖立的建筑物及设施，全面评估该计划持有的所有房地产项目的价值。若计划将会购入或出售房地产项目，或任何守则指明的任何其他情况，总估价师也需为此准备一份估值报告	每个财政年度必须对房地产投资信托基金中的资产至少评估一次 当管理人计划发行认购新基金单位，或赎回现存基金单位且距上一次评估时点已超过6个月，或市场发生变化可能对资产估值引起重大改变时，管理人应酌情确定评估方式	必须每年一次 若基础设施项目购入或出售，或基础设施基金扩募，或提前终止基金合同拟进行资产处置，或基础设施项目现金流发生重大变化且对持有人利益有实质性影响，或对基金份额持有人利益有重大影响的其他情形，也需基金管理人聘请评估机构对基础设施项目资产进行评估
总估价师的要求	（1）总估价师必须独立于该计划、受托人、管理公司以及该计划的任何主要持有人 （2）须确保其意见及估值独立于其与其他人士的业务或商业关系，且不受该关系所影响	（1）估价师应向受托人披露任何可能影响其独立评估工作的情况，受托人应对估价师所披露的情况予以考虑，决定估价师是否可进行独立工作 （2）估价师的评估资质应被所在国家或地方的法律所授权	（1）经中国证监会备案 （2）具备良好资质和稳健的内部控制机制、合规运作，不得存在可能影响其独立性的行为
总估价师委任	总估价师须在连续3年替该计划的房地产项目进行估值后退任。此外，同一估价师只可在其3年之后再被委任	为相同资产提供评估服务不得连续超过2个财政年	为同一只基础设施基金提供评估服务不得连续超过3年

续表

内容	中国香港	新加坡	中国境内
报告类型	(1) 物业评估报告 (2) 市场研究报告 (3) 楼宇测量报告	(1) 物业评估报告 (2) 市场研究报告	(1) 基础设施资产评估报告 (2) 市场调研报告（可选） (3) 工程尽职调查报告（可选）
价值时点	该计划要求估值的日期（如该报告是为计算该计划的资产净值的目的而准备的）；或在下列日期之前不超过3个月的任何一天： (1) 发出销售文件的日期 (2) 发出通函的日期（若有关通函关乎需要持有人批准的交易） (3) 签订买卖协议（或其他转让法定业权的协议）的日期（若有关交易无须获得持有人的批准）	价值时点距基金份额发售之日或签订买卖协议之日不得超过6个月	价值时点距离基金份额发售公告日不得超过6个月

从监管出台的文件可以看出，三大监管机构均在文件中提及，评估机构及相关专业服务机构的项目尽职调查应包括物业评估、市场调研及建筑物工程调查等三大方面。除物业评估报告要求单独出具估值报告，对其余两项工作是否必须单独出具报告，三大监管机构的要求不同。但在实际操作中，我们都会看到包含以上3个方面工作，调研及报告形式因资产特点而各有不同。究其根源，市场调研是通过资产所在城市的经济状况、行业总体发展状况以及区域市

场过往及现状，并结合对标资产状况，来判断目标资产的核心竞争力、未来发展趋势以及目标资产的未来获利能力及可持续性；资产工程尽职调查是通过对楼宇现有设备设施及建筑结构系统质量安全状况测评、过往已发生维护费用，以及未来对楼宇的改造计划，来判断目标资产的楼宇质量，量化其风险所在以及未来可预见的资本性支出金额。以上两项调研工作的结论最终都会体现在物业估值水平上。

就估值报告来看，三大监管机构对评估报告披露与底层资产有关的内容及要求大体相同，我们以境内公募 REITs 为例，具体要求披露内容包括但不限于：（1）评估基础及所用假设的全部重要信息；（2）所采用的评估方法及评估方法的选择依据和合理性说明；（3）基础设施项目详细信息，包括基础设施项目地址、权属性质、现有用途、经营现状、每期运营收入、应缴税收、各项支出等收益情况及其他相关事项；（4）基础设施项目的市场情况，包括供求情况、市场趋势等；（5）影响评估结果的重要参数，包括土地使用权或经营权利剩余期限、运营收入、运营成本、运营净收益、资本性支出、未来现金流变动预期、折现率等；（6）评估机构独立性及评估报告公允性的相关说明；（7）调整所采用评估方法或重要参数情况及理由（如有）；（8）可能影响基础设施项目评估的其他事项。

（二）境内 REITs 与亚太市场 REITs 资产估值方法对比

目前中国香港及新加坡交易所已发行的 REITs 产品的底层资产所采用的估值方法均为收益法中的报酬资本化法和直接资本化法，部分产品还同时选用比较法作为辅助验证。就境内首发的 9 只公募 REITs 及第二批发行的 2 只公募 REITs 来看，均采用收益法进行评估，详见表 9－3。

表9-3 新加坡、中国香港部分REITs产品及境内REITs发行环节底层资产评估方法

所在市场	产品名称	收益法		比较法	成本法
		报酬资本化法	直接资本化法		
中国香港	招商局商业房地产投资信托基金	√	√	仅作验证	—
	领展房地产投资信托基金	√	√	—	—
新加坡	运通网城房地产信托	√	√	—	—
	凯诗物流信托	√	√	—	—
	星狮物流工业信托	√	√	—	—
中国境内（首批公募REITs产品）	以租金为主要收入来源的基础设施资产				
	盐田港仓储物流REITs	√	—	—	—
	博时招商蛇口产业园REITs	√	—	—	—
	华安张江光大园REITs	√	—	—	—
	苏州工业园区产业园REITs	√	—	—	—
	中金普洛斯REITs	√	—	—	—
	以收费为主要收入来源的基础设施资产				
	平安广州交投广河高速公路REITs	√	—	—	—
	中航首钢生物质REITs	√	—	—	—
	浙商沪杭甬REITs	√	—	—	—
	富国首创水务REITs	√	—	—	—
中国境内（第二批公募REITs产品）	以租金为主要收入来源的基础设施资产				
	建信中关村产业园REITs	√	—	—	—
	以收费为主要收入来源的基础设施资产				
	华夏越秀高速REITs	√	—	—	—

第二节　不同基础设施业态的估值分析

不同类型的基础设施资产在进行估值时，关注重点有所不同。本节对以租金为主要收入来源的仓储物流、产业园以及数据中心，和以收费为主要来源的收费高速公路等进行简要说明。

一、仓储物流

（一）定义及分类

仓储物流是指在物流用地（W）或者工业用地（M）上，建造的以物流仓库或分拨配送中心为建筑形态的地产类型。现代物流以物流园区为核心载体，建设、运营与管理物流仓库、配送中心等专用物流设施，并与制造企业、物流企业、零售电商企业等供应链环节上的客户建立合作关系，提供包括园区租赁、园区运营、配送服务等在内的增值服务。

现代物流地产按照建筑标准可分为高标准仓库和普通仓库，按照用途分为标准仓库和特种仓库（如冷库、危险品库、自动化分拣仓库、医疗用品仓库等）。高标准物流仓库和普通物流仓库的区别较为显著，除了建筑本体的差别（建筑面积、结构、承载力），消防设施设置等级、是否设置温度控制、监控系统、通风系统等也是区别高标准物流仓库和普通物流仓库的重要标准。高标准物流仓库详细特征如表 9 -4 所示。

（二）项目特点

（1）全国网络布局。在全国重要城市、交通枢纽节点布局。网络布局越多，物流效率越高。按照区域仓—城市仓—前置仓进行配置。

表9-4　高标准物流仓库特点

地点	靠近市中心或交通枢纽（机场、港口、公路）
结构	单层：高品质钢结构；多层：混凝土/钢结构，附带坡道/电梯
建筑面积	独栋一般不小于1万平方米；园区一般不小于5万平方米
承重	1楼≥3吨/平方米；2楼以上≥2吨/平方米
层高	单层库≥9米；多层库首层≥8米
立柱距	≥12米
卸货平台	每层高度为1.3米
消防等级	丙二类及以上
消防设施	自动防火喷淋、消防栓、火灾警报器、灭火器
雨棚	悬挑宽度6米或8米，高度不低于4.5米
盘道	按40尺集卡荷载

（2）物流地产获取途径收紧。随着政府集约用地政策出台、限制物流用地出让，很难通过一级市场以招拍挂方式获取；目前市场主要通过收购二手项目开发或现有项目直接收购等方式获取。

（3）物流产品多元化发展。生鲜电商的迅速发展激发冷链仓库迅速扩仓；多层高标准仓库将成为未来仓库主流；物流生态圈建立，使物流地产与物流行业更好地融合，增加租户黏性。

（4）高标准物流地产租户结构。目前大部分高标准物流地产运营商把电商作为主力租户，但随着电商自建库数量增多且规模增大，物流地产商的租户结构也会随之调整。建立良好的物流生态圈，提供更完善的仓配一站式服务，增加租户黏性。

（5）高标准物流地产以资本运作模式进行滚动开发。从开发建设—资产管理—物流地产基金环节，形成一个完整闭环，使资产完成退出达到资金快速回笼，再用于开发建设。

（6）工业用地出让年限缩短。工业用地国家法定最高出让年限为50年，近年看到越来越多城市将工业用地出让年限调整为20～30年。

（三）项目关注点

1. 宏观层面

首先应关注基础设施资产所处城市经济发展状况、社会零售消费品总额、人均可支配收入等。比较典型的对物流地产具有一定影响力的因素为城市物流业发展，重点对所在城市的物流业总体发展规模和运行效率、物流业各分支的发展状况、物流基础设施和装备水平、企业物流经营状况（企业物流运营情况及效率、物流主营业务收入、物流主营业务成本和企业拥有的物流设施）等4个方面进行细致考察。其次应关注城市物流地产发展，主要包括分析该城市物流地产的土地供应、开发投资、开发建设、租赁市场等4个方面。最后应关注基础设施资产所处工业园区的配套设施是否完善、工业集聚度、物业管理等情况。

2. 微观层面

物流中心的主要功能是承载物资的集散和进出，该类物业微观层面主要关注项目地块条件，包括地理位置和地块现状、地块经济技术指标及项目交通条件，其中重中之重当属项目的地理位置。

（1）地理位置和地块现状。评估时需要着重对项目的地理位置与城市重要地点，包括港口、铁路编组站、公路货运枢纽、枢纽机场、主要口岸、城市大型商圈、批发市场、专业市场、工业园区、产业集聚区、特大型制造企业等的空间位置关系进行分析。同时更要看地块周边环境条件，即相邻的道路交通、站点设置、港口和机场的位置等因素，与物流中心内的道路、物流路线相衔接，是否能形成内外一体、便利通畅的物流通道。

（2）地块经济技术指标。物流仓储用地、工业用地和商业服务业设施用地可以用来开发建设物流地产项目的，评估时需要对不同性质的建设用地对物业建筑面积、业态比例、其他限制条件等规划限制条件进行考虑。

（3）项目交通条件。应该着重分析基础设施资产周边道路现状以及基础设施资产到机场、港口、口岸、铁路编组站、公路货运枢纽、工业园区、产业集聚区、特大型制造企业、大型商圈、批发市场、专业市场等城市重要地点的行车距离和行车时间。

3. 财务层面

（1）运营收入。包括租金收入、综合管理费收入和其他收入等。

（2）运营成本。包括项目运营管理费用（如人员成本）、租赁代理费用、物业管理费用、设备设施维护及保养费用、资本性支出、保险费用及相关税金，税金涵盖房产税（按租金缴纳或按原值缴纳）、增值税（简易征收或按一般计税方式）及附加、城镇土地使用税、印花税等，其中特别关注各类赋税的计税基础及税率。

（3）资本化率。资本化率作为不动产投资领域的重要参数被广泛使用，可以真实地体现物业运营收入与价值之间的关系，该指标对基础设施资产价值判断具有重要意义。

根据对不动产投资领域的头部机构、专家及一线市场人员的问卷调查，近年境内主要城市有限的物流仓储项目新增供应与不断扩张的人均物流需求使得物流仓储资产在不动产投资市场中的热度持续升高，仓储物流频繁交易也使得其定价依据与资本化率水平逐渐透明，调查结果显示一线城市及周边热点地区物流仓储资本化率为4.9% ~5.6% 。未来随着供需差距进一步扩大，投资者普遍认为其将继续下降。具体如图 9 -3 所示。

二、产业园

（一）定义及分类

产业园是指在一定的产业政策和区域政策的指导下，以土地为载体，提供基础设施及综合配套服务，吸引特定类型、特定产业集群的内外资企业投资建厂，通过资本、产业、技术、知识、劳动力等要素高度集结，增强产业竞争力，并向外围辐射的特定区域。

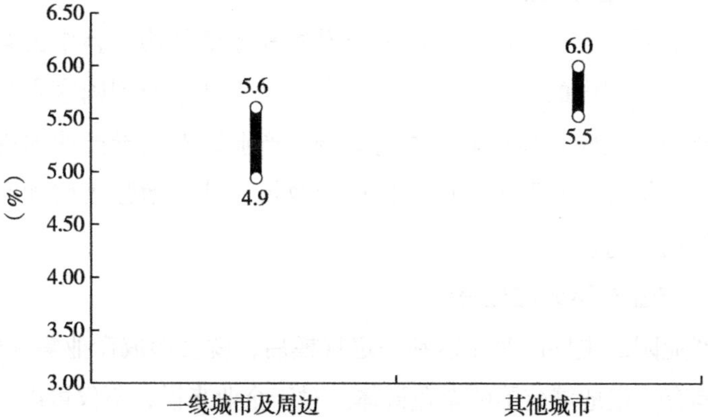

图9-3 物流仓储资本化率

注：该数据基于当年不动产市场情况调研所得，当市场发生变动时数据将随之变化。
资料来源：《中国 REITs 指数之不动产资本化率调研报告》，2021 年。

从物业用途的角度划分，产业园包括科技园区、物流园区、特色园区、综合工业园区、企业总部基地。

从行政管辖的角度划分，《中国开发区审核公告目录（2018 年版）》将产业园分为两大类，第一类是国务院批准设立的，为国家级开发区，细分为经济技术开发区、高新技术产业开发区、海关特殊监管区、边境/跨境经济合作区和其他类型产业园这五大类别。第二类是省级人民政府批准设立的，为省级开发区，可分为省级经济开发区、省级高新技术产业园和省级特色工业园区这三大类别。

从产业布局能级的角度可对应为国家级战略性新兴产业集群、区域级高科技产业园和城市级特色产业园。

根据《REITs 通知》的要求，本次可作为公募 REITs 基础设施资产入池的园区应为《中国开发区审核公告目录（2018 年版）》确定的开发区范围。

（二）产业园特点

1. 政策主导性强

产业园在推动中国经济的产业升级和经济结构调整中占有重要地位，产业园内的主导产业通常会在较大程度上受到国家宏观产业政策及当地政府具体产业规划的影响。产业园对主导产业的规划定位，必须符合国家及地方政府的产业政策，从而增强吸引优秀企业落户的竞争力。

2. 产业集聚效应显著

产业园的主导产业在达到一定规模后，就会形成产业集聚效应，形成具有一定地域范围的企业群体。对于企业来说，不仅可以增加现有租户的黏性，还可以吸引产业链上下游企业自发跟随落户。

3. 对入驻企业实行审批及集中管理

具备管理或行政实体，以批准企业进入园区，管理园区内企业，制定园区长期发展的前瞻性规划。

4. 注重提升产业园的综合服务能力

产业园的综合服务能力是园区发展的关键，目前已有部分园区由注重招商引资向助力园区入驻企业成长方面转型。一方面，产业园根据企业所处不同发展阶段，为其提供相应服务。在企业初创阶段，园区孵化器为企业提供创业孵化服务；在企业成长阶段，为企业提供融资等服务，在帮助企业成长的同时，也扩宽了园区的多元化发展道路。另一方面，产业园通过产业定位、配套设施、投融资服务等增值和创新服务，增加对入驻企业的吸引力，增强产业园核心竞争力，打造优秀的园区运营品牌，实现园区价值的最大化。

5. 产业园收入来源多元化

产业园的主要收入包括开发收入、租赁收入、市政建设收入、招商以及工程代理收入、综合服务收入、投资收入和财政补贴收入等。目前，产业园物业租售、园区服务、创投业务并举的发展势头已逐渐形成。

6. 土地权属及转让限制

产业园因招商引资的需要，在土地供给、税收、配套设施等方面提供优惠或支持，同时对园区开发企业在土地权属与规划要点、项目转让等方面均提出限制性要求，若以该类资产发行 REITs，需取得相关部门对转让限制的同意批复。

（三）项目关注点

1. 宏观层面

首先应关注基础设施资产所在城市经济发展状况（如地区生产总值、固定资产投资增长水平、产业结构、居民收入水平等宏观经济指标），城市总体规划以及城市基础设施状况等。其次应关注全国同类型产业园整体布局，相关产业发展现状及未来发展趋势，政府出台的相关产业政策，该类产业园所在城市的发展状况（如所在城市整体市场布局、产业园过往 5 ~ 10 年的供需状况、租金水平及空置率分析、未来 3 年的供应量等），产业结构调整以及区域协调发展战略等。最后应关注基础设施资产所在片区的产业集聚程度、人才密集程度、配套设施完善程度等情况。

2. 微观层面

产业园的核心要素包括地理位置、产业定位与产业体系、园区政策以及园区运营服务能力。核心资产的硬件条件（建筑空间、硬件设施、园区配套）是产业园的“颜值”，运营服务能力则是产业园的“心脏”。

（1）地理位置。应重点分析项目区位情况，即关注项目是否位于国家级、省级新区或开发区，是否位于相关产业的主要集聚区。

同时应考虑项目周边产业链是否完整，周边上下游产业是否充分集聚。也应充足考虑项目周边是否拥有充足的生活配套。此外，还应关注项目与城市中心及主要交通枢纽距离，及项目整体交通可达性。

（2）产业定位与产业体系。应关注产业定位与全国产业发展的整体趋势，区域重点产业发展方向的匹配度，及产业体系的高端、高新程度。如：雄安新区跨境电商产业园，可重点分析其产业定位与《河北雄安新区规划纲要》提及的重点产业发展方向的契合度，其产业体系与大数据、云计算等高端、高新产业的关联度，及园区智能物流系统落地情况等；再如：粤港澳大湾区集成电路设计产业基地，应重点关注其产业定位与该区域产业政策方向的一致性，产业体系对集成电路设计及研发等半导体产业关键环节的覆盖度，园区内入驻的集成电路领先企业数量，园区对光刻机等集成电路制造关键设备的拥有状况，园区关于集成电路设计服务平台的专业化程度等。

（3）园区政策。评估时应考量产业园优惠政策完整性及政策力度。高质量产业园通常拥有租金减免、上市资助、税收优惠、人才引进等多维度优惠政策，其对园区租户品质及承租能力有较大影响。

（4）园区运营服务能力。园区运营服务是否健全优质，同样应纳入评估作业的分析范围。优质产业园应提供丰富的企业服务及生活服务，应涵盖企业孵化加速器，法律及税收咨询，投融资服务，人才支持等多个方面。

3. 财务层面

（1）运营收入。主要以租金收入为主。

（2）运营成本。包括项目运营管理费用（如人员成本）、物业管理费用、设备设施维护及保养费用、资本性支出、保险费用及相关税金，税金涵盖房产税（按租金缴纳或按原值缴纳）、增值税（简易征收或按一般计税方式）及附加、城镇土地使用税、印花税等，其中特别关注各类赋税的计税基础及税率。

（3）资本化率。产业园中的商务园区主要为满足产业租户科研、办公空间的使用需求，调研结果显示约六成的受访者会考虑北京、上海商务园区的投资机会，比例明显高于广州、深圳以及主要二线城市，重点关注区域内产业导向与发展情况。具有鲜明产业特色与更高聚集度的园区，如北京中关村软件园、深圳招商蛇口、苏州工业园、上海张江等，良好的产业支撑给不动产带来稳定的租金收益与资产价值增长，都备受投资者的青睐。其资本化率接近北京、上海、深圳三地的商务园区资本化率，约为4.5% ~5.5%。虽然整体而言市场对商务园区资本化率的要求比甲级写字楼更高，但针对一些位于产业集聚地的核心资产，因其具有稳定的租金收益与价值增长预期使得投资者愿意接受较低的资本化率进行投资，甚至接近核心区甲级写字楼水平，具体如图 9－4 所示。

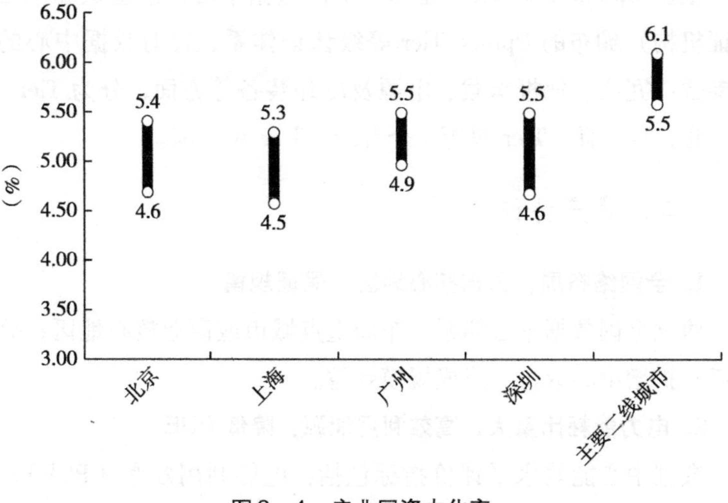

图9－4　产业园资本化率

注：该数据基于当年不动产市场情况调研所得，当市场发生变动时数据将随之变化。
资料来源：《中国 REITs 指数之不动产资本化率调研报告》，2021 年。

三、数据中心

（一）定义及分类

互联网数据中心（Internet Data Center，简写为IDC，简称“数据中心”）是一种为实现信息的集中处理、存储、传输、交换、管理而提供的必要建筑场所，可以是一栋或几栋建筑物，也可以是一栋建筑物的一部分，包括主机房、辅助区、支持区和行政管理区等，通常建立在工业用地上。数据中心是为有互联网需求的用户，提供集中存放计算、存储以及网络设备的场所。

根据《数据中心设计规范》（GB 50174—2017）的规定，按照数据中心的使用性质、数据丢失或网络中断在经济或社会上造成的损失或影响程度，将数据中心等级划分为A、B、C三级，A级最高。根据Uptime Institute（全球公认的数据中心标准组织和第三方认证机构）颁布的Uptime Tier等级认证体系，针对数据中心的电气参数、冗余、地板承载、电源及冷却装备等方面，分为Tier Ⅰ、Tier Ⅱ、Tier Ⅲ、Tier Ⅳ等4个等级，Tier Ⅳ最高。

（二）资产特征

1. 全网络布局，占据核心地区，保证规模

建立全国数据中心体系，布局重点城市或商业核心地区；分布广泛，扩增中心数量，形成规模效益。

2. 电力能耗比重大，高效利用能源，降低PUE

数据中心能效水平评价指标包括：电能利用效率（PUE）、局部PUE、制冷负载系数（CLF）/供电负载系数（PLF）和可再生能源利用率（RER）4个。其中：PUE是国内外数据中心常用的一种衡量数据中心基础设施能效的指标，PUE为1～∞，PUE越接近1，能耗越低。

3. 绿色数据中心建设

同等条件下优先考虑气候寒冷、能源（如太阳能、风能、水能、生物质能、地热能和海洋能）充足的地区开发建设数据中心。符合政府对于此类业态的节能审查要求和绿色低碳要求。

4. 政策端壁垒加大，局部区域资源紧张

近年市场对一线城市需求增大，但受地方政府政策影响，一线城市对数据中心建设在 PUE 和新增机架数量上进行了严格控制，各别一线城市直接禁止新建和扩建中心城区，使得一线城市资源供给非常有限；相比一线城市，部分电力以及土地资源丰富的中西部地区，由于大力支持数据中心建设，供给旺盛。因此一线城市和中西部地区形成了产能需求倒挂，需求旺盛的一线城市供给不足，而需求不足的中西部地区反而供给旺盛。

（三）项目关注点

1. 宏观层面

首先应关注数据中心行业历史背景和发展现状，包括数据中心行业发展的历史沿革、市场规模（市场产值和机柜数量）、产业链分析、产业需求驱动因素等。其次应关注数据中心的市场竞争格局和产品特点，包括市场主要产品分类、对应的产品硬件标准和等级划分特点、主要租户的构成、现有项目布局特点及其选址要求等。最后应关注当前的发展水平和发展趋势，包括宏观政策及发展限制条件，新冠肺炎疫情对行业的影响，与境外市场的差异化比较，市场前景等情况。

2. 微观层面

数据中心的核心要素为地理位置、地方监管制度与政策、PUE、运营管理水平及核心租户资源，数据中心是“不动产 + 设

备 + 批文”的三维集成体，项目立项备案、能耗、电力文件等批文直接影响项目未来是否能投入运营以及容量大小。

（1）地理位置。应重点关注区位优势。例如：受市场需求驱动、用户聚集、信息化水平高的“北上广深”等地区的数据中心在市场中仍占据优势。从距离中心城市的终端客户的距离来看，50千米范围内对于数据的传输效率影响较小，这些城市的数据中心有服务费水平较低、项目建成年代较新、机柜规模体量较大等特点，从降低成本角度挖掘资产价值潜力。

（2）地方监管制度与政策。应详细阐述项目所在城市的最新政策，全国各个城市的数据中心支持和限制性政策频出，对于已运营的项目要推动数据中心节能与绿色发展水平持续提升，在产品运营等级和能耗控制方面将不断更新。

（3）PUE。已经成为国际上比较通行的数据中心电力使用效率的衡量指标。PUE 越接近于 1，表示一个数据中心的绿色化程度越高。目前对于 PUE 的政策限制主要针对新建项目，未来有可能会对存量项目提出 PUE 的限制政策，影响项目未来的运营。例如：2020 年北京、上海、深圳等城市均对数据中心的 PUE 提出明确限制要求，导致部分数据中心迁出，影响租户使用。2021 年 11 月 30 日，工业和信息化部等六部门发布《关于组织开展 2021 年国家绿色数据中心推荐工作的通知》，在评价指标表中，PUE 所占权重达 60%，成为绿色数据中心评价中最重要的一项指标。

（4）运营管理水平及核心租户资源。数据中心未来供应量大，但头部互联网企业、大型国有银行的大量自建数据中心，未来市场竞争更为激烈，且越来越多的中小型互联网企业选择直接购买公有云服务，对数据中心厂商的直接需求放缓或减弱。数据中心运营成本高，而部分区域平均签约率较低，直接影响了项目收益率。

（四）财务层面

1. 运营收入

数据中心运营模式主要有主机托管业务和租赁业务模式两种。

（1）主机托管业务的收入为向终端客户收取的机柜收入（含税、含电费）及其他收入（如宽带收入等）。

（2）租赁业务的收入为向租户收取的房屋租金、综合管理费及其他收入（如宽带收入等）。

2. 运营成本

包括电费，运维费用（如安保、保洁人员费用），运营商管理费用，宽带使用费用，设备维修费用，资本性支出，保险费用及相关税金。税金涵盖房产税（按租金缴纳或按原值缴纳），增值税（简易征收或按一般计税方式）及附加，城镇土地使用税，印花税等。

3. 资本化率

突如其来的2020年新冠肺炎疫情，使得远程办公、直播、电商等新兴业态迅猛发展，对数据中心的需求日益增加。作为新兴业态，国内现有成熟数据中心的交易案例较少，市场缺乏透明的定价依据，受访的买卖双方对其资本化率预期存有一定差距，为保证数据具有可参考性，我们整理了买卖双方共同认可的范围，一线城市及周边地区数据中心资本化率为8.0%~8.3%，其他城市为9.5%~10.0%。未来随着供需差距进一步扩大，投资者普遍认为其将会继续下降。具体如图9-5所示。

四、经营性高速公路

（一）定义

根据《公路工程技术标准》（JTG B01—2014），公路分为高速公路、一级公路、二级公路、三级公路及四级公路 5 个技术等级。具体定义如表 9 -5 所示。

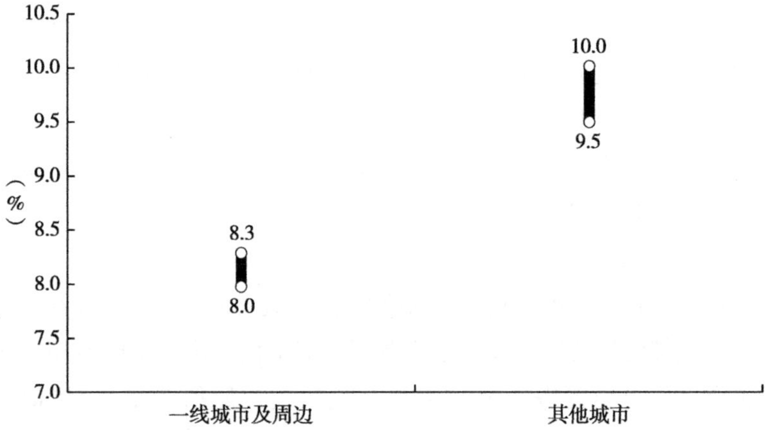

图 9 -5　数据中心资本化率

注：该数据基于当年不动产市场情况调研所得，当市场发生变动时数据将随之变化。
资料来源：《中国 REITs 指数之不动产资本化率调研报告》，2021 年。

表 9-5　公路分类定义

高速公路	供汽车分方向、分车道行驶，全部控制出入的多车道公路。高速公路的年平均日设计交通量宜在 15 000 辆小客车以上
一级公路	供汽车分方向、分车道行驶，可根据需要控制出入的多车道公路。一级公路的年平均日设计交通量宜在 15 000 辆小客车以上
二级公路	供汽车行驶的双车道公路。二级公路的年平均日设计交通量宜为 5 000 ~ 15 000 辆小客车
三级公路	供汽车、非汽车交通混合行驶的双车道公路。三级公路的年平均日设计交通量宜为 2 000 ~6 000 辆小客车
四级公路	供汽车、非汽车交通混合行驶的双车道或单车道公路。双车道四级公路年平均日设计交通量宜在 2 000 辆小客车以下；单车道四级公路年平均日设计交通量宜在 400 辆小客车以下

公路属于公共设施，本应以政府为投资主体，如果完全由政府无偿投入，一方面需要大量的资金，使得政府财政难以完全承受；另一方面也会增加纳税人的负担，对于那些无法使用高速公路的纳税人来说也是不公平的。因此将高速公路定性为准公共物品，引入市场机制，一方面能够解决财政资金不足的问题，另一方面能够保证高速公路健康、稳定地发展。市场化机制的引入，使得许多高速公路成为收费公路。

从相关法律法规的具体条文来看，收费公路是指符合《中华人民共和国公路法》、国务院《收费公路管理条例》规定，经批准依法收取车辆通行费的公路（含桥梁和隧道），包括政府还贷公路和经营性公路。

政府还贷公路是指县级以上地方人民政府交通运输主管部门利用贷款，或者向企业、个人有偿集资建成的收费公路。

经营性公路是指国内外经济组织投资建成，或者依法受让政府还贷公路收费权的收费公路。

根据目前公募 REITs 实际操作经验来看，可发行标的项目一般为经营性高速公路；政府还贷高速公路需转换为经营性高速公路后进行发行。

（二）经营模式

经营性高速公路的经营模式主要是政府特许经营模式，政府特许经营模式最初被欧洲国家所采用，早在 17、18 世纪，法国就采用这种模式吸引私人资金来建造军舰、港口，修建运河、桥梁，开发经营铁路、供水、照明、交通等城市公用设施。自 20 世纪 70 年代以来，特许经营更是形成了一种模式和理论，被广泛地应用到高速公路、有线电视、城市供暖、供电、通信、垃圾处理、污水处理、机场等基础设施的建设经营中。

政府特许经营模式即允许国家政府授权的投资者享有公路建设和运营管理的特权；特许经营期内，公司可通过收取车辆通行费和综合开发经营，回收投资并获取利益。特许经营期满后，应将技术状态良好的公路无偿归还国家，并停止收费。

高速公路特许经营权是由政府特别许可、授权形成的无形资产，主要包括车辆通行费的特许收费权、特许广告经营权以及服务设施的特许经营权。特许经营期限内，公司可通过收取车辆通行费和综合开发经营，回收投资并获取合理利润；期满后，公司要将技术状态良好的高速公路无偿归还国家。从我国高速公路的发展历程来看，其特许经营模式下的常见融资方式主要是 BOT（建设—经营—移交）和 TOT（移交—经营—移交）两种方式。

近年来，我国密集出台 PPP 相关政策文件，根据《国家发展改革委关于开展政府和社会资本合作的指导意见》（发改投资〔2014〕2724 号），政府和社会资本合作（PPP）模式是指政府为增强公共产品和服务供给能力、提高供给效率，通过特许经营、购买服务、股权合作等方式，与社会资本建立的利益共享、风险分担及长期合作关系。PPP 项目具体的操作模式包含 BOT、BOOT（建设—拥有—经营—移交）等。具体来看，符合公募 REITs 发行条件的高速公路项目多为 PPP 或者 BOT 方式运营的项目。以下对 BOT 方式进行具体介绍。

BOT 方式是指“Build - Operate - Transfer”，即“建设—经营—移交”，指政府授权具有一定资格的企业投资或外商投资者，允许其在一定期限内对特定项目进行独立的投资、建设、管理、经营，经营期满将特定项目归还国家。它是一种集筹资、建、管、还贷、开发全过程一体化的方式。如英法海底隧道、中国香港东区港九海底隧道等一批耗资巨大的项目，都是以 BOT 方式集资建设并投入营运的。

具体而言，高速公路的 BOT 方式是指政府授予项目投资者（包括本国企业和外国企业）一定期限的特许专营权，许可其融资建设和经营高速公路项目，并准许其通过收费或经营沿线服务设施以偿清贷款，回收投资并赚取利润。特许权期限届满时，将该项目无偿转移给政府部门。其流程如图 9 -6 所示。

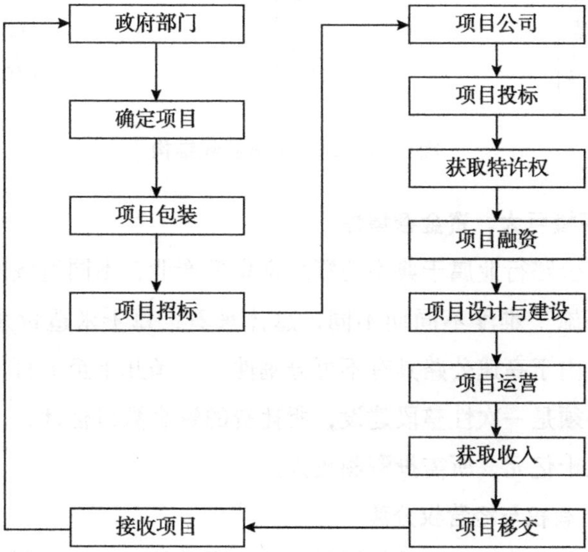

图 9 -6　BOT 方式流程

以 BOT 方式组织项目的实施，因其组织结构的类型、具体项目的特征以及项目的承包商等多种因素的差别而有所不同，一个 BOT 项目涉及众多的参与单位和部门，典型的 BOT 组织结构见图 9 -7。

（三）项目特点

高速公路资产与其他资产相比，具有鲜明的特性，这是由高速公路的准公共物品和自然垄断的经济属性，以及高速公路独特的行业特点所决定的。

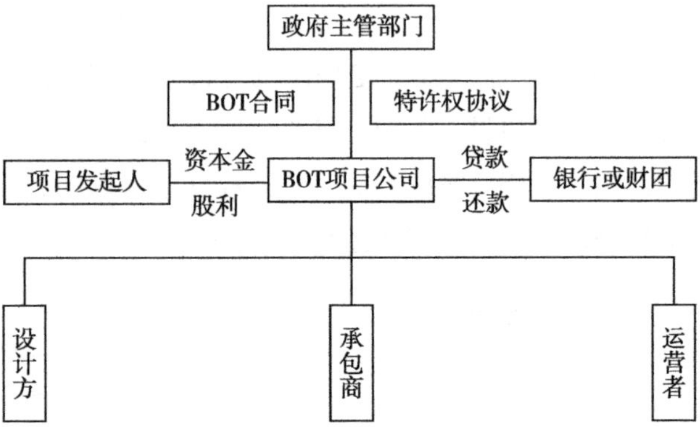

图9－7　BOT方式组织结构

1. 规模巨大，资金密集性

高速公路行业属于典型的资金密集型产业，不同地域的高速公路造价因施工难度不同而不同，总体来看，每千米造价水平均较高。同时由于高速公路具有不可分割性，一条几十至上百千米的高速公路必须是一次性整段建设，所耗费的资金数以亿计，一般是十几甚至几十亿元，所需投资额较大。

2. 所有权与经营权分离

由于高速公路资产是依托于土地而形成的，土地的所有权属于国家，因此高速公路资产所有权属于国家，是国有资产。

高速公路自然垄断的准公共物品属性，决定了政府可以通过特许权经营的方式，将高速公路一定时期的经营权转让。因此目前投资收费高速公路的社会资金获得的仅仅是高速公路资产一定时期的经营权，高速公路资产的所有权属于国家，特许经营期满后，整个高速公路资产应无偿交回政府。

3. 带状特性

高速公路资产一经形成，短则几十千米，长则上百千米，呈带状分布。这种带状分布会造成一条高速公路不同区段的价格不同。

这种价格的不同表现在两个方面：一是不同区段的土地开发成本、路基条件等自身因素的差异，造成公路资产形成的价值不同；二是不同区段周围的经济发展水平不同，造成高速公路资产的使用价值不同。高速公路的这一特性往往导致同一条高速公路资产的各区段，单位里程评估价格不一定相等。

4. 经营权期限有限

根据《收费公路管理条例》，经营性公路的收费期限，按照收回投资并有合理回报的原则确定，最长不得超过 25 年。国家确定的中西部省（自治区、直辖市）的经营性公路收费期限，最长不得超过 30 年。2018 年年底，交通运输部起草的《收费公路管理条例（修订草案）》向社会公开征求意见，至目前还未正式发布。根据《收费公路管理条例（修订草案）》，对于投资规模大、回报周期长的收费公路，收费期限将预计可以超过 30 年。

5. 位置的固定性

由于高速公路占用的土地具有不可移动性，因此依附于土地的高速公路资产也是不可移动的，这是高速公路资产最显著的特征之一。高速公路资产位置的固定性导致了高速公路资产的地区性和个别性，也就是说，没有两条高速公路资产是完全相同的，即使两条高速公路的等级、里程完全相同，也会由于其所处的地理位置不同，周围经济、自然环境的不同，而产生实质上的不同，这就导致同一高速公路资产的大量供给是不可能的，高速公路资产经营权的价值根据资产具体情况不同差异较大。

6. 较强的政策性

高速公路建设一直是政府扶持的对象，由于高速公路的社会效益显著，对当地经济发展拉动作用明显，同时高速公路的建设也能带动当地相关产业的发展并促进就业，因而地方政府非常希望在管辖区域内修建高速公路。为降低高速公路建设成本，吸引外资和社会资金进入高速公路行业，政府一般从税收、投资、融资、经营使用等方面给予一系列优惠政策，特别是在高速公路建设用地的征用上，政府起了十分重要的作用。在实践中，一条高速公路的建设往往由所在的省、市、县政府成立指挥部或协调小组，负责落实征地补偿和拆迁安置事宜。可以说政府在高速公路资产的形成中起到了非常重要的作用，政府的政策性扶持是高速公路资产快速有效形成的关键因素。

7. 收益稳定

收费高速公路的收入来源主要为汽车通行费。高速公路作为基础设施产品，在一定区域内具有自然垄断性，随着经济水平提高，各地区经济往来越来越密切，汽车普及率提高，高速公路的收益相对比较稳定，且风险较低。

（四）项目关注点

1. 运营收入

根据《国务院办公厅关于印发深化收费公路制度改革取消高速公路省界收费站实施方案的通知》（国办发〔2019〕23 号），我国高速公路预计将统一按车型收费。收入测算公式如下：

通行费收入 = Σ（当年各车车型年平均日交通量 × 各车型收费标准 × 里程 × 收费天数）

其中，对于 ETC 交费车辆有一定的优惠比例，在预测时应该结合各车型 ETC 交费车占比情况进行预测；交通量一般参考专业机构出具的交通量预测报告，再通过分析得出。

2. 运营成本

运营成本是指在高速公路建成通车之后，管理、维护高速公路使其正常收费和畅通运行所发生的日常养护、大修及管理费用，主要包括以下几个方面：

（1）日常养护费用。日常养护费用是指对路基、路面、桥涵、房建、机电、安全设施及绿化等项目的保养以及灾害的预防所发生的各种资金耗费，其额度大小与交通量、自然环境、大修的间隔时间、公路技术等级和路面类型等多方面因素有关。在经营权价值评估中，公路技术等级和路面类型是既定的，日常养护的工作量与物价指数、交通量、降水量呈显著线性相关，于是可参照预测的交通量及其变化趋势，考虑公路所在地区的降雨量、地形、地质条件，结合该公路日常养护费用的历史数据、周边同等级公路项目的有关研究资料以及工程可行性研究报告，综合确定出经营期内各年度的日常养护费用。

（2）大修费用。大修费用是指高速公路及其附属设施达到服务周期，就必须进行应急性、预防性、周期性的综合修理使其全面恢复成原设计要求所发生的工程费用。高速公路的大修费用在运营成本中占较大比例，两次大修的间隔时间比较长，具有支出大、周期长的特征。大修费用的大小受多方面因素影响，比如交通量、路面状况综合指数、养护质量、自然灾害等，根据这些因素的综合影响来建立模型是比较困难的，因此，对于大修费用可采用经验法进行预测，通常是结合高速公路工程可行性研究报告及公司运营管理的实际情况估算出每千米大修费率。

（3）管理费用。管理费用主要包括公路安全监测和收费的管理开支、管理人员的工资福利费以及管理机构的其他开支等。

（4）高速公路经营期限。高速公路的特许经营权是一个有着显著时间特征的法律概念，具有确定生效与终止时间。特许经营权生效与终止时间点之间的这段时间就是特许经营期限。目前常见的特许经营合同，特许经营权一般为 25 ~ 30 年。

（5）资本化率。受交易案例数量限制，对于高速公路等以收费为主要收入来源的基础设施，我国尚没有行业公认的用于验证其评估结果合理性的体系和特定参数。由于此类资产收益情况一般相对稳定或呈一定趋势或周期变化，其估值合理性验证可从资产未来收益预测、折现率两个方面进行。未来收益预测是否合理可参考历史年度收益情况和趋势，结合所服务地区经济、人口等可能对资产收入产生影响的因素发展变动趋势进行判断。折现率是否合理则可以根据所选用的不同现金流模型，参考公开市场同类基础设施资产交易定价过程中参数的选取情况，同行业上市公司资产收益率、净资产收益率，国家相关部门定期公布的建设项目财务基准收益率等参数间的相互印证情况进行判断。

第三节　建信中关村产业园 REITs 案例分析

本节以最新发行的建信中关村产业园封闭式基础设施证券投资基金（简称“建信中关村产业园 REITs”）为例，从评估机构的角度，介绍公募 REITs 发行过程中的评估方法。受公募基金管理人委托，资产评估机构需提供基础设施资产评估报告和市场调研报告，整个服务周期从项目正式启动开始，历时一年有余。

一、产品概况

建信中关村产业园 REITs 类别为基础设施证券投资基金，采取封闭式运作，不开放申购与赎回，存续期为自基金合同生效之日起 45 年，上市交易场所为上海证券交易所，发行规模为 28.8 亿元，募集份额为 9 亿份。发起人为中关村发展集团股份有限公司，原始权益人及运营管理机构为北京中关村软件园发展有限责任公司，公募基金管理人为建信基金管理有限责任公司。

建信中关村产业园 REITs 的六大亮点：

（1）得天独厚的地理位置。全球创新网络的中国坐标——中关村科学城核心区，国内信息产业的风向标，周边中国顶尖学府（如清华大学、北京大学、中国科学院）及科研资源。

（2）“老牌”运营商。素有“中国硅谷”之称的第一个国家级高新技术产业开发区，拥有超过 20 年的专业化运营管理经验。

（3）产业高端聚集。园区总产值 3 366 亿元，地均产值 1 300 亿元/平方千米；上市企业 70 家，收入过亿企业 87 家，国内外知名 IT 企业总部和全球研发中心 700 余家，中国软件百强企业 16 家，国家重点软件企业 26 家，瞪羚企业 65 家。

（4）智慧园区管理。科技赋能园区，开启智慧慢跑道、智慧导览、智慧电子站台、“4D + VR”驾乘体验及园区无人车五大应用。

（5）自主创新引领。园区入驻企业荣获国家科学技术进步奖 45 项，其中国家科学技术进步奖特等奖 1 项，国家科学技术进步奖一等奖 7 项，科技成果转化 526 项。园区研发投入占比超过 10%。

（6）知名基金管理人及财务顾问服务。国内头部券商强强联合，产品构架清晰，项目尽职调查工作扎实全面，底层数据翔实可靠，未来收益可期。

二、基础设施资产概况

建信中关村产业园 REITs 的底层资产为互联网创新中心 5 号楼、协同中心 4 号楼以及孵化加速器 3 幢楼宇。各楼宇的建筑设计理念与其产业定位相得益彰（见表 9 – 6）。

（1）互联网创新中心 5 号楼。以人工智能、量子通信、工业互联网、移动互联网、大数据为核心，全面落实互联网覆盖所有应用场景。建筑物设计以“数据交换”为概念，将线性数字化的数据流给予了具象表现。内部空间设计兼顾租户灵活性与办公利用效率，外部百叶的连续条状造型提升了遮阳设施的性能，建筑物采用国家绿星建筑二星标准建造。

（2）协同中心4号楼。园区最西部的形象展示中心，楼宇运用了莫比乌斯环的结构元素，意味全新科技理念。楼宇外观设计理念与其产业定位相得益彰，作为金融科技先行区，专注于全新的金融科技领域的突破试行。

（3）孵化加速器项目。以孵化及加速为核心，面向学生、初创团队及创新型快速成长企业，形成创新创业平台、互联网及移动互联网孵化平台，以初孵企业及快速成长型企业为主。建筑设计以"自然"为理念，犹如一片附着露珠的树叶漂浮于园区之中，建筑瓣状的形态布局仿佛叶子的脉络，瓣状外围采用圆弧的边界，每个瓣状单元即是一个完整的孵化单元，未来可根据不同需求再灵活分隔。该建筑引入绿色环保技术，绿坡覆土屋面既美化建筑，同时增加了建筑的自保温性能。

表9-6　建信中关村产业园REITs底层资产

项目名称	互创中心5号楼	协同中心4号楼	孵化加速器
地理位置	北京市海淀区西北旺东路10号院	北京市海淀区西北旺东路10号院	北京市海淀区东北旺西路8号院23号楼
建筑面积（平方米）	82 258.10	31 802.06	52 820.32
用地性质	教育科研设计用地	教育科研设计用地	教育科研设计用地
投入运营时间	2016年	2018年	2015年
剩余土地年限（年）	42.17	45.94	42.05
出租率	90%	100%	99%
资产估值（亿元）	15.48	7.12	8.13
主力租户	中科讯飞、北京能科瑞元数字技术有限公司	度小满金融	快手、快乐茄

三、基础设施资产市场调研

该项目的市场研究报告从宏观、中观和微观等 3 个角度，分北京市宏观市场、北京市产业园市场、上地区域市场调研、本体项目及周边市场调研等 4 个章节对中关村软件园项目进行全面的分析，有助于投资者对本项目投资的背景环境有进一步的了解，为其进行投资决策提供依据。

首先，从宏观角度进行研究，分别在北京宏观经济环境、城市规划和相关政策角度进行分析。宏观经济方面，选取北京地区生产总值、固定资产投资、产业结构、居民收入和人口规模等要素，以此分析北京市整体经济发展趋势。城市规划方面，主要对影响产业发展的基础设施、城市总体规划和土地利用规划进行分析，从而分析城市整体的发展趋势。选取与项目产业或行业发展、产业园租赁项目有关的政策规定，从而判断其对于相关行业产业空间需求的影响。通过对整体宏观环境的调研，分析得出本项目拥有较为良好的城市发展氛围和产业环境。

其次，从中观角度对产业园市场进行研究，分别从全国软件园市场、京津冀产业园发展和北京产业园市场等 3 个维度，对本项目在全国软件产业园的市场地位、在京津冀产业园发展的协同作用以及本项目所在区域的市场表现都进行了客观陈述。通过对北京市产业园市场历史 5 年市场表现的分析和研究，进一步说明了中关村软件园所处区域在产业园领域的市场表现和市场地位、较为活跃的市场需求，以及稳定而持续的发展态势。

再次，聚焦区域市场，对中关村软件园和上地产业园进行市场研究，从区域的租金、出租率、未来供应等多个维度，研究分析了该项目目前所处的市场环境和短期内可能面临的竞争，对该项目未来 10 年的租金增长率变化进行了阶段性的预测。

最后，关注微观项目自身运营情况，通过对本项目自身条件、运营情况等方面的研判，同时对竞品项目的租金和出租率进行对比，结合宏观、中观的市场环境综合分析，对项目未来的租赁市场表现进行阶段性预测，让投资者对本项目的资产运营情况了解详尽，便于做出投资决策。

市场调研报告研究内容解析如图 9 – 8 所示。

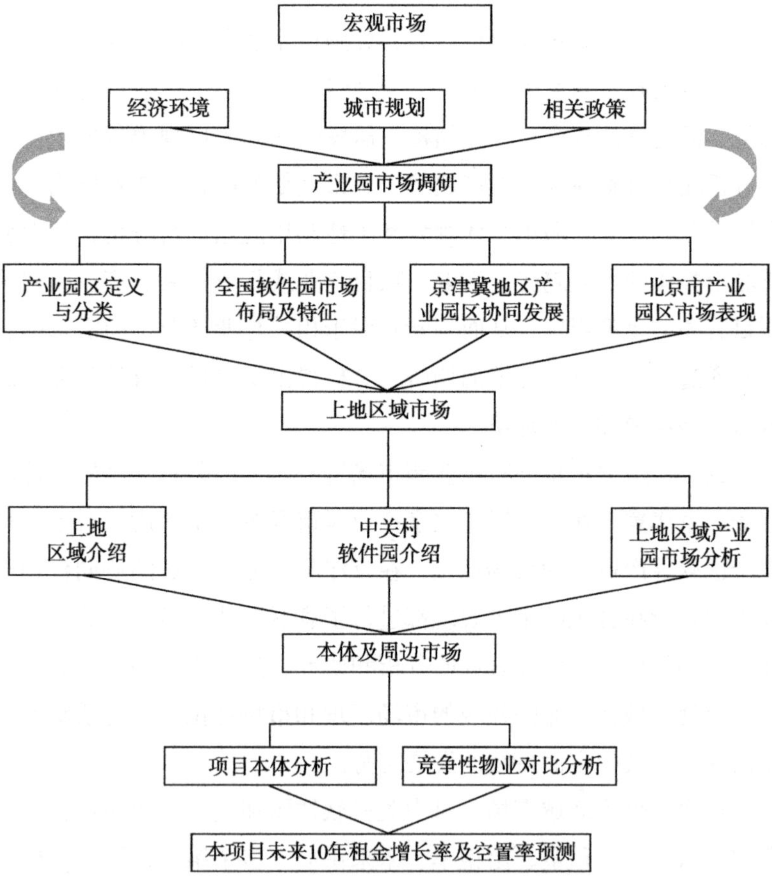

图 9 –8　市场调研报告研究内容

四、基础设施资产运营情况

（一）运营模式

基础设施资产以房屋租赁模式获取收入。收入层面包括研发用房的租金收入、产业配套用房（如超市、餐饮等）的租金收入，以及停车场的租金收入。支出层面包括与经营有关的运营成本、与经营无关的非运营成本以及资本性支出等3部分。其中，运营成本包括运营服务费用、物业服务费用以及停车管理费等；非运营成本包括增值税及附加、印花税、房产税、保险费以及城镇土地使用税。各项成本、税费说明如下：

（1）运营服务费用。包括一般服务费用和超额业绩报酬，根据建信中关村产业园REITs的《运营管理服务协议》等文件所约定的费率、计算方法和支付方式进行预测。

（2）物业服务费用。以双方签署的《物业服务合同》为准，由业主缴纳的物业费以及园区管理的物业服务费等两部分组成。

（3）停车管理费。以双方签署的《停车管理委托合同》为准。

（4）增值税及附加。财政部、税务总局、海关总署颁布的《关于深化增值税改革有关政策的公告》（2019年第39号）规定，自2019年4月1日起，房屋租赁收入增值税率为9%，基础设施资产增值税附加税率为12%。

（5）印花税。按照国家现行税收征收办法缴税，按照年总运营收入（不含税）的0.1%计取印花税。

（6）房产税。按照国家现行税收征收办法缴税，对于已出租的房屋从租计征，以基础设施资产的年总运营收入（不含增值税）的12%求取房产税；对于空置部分的房屋从价计征，按扣除房产原值的30%后的1.2%求取房产税，房产原值以项目公司重组阶段拟完成非货币财产出资金额为依据。

（7）保险费。以公开市场询价需缴纳的保费金额为准。

（8）城镇土地使用税。根据《中华人民共和国城镇土地使用税暂行条例》规定，土地使用税以纳税人实际占用的土地面积为计税依据，依照规定税额计算征收。

（9）资本性支出。一般包括构成固定资产、无形资产、递延资产的支出。在基础设施资产收益年期内，资本性支出主要包括主体工程及设备设施的更换及改造。基础设施资产资本性支出以委托方提供的《工程尽职调查报告》所记载的未来10年预测的（即2021年至2030年）资本性支出为基准。

（二）运营相关指标

1. 近3年运营指标分析

根据运营管理团队提供的近3年的资产经营数据，我们看到：

（1）孵化加速器。剔除2020年年初全球新冠肺炎疫情发生，北京市政府给予商办类租户租金及税收减免的影响，该资产过往3年的运营收入年化增长率为1.2%左右，运营成本每年基本持平，故经营净现金流近3年呈现小幅增长。在出租率方面，新冠肺炎疫情发生后，经过短暂调整，出租率稳步回升，2020年年末达到100%。

（2）互联网创新中心5号楼。由于入驻企业多为国内高精尖产业领域头部企业，承租能力较高，可以看到过往3年运营收入的年化增长率近5%。在出租率方面，即使经历新冠肺炎疫情，但出租率未受影响，仍保持在95%左右。

（3）协同中心4号楼。由于引入行业头部企业——百度旗下度小满金融，其抗风险能力非常高，从近3年的数据可以看出，在面临如新冠肺炎疫情等突发事件时，仍未对其底层资产的租赁收入、出租率产生影响。

由此可见，通常情况下租户的分散程度越高，收益的稳定程度越高。但如引入单一或少数自身实力强劲的租户入驻，在面临市场极端情况发生时，反而会体现其优势，提升底层资产的抗风险能力，确保其产生持续稳定的现金流。详见图9－9、图9－10、图9－11。

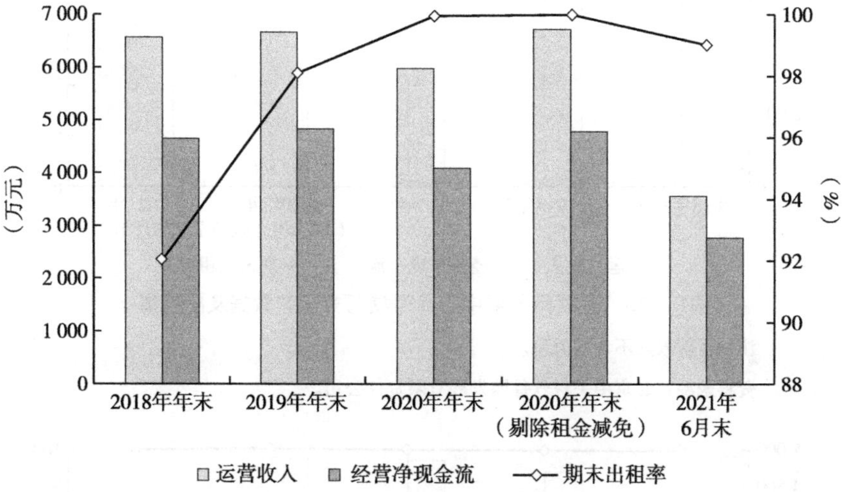

图9－9　孵化加速器历史运营数据及出租率

注：运营收入不含增值税。

资料来源：北京中关村软件园发展有限责任公司。

2. 现状运营指标分析

为更加直观地体现收入来源及各项成本与收入的占比关系，我们采用瀑布图的呈现方式，将底层基础设施资产的运营总收入定义为100，对比分析3处资产在收入来源和成本支出占比上的情况。

在经营净现金流方面，孵化加速器和互联网创新中心5号楼两处资产较协同中心4号楼低，主要因运营成本高引起，说明运营管理者在采用对外分散出租的方式，将风险分散的同时，也需要投入更多的精力进行服务管理。

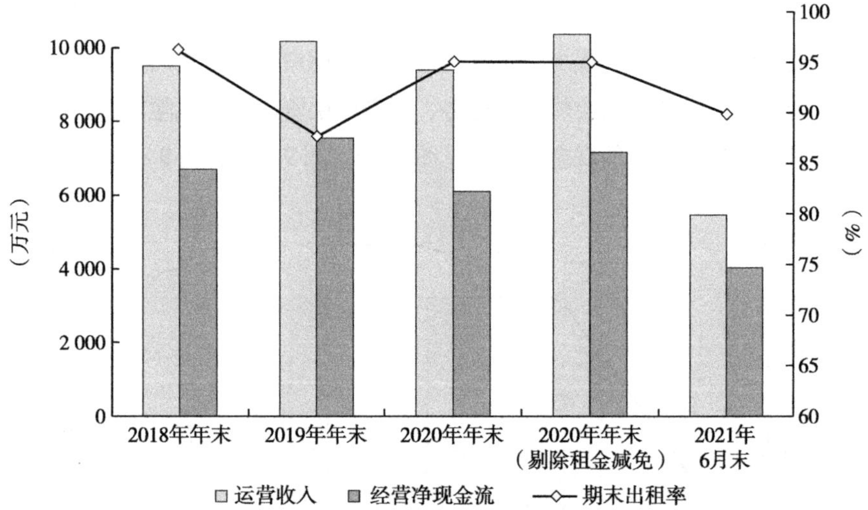

图9－10　互联网创新中心5号楼历史运营数据及出租率

注：运营收入不含增值税。

资料来源：北京中关村软件园发展有限责任公司。

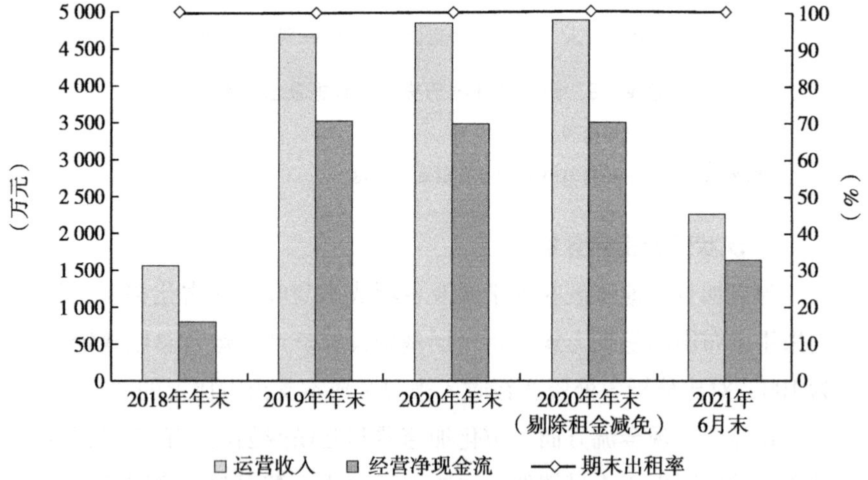

图9－11　协同中心4号楼历史运营数据及出租率

注：运营收入不含增值税。

资料来源：北京中关村软件园发展有限责任公司。

在收入来源方面，孵化加速器和互联网创新中心 5 号楼两处资产由于对外散租，因此需要配备必要的商业配套设施，以满足租户的日常生活需求；而协同中心 4 号楼由于整体被租户承租下来，故其相关配套设施由租户在不违反使用规范的前提下，自行配备。详见图 9 - 12、图 9 - 13、图 9 - 14。

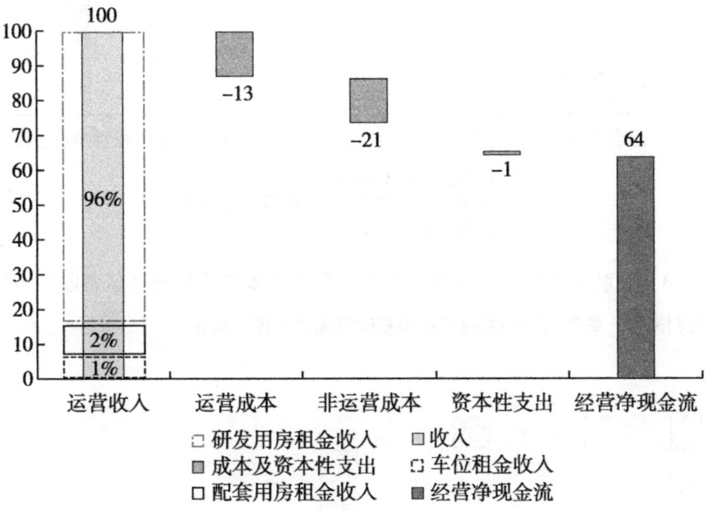

图 9 - 12　孵化加速器收入来源及成本构成分析（运营收入 =100）

资料来源：戴德梁行中关村产业园基础设施项目评估报告。

3. 租户现状结构分析

截至价值时点，孵化加速器共租予 13 名租户（其中：研发用房租户 10 家，产业配套租户 3 家）。互联网创新中心 5 号楼共租予 51 名租户，前十大租户租赁面积占比 62.47%。协同中心 4 号楼由百度旗下度小满金融及其关联公司全面入驻。

在租户结构方面，协同中心以科技推广和应用服务业为主，占比高达 84%；孵化加速器和互联网创新中心 5 号楼以软件和信息技术服务业为主，占比均超 65%。其中：互联网创新中心 5 号楼已引

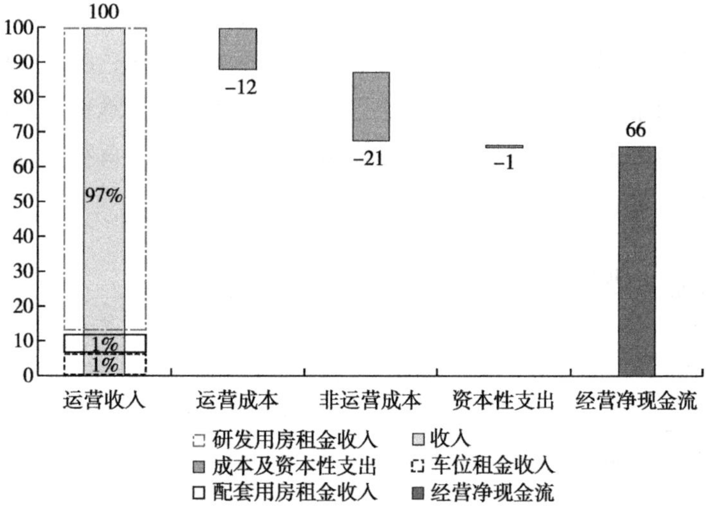

图9－13　互联网创新中心5号楼收入来源及成本构成分析（运营收入＝100）

资料来源：戴德梁行中关村产业园基础设施项目评估报告。

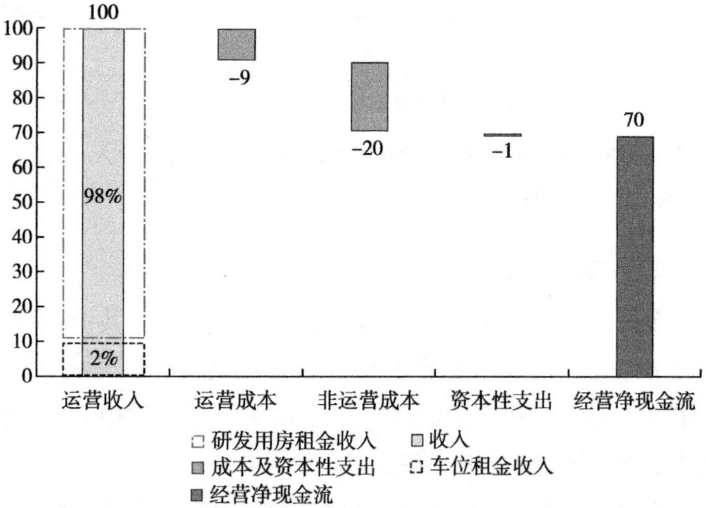

图9－14　协同中心4号楼收入来源及成本构成分析（运营收入＝100）

资料来源：戴德梁行中关村产业园基础设施项目评估报告。

入科大讯飞、能科股份、树根互联、国盾量子、思路创新等在语音识别、工业仿真、量子通信及工业大数据等领域头部企业，孵化加速器已引入快手、快乐茄等高成长、高活性的科技企业总部入驻。

在承租面积方面，协同中心4号楼主要以大面积租户及其关联租户为主，约96.3%企业的租赁面积在2 000平方米以上。互联网创新中心5号楼主要以2 000平方米以下的租户为主，中大型企业租户（2 000平方米以上）占比较少，租户数量较多，未来在租户稳定性、租户管理等方面将面临一定压力。孵化加速器以大面积租户为主，4家企业租赁面积均超过2 000平方米，合计占研发用房租赁面积的88%。详见图9－15、图9－16、图9－17和表9－7、表9－8、表9－9。

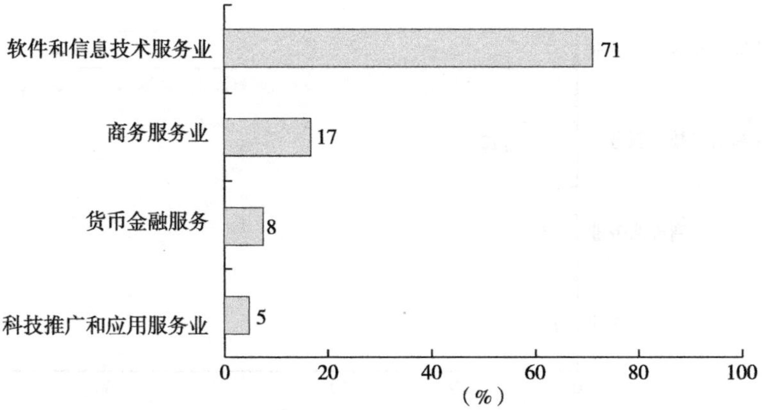

图9－15　孵化加速器租户行业占比

4. 租期分析

协同中心4号楼已签约租户的租期为2～5年不等，互联网创新中心5号楼已签约租户的租期为1～5年不等，孵化加速器已签约租户的租期为1～3年不等，从图9－18、图9－19、图9－20可以看出，剔除整租租户的影响，3处基础设施资产的租户租赁期限大部分为2～4年。

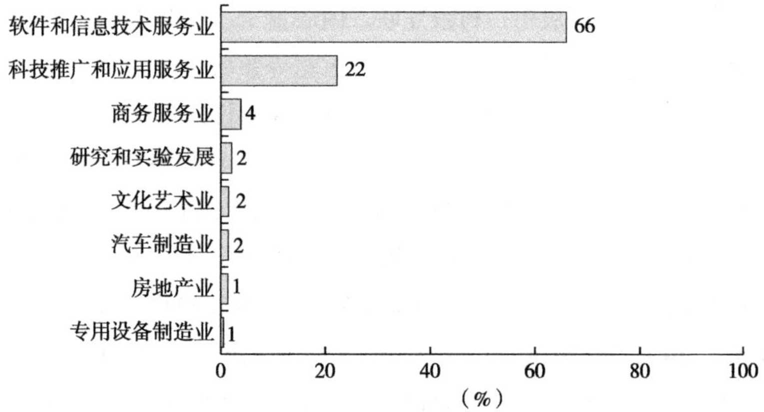

图9－16　互联网创新中心5号楼租户行业占比

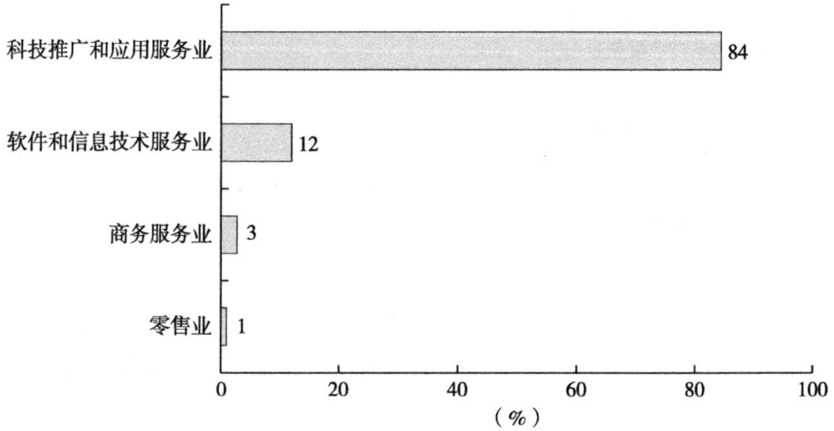

图9－17　协同中心4号楼租户行业占比

表9-7　孵化加速器前十大租户排名

排名	租赁面积（平方米）	所属行业
No. 1	20 318. 07	软件和信息技术服务业
No. 2	6 780. 21	软件和信息技术服务业
No. 3	3 000. 00	货币金融服务
No. 4	2 852. 00	商务服务业

续表

排名	租赁面积（平方米）	所属行业
No. 5	2 172. 63	商务服务业
No. 6	1 824. 00	科技推广和应用服务业
No. 7	1 505. 18	商务服务业
No. 8	783. 05	软件和信息技术服务业
No. 9	33. 60	软件和信息技术服务业
No. 10	9. 83	商务服务业

表9-8　互联网创新中心5号楼前十大租户排名

排名	租赁面积（平方米）	所属行业
No. 1	7 588. 26	软件和信息技术服务业
No. 2	6 863. 18	科技推广和应用服务业
No. 3	6 312. 33	软件和信息技术服务业
No. 4	2 944. 52	软件和信息技术服务业
No. 5	2 807. 51	软件和信息技术服务业
No. 6	2 270. 02	软件和信息技术服务业
No. 7	2 111. 15	软件和信息技术服务业
No. 8	1 836. 42	软件和信息技术服务业
No. 9	1 583. 65	软件和信息技术服务业
No. 10	1 572. 05	软件和信息技术服务业

表9-9　协同中心4号楼前十大租户排名

排名	租赁面积（平方米）	所属行业
No. 1	14 579. 24	科技推广和应用服务业
No. 2	4 265. 56	科技推广和应用服务业
No. 3	2 921. 68	软件和信息技术服务业
No. 4	1 804. 02	科技推广和应用服务业
No. 5	672. 87	商务服务业
No. 6	232. 94	零售业

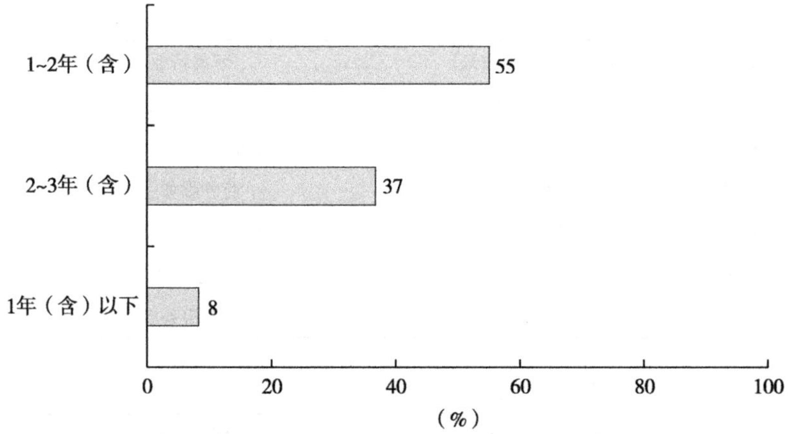

图 9－18　孵化加速器租户租期长度占比分析

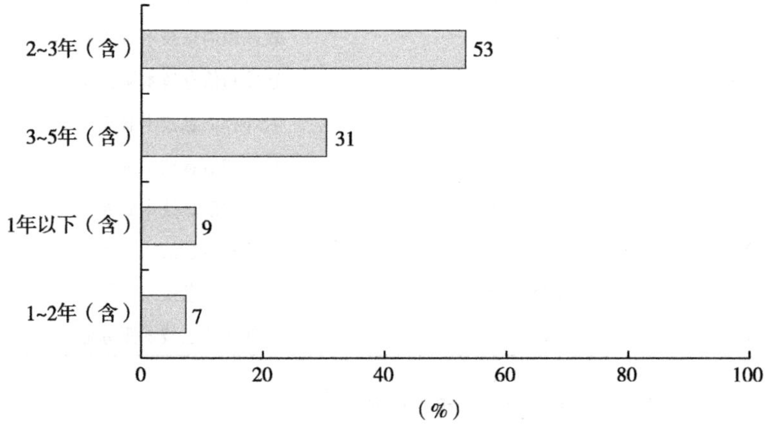

图 9－19　互联网创新中心 5 号楼租户租期长度占比分析

四、项目小结

（一）租户租期分析

通过对租户租期的分析，高新技术企业的租约周期主要集中在

2～3 年，租期长度既能保证租户租金的持续性和稳定性，也有助于业主在短期内调节和吸纳新兴企业入驻，灵活调控入驻企业的品牌及承租能力。

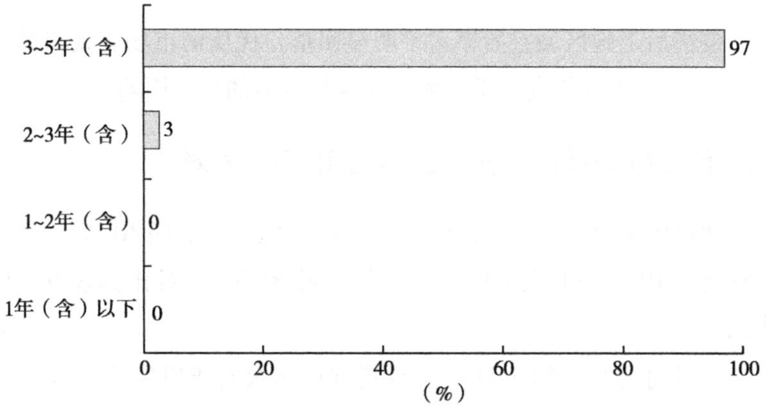

图 9－20　协同中心 4 号楼租户租期长度占比分析

（二）租户结构分析

产业园内高新技术企业集中，园区行业头部/总部企业占比高，租户行业涵盖软件和信息技术服务、科技推广和应用服务、商务服务业、研究和实验发展等，其中软件和信息技术服务、科技推广和应用服务等行业占比最多，行业集中度较高。其中互联网创新中心前十大面积租户均处于这两个行业中，可集中地区软件产业优势，形成产业集聚效应，引领带动高新产业发展。

（三）运营收入稳定

通过观察 3 个项目历史 3 年的运营收入数据，孵化加速器与互联网创新中心 5 号楼运营收入在 2020 年虽然受到新冠肺炎疫情影响，租金上升趋势有所放缓，但依然有小幅增长。2021 年市场逐步回暖，租金增长也逐渐恢复，充分展现出产业园良好的运营管理能力。

（四）租户优质、抗压能力较强

疫情后上地区域空置率水平明显回落，优质的市场表现来源于主力 IT 行业租户较高的承租能力和区域普遍的租赁周期特点。

五、已发行的基础设施产业园公募 REITs 对比

建信中关村产业园 REITs 与博时招商蛇口产业园 REITs、华安张江光大 REITs 和苏州工业园区产业园 REITs 的对比如表 9－10 所示。

从目前已发行的 4 只产业园基础设施公募 REITs 看，其共性如下：

（1）基础设施项目资产层面。所处区域均位于国家重点支持区域，底层资产优中选优。从 1979 年深圳经济特区成立的第一个产业园——招商蛇口产业园，到 1992 年上海张江高科产业园成立，再到 1994 年中新两国政府首度合作成立的“国际合作的成功范例”——苏州工业园区，最后到 2000 年成立的素有“中国硅谷”之称的中关村软件园，俨然描绘出一部中国产业园的发展史。

（2）原始权益人和运营管理方。实力雄厚、拥有“金字”品牌：运营管理公司均为原始权益人自身或其子公司，专业且丰富的运营管理服务为项目长期可持续性获取收益提供有力保障。

（3）基础设施权属层面。回顾我国产业园的发展情况，往往会因为招商引资的需求，在土地供应、政府税收及财政补贴等方面提供优惠或支持，同时会对入驻企业在土地权属、利用、项目转让等方面做出限制性要求。从首批及第二批已发行的基础设施资产权属

表9-10　已发行的基础设施产业园公募REITs对比

	建信中关村产业园REITs	博时招商蛇口产业园REITs	华安张江光大园REITs	苏州工业园区产业园REITs
	产品要素	产品要素	产品要素	产品要素
发起人	中关村发展集团股份有限公司	招商局集团有限公司和招商局轮船有限公司	上海光全投资中心（有限合伙）、光控安石（北京）投资管理有限公司	苏州工业园区兆润投资控股集团有限公司
原始权益人	北京中关村软件园发展有限责任公司	招商局蛇口工业区控股股份有限公司	上海光全投资中心（有限合伙）、光控安石（北京）投资管理有限公司	苏州工业园区科技发展有限公司、苏州工业园区建屋产业园开发有限公司
公募基金管理人	建信基金管理有限责任公司	博时基金管理有限公司	华安基金管理有限公司	东吴基金管理有限公司
基金托管人	交通银行股份有限公司	招商银行股份有限公司	招商银行股份有限公司	招商银行股份有限公司
运营管理机构	北京中关村软件园发展有限责任公司	深圳市招商创业有限公司	上海集挚咨询管理有限公司	苏州工业园区科技发展有限公司、苏州工业园区建屋产业园开发有限公司
发行规模（亿元）	28.8	20.79	14.95	34.92
募集份额（万份）	90 000	90 000	50 000	90 000
发行价格（元）	3.2	2.31	2.99	3.88

续表

		建信中关村产业园 REITs	博时招商蛇口产业园 REITs	华安张江光大园 REITs	苏州工业园区产业园 REITs
基金类别		基础设施证券投资基金	基础设施证券投资基金	基础设施证券投资基金	基础设施证券投资基金
运作方式		契约型封闭式	契约型封闭式	契约型封闭式	契约型封闭式
合同期限		自基金合同生效之日起45年	自基金合同生效之日起50年	自基金合同生效之日起20年	存续期40年
交易场所		上海证券交易所	深圳证券交易所	上海证券交易所	上海证券交易所
		底层资产要素	底层资产要素	底层资产要素	底层资产要素
基础设施资产名称		互联网创新中心5号楼项目 协同中心4号楼项目 孵化加速器项目	万融大厦和万海大厦	华安张江光大园	国际科技园五期B区和2.5产业园一期、二期项目
基本情况	所在试点区域	京津冀协同发展区（北京）	粤港澳大湾区（深圳）	长三角一体化发展区（上海）	长三角一体化发展区（苏州）
	资产类型	研发用房及配套项目	产业用房及配套项目	产业发展服务园区用房及配套	研发楼和配套综合楼
	所处行业	国家软件产业基地、国家软件产业基地及国际科技合作基地	中国互联网南方总部基地、应用示范基地、招商局双创示范基地	上海集成电路设计产业园	中国科技企业孵化器、国家软件产业基地、国家海外高层次人才创新创业基地

续表

		建信中关村产业园 REITs	博时招商蛇口产业园 REITs	华安张江光大园 REITs	苏州工业园区产业园 REITs
基本情况	所处园区成立时间	2000 年	1979 年	1992 年	1994 年
	资产建筑面积合计（平方米）	166 780.48	95 300	50 947.31	561 130.22
	土地用途	科研教育用地	工业用地	工业用地	科研设计用地；工业用地
	2020 年期末出租率（%）	互联网创新中心 5 号楼：95；协同中心 4 号楼：100；孵化加速器：100	万融大厦：84.08 万海大厦：94.36	99.51	国际科技园五期 B 区：90 2.5 产业园一期、二期项目：70
运营情况	前三大承租人所处行业	软件和信息技术服务业、科技推广和应用服务业	新一代信息技术产业、文化创意产业、传统产业	在线新经济、金融科技、集成电路	信息技术、专业服务、集成电路
	入池资产组的租户总数量（名）	69	176	34	462

续表

		建信中关村产业园 REITs	博时招商蛇口产业园 REITs	华安张江光大园 REITs	苏州工业园区产业园 REITs
运营情况	主力租户	互联网创新中心 5 号楼：中科讯飞互联（北京）信息科技有限公司、北京能科瑞元数字技术有限公司 协同中心 4 号楼：度小满金融等 孵化加速器：快手、北京快乐茄信息技术有限公司	深圳市南油（集团）有限公司、招商海达保险经纪有限公司、招商局金融科技有限公司	上海壹佰米网络科技有限公司、平安养老保险股份有限公司、深圳前海微众银行股份有限公司	国际科技园五期 B 区：苏州银行股份有限公司、微软（中国）有限公司苏州分公司 2.5 产业园一期、二期项目：赫伯罗特船务（中国）有限公司、东沙湖社区工作委员会
	2020 年期末关联租户收入占比（%）	3.84	万融大厦：12.31 万海大厦：17.53	未披露	未披露
经济重要指标	租约期限/剩余租期	租约期限以 2～3 年（含）为主，平均剩余租期为 2.93 年	租约期限以 1～3 年为主，租约到期时点分布较为均匀	租约期限以 2～3 年（含）为主；剩余期限以 2 年（含）以内为主	国际科技园五期 B 区：租约期限一般为 1～3 年，平均剩余租期约为 2 年 2.5 产业园一期、二期项目：租约期限主要为 3～6 年，平均剩余租期约为 2～3 年

续表

		建信中关村产业园 REITs	博时招商蛇口产业园 REITs	华安张江光大园 REITs	苏州工业园区产业园 REITs
经济重要指标	平均租金（元/平方米/月）	互联网创新中心 5 号楼（研发用房，地上）：171.22 协同中心 4 号楼（地上）：175.81 孵化加速器（研发用房）：180.03	万融大厦：127.92 万海大厦 ：145.74	折算月租金为 157～158	国际科技园五期 B 区项目：41 2.5 产业园一期、二期项目：61.2
	净现金流分派率（%）	2021 年：4.62	2021 年：4.10	2021 年：4.74	2021 年国际科技园五期 B 区：4.88 2.5 产业园一期、二期项目：4.43
		2022 年：4.78	2022 年：4.16	2022 年：4.11	2022 年国际科技园五期 B 区：4.93 2.5 产业园一期、二期项目：4.56
	资产估值（万元）	307 300	252 800	147 000	335 000

资料来源：戴德梁行整理，摘录于 REITs 招募说明书。

来看，均存在交易转让限制，即拥有不完整产权。另外，基础设施底层资产的原始权益人都具备国资背景，这样在交易过程中需基金管理人提前考虑国有资产交易程序及对底层资产转让限制的解除两方面因素，保证公募 REITs 产品顺利发行，这 4 只产品在两方面的操作经验值得借鉴。

（4）扩募资源储备充足。现已发行的 4 只产业园基础设施 REITs 除已入池资产，原始权益人均拥有大量符合基础设施 REITs 审核要求的产业园资产储备量，且各园区运营状况良好，均为全国范围内优质产业园资产，为后续扩募打下了坚实的基础。

第十章
REITs 投资

第一节　REITs 投资逻辑概述

一、基础知识

REITs 是通过发行股票或收益凭证来汇集多数投资者的资金，由专门的投资机构进行不动产投资经营管理，并将投资综合收益按比例分配给投资者的一种信托基金。

REITs 是实现不动产证券化的重要手段之一，不动产证券化是把流动性较低的不动产投资，转化为流动性较高的资本市场中的证券资产的金融交易过程。因此 REITs 的本质是将不动产的流动性由低变高，可交易规模由大变小，从而使得包括广大公众在内的各类投资者都可以有机会参与不动产交易市场，有机会享受属于不动产投资的资产增值和属于证券投资的分红回报。

二、REITs 投资收益来源

REITs 投资收益的重要来源之一是其稳定的分红所得。在成熟市场，如美国、日本、新加坡、中国香港等，REITs 需要将其绝大多数资产（如75%以上）投资于能够产生稳定租金收入的商业物业，比如办公楼、购物中心、公寓或医疗地产等，并且需要将不低于90%的当年税后净收入进行分红，这使得REITs投资者可以获得较为稳定的分红。

2015—2019年，美国139家上市REITs的分红率均值为5.11%，分红率中位数为4.76%；2019年的分红数据平均值和中位数分别为5.79%和5.30%（彭博数据）；新加坡REITs近10年分红率平均值为7.10%（新加坡交易所统计）；中国香港REITs的分红率为4.12%～9.59%（彭博数据），均与所在地的10年期国债或存款利率存在明显利差（3%～4.5%），为投资者贡献了优质的现金流回报。

REITs投资收益的另一重要来源是资本增值收益。除了分红优势，REITs还可以享受到不动产市场与资本市场蓬勃发展所带来的股价增长。从过去20年来看，REITs的回报也跑赢了几乎所有的公开市场指数，表现出良好的资本增值收益。

美国不动产指数过去20年历史回报率为9.74%（其中权益型REITs为10.11%），而同期标普500、纳斯达克指数、道琼斯工业指数的年化回报率分别为6.34%、5.28%、7.33%。这部分增值收益主要受益于经济增长、通货膨胀和城市更新改造，叠加了专业管理机构的周期操作能力和税收优惠作用。同时，由于REITs每年不低于90%的分红要求（该分配的百分比在不同的国家有不同的要求），强化了REITs投资运作的纪律性，也为周期的累积资本增值做出了贡献。

三、REITs投资逻辑：投资组合策略+个股选择策略

REITs是大类资产配置的重要组成部分，其投资组合逻辑与证券投资具有一定的相似性，其投资逻辑主要聚焦两个层面的策略：

一是投资组合策略，二是个股选择策略。

（一）投资组合策略

REITs 投资组合策略是根据投资者对宏观经济、资本市场、区域特质、物业业态等领域的了解和判断，选择投资组合中各只 REITs 的配置时点（择时）、配置比例（仓位）以及组合分散度等。与证券投资资产配置的重要性一样，配置比例主要基于投资者对区域、物业业态等经济与商业因素的判断，在发达国家/新兴市场国家、发达地区/发展中地区、办公楼/物流/商业/公寓等各维度中进行选择；配置时点是根据证券价格与分红率的历史趋势、分红率与国债之间的利差变化趋势、不动产市场的运行规律及不动产投资趋势进行判断；分散度是指整个投资组合中包含的 REITs 只数以及每只 REITs 所占的比例，或者每类 REITs 所占的比例，REITs 的分散度安排要合理，过于集中可能会增加系统性风险对组合业绩的影响，过于分散则容易影响 REITs 投资组合管理人/团队的精力和其管理能力（实证研究表明 REITs 业绩受管理团队的影响较为显著）。

（二）个股选择策略

REITs 个股选择策略是评估每只 REITs 产品的质量，以此作为投资选择的依据。通常而言，REITs 的核心价值来自其可提供稳定现金流的底层不动产的价值及盈利潜力，由于国际 REITs 为动态投资的持续运营实体，即 REITs 所投资的底层物业在 REITs 存续期内并非完全静止不动，而是由 REITs 管理团队不断进行新物业的投资，老物业的出售或更新改造等资本运作安排，因此在进行 REITs 个股价值评估时要充分考虑其估值水平、发展潜力、财务稳健度以及管理团队的历史业绩、管理实力与品牌等各方面因素。其中估值水平主要指 REITs 的股价相对其盈利能力、资产价值而言是否被高估或低估；盈利能力可以通过 FFO 或 NOI 等指标来衡量，资产价值可以采纳 NAV（净资产价值）或评估数据。发展潜力主要是看其盈利能力的增长预期，增长又可分为内部增长和外部增长，内部增长是通过运营效益的改善或租金的提升来实现的，外部增长是通过优质收购来实现的（只有能够提高每股盈利能力的收购才是优质收购）。财务稳健度是指 REITs 的财务报表稳健程度，涉及资产负债率水平、利息率及负债期限安排。除以上财务分析类指标，管理团队的历史业绩、管理实力与品牌也会在很大程度上影响一只 REITs 的发展和盈利能力，通过了解和评估 REITs 管理团队的既往业绩，特别是其在一个完整经济周期内的表现，有利于选择优秀的管理团队。

第二节　REITs 的底层资产特征分析

REITs 所投资的底层资产主要是能够产生稳定现金流的不动产，主要有地产资产（如住宅、公寓、写字楼、购物中心、酒店、工业地产、仓储中心等）、基础设施资产（如港口、路桥、水利、城市排水供气和供电设施等）、数据中心、医疗保健中心、零售物业等多种类型的不动产品类，并且随着时代的发展，基础资产的种类在不断增加。

一、境内公募 REITs 基础资产特点

境内公募 REITs 基础资产以京津冀、长三角、大湾区等发达区域的基础设施、产业园区（已产生持续、稳定的收益及现金流）为主，向下投资模式为权益型 REITs，采用“公募基金 + ABS + 项目公司”的结构，80% 以上基金资产投资于基础设施资产支持证券，

并持有其全部份额。同时基金通过资产支持证券和项目公司等载体取得基础设施项目完全所有权或经营权利，以长期持有成熟基础设施项目，创造收益为主要目的。

境内首批发行的公募REITs共计9只，在监管部门的严格把关下，这些项目都展现出了规范程度高、资质优良、运营成熟和收益率客观的特征，且都位于发达地区并形成了较稳定的现金流。它们所处的北京、上海、深圳、广州和杭州等均为发达地区的核心城市，区域经济发展迅猛且未来发展潜力巨大，较强的区域优势有望为项目经营业绩的持续提供坚实的基础。同时，底层资产也非常丰富，聚焦国家政策支持的重点行业和优质项目，涵盖了产业园、高速公路、仓储物流和污水处理四大领域，其中有3只产业园（华安张江光大园REITs、东吴苏州工业园区产业园REITs和博时招商蛇口产业园REITs），2只收费公路（浙商沪杭甬REITs和平安广州交投广河高速公路REITs），2只仓储物流（中金普洛斯REITs和红土创新盐田港仓储物流REITs），1只市政设施（富国首创水务REITs）和1只垃圾处理及生物质发电（中航首钢生物质REITs）。

这些项目的底层资产均为引领当地创新发展并运营成熟的核心基础设施，已形成了较为稳定且易于预估的现金流。它们按照经营类型可以分为特许经营权项目和产权类项目两种，其中高速公路和污染治理属于特许经营权类项目，收益主要来自各类费用，现金流较为固定且确定性强，但其经营权在到期后将被收回，所以底层资产的价值将随着特许经营期限届满而趋于零，未来收益主要来自现金分配，因此这类项目要求较高的现金流分派率；而产业园和仓储物流属于产权类项目，其兼具地产和投资属性，收益主要来自租金和服务费等现金流，基础资产自身在未来也具备广阔的升值空间，估值主要是依据未来的现金分配和资产升值，其现金流分派率要求相对较低。由于 REITs 是一种兼具权益和固收属性的产品，特许经营权类项目的未来现金流稳定可估，相对更偏债性，但二级市场活跃程度较差，这类项目需重点关注原始权益人及其关联方的运营能力，估值的重点也侧重于对未来现金流的评估；而产权类项目的基础设施有较大升值潜力且资产价值波动较大，二级市场活跃性较高，更偏股性。

（一）特许经营权类 REITs 具有稳定的现金流和较高的收益分配

1. 收费公路公募 REITs

高速公路是天然适合作为公募 REITs 的底层资产的。此类项目的底层资产一般为 25 ~ 30 年的高速公路特许经营权，收益主要来自车辆的通行费及附属设施运营等，总收入受车流量的影响较大，盈利分析需重点关注：区域经济增速、路网规划、收费标准、维修周期、还贷计划及政策影响等。高速公路覆盖范围虽广，但其所有权归属国家，随着每年的分配，该类基金净值将逐步减小，资产价值在项目到期后将随经营权被收回而降至零，因而往往有较高现金流分派率要求。不过，受益于相对稳定的车流量及稳定性较强的现金流，首批收费公路公募 REITs 的现金流分派率高于产权类的 5% ~ 12%，等同于一个不固定利率的“整存零取”的资产。

2. 污染治理公募 REITs

此类项目的收益来自污水、污泥和垃圾等的处理费和服务费，总收入的关键影响因素主要包括成本和产能等。公司也是只拥有特许经营权，其实际产权仍归政府，因此收费权的价值将随着时间的推进而下降，同样具有高现金流分派率的要求，首批污染治理公募 REITs 的现金流分派率也高于产权类。

（二）产权类REITs拥有基础资产的实际产权且资产升值潜力较大

1. 产业园REITs

项目公司拥有产业园的不动产权，故资产价值在到期后不会归零。由于收入主要来自租金、管理费、物业费和停车费等，因而会受到物业管理质量和相关服务设施等因素的显著影响。同时，风险点还包括但不限于出租率与续租率问题，还需考虑园区能否在政策边际效应递减下持续稳健经营。除了现金分红，其价值与底层资产的公允价值上涨也能带来收益，因此产业园REITs对现金流分派率的要求较低——首批产业园REITs为4% ~4.7%。

2. 仓储物流REITs

收入的主要来源是物业出租产生的收益，涵盖租金及物业管理费两方面，其与其他业态相比具备更高的稳健性且长周期收益较高。其租金收入与地理位置、物流行业、管理能力、客户类型和进出口贸易等多种因素挂钩，而风险来源与产业园REITs类似，主要是续租率水平和同业竞争程度。首批公募仓储物流REITs的现金流分派率分布在4% ~4.5%，因为其资产在期满后价值不为零，所以估值时会将标的资产的增值潜力作为重要考量因素。

3. 公募REITs范围大幅扩容在即

958号文于各方面将REITs基金的试点工作做了进一步的阐述。首先从全局角度出发将试点区域和行业范围重新明确，其次说明对于试点行业的涵盖，此轮试点行业首次扩围中被纳入的有清洁能源、保障性租赁住房、旅游、水利等一系列行业领域。值得一提的是在租赁支持组合方案中租赁房打通了REITs通道，其两大重要优势在于土地端成本以及优惠的税收支持，将使保障性租赁住房有效解决传统租赁房租售比低、流动性较弱的两大难点、痛点，并使其具备可观的潜在规模。

二、产业园 REITs 特性分析

（一）基本概念

产业园是某些国家和地区为实现经济发展目的，在规划区域内聚集若干特定产业企业，实施统一规划、集中管理，并常有政策倾斜的区域。产业园通常具有产业集聚、统一规划、集中管理、政策倾斜等主要特征。

目前我国成熟度较高、符合上市条件的产业园资产主要包含建设在工业用地或科研用地上的研发楼、标准工业厂房、孵化器、实验室、产业配套等类别。产业园类资产规模较大、类别丰富、现金流盈利状况稳定、市场活跃度高、定价逻辑清晰，作为底层资产发行公募 REITs 具有诸多优势。

（二）行业发展情况与趋势

我国产业园经历了初创培育期、高速成长期、稳定调整期及创新发展期等四大阶段。我国国家级开发区超 600 家，省级开发区超 2 000 家，各类产业园超 15 000 家。根据国家发展改革委等六部委于 2018 年发布的《中国开发区审核公告目录》，2018 年我国已有 552 家国家级开发区，1 991 家省级开发区，全国 31 个省级行政区均有产业园坐落。国家《关于加快推进战略性新兴产业集群建设有关工作的通知》中公布的首批国家级战略性新兴产业集群有 66 家。随着我国技术水平和信息化水平的提升，我国产业园也升级为以高新技术、信息科技、文创等知识密集型为主的高附加值产业。

我国产业园产业主要为机械及装备制造、电子信息、食品饮料与农副产品加工、生物医药与化工新材料等，合计占比超过 75% 。以经开区为例，截至 2020 年年末，经济较为发达的东部地区占比约 50% 。

截至 2020 年年末，全国共有国家级经开区 217 家，其中东部地区 107 家，中部地区 63 家，西部地区 47 家，中西部地区国家级经开区数量和比重显著增加，全国国家级经开区区域分布日趋平衡。东部区域是全国产业升级发展的排头兵，发展重点在战略性新兴行业和金融、信息等生产性服务业，如北京、上海、深圳，未来发展将更侧重研发、互联网、金融等高端服务性行业，对应的市场需求是科技园、总部研发基地等。中西部及大城市周边小城镇承接东部产业转移，长江经济带助推中部和川渝地区产业承接能力，工业仍以传统制造业为主，主要市场需求是工业园、物流园、高科技园。

（三）优质产业园区资产的主要性质

优质基础设施项目的特性：(1) 地处经济发达地区，是经济带的重点发展区域，政策环境优良，具有长足的发展潜力。(2) 项目聚焦重点行业、打造特色的产业聚集效应，充分享受区域相关主导产业的招商优势。(3) 基础设施项目孵化成果转化显著，运营成熟稳定，增长潜力高。(4) 基础设施项目运营管理方经验丰富。(5) 产业园一般选取周边区域发展较成熟、公共服务配套完善便利的资产。在商业业态方面，项目周边一般配有多个生活广场、商业广场等商业设施。

三、公路 REITs 特性分析

（一）基本概念

根据中国《公路工程技术标准》（JTG B01—2014），高速公路为专供汽车分向行驶、分车道行驶，全部控制出入的多车道公路。高速公路年平均日设计交通量宜在15 000辆小客车以上，设计速度为80～120千米/小时。收费公路，是指符合《公路法》和《收费公路管理条例》规定，经批准依法收取车辆通行费的公路（含桥梁和隧道）。

国内高速公路一般分为两种：政府还贷公路和经营性公路。

政府还贷公路是指县级以上地方人民政府交通运输主管部门利用贷款或者向企业、个人有偿集资建设的公路，收费时使用财政票据。政府还贷公路的收费期限，按照收费偿还贷款、偿还有偿集资款的原则确定，最长不得超过15年。国家确定的中西部省（自治区、直辖市）的政府还贷公路收费期限，最长不得超过20年。

经营性公路是指国内外经济组织投资建设或者依照公路法的规定受让政府还贷公路收费权的公路，收费时使用税务票据。经营性公路的收费期限，按照收回投资并有合理回报的原则确定，最长不得超过25年。国家确定的中西部省（自治区、直辖市）的经营性公路收费期限，最长不得超过30年。

目前国内多采用特许经营权模式对经营性高速公路进行运营管理。我国经营性高速公路占比较高。

（二）行业发展情况与趋势

自1984年“贷款修路、收费还贷”的收费公路政策出台以来，我国高速公路建设进入了快速推进期。

截至2019年年末，全国收费公路里程17.11万千米，占公路总里程501.25万千米的3.4%。全国经营性公路里程7.72万千米，其中，高速公路6.84万千米，较上一年增加3 074.5千米；经营性高速公路占收费高速公路里程的47.9%。2013—2019年中国高速公路里程占收费高速公路由64.2%升至83.5%，结构持续优化。

2010—2019 年高速公路通车里程年复合增长率为 8.1%，较全国公路高近 6%，预计未来 3 年高速公路通车里程年复合增长率为 4% 左右。

（三）高速公路资产的主要性质

高速公路资金投入量大，回报周期长，对持有运营的企业而言，大量的存量资产无法及时变现，沉淀了大量资产，是典型的资本密集型行业。

基于以下 4 个特点，高速公路资产开展公募 REITs 有天然的优势，也有降杠杆和丰富融资方式的需求。一是高速公路资产具有稳定的现金流。二是收费高速公路的无形资产主要为特许经营权，具有明确的收费期和清晰权属。三是高速公路行业本身资产负债率较高。目前行业内 51 家企业的平均负债率在 60% 以上，最高的超过 80%。四是高速公路行业现今主要以债务融资为主，债务融资较为容易，但融资方式较为集中，主要为银行贷款。

四、环保 REITs 特性分析

（一）环保行业基本概念与行业容量

从环保行业的体量来看，根据招商证券统计，现有的水电气热市政等工程固定资产累计完成额大致在 23 万亿元左右，从细分领域来看：（1）城镇自来水，我国的城市用水普及率为 98.4%，全国城市供水生产能力为 31 211.84 万立方米/日；（2）电力行业，我国发电机装机容量 20.11 亿千瓦，其中，火电装机容量 11.9 亿千瓦，水力发电的装机容量 3.56 亿千瓦，并网风电装机容量 2.1 亿千瓦，并网太阳能发电装机容量 2.05 亿千瓦；（3）天然气行业，2018 年天然气消费量为 2 803 亿立方米；（4）供热行业，2018 年中国城市供热面积为878 049.97万平方米。在污水垃圾、固废危废累计完成额体量在6 700亿元~1万亿元。①

（二）环保REITs的资产特性与要求

根据《REITs通知》，对于推进基础设施REITs试点的基本原则，基础设施REITs试点项目要求，基础设施REITs试点工作安排等，可以推测出未来的环保REITs的发展方向和要求。

根据《REITs通知》中的要求，环保REITs的资产特性需要符合国家政策导向，在推动国家重大战略实施、服务实体经济中具有一定的作用，且环保REITs资产需具有社会效益良好、投资收益率稳定且运营管理水平较好的特点。

在其区域选择中，《REITs通知》要求，优先支持京津冀、长江经济带、雄安新区、粤港澳大湾区、海南、长江三角洲等重点区域，支持国家级新区，有条件的国家级经济技术开发区开展试点，而对于环保的具体领域，优先支持基础设施补短板行业，例如水电气热等市政工程，城镇污水垃圾处理、固废危废处理等污染治理项目。在融资用途管理上，发起人（原始权益人）通过转让基础设施取得资金的用途应符合国家产业政策，鼓励将回收资金用于新的基础设施和公用事业建设，重点支持补短板项目，形成投资良性循环。

从已发行的试点环保REITs项目中，我们以废弃物资源化项目，来分析环保REITs的资产特点。

该项目是当地政府确定的重大民生工程和折子工程，该项目采用“绿色、环保、创新”的先进设计理念，是集垃圾无害化、减量化处理及可再生能源发电于一体的环保工程，项目部分排放指标仅

---

① 资料来源：《环保行业专题报告：环保与REITs及首批环保REITs项目分析》。

为欧盟标准的1/10，探索了大型城市典型废弃物资源化利用路径，已产生巨大的环境、经济和社会效益，为当地政府经济发展做出了重要贡献。基础设施项目拥有生活垃圾焚烧设施和餐厨垃圾收运处置设施，主要收入来源为生活垃圾处理服务费、售电、餐厨收运及处置服务费。基础设施项目设计可以对周边区域进行供热，也可协同处置污水处理厂无法消纳的污泥及渗滤液，未来不排除会产生部分供热收入、污泥处置及渗滤液处置收入及利用生产工艺特点出售蒸汽取得收入。基础设施项目业务量相对稳定，未来资金来源有较好保障。基础设施项目部分收入来源于可再生能源电价附加补助，由国家财政拨付。业务规模趋于稳定，运营效率逐渐提升，其营业收入和净利润均保持健康稳定的增长态势。随着当地政府垃圾分类理念的不断深化，公司在维持当前生活垃圾处理量的情况下发电量会进一步增加，营业收入和净利润将进一步提升，为公司的债务偿还提供良好的支撑。当地政府各垃圾焚烧发电厂是随城市整体规划而建设，每座垃圾焚烧发电厂处理的垃圾的来源区域不尽相同，由当地城市管理委员会统一调度，同时受限于垃圾焚烧发电自身设计处理能力，垃圾焚烧发电厂之间不存在自由竞争的关系。而该项目是当地政府目前仅有的两座最大的垃圾焚烧发电厂之一，具有一定的规模优势，同时与城管委签署的垃圾处理服务协议中约定了项目每年处理生活垃圾的保底供应量，未来项目收益有很好的保障。

五、仓储物流 REITs 特性分析

（一）基本概念

仓储物流行业是指利用自建或租赁库房、场地，储存、保管、装卸搬运、配送货物的行业。仓储物流属基础设施的范畴，指仓储物流开发运营商根据客户需求，在合适的地点建设、运营并管理的

专业仓储物流设施。在广义层面，国家标准化管理委员会发布的《物流术语》（GB/T 18354—2006）将物流设施定义为“具备物流相关功能和提供物流服务的场所”，包括物流园区、物流中心、配送中心，以及各类运输枢纽、物流场站、仓库等。

仓储物流基础设施是商贸流通与物流活动的基础性设施，也是支撑城市社会经济发展的基础性、战略性资源。仓储物流行业属于《REITs 通知》要求优先支持的基础设施补短板行业。

（二）行业发展情况与趋势

我国仓储物流行业整体仍处发展期，人均存量依然明显低于发达国家，未来居民消费能力的提高，城镇化的发展，以及电商行业、零售行业、第三方物流、制造业等相关行业的持续发展，将驱动仓储物流行业整体需求的增长。

仓储物流行业也面临行业竞争加剧、电商自建仓库、发达地区新增土地供应有限等挑战因素。仓储物流项目在维持较高出租率并同时达到租金目标等方面，将继续面临激烈的市场竞争。项目经营期间，需要面对经营成本控制、项目交易、对外融资、安全环保、合规经营等方面的挑战，值得关注。

总体来看，优质的仓储物流基础设施资产通过市场化的运营管理，可以获得稳定的现金流，运营风险可控，是基础设施基金理想的投资标的。

（三）仓储物流行业的市场容量

根据世界银行提供的数据，中国仓储物流设施总库存（含高标库和非高标库）约 10 亿平方米，低于美国（12.5 亿平方米），但高于日本（5 亿平方米）、德国（0.7 亿平方米）和澳大利亚（0.4 亿平方米）。从人均仓储物流设施面积的角度看，中国人均仓储物流设施面积不及1平方米，仅相当于美国和日本的20%左右。

投资规模方面，根据国家统计局提供的数据，近年来我国仓储物流业经历了迅速扩张的过程。行业固定资产投资额从2011年的2 437.19亿元增长到2019年的6 245.62亿元，年复合增长率达到14.39%。

（四）行业利润

戴德梁行提供的2020年第二季度数据显示，北京、上海、广东分列全国仓储物流项目平均租金水平前三位，分别达到55元/平方米/月、48元/平方米/月、42元/平方米/月。华南地区平均租金约40元/平方米/月，华东地区约38元/平方米/月，华北地区约34元/平方米/月。空置率方面，北京、广东、河北等地的平均空置水平低于5%，华南约4%，华东约9%，华北约14%。

六、数据中心REITs特性分析

（一）基本概念

互联网数据中心（IDC），是指一种拥有完善的设备（包括高速互联网接入带宽、高性能局域网络、安全可靠的机房环境等）、专业化的管理、完善的应用的服务平台。在这个平台基础上，数据中心服务商为客户提供互联网基础平台服务（服务器托管、虚拟主机、邮件缓存、虚拟邮件等）以及各种增值服务（场地的租用服务、域名系统服务、负载均衡系统、数据库系统、数据备份服务等）。数据中心服务的主要对象包括：大型跨国企业机构、互联网服务供应商、互联网内容供应商、电子商务服务供应商、应用软件服务供应商、系统集成供应商、多媒体服务供应商、网站设计及托管供应商。数据中心的发展经历了3个不同阶段：第一代的数据中心只提供场地、带宽等基础托管服务；第二代的数据中心则是以增值服务和电子商务作为其服务的核心；第三代的数据中心能够提供融合的托管服务，可以实时地将互联网信息、电话信息、传真信息等集成在一起，再以客户最容易接受的方式提供给客户。这样，第三代的数据中心其实变成了一个网络服务中心。

（二）数据中心资产独特性

在我国主要基础设施资产存量中，数据中心资产存量相较公路、铁路及产业园等差距较大。相比其他基础资产，数据中心行业仍处于成长期，资本开支及资产存量将有较大的增长空间，数据中心行业凭借其科技属性，以及作为新基建背景下的直接受益行业，备受市场青睐。数据中心 REITs 区别于其他基础设施 REITs 主要有以下几个方面。

1. 产权模式

仓储、产业园、铁路、地铁等资产具有产权，而公路、污水处理、垃圾焚烧等资产需要特许经营权，数据中心则需要资产使用权及运营许可权。再进行细分可以发现数据中心有两种产权模式：一种是产权与运营权分属不同主体，如阿里等头部云计算企业建设数据中心会自己解决土地问题，之后建设及运维交由第三方数据中心运营商打理；另一种是数据中心同时拥有不动产权及经营权，既享有不动产收益权，又通过专业化的托管及运维获取服务现金流，后者更符合基础设施 REITs 的条件。

2. 科技与能源属性

随着数据应用发展，下游客户对数据量需求的持续增长，数据中心运营商将借助大数据分析、云计算、AI 技术赋能等先进科学技术，顺应数据中心未来网络自动化、智能化运营的发展趋势，实现数据中心向模块化、超大规模化的转型。数据中心本质是将电力转化为算力，电力是数据中心的核心，数据中心绿色节能化不仅是从企业角度的降本增效考量，体现数据中心规模化后的精细化运营能力，实现成本集约，也是实现碳中和目标的重要命题。

（三）数据中心资产的分布

数据中心选址分布主要考虑3个要素，即电力、网络、气候。因下游用户对数据中心时延有着较高的要求，因此数据中心多建于骨干网附近及业务活跃地区，如北京、上海、广州3个核心节点承担与其他节点以及国际互联网互联的属性，2019年北上广及周边地区的数据中心机柜数量占全国份额的27%、25%和14%。同时数据中心出于降本增效考虑，逐渐将部分冷数据及灾备中心选在较偏远地区。以贵州为例，贵州气候凉爽，夏季平均气温约25℃，冬季平均气温约9℃，可以明显降低数据中心耗电，从而降低运行成本。同时贵州作为我国西电东输的主要省份之一，电力资源丰富，电费优势显著，全国数据中心平均用电价格为0.87元/度，沿海地区用电价格高达1.5元/度，而目前贵州平均工业电价低至0.42元/度左右。我国如山西、乌兰察布等地也具备类似自然禀赋及电力优惠支持。因此数据中心选址是综合因素平衡的结果，往往底层资产能够呈现一定集聚规模。

（四）数据中心REITs现金流来源

对于数据中心企业来说，其收入端现金流主要受四大要素影响，分别为资产、上架率、客户商家以及月机柜服务费。资产主要看企业保有的数据中心面积和机柜数量，几乎所有数据中心企业都通过外部融资用于抢先投资并建设新的数据中心，以此发展壮大。上架率则取决于许多因素，但是最主要的还是地理位置。当然，出租并不等于就有收入，数据中心企业一般是等客户将其服务器上架之后才确认收入，因此双方一般会有条款约定上架进度。

数据中心企业的成本端主要是两方面，即固定成本和可变成本。其固定成本主要是数据中心的土地的租金（非自有产权物业）或者摊销，建筑物、机器设备的折旧，以及人员的薪酬支出；其可变成本主要是带宽成本、电费以及维修费用。在新建数据中心的一两年时间内，其支出不会计入成本，只有当数据中心有机柜上架时才开始计入成本，因此现金流量也是重点考察的指标。

营收中稳定且可预期的机柜服务费为数据中心 REITs 发行的主要现金流支撑。从机柜服务费角度看，数据中心收入一方面来自项目需求增量，另一方面来自单机柜/平方米服务费，龙头公司将保持并提升对于一线城市及周边区域的机柜服务费定价权，而零售型数据中心的机柜服务费相比批发型更具韧性。设备搬迁成本、服务供应商置换成本和头部数据中心服务商较高的服务质量保障了用户黏性，稳定的机柜服务费和较强的用户黏性，使得数据中心业务模式下的收入具备较强的可预期性。

国内零售数据中心龙头受益于一线城市内稀缺优质数据中心供给，月机柜服务费总体上逐年上升。而批发型数据中心龙头批发型业务长期的签约期限（一般为 10 年及以上），客户服务器的转换和迁移成本较高，客户流失率始终维持在 2% 以内，也保证了未来现金流的稳定性。

（五）REITs 对数据中心行业作用

目前境外数据中心 REITs 的融资方式主要有以下特点：常用及金额较大的融资方式是债权融资，股权融资频次较低。比如，2013—2019 年，易昆尼克斯（Equinix）股权融资占全部融资的 16%，数字房地产信托（DLR）股权融资占全部融资的 26%。REITs 结构下的 Equinix 实现了更优融资，2015 年向 REITs 结构转变后的 Equinix 资本开支明显上升，2015—2018 年的资本开支增速维持在了 20% 以上水平，而在此之前的 2012—2013 年，资本开支曾连续两年负增长。目前我国数据中心企业的融资方式主要为股权融资、银行借款和战略合作等途径，数据中心 REITs 有望打开更广阔的融资渠道，企业可以选择更多的融资方式实现更优融资结构。

从发起人角度来看，数据中心作为重资产行业可以拓宽融资渠道，REITs 有助于降低融资成本及资产负债率，加快资金周转效率。通过 REITs，原始权益人可将数据中心资产全部或部分出售，实现资产出表获取权益融资，获得的资金可以用于偿还负债降杠杆、日常运营或者投资。

从投资者角度来看，数据中心是数据时代重要的基础设施，也是新基建确立的新兴行业，随着 5G 的快速发展及商用，以物联网、大数据、云计算和人工智能为代表的新应用将推动产业互联网的蓬勃发展，从而带动数据生态转型升级，因此快速扩张的特性以及长期租金保障等因素使得数据中心 REITs 具备一定的成长性，大概率会有助于该类型 REITs 资本增值收益，这种“分红 + 资本增值”模式对居民及机构投资者具有较强吸引力。

（六）我国的数据中心 REITs 探索实践

2020 年 11 月 12 日，光环新网发布关于开展公募 REITs 申报发行工作的公告，公司拟以全资二级子公司北京中金云网科技有限公司（中金云网）持有并运营的中金云网数据中心（基础设施项目）作为公募 REITs 底层资产，进行公募 REITs 的申报发行工作。基础设施项目所在地位于北京经济技术开发区，约 12 000 个机柜，主要收入来源为数据中心外包服务费收入，拟定募集规模约 57 亿元（见表 10－1）。

表 10-1　光环新网数据中心公募 REITs 产品要素表

基金类型	契约型、公开募集基础设施证券投资基金
基金运作方式	封闭式运作，向深圳证券交易所申请上市交易
投资者安排	按照规则要求，光环新网或其指定主体作为战略配售投资者，认购不低于 20% 的基金份额。其中基金份额发售总量的 20% 持有期自上市之日起不少于 60 个月，超过 20% 部分持有期自上市之日起不少于 36 个月，基金份额持有期间不允许质押。光环新网以外的专业投资者可参与战略配售，持有期限不少于 12 个月，其他基金份额向网下投资者发售比例不低于公开发售数量的 70%，剩余基金份额向公众投资者网上发售
募集规模	根据目前中金云网项目初步评估结果，拟定募集规模约 57 亿元，需根据最终发行结果而定
基金期限	无固定期限
收益分配比例	不低于合并后基金年度可供分配金额的 90%，在符合分配条件的情况下每年不得少于 1 次
上市场所	深圳证券交易所
投资目标	80% 以上基金资产投资于基础设施资产支持证券，分享优质数据中心资产运营收益，其余可投资利率债、AAA 级信用债，或货币市场工具
资金募集用途	用于偿还项目公司存量债务、新增基础设施项目投资等

（七）我国数据中心 REITs 未来展望

数据中心行业在碳中和背景下能耗指标管控严格。数据中心是数字经济时代的底层基础设施，发挥将电力转换为算力的关键支撑作用。伴随下游需求扩容驱动的数据量爆发，数据中心处于高速扩张期，2020 年数据中心总能耗近 2 000 亿度，占全社会用电量约 2%，到 2025 年预计占到 4%。我国政府为积极引导全国数据中心往绿色化、节能化方向发展，于最新发布的《关于加强绿色数据中心建设的指导意见》中提出了我国对建设数据中心能源消耗的规划，提出到 2022 年，数据中心平均能耗基本达到国际先进水平，新建大型、超大型数据中心的电能使用效率值达到1.4以下。基于此背景下能耗指标管控将愈发严格。与此同时，未来数据中心REITs的底层资产增长空间在严格的管控下依然巨大。基于成本法估算数据中心行业存量机柜总计200万~300万台，平均机柜成本为15万~20万元，数据中心资产存量约4 000亿元。数据中心行业未来5年将新增超过300万台机柜，涉及7 000亿元以上资金量，预计约有3 000亿元的资金缺口，因此对融资有较大诉求，数据中心REITs具备较大发展潜力。未来在数据中心行业高速发展过程中，REITs政策的股权及税收优惠、基础设施、指标调控、能源供给等配套环节还有多方面探索的空间。

七、新能源基础设施REITs

958号文聚焦项目的申报细节，在支持的重点领域中，明确了清洁能源等可作为重点支持行业。

根据958号文，试点主要包括能源基础设施、新型基础设施等行业。

其中，能源基础设施包括风电、光伏发电、水力发电、天然气发电、生物质发电、核电等清洁能源项目，特高压输电项目，增量配电网、微电网、充电基础设施项目，分布式冷热电项目。新型基础设施包括数据中心类、人工智能项目，5G、通信铁塔、物联网、工业互联网、宽带网络、有线电视网络项目，智能交通、智慧能源、智慧城市项目。

958号文还提出，探索在具有供水、发电等功能的水利设施等其他基础设施领域开展试点。

光伏发电项目盈利模式有两种，一种是地面电站，以全部发电量出售给电网公司获取发电收入，电网公司以光伏上网标杆电价收购电站所发电量，因此其发电收入测算公式较为简单，为光伏标杆上网电价×有效发电时间×电站规模。另一种是分布式电站，主要采取购电协议模式，即光伏电站运营商与购电客户签订长期购电协议，将分布式发电以一定折扣全部出售给购电方（即 PPW 模式），若购电方无法全部消纳分布式的发电量，余电将出售给当地电网公司，电网公司按照当地脱硫脱硝标杆电价收购分布式上网余电。此外，国家财政将给予补贴，地方政府另行制定补贴政策。

光伏产业对比传统行业技术要求高，建设和研发投资资金大、时间长，同时光伏电站投资收益稳定，总体发展趋势较好，盈利、销售持续增长，未来预期回报现金流稳定。根据如上所述，光伏产业资产特点在产品可行性、政策可行性、操作可行性等方面是具有快速推进优势的。

第三节　REITs 产品的估值

REITs 产品的估值主要包含绝对估值和相对估值两种方式。

绝对估值是指通过净资产法（NAV 法）对基础设施 REITs 的内在价值进行纵向分析，以判断基础设施项目的内在价值；相对估值是指通过 P/FFO（或 P/AFFO）乘数法结合行业内可比项目的实体价值对基础设施项目的市场价值进行横向分析，以判断其行业估值水平。两种估值方法的核心都是以基础设施项目的营运现金（Fund From Operation，简写为 FFO）为基础。FFO 估值法通常是通过现金流折现模型计算得出。

一、净资产法（NAV 法）

（一）NAV 法的原理及计算公式

净资产法（Net Asset Value，简写为 NAV）一般适用于企业的价值主要来源于其占有资产的情况。即净资产以被评估单位评估基准日的资产负债表为基础，合理评估企业表内及表外各项资产、负债价值，确定评估对象价值的评估方法。计算公式为：

$$NAV = 资产价值 - 负债 \quad (1)$$

对于基础设施 REITs 而言，NAV 法的核心在于准确评估基础设施项目的资产价值。美国房地产投资信托基金协会在 1991 年提出用 FFO 估值法来评估 REITs 资产价值。FFO 估值法是由现金流折现模型（DCF 模型）演变而来，通过在现有项目实际收入的基础上，预计项目未来的营运现金，并选择合适的折现率将其折为现值，进而得到项目整体价值。FFO 估值法的计算公式为：

$$P = \sum_{i=1}^{n} \frac{FFO_i}{(1+r)^i} \quad (2)$$

其中，P 为资产价值；FFO_i 为第 i 年的营运现金；n 为项目运营期限；r 为模型选定的折现率。

（二）NAV 法的参数估计

公式（2）中包含营运现金、折现率、运营期限 3 个重要指标。其中运营期限通常由基础设施项目的合同确定，在此重点探讨营运现金和折现率。

1. 营运现金

在企业价值评估中，一般采用美国公认会计原则（US GAAP）定义的净收入作为主要运营绩效指标。但净收入指标并不太适用于 REITs 项目，因为 US GAAP 在计算净收入时，折旧摊销费用是净收入的扣减项目。但多数基础设施项目具有一定垄断性竞争优势，随着运营逐渐成熟而产生增值效应，并且在计算运营费用时资产的损耗及维修费用会在运营维护费和大修费用中计提，如继续扣减折旧摊销费用，会造成基础设施项目价值低估的现象。

因此美国房地产投资信托基金协会在1991年提出了营运现金指标，作为评估REITs运营绩效的补充措施。该指标依然以GAAP定义的净收入为基准，在此基准上加回折旧摊销费用，并调整一些相关的利得，计算公式为：

$$FFO = \text{净收入} + \text{资产折旧和摊销} - \text{非经常性损益} \quad (3)$$

需要说明的是，目前国际上并没有像净收入一样标准化的营运现金定义，美国REITs研究机构格林大街咨询也曾提出了AFFO（调整后的营运现金）来对营运现金的概念进行完善，试图调整虽然被资本化但没有提升物业价值的费用支出。但考虑到信息获取的难度及适用性，实际操作中大多采用营运现金作为衡量REITs价值的基准。

2. 折现率

折现率是根据资金的时间价值特性，按复利计息原理把未来一定时期的预期收益折成现值的一种比率。在实际计算中，折现率的计算方法主要包括资本资产定价模型、加权平均资本成本模型、风险累加法、行业平均收益率法等。

二、P/FFO乘数法

（一）P/FFO乘数法的原理及计算公式

P/FFO乘数法属于相对估值模型的一种，其假设前提是存在一个可支配企业市场价值的主要变量（如营运现金），市场价值与该变量的比值，各REITs项目是类似且可比较的，类似于一般的企业估值中的市盈率（P/E）、市净率（P/B）、市销率（P/S或PSR）

等模型。不同的是，P/E、P/B、P/S 或 PSR 是以股票市价为基础的模型，而 P/FFO 乘数法是以企业实体价值为基础的模型。计算公式为：

$$V = FFO \times \frac{P}{FFO}\text{乘数} \tag{4}$$

其中，如采用调整后的营运现金 AFFO，相对应的乘数为 P/AFFO 乘数。

（二）P/FFO 乘数法的参数估计

公式（4）中的 FFO 可通过公式（3）计算得出。P/FFO 乘数影响因素往往是多样的，不同类型的资产的 P/FFO 乘数也有很大差别。根据美国房地产投资信托基金协会的统计，2019 年美国基础设施 REITs 的平均 P/FFO 乘数为 18.34，处于各类资产中的平均水平，平均 P/FFO 乘数最高的是公寓 REITs 资产，为 25.88。独立物业 REITs 的平均 P/FFO 乘数仅 7.10，为各类资产最低（见图 10－1）。

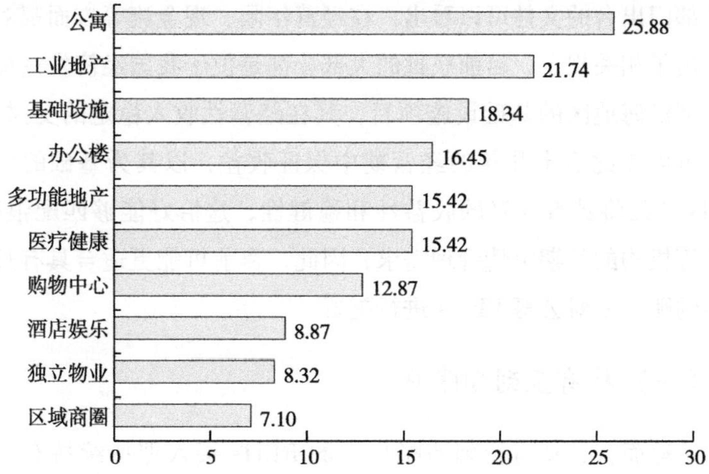

图 10－1　2019 年美国基础设施 REITs 的平均 P/FFO 乘数

资料来源：房地产投资信托基金协会（2019E），中信证券。

第四节　REITs 投资组合管理配置要点及逻辑

一、REITs 投资组合的概念

投资组合中的 REITs 根据投资目的和持有能力不同，可以从会计角度，分为 3 类账户：持有至到期账户、可供出售账户、交易账户。针对不同类别的投资组合，投资经理管理组合的方式不同。持有至到期账户采用成本法估值，采取买入持有至到期策略，只要负债稳定，投资经理管理组合的压力相对较小；而可供出售账户和交易账户采用市价法估值，持仓 REITs 的估值跟随市场价格发生变化，投资经理需要随时准备对组合进行调整，以免市场风险给组合带来较大的估值压力。

我国目前开启试点的公募 REITs 是以优质不动产为底层资产的权益类产品，目前对相关项目的各项筛选条件都把控得较为严格，从各部门出台的文件可以看出，在经营年限、现金流等方面都对项目提出了相关规定，目前获批的大部分都是位于我国经济发达地区如东部沿海地区的基础设施项目，其在经营性收入稳定的支撑下，基本可以在此后十几年的经营期中保证收益，以其为基础的公募 REITs 产品将具有较好的收益性和稳健性，这恰好能够匹配银行、保险等机构的长期负债管理需求，因此，目前可能更适合具有长线资金的账户来对公募 REITs 进行配置。

（一）持有至到期账户

一般而言，持有至到期账户内的 REITs 买入即持续持有，如果没有发生极端事件，REITs 不会卖出，以获取 REITs 分红收益为主要收益目标。这种账户对应着较长期限的负债，投资经理会配置和负债期限相匹配的 REITs 和类 REITs 资产，到期后获得与负债成本有一定价差的收益。这种情况下，持有到期账户是一个相对稳定的账户。在 REITs 市场上，可以看到有些 REITs 流动性较差，找不到卖盘，很可能这些 REITs 在各机构的持有到期账户中。对于非银机构而言，负债主要来源于同业负债，成本较高且波动性较大，因此持有至到期账户占比较小，大部分为交易及可供出售账户。

（二）可供出售账户

可供出售账户在买入 REITs 后会持有较长时间，如果投资经理认为有一定的调仓必要，会选择适当的时机买卖 REITs 以获得资本增值收益。一般情况下，可供出售账户整体的操作不会过于频繁，在特殊时点才会进行调整。可供出售账户的规模一般比较大，和持有到期账户相似，是以配置为主要目的进行投资的。可供出售账户采用市价法估值，账户的损益会随着市场情况的调整进行重新定价。账户的公允价值变动计入所有者权益（其他综合收益），因此对自营账户而言，账户的损益会直接影响公司的所有者权益。因为账户的规模较大，虽然采用市价法估值，单一 REITs 资产对整体持仓的影响有限。

（三）交易账户

交易账户以频繁买卖、博取价差为主要目的。在这种账户中，投资经理更注重获取交易带来的资本利得，相对会弱化 REITs 分红带来的收益。交易账户有持仓时间要求，各家机构根据自身情况设定不同的时间。交易账户的规模不固定，在市场环境好时，交易账户规模会相对较大；在市场环境较差，没有明显趋势时，交易账户规模相对较小。这种账户以市价法进行估值，公允价值变动计入当期损益，因此对自营账户而言，账户的损益会直接影响公司的净利润；对资管类账户而言，产品的资产净值波动风险较大。

二、投资组合构建与管理逻辑

REITs 投资选择策略是评估每只 REITs 产品的质量，以此作为投资选择的依据。通常而言，REITs 的价值来自其底层物业的价值及盈利能力，由于国际 REITs 为动态投资的持续运营实体，即 REITs 所投资的底层物业在 REITs 存续期内并非静止不动，而是由 REITs 管理团队进行新物业投资、老物业出售或更新改造等资本运作安排，因此在进行 REITs 个股价值评估时要充分考虑其估值水平、发展潜力、财务稳健度以及管理团队的实力与品牌等各方面因素。其中估值水平主要指 REITs 的股价相对其盈利能力、资产价值而言是否被高估或低估。盈利能力可以通过 FFO 或 NOI 等指标来衡量，资产价值可以采纳 NAV（净资产价值）或评估数据。发展潜力主要是看其盈利能力的增长预期，增长又可以分为内部增长和外部增长，内部增长是通过运营效益的改善或租金的提高来实现的，外部增长是通过优质收购来实现的，只有能够提高每股盈利能力的收购才是优质收购。财务稳健度是指 REITs 的财务报表稳健程度，涉及资产负债率水平、利息率及负债期限安排。除以上财务分析类指标，管理团队的实力与品牌也会在很大程度上影响一只 REITs 的发展和盈利能力，通过了解和评估 REITs 管理团队的既往业绩，特别是了解其在一个完整经济周期内的表现，有利于选择优秀的管理团队。另外，风险约束决定了组合配置的边界，投资经理需要权衡组合的信用风险、市场风险、流动性风险，在风险边界下选择 REITs 资产来满足投资需要和收益目标。

三、投资组合的构建及日常管理的基本操作

（一）持仓标的选择

REITs 会根据对宏观经济、资本市场、区域特质、物业业态等领域的了解和判断，选择投资组合中各只 REITs 的配置比例、择时（仓位）以及分散度等。与证券投资资产配置的重要性一样，配置比例主要基于投资者对区域、物业业态等经济与商业因素的判断，在发达国家/新兴市场国家、发达地区/发展中地区、办公楼/物流/商业/公寓等各维度中进行选择；择时则是根据证券价格与分红率的历史趋势，分红率与国债之间的利差变化趋势，房地产市场的运行规律及房地产投资趋势进行判断；分散度是指整个投资组合中包含的 REITs 只数以及每只 REITs 所占的比例，或者每类 REITs 所占的比例，REITs 的分散度安排要合理，过于集中可能会增加系统性风险对组合业绩的影响，但也不能过于分散，这是因为 REITs 业绩受管理团队的影响较为显著，如果所投 REITs 过于分散，则容易分散 REITs 投资组合管理人的精力，其管理能力也会受到影响。同时，在构建产品组合时，也需对不同委托人的风险偏好、组合波动性等因素充分了解，这将有助于实现更有效的差异化的组合管理。

（二）流动性安排

根据组合的负债稳定性，确定账户对流动性的要求，配置相应比例的流动性资产，该类资产必须有一定的交易活跃度，便于及时变现。

（三）波段及杠杆操作

投资经理可以通过交易行为来扩大组合的收益，在适当时机买卖交易属性较强的 REITs。同时，可以根据组合负债结构和市场整

体流动性环境来选择适当的杠杆来增加收益。

（四）持仓跟踪并动态调整

在管理过程中需要持续对组合内持仓的 REITs 进行实时地监控及跟踪梳理，提前处置经营能力下滑或其他有隐患的 REITs 资产，以免给组合带来过大的损失。

（五）投资组合绩效分析

绩效回顾是 REITs 投资组合管理的重要环节，即检验投资策略的制定和实施的最终效果。通过绩效分析，检验最初的投资目标是否完成。绩效回顾的过程也包含了风险回顾，绩效回顾和风险回顾并行，用来检验投资者的收益与预期和风险预期是否一致。

四、各类型投资者投资 REITs 分析

（一）银行理财

根据《商业银行理财业务监督管理办法》，公募基金属于银行理财资金的投资范围。根据《中国银行业理财业务发展报告（2020）》，债券和非标准化债权类资产在非保本理财资金投资各类资产中占比分别为 59.72% 和 15.63% 。因此，目前银行理财资产端配置及收益来源主要是债券和非标。2020 年以来，在全球经济不确定性增强、国内经济增长持续承压及利率市场化深入推进的背景下，资产端整体收益率下降较快，投资端面临一定程度的资产荒。公募 REITs 对银行理财来说应该是一个比较有价值的品种。

按照《商业银行理财产品核算估值指引（征求意见稿）》的规定，理财产品投资的境内上市定期开放式基金、封闭式基金，按所

投资基金估值日的收盘价估值。公募 REITs 的主要持有人都是机构投资者并且还有不同的锁定期，因此二级市场的交易可能没有想象中的活跃，并导致两种结果：收盘价格波动大，折价严重。银行理财产品尚处于向净值化过渡的初期，对波动控制要求比较高。理财资金投资公募 REITs 如何估值，可能成为一大挑战。

目前新上市的 9 只 REITs 中，银行理财并没有参与。

（二）公募基金

从成熟 REITs 市场的经验看，公募基金是美国 REITs 最大的投资者群体（占比 34%）。根据《证券投资基金法》及证监会的相关规定，目前公募基金的投资范围包括股票、债券、货币市场工具、公募基金、商品期货合约等。从投资范围来讲，公募 REITs 兼顾了固收和权益类的特点，是对已有投资范围的有益扩充。同时，公募基金的投资者构成中，有一部分为社保基金、基本养老保险基金、企业年金、职业年金等长期资金。这种资金特别关注整个资产的安全性，虽然对收益要求不高，但是要相对稳定的收益做稳定器。公募 REITs 稳定的收益率比较符合上述资金的偏好。

在目前的法律框架下，公募 REITs 属于公开募集证券投资基金，因此可以投资公募 REITs 的公募基金只有 FOF。但是，FOF 投资公募 REITs 需要符合《基金中基金指引》（证监会公告〔2016〕20 号）的相关规定，即 FOF 持有单只基金的市值，不得高于 FOF 资产净值的 20%，且不得持有其他 FOF。FOF 投资其他基金时，被投资基金的运作期限应当不少于 1 年，最近定期报告披露的基金净资产应当不低于 1 亿元。因此，虽然公募基金属于公募 REITs 的网下投资者范围，但是 FOF 的投资限制很难将新发行的公募 REITs 纳入其询价范围。

经过多方调研，目前新上市的 9 只 REITs 中，公募基金参与较多且分散，以一级市场参与为主，使用买入并持有策略。主要目的以丰富投资标的为主，投资占比并不高，后续仍在等待进一步的政策明确及新增供给。

（三）券商自营和券商资管

根据《证券公司监督管理条例》及《关于证券公司证券自营业务投资范围及有关事项的规定》，作为公募基金的一种，公募REITs属于证券自营资金的投资范围。

根据《证券期货经营机构私募资产管理业务管理办法》，资产管理计划可以投资公募基金，集合资产管理计划进行投资应当采用资产组合的方式。

目前，券商自营和券商资管在二级市场参与REITs较少，主要模式以一级申购/二级卖出为主。

（四）保险资金

保险资金应该是与公募REITs交集最多的一种资金类型，主要包括以下几个方面。

1. 保险资金是公募REITs的重要投资者

根据《保险资金运用管理办法》和《保险资产管理产品管理暂行办法》，公募基金属于保险资金和保险资管产品的投资范围。保险资金投资证券投资基金的，其基金管理人应当符合《保险资金运用管理办法》规定的条件。同时，公募REITs属于权益型REITs，根据《关于加强和改进保险资金运用比例监管的通知》（保监发〔2014〕13号），保险资金投资权益类资产的账面余额，合计不高于本公司上季度末总资产的30%，且重大股权投资的账面余额，不高于本公司上季度末净资产。账面余额不包括保险公司以自有资金投资的保险类企业股权。

REITs 产品可以缓解险资期限结构错配风险。目前国内保险行业存在资产负债期限错配问题，主要由于寿险资金长期负债占比远大于长期资产占比，使负债久期超过资产久期，产生利率风险和再投资风险。境内资本市场上缺少长期限的金融投资产品，REITs 产品的周期相对较长，为保险公司提供了新的投资期限选择，可优化保险资金的投资结构。

从成熟 REITs 市场来看，以美国为例，在 REITs 投资者构成中，养老保险等保险机构占比高达34%。

基于相同原理，全国社保储备基金、基本养老保险基金、企业年金和职业年金等长期资金在资产久期方面也有配置公募 REITs 的需求。

2. 公募 REITs 疏通了保险资金投资基础设施产业链上下游的渠道

保险资金以往在交通、能源、市政、环保等基础设施领域开展了大量的投资。截至2020年6月末，保险资产管理产品余额3.43万亿元，其中债权投资计划1.32万亿元，平均期限7年，主要投向基础设施项目。债权投资计划以债权形式解决新建或者已建成项目的建设资金缺口问题，无法享受资产培育期的增值空间，以及优质的基础设施项目运营管理所带来的价值贡献。公募 REITs 打通了基础设施领域“投资—运营—退出—再投资”的完整链条，也疏通了保险资金投资基础设施领域产业链上下游的渠道。

目前新上市的9只 REITs 中，保险与公募基金类似，参与较分散，以一级市场参与为主，使用买入并持有策略。主要目的以丰富投资标的为主，投资占比并不高，后续仍在等待进一步的政策明确及新增供给。

第十一章

科技对 REITs 基础设施的影响

第一节 区块链基本概念

一、区块链定义

按照国际标准化组织的定义，区块链是“采用密码学手段保障的，只可追加的，通过区块链式结构组织的分布式账本结构”。中国电子技术标准化研究院发布的《区块链参考架构》定义：“区块链技术是一种在对等网络环境下，通过透明和可信规则构建不可伪造、不可篡改和可追溯的块链式数据结构，实现事务处理的模式创新，有效建立起参与主体间的信任关系，实现点对点的价值转移。”

从技术而言，区块链利用链式数据结构来验证与存储数据，利用分布式节点共识算法来生成和添加数据，利用密码学的方式保证数据传输和访问安全，利用有自动化脚本代码组成的智能合约来编程和操作数据，是一种全新的分布式架构与计算范式。

广义而言，区块链通过密码学技术和可信规则，构建不可伪造、难以篡改和可追溯的块链式数据结构，能够可靠地记录、追溯交易历史。区块链核心价值在于，一是通过技术手段实现了多个参与方能在统一规则下自发实现高效协作，二是通过代码、协议、规则为分布式网络提供了信用基础。

区块链在数字经济时代起到数据组织平台的作用，是一项通用前沿技术，通过数据的有序记录，基于协同机制的机器传递信任，可以有效降低交易成本，提升群体协助能力。区块链技术提供了人与人、机构与机构、机器与机器间的自组织协同的基础。区块链是跨领域、多学科交叉的新兴技术，通过技术集成创新，实现了数据不可篡改、数据集体维护、多中心决策等功能，可以构建出公开、透明、可追溯、不可篡改的价值信任传递链，从而为金融服务、产业升级、社会治理等方面的创新提供了可能。

二、区块链的组成技术

区块链使得多个参与方能够在分布式场景下交易和记录信息，也被称为分布式账本。网络成员之间互不依赖，独立记录交易和访问账本，账本数据一经共识则无法被篡改。账本数据的完备性、安全性和可信性等特点依赖于密码学、分布式数据存储、点对点传输、共识机制等技术。为便于理解，在这里以比特币为例对相关基本概念进行简要描述。

哈希函数：区块链中使用的哈希函数，也被称为密码学哈希函数，它将任意长消息变换为固定长度、并满足一定的安全特性，利用这些安全特性可将消息锁定，使其不被篡改。可以把哈希函数简单理解为提取数据的“指纹”（摘要），特别地，哈希函数将“区块”链接起来形成“区块链”，它是构建区块链的一个关键工具。

默克尔树：又称哈希树，是一种将数据利用哈希函数进行组织而形成的树结构，可以对数据的真实性进行快速验证。比特币网络中用叶节点存储交易数据的哈希值，根节点代表整个交易的“指纹”。

交易：一笔交易包括交易信息和数字签名信息。交易信息主要包含交易发起时间、付款账号地址、收款账号地址、交易金额等；数字签名是交易付款人使用私钥核对交易签名，证明转出的是自己的资产。

数字签名：数字签名基于非对称密码，保证消息来源的真实性，比如在一笔转账交易中，通过数字签名可以验证交易的完整性和可靠性。

图 11－1 所示区块链的通用结构，包括“区块”和“链”。“区块”表示一个数据块，相当于账本中的一页，每页由区块体和区块头两部分组成，区块体记录本区块的交易以及由此产生的默克尔树，区块头记录本区块的关键特征信息。通过哈希函数计算“区块头”的内容，生成区块的“指纹”（可理解为基因）指向下一个区块，把分散在网络世界的“页”按先后顺序“链”起来，就像给账本加上了“页码”，从而形成完整的“账本”——区块链。这本账本由所有参与的节点共同维护和管理。

三、区块链主要特点

区块链技术最显著的特点在于能够实现安全、可靠的分布式协同计算，主要特点可以总结为以下 6 点：去中心化、可追溯防篡改、隐私性、可信性、自治性和可靠性。

（一）去中心化

区块链的去中心化是指在区块链网络中不存在中心化节点，各节点高度自治，具有相等的权利和地位。传统中心化机构便于管理，可一旦发生故障就容易崩溃。去中心化系统由于其分布式运行的特性而具有高度容错和抗攻击的优点。区块链的去中心化特性，可以让交易双方在没有中介机构参与的情况下，完成双方互信转

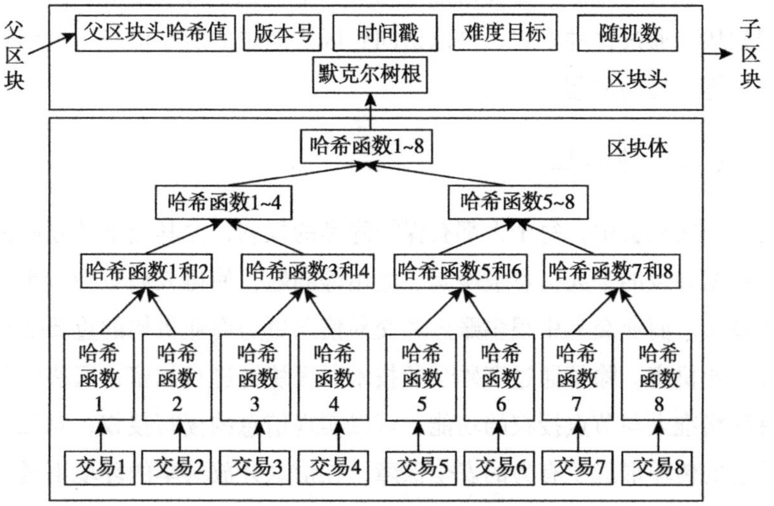

图 11－1　区块链的通用结构

账，即对第三方机构的信任转化为对机器代码的信任。

（二）可追溯防篡改

区块链的防篡改主要用两种机制来保障：第一是采用默克尔树的形式来进行交易数据的记录，若默克尔树中的某个数据发生改变，则对应的默克尔树的根哈希值也会发生改变，由此判定该区块产生了错误；第二是在每个区块中都包括上一个区块的哈希值，使区块之间形成链接关系，如果在某一个区块中更改了一条数据，则需要将链上该区块之后的所有区块的交易记录和哈希值都进行重构。区块链独特的分布式数据存储方式决定了，如果要篡改一条数据，必须将大部分节点对应的数据都进行更改，否则单个节点上的数据修改是无效且不被认可的。因此区块链具有很强的防篡改性。

区块链通过块链式结构进行数据存储，在每个区块中记录有前一个区块的哈希值，能够借此访问前一个区块，乃至整个区块链的起始块。通过这种方式，可以访问到区块链中的所有信息，做到对每一笔交易的追溯。

（三）隐私性

现实社会中，每个人都有保护隐私的权利，尤其当下的互联网大数据导致的个人信息被贩卖、滥用等问题，使得人们更为看重个人隐私。商业交易中很多账户和交易信息更是商业机构的重要资产和商业机密。除了通过密码学的技术对区块链进行加密，区块链具有网络准入与节点授权的功能，可以实现信息的读写授权，对私密信息的传输形成了有力的安全保障，在信息开放共享的环境下增强了信息传输对象的可控性。

（四）可信性

区块链创造了一种新型的信任机制，不需要用户之间达成信任，即可以完成交易的确认。而区块链将信任机构变成了信任机器，区块链一经创立，交易逻辑、共识算法等规则就已经确定，一旦交易发起，中间的确认步骤由事先设定好的规则完成，经过确认上链的数据就能够保证其可信度。此外，由于区块链防篡改、可追溯、代码公开等特性，能够得到用户的充分信任。用户可以容易地加入或退出区块链网络，可以通过公开的接口查询区块链数据记录或者开发相关应用，其高度开放性增加了用户的信赖。

（五）自治性

区块链的自治性指的是采用基于协商一致的规范和协议，使系统中的所有节点能够在去信任的环境下自由安全地交换、记录以及更新数据，不受人为干预影响。区块链上的多个参与方按照客户已商议好的算法和规则进行处理，并能对处理结果形成共识，以确保记录在区块链上的每一笔交易的准确性和真实性，这是实现以客户为中心的商业重构的重要一环。

（六）可靠性

可靠性主要体现在数据的完整性和安全性保障上。数据的完整性是指通过“区块+链”创新数据存储结构，将交易打包成区块，盖上时间戳，通过前一区块的哈希值链接到后一区块，前后顺序连接为一套完整的账本，且每个节点都存有一份相同的账本，保障了数据的完整性；数据的安全性主要通过哈希函数和非对称加密算法实现。非对称加密算法使用私钥控制数据访问权限，哈希算法则把任意长度的输入变换成固定长度的由字母和数字组成的输出，具有不可逆性，实现不可篡改。

因此，区块链的技术既有去中心化、防篡改、可追溯、开放可信、自治可靠等特征，这些特性又支撑了上层业务的可控、可靠和安全。

四、区块链：新型基础设施

2020 年国家发展改革委首次明确了新型基础设施的范围。新型基础设施是以新发展理念为引领，以技术创新为驱动，以信息网络为基础，面向高质量发展需要，提供数字转型、智能升级、融合创新等服务的基础设施体系。我国新型基础设施主要包括 3 方面内容：信息基础设施、融合基础设施和创新基础设施。人工智能、云计算、区块链是信息基础设施中的新技术基础设施代表性技术。

区块链通过数据透明、防篡改、可追溯等技术特性，有望解决网络空间数据的信任和安全问题，推动互联网从传递信息向传递价值变革，重构信息产业底层逻辑体系。在国家相关业务指导部门的文件中也要求区块链技术产业和其他新兴信息技术融通发展，推进“区块链+物联网/工业互联网”“区块链+大数据”“区块链+云计算”“区块链+人工智能”等新场景新业态的示范应用。

区块链技术在信息产业中可定位为平台技术（见图11-2），区块链可以使数据变成一种由市场动态配置、各方协同合作、价值合理体现的新资源。通过区块链组织数据，数据自由流通成为可能，无须中介机构背书，基于协同机制的机器传递信任。可通过以机制创新、模式创新优化重构原有价值网络，实现业务创新，培育新模式、新业态、新产业，支撑数字化转型和产业高质量发展。

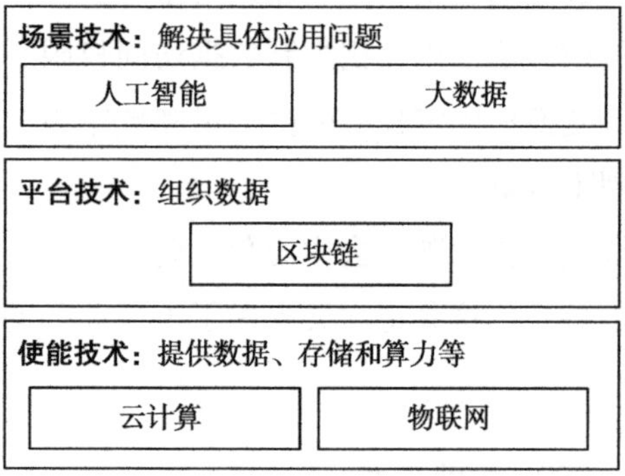

图11-2　技术定位层次图

区块链技术一般运行在原有的云计算、云服务平台，可根据业务规模、管理节点数量来决定是否需要增加区块链即服务（BaaS）云服务层能力。REITs这类涉及大量参与方和监管方的多方协同的场景，可考虑在重点参与方（监管、券商、银行、审计等）处部署相应区块链云服务平台系统，提供可靠、易扩展、易维护的区块链技术基础设施。

通过传统物联网技术升级，比如将区块链中的共识算法运行在边缘节点、在物联网采集端增加区块链加密芯片或者在传输层增加相应区块链增信技术，可使物联网数据可信、无缝地接入区块链系统平台。通过区块链技术对其所采集到的数据赋予高层次的可信度，实现其数据价值，满足相应数据要素交易市场的需求。同时结合区块链中的智能合约技术，可对物联网采集的数据进行实时运算和可信分析，实现新型监管和审计模式的创新，可有效提升交通、能源等较容易通过物联网传感器收集底层资产运营状况的 REITs 项目的运营透明度。

区块链技术平台还可有效支撑人工智能和大数据等场景应用技术的开展。结合联邦计算技术，使得多主体数据不出库即可进行人工智能联合建模，再通过区块链技术，保证整个解决方案的合规以及模型的使用管理合规。对于大数据技术，智能合约可以保证整个大数据分析本身的合规性和结果的可执行性。对于基于区块链的 REITs 管理平台而言，可无缝对接人工智能和大数据技术对在管 REITs 项目进行实时风险评估和预警。

第二节　区块链在 REITs 上的应用价值

区块链技术能在解决多方主体协作、信息披露共享及存证的场景下发挥巨大作用。将区块链等技术与 REITs 相结合，前者的众多特性能够实现对基础资产的穿透性和透明性管理，提高 REITs 的可投资性和流动性。首先需要实现资产的证券化，而后在资产证券化的基础上，可再考虑把资产权利转化为通证权利。如此，利用区块链技术来提升资产权利和收益的保障程度，可避免中心化操作产生的问题，让 REITs 产品更加透明真实，让投资者放心，让管理人省心。区块链技术与 REITs 产品的结合点主要有以下几个方向。

一、穿透底层资产信息

REITs在实际业务开展过程中，底层资产信息量大、参与主体多、信息来源分散、原始信息分散、信息传递困难，导致信息难以穿透、难以保证信息一致性，影响业务开展。传统业务为了保障信息真实性，往往需通过多个维度信息的比对，防止做假现象。REITs业务展开后，底层资产进入多层级市场流通，在层层流动过程中，各个阶段必然涉及不同参与方，为了更好地对资产证券化产品进行定价和风险管理，需要动态跟踪底层资产变化，将底层信息的变动实时传导到各方，并且全程保证数据的真实性和一致性。因此，如何将融资所需的底层原始信息传导到相关方，并且保证信息不丢失、不失真，是当前REITs和资产证券化亟须解决的问题。

从技术角度看，这需要一种能够多方共享、保证数据真实性和安全性的底层账本技术。采用区块链技术，建立消除单点依赖风险的可信底层资产信息登记平台，则可从技术上保证信息真实可靠和一致性，减轻中小企业融资对核心企业的依赖，并有望在此基础上建立连通各方的协作平台，实现纵向贯通供应链末端，横向覆盖贸易和融资多方对手，基于全局一致性保障的信息共享机制和可信业务运行机制，在根本上解决中小企业开展资产证券化业务时面临的信息穿透问题。

概括来说，基于区块链技术的独特优势，分布式账本使所有参与方能够获取完全相同的底层数据、有效解决底层资产信息穿透，实现真正的信息公开透明，不仅可以为投资者提供一个动态、真实可信的完整信息披露来源，还可以为监管提供便利。

二、消除信息不对称

穿透资产主要用于消除消息不对称，将REITs的基础资产信息和现金流信息入链，项目的参与各方因此拥有识别信息。从基金角度看，区块链能够在尽职调查和基金注册等流程中，解决“机构庞杂、文件繁多、流程冗长”的问题，促进数据共享，提升协同效率。从基金信用评级角度看，传统资产评级机构的评论往往带有主观性，且主体信用评级与项目信用评级难以剥离，评价的客观性有待商榷。利用区块链中详细记录的数据可将项目数据分离出来，生成独立的项目与主体信用评价，有助于健全投资评价体系。从风险控制角度看，在智能合约中编入预警参数如杠杆率、收入分配率，以及违规处置、合约终止等止损操作或担保设置，设置业务实践、资金阈值，触发条件后自动执行投资或担保措施，从根源上预防SPV管理人等参与方的违约行为，保障投资者利益。得益于分布式结构的设计，金融监管机构只需要接入其中一个节点便可实时监控，凭借永久性审计追溯防范系统性风险。

区块链结合征信大数据等技术，在资产端，可以为主体信用不足但资产信用良好的资产方增信；在资金端，可以帮助投资者减少逆向选择的风险，增加优质的资产标的。通过大数据征信提高金融的信息透明度，通过降低信息不对称性以达到“增信”效果，使得产品为投资者所了解，成为信息充分披露、风险可控的投资标的。

三、提高交易安全系数

区块链技术以其去中心化、加密安全、不可篡改的技术特点，可以参与REITs项目“专项资金计划”从成立前产品设计到成立后存续期管理的多个流程、环节。目前区块链的应用切入点集中于底层资产的形成过程，运用区块链技术，每一笔基础资产的真实性都可被所有参与主体确认并共享，极大地降低了信息不对称性，对计划管理人尽职调查的翔实性提供了有力的支撑；基金评级机构也可以对每一笔资产的质量进行分析，而非因技术所限采用抽样调查手段；资产服务机构也可以便捷地掌握资产的空置率、还款情况和违约情况，投资者能够穿透底层资产，增加对 REITs 的信任度。

四、提高交易速度与效率

当基础资产被纳入 REITs 资产包时，通过区块链资产数据被参与机构实时获得，不但避免了各方录用数据可能产生的误差，还有利于对资产进行风险评估，同时也保护了数据的隐私。在项目存续期，当基础资产更新时，信息也可及时传达。因此，区块链的应用有利于加强参与方对风险的认知和判断。在所有区块链技术的应用中，基于区块链的系统信息整合也使金融活动的效率提高。这对 REITs 的估值和定价也起到了一定作用。当交易的现金流瀑布被编程，纳入智能合约后，区块链上的各参与机构就可以依据统一的现金流瀑布逻辑对 REITs 产品金融现金流进行预测及定价，降低因对计划项目书的解读不同而产生的误差。同时构成交易文件的智能合约可以收集贷款的汇款现金流状态，并可以根据 SPV 中现金流瀑布的设定（分派利润比）向投资者进行收益或本金的自动偿付和清算。现金流的分配在初始承销时的一致性和不可篡改性确保了现金流分配的可靠性，并使得付款时间大大缩短。由于支付的智能化，监管也更为便捷。

五、增加市场流动性

长期以来，我国资产证券化在二级市场上流动性相对缺乏，制约了资产证券化市场的发展，大多数投资者更倾向于将产品持有至到期。信息不对称、不透明、定价可信度低是资产证券化在二级市场交投寡淡的重要因素，引入区块链技术的资产证券化能曝光资产证券化交易结构中的激励错配信息，缓解“委托—代理”问题，帮助更好地完成价格发现，从而提升投资者信心，促进资产证券化在二级市场的流动。

六、提高监管效率，防范系统风险

区块链的分布式结构，让每个节点从信息掌握角度都是对等的。金融监管机构可以构成区块链的一个节点，掌握比以前作为单一中心时更多的数据，有效把握底层资产，真正实现穿透式监管。美国 2008 年金融危机正是由于次级房贷资产证券化的泛滥，如果运用区块链技术，监管部门就可以及时掌握市场上所有被有意隐藏起来的信息，避免重蹈覆辙。

第三节　区块链在 REITs 上的应用探索

以 REITs 为代表的资产证券化过程复杂，资产方、发行方、资金方和各专业服务机构之间缺乏一个可信的第三方平台进行管理，因此在实际操作中往往会由于信息不对称造成摩擦，甚至出现底层资产偷偷调换等操作问题。区块链天然存在信用追溯的机制，将成为资管行业未来重要的应用技术。

目前国内的区块链技术普遍已能支持金融场景存证类应用，也有不少开始了“区块链 + 隐私计算”的结合支持数据安全共享的应用探索。区块链底层技术可以更好地支撑数字资产的发行、转让、审计以及监管，可以实现资产权益的登记与转让，提高 REITs 底层资产的透明度，更好地进行原始资产的信息披露，符合银监部门 KYC 的要求；同时，标准化、数字化的资产凭证可以增强 REITs 份额的流动性，有助于 REITs 的监管、发行、运转、流通。

以下将以我国公募 REITs 为例，从 REITs 产品的全生命周期进一步探讨区块链技术应用的可能性。

一、准备、执行阶段

（一）底层资产上链溯源、披露

从底层资产形成的角度看，REITs 原始权益人可以在资产证券化业务的过程中引入区块链分布式账本，按照数据披露以及信息披露要求，链接权益人及相关服务机构，将产品相关的底层资产信息和交易信息进行完整的记录，通过多方验证进行公信后，记录在分布式账本上。分布式账本的技术特性，保障了披露的完整性和真实性，从而真正解决底层资产穿透的问题。其中的技术作用原理是，把分布式账本作为可信数据的承载平台，融资人以及相关服务方，按信息披露的要求，将融资相关的底层交易、运营信息完整发送到区块链平台，经过多方验证后，记录于分布式账本上，由于储存于分布式账本上的原始信息一经记录难以篡改，且由各方共同认可维护，为后续产品审核、发行、运营、监管全流程提供可靠性较高的存证信息。通过这样的方式，传统 REITs 发行过程中涉及的基于底层资产的评级和审计操作，都可以依据分布式账本记录的原始信息进行。同时在产品交易过程中，资金流向和存续期底层资产变化等各类信息，均可以在分布式账本上完整记录。另外，基于底层资产的评级也将根据分布式账本记录的原始信息进行，从而使得整个现金流将被直接写入区块链。当所有信息汇聚在分布式账本后，参与方均能同步保留经各方认证的底层资产数据，通过技术手段可自动进行信息一致性比对，从而解决底层资产账证相符、账账相符、账实相符的真实性问题。

（二）物联网 + 区块链技术提升数据可信度

REITs 项目的估值依靠物业运营的净现金流估计，如何正确记录和反应现金流的测算过程，对合理计算基础设施价值，保障REITs的顺利发行，保障投资者权益都至关重要。基于区块链技术，可以记录REITs产品准备发行前后一段时间内基础设施运营的每一笔收入和支出，从而提升公募REITs在发行端的效率，并且在后期运营时可以有效保障投资者权益。

条件允许的REITs项目可以引入物联网+区块链技术，提升项目运营阶段的信息公开度和透明度，保证投资者权益。在部分REITs项目中，物联网可以实现对实体资产的实时、动态数据采集和动态监管。区块链可作为物联网服务中的中枢，为设备提供信任机制，解决设备身份认证、安全接入、数据防篡改、数据确权与授权、自动交易和隐私保护等问题。例如在高速公路项目引入车流量传感器、冷库项目引入温度传感器、能源项目引入计量传感器，将传感器所产生的数据可信上链，实现信息穿透，结合智能合约技术，可向投资者披露更真实可信的底层资产运营数据。

二、审批、发行阶段

（一）打造REITs评价体系和项目库

监管方可以将域内基础设施，包括产业园、物流园等不同资产按照各类资产的特征和要求，打造以区块链技术为底层的评价体系，以便及时了解辖区内可盘活的存量资产规模，以及未来每年可以满足发行REITs条件的资产规模和项目。该体系可以囊括REITs和地方产业政策要求，集团母公司性质、资信情况，项目公司的经营运营能力、资产负债率、涉诉情况，基础资产的运营情况，整体的风险控制能力等。协助各地方有效监控和管理辖区内的各项资产运营情况。

（二）记录项目建设合规文件

公募REITs对基础设施资产从立项、规划、用地、节能、环评、施工、竣工验收、消防、人防等全施工、建设流程的各项审批文件都有严格的要求，包括项目资产的经营产权、运营收益相关的所有协议，都不能有任何瑕疵。基于区块链技术的可追溯、不可篡改特性，可以帮助项目公司对项目初始的各项法律合规文件进行存证，有助于项目公司及时查漏补缺，针对 REITs 业务量身打造文件存证管理办法，实现文件归档、存证、签名、溯源及访问授权的一站式管理，帮助项目公司做到权限交割“干净利落、可追溯、无后患”，这将对后期各方尽调提供极大的帮助，从而提升发行效率。

三、REITs 运营阶段

（一）完善增信机制

REITs 产品通常对应多笔资产（不同物业的收益），每笔资产对应着不同的外部担保，法律条款仅约定了保留完善担保的权利，实际由项目发起方通过自身信用提供的隐性担保，造成隐性义务和偿债压力。例如，在保证担保和信用保险的情形下，担保人往往是发起方的合作机构，而不是新 SPV 的合作机构，可以通过履约主体变更进行违约代偿责任履行的抗辩。区块链技术，可以建立点对点的增信保障平台，降低增信转移的成本，一旦单一主体发生符合特定条件的违约事件，其他这一平台的参与者将直接缴纳费用给被违约主体。

（二）优化投后管理

REITs 这类资产证券化产品的一个特点是在现金流的管理上较为复杂，因为多个资产的现金流会流向 SPV 设在监管机构的不同账户，依据约定条件投向指定资产，由机构控制人支付到对应证券托管结算机构控制的证券账户，再由托管结算机构支付给不同投资者。这一过程中，同一资产的现金流可能会被拆分到不同证券账户中，不同资产的现金流也可能兑付给同一个证券持有人；而当涉及信用触发和信用保障条款时，现金流的分配将更为复杂；此外，当发生违约事件后，大规模的现金流支付分配顺序改变。

借助区块链技术，可对资产与其产生的现金流进行登记溯源，建立对应关系，提高资产透明度，便于实现现金流的有效管理。主要有两个方面：

一是缩短机构的服务成本。在资产和现金流的管理、划付、分配等业务的系统维护与后台工作中，往往由不同机构、部门、人员进行人工操作，流程长、环节多。区块链的去中心化技术及“未花费的交易输出（UTXO）+智能合约”的登记结算功能，为简化并自动化手工服务流程、降低投后人力和管理成本提供了可能。

二是实现现金流的自动划拨及资产循环投资购买等后续产品的管理功能，尤其是对信用触发机制条款的调动。可编程的智能合约功能，可以给交易合同添加各种不同的交易条件，做到“实时控制、重点控制、远程控制”，为改变目前依赖人工完成现金流分配、划拨及实现各种交易结构设计的信用条件提供了可能。

第四节　未来展望

REITs 是不动产证券化的主要手段，广义上属于资产证券化的一种方式。尽管资产证券化的流程复杂，但其核心原理在于将复杂、难以“他信”的基础资产转化为面向市场、可信的资产，再将其标准化、可分割化，供众多投资者购买和交易。可信是资产流转的前提，原本藏在企业资产负债表里的原始资产，产权是否真实、清晰、可靠，外人不得而知，因此难以“他信”，也就无法流转和交易。

区块链技术的出现使人们除了利用金融中介功能和SPV法律手段，还可以利用技术手段来保障资产证券化过程中底层资产的可信。区块链利用加密数据结构来验证与存储数据，利用分布式共识算法来新增和更新数据，利用运行其上的智能合约来保证业务逻辑的自动强制执行，具有集体维护、难以篡改、全流程、易于追溯、公开透明等优点。区块链技术在资产证券化场景中发挥积极效能，至少包括以下几个方面。

一、加强资产证券化信息披露

目前资产证券化的信息披露仅限于产品发行文件，对于底层资产原始信息缺乏穿透力，特别是多级联调的资产证券化产品，更容易出现信息不透明，引发金融风险。2008年美国次贷危机就是最典型的例子。利用区块链技术建立分布式账本，则可在原有信息披露的基础上，针对底层资产信息补充提供专项信息披露服务，实现底层资产可信穿透功能。

二、提升资产证券化展业效率

在资产证券化业务展开的过程中，涉及多方主体，信息交互和相互调用成本高。而区块链技术本身就是一个点对点的多方互信共享网络，资产证券化各参与人可在区块链上进行高效的信息交互和业务协作，提高效率、降低成本。

三、实现数字证券及证券通证发行

近年来，随着区块链技术的逐步深入，应用场景的不断扩展，数字证券吸引了越来越多的市场注意力。区块链创造了一种新兴的数字化价值登记和交换技术。纸媒时代的证券形式是纸质凭证；电子化时代的证券形式是无纸化电子簿记；数字时代的证券形式则是可信数字凭证，即数字证券。数字证券在区块链上登记、点对点交易、进行券款对付（DVP）结算，可引入中央对手方和流动性节约机制。数字货币以及智能合约还可以为资产证券化带来新的想象空间。

目前区块链对资产证券化应用切入点多集中于底层资产的形成过程。由于资产证券化业务流程较为复杂，投资者通过传统方式穿透到底层资产时，底层资产的真实性和信息的及时有效传递较为困难。区块链技术提高了对证券登记、交易与结算的效率，满足监管和审计的要求。在区块链上，记录每笔资产详情的账本对所有主体开放，使得管理人对资产的尽职调查的翔实性提供了有力支持，使评级机构可对每一笔资产的质量进行分析，而非由于技术所限采用抽样调查手段，使律所能更大程度地把握整个资产池的法律风险，使资产服务机构更便捷地掌握资产的还款和违约状况，使投资者能穿透底层资产，增加信任度。

证券通证发行（Security Token Offerings，简写为 STO）是一种以数字通证为载体的证券发行，对应着现实中的某种金融资产或权益，如公司股权、债权、黄金、不动产、区块链系统的分红权等，也就是以通证的形式来进行证券的发行、记账、交易和流通。

某种通证是否属于法律意义上的证券，将取决于该通证所附带的权利和特征以及相关司法管辖区的监管制度，但一般来说，证券型通证通常有资产作为价值支持，如果该通证代表了基础设施资产的所有权权益，或者附带从基础设施资产中获得收入、股息或收益的权利，则可能被监管部门定性为证券，而受到监管。伴随着资本市场配套基础设施的逐步引进，以及美国、英国、日本、新加坡和中国香港等地监管规则的逐渐明确，近年来 STO 市场已得到稳步发展。比如美国引用《1933 年证券法》以及“豪威测试”方法认定 STO 相关项目适用证券监管法规；瑞士金融部门监管机构（FIN-

MA）于 2018 年公布了首次代币发行监管架构的指引，列明了首次代币发行的若干规定；新加坡援引《证券及期货法》，明确了发起人豁免招股章程的若干情形；比如在 2019 年，香港证监会发布了一份立场书，确认将对虚拟资产交易平台（VATP）进行监管，并制定了证监会持牌 VATP 必须遵循的准则。VATP 监管框架的建立默认 STO 作为未来资本市场的一部分。随着各国监管机构针对 STO 生态系统所需的各项关键服务引入监管框架，以及发起人和投资者对 STO 优势的了解和认识不断增强，STO 市场将进入快速发展阶段。我们预计未来 3 年里 STO 交易量和交易额将显著增长，包括基础设施在内等不动产融资参与者将成为首批 STO 应用者。

证券型通证包括通证化的证券，即采用了数字化形式的传统受监管证券。对于通证化证券，通证是标的证券所有权的数字标志。证券型通证也可以是原生的数字资产，产生于区块链之上，并复制了传统证券的主要特征，具有高效和广泛潜在投资群体的优势，为各种规模的企业和原始权益人在传统的证券融资之外，提供了可行的替代融资渠道。

同加密货币以及传统证券相比，STO 具备一些显著的优势。首先，区别于很多虚拟的数字资产，STO 具有内在价值。其次，STO 具有交易的灵活性和市场深度。STO 利用区块链技术，拓展了筹集资金的资产范围，市场的流动性也更强。一方面，资产的标准化协议将促使不同质资产、不同法币间更为便利的互通和交易。另一方面，资产所有权可以切割为更小单位，灵活的交易单位降低了高波动性投资品的进入门槛。并且，这种交易不受时间限制，可以实现 7×24 小时的全时交易。

STO 作为新的融资方式，有望降低基础设施资产的交易流通成本。在区块链技术支持的交易生态中，减少了第三方信用中介，降低了交易成本，比如利用智能合约实现自动履约和资金归集，将合同和会计报告的数据上链，增加资产可分性，实现“T+0”的清结算等技术的升级，优化或者简省了部分交易环节，在整体上提升了资产交易过程中的交易效率。

STO借助信息穿透、自动合规和清算，能够更好地符合监管要求，降低合规风险。在数字化技术的手段下，STO基于区块链的资产证券化，监管可以做到更加精准。未来伴随与5G和物联网等技术的融合发展，区块链技术有望穿透和追溯所有与原始资产有关的远程数据，无论链上、链下，皆可以被自证与他证。彼时，底层资产数据的可信就是底层资产价值的可信，原本分处两地的数据与价值，聚合成物理与逻辑一体的数字资产，这便是资产数字化。数字资产具有天然的可信优势，因此具有天然的流动性，可交易，可流转。STO通过应用可信技术，使资产在保留原生全量信息的条件下，不用依赖传统的金融中介就可以流通起来，是一种不同于资产证券化的新型资产盘活术。此外，STO的发行需获得监管机构的批准和许可，适用于监管要约豁免，可将各国针对KYC和AML的规定写入智能合约，有望实现自动和可编程的合规管理以及交易后的自动清算。

虽然STO有如上诸多优势，一度被认为是非常优异的融资选择，同时也应该清醒地认识到，在现阶段的资本市场条件和区块链技术发展条件下，我们或许严重高估了STO的价值和意义，现阶段STO或许只能用通证去代替纸质的或者电子化的证券，甚至是用通证的形式去包装虚拟资产。这些认知都在一定程度上反映出STO在基础设施的融资实践中存在的一些问题和困境。

首先，合规的STO交易平台依然稀缺，跨平台的STO流通存在极大的监管障碍。虽然从投资者的角度来看，监管被认为是有利的，但对于通证发起人来说，合规过程相对复杂。其次，即使是安全通证也不能免受黑客的威胁。如何获得正确的网络安全技能和技术是未来亟需解决的问题，也是成功的关键一环。再次，STO 是一种还处于发展早期的融资方式，没有先例可循，一系列标准和限制还需要制定和完善，时机还未成熟，发展相对较慢，各国的监管政策尚不明朗，监管机构可以在任何时候进行权衡，并通过合规裁决影响市场，就目前的情况来看，对安全通证的严格审查会使合规更加烦琐，在未来的基础设施融资方式的探索中，STO 方式的尝试将存在不少问题和挑战，需要金融市场和区块链技术领域同仁一道，积极而稳妥地探索和实践。

后记

本书主要有三部分内容，第一部分介绍境外市场，包括美国、中国香港、新加坡、日本市场的 REITs 经验；第二部分分别介绍我国 REITs 发行与管理的法律、会计、税收、评估以及投资等方面的内容；第三部分简要地探讨了如何运用区块链、物联网等技术提升底层资产的信息透明度。

第一章“中国境内 REITs 市场发展”由许余洁、许楠、陈诣辉主笔，第二章“全球 REITs 市场概况与发展经验”由郁冰峰、林德良、谢采含主笔，第三章“Pre-REITs 与不动产私募基金”由张平、王洪辉主笔，第四章“私募 REITs 发行实务”由马麟主笔，第五章“公募 REITs 发行实务”由李耀光主笔，第六章“REITs 管理实务”由李耀光、王立荣、宋鑫主笔，第七章“REITs 法律基础与实务”由胡喆、陈府申主笔，第八章“REITs 会计和税收实务”由葛乾达、赵琳主笔，第九章“REITs 评估”由胡峰、李峰主笔，第十章“REITs 投资”由翟晨曦、任春、荣毅主笔，第十一章“科技对 REITs 基础设施的影响”由马小峰、王鹏理主笔。

我与李开孟老师负责对每位作者的初稿进行审阅，统稿，提供修改意见，李耀光、张平和许余洁协助部分章节的审核。感谢中信出版社对本书的大力支持，感谢相关编辑的帮助，使得本书可以高效出版。

作者简介

翟晨曦

特许金融分析师，博士。现任天风证券股份有限公司副总裁、恒泰证券联席总裁、新华基金董事长。历任中国银行间市场交易商协会特聘培训教师、全国同业拆借中心特聘市场专家、上海清算所债券估值专家、中国金融期货交易所国债期货特聘讲师、中国证券业协会固定收益委员会委员、中国财富五十人论坛常务理事、中国金融四十人青年论坛成员、北京 CFA 协会理事。曾任国家开发银行资金局交易处处长，所在团队连续4年现券交割量蝉联市场第一名，获得全国同业拆借中心颁发的“优秀交易成员”多次、“本币市场交易100强”第一名、“最具市场影响力奖”和“最佳进步奖”等奖项。自2014年加入天风证券，带领交易团队先后多次获得全国同业拆借中心颁发的“最佳交易主管”“最佳券商”等奖项，中央国债登记结算公司颁发的“债券业务最佳进步奖”，中国金融期货交易所颁发的“国债期货最佳交易团队奖”等奖项。

胡喆

金杜律师事务所合伙人，特许金融分析师。专注于结构性融资、资产证券化、贷款、金融机构风险化解、房地产融资等。为各类境内外机构的结构性融资、并购融资、房地产融资、收购兼并、风险化解项目提供法律服务，协助各类机构完成多笔资产证券化交易，主导参与多个首单资产证券化项目，是国内资产证券化和结构性融资领域的领先律师。此外也为各类机构发行金融债券和其他债券提供法律服务。获亚洲《ALB 亚洲法律杂志》2018“中国十五佳律师新星”称号；参与编著《图解资产证券化：法律实务操作要点与难点》等著作；拥有特许金融分析师、注册会计师、注册税务师和注册评估师资格。2004 年毕业于复旦大学并获得法学学士。

胡峰

中国房地产业协会理事、中国房地产业协会金融分会副秘书长、中国房地产估价与经纪人学会理事、北京市党外高级知识分子联谊会理事、APREA 亚太房地产协会中国区理事。曾负责万达商业地产香港 H 股上市及私有化、当代地产、海昌地产等上市物业评估工作。自 2007 年开始参与中国 REITs 研究和试点项目至今，作为 REITs 评估负责人主导：2014 年境内首单类 REITs——中信启航产品等系列资产证券化评估，2021 年境内首批公募 REITs——红土盐田港仓储物流、中金普洛斯、东吴苏州工业园、博时招商蛇口产业园、中航首钢生物质等及第二批建信中关村产业园 REITs 等资产评估工作。

郁冰峰

特许金融分析师和中国注册会计师（非执业），上海交通大学会计学士，加州大学戴维斯分校工商管理硕士。现任加拿大皇家银行（RBC）旗下的美国城市国家银行（CNB）高级副总裁和评估部经理，主要负责该银行各类资产和负债的市价研究和估算，信贷会计研究和建模及购并项目的分析、评估和会计处理等工作。曾先后供职于毕马威华振会计师事务所、通用电气（中国）公司、加州 CalPERS 基金固定收益部；2006—2010 年任美国毕马威结构金融部经理，主要从事资产证券化的构架、建模、审核、评估、风险管理和会计处理等咨询工作。

陈府申

金杜律师事务所合伙人。专注于结构性融资、资产证券化、资产管理、金融科技和私募基金等。曾为多家机构的资产证券化项目提供法律服务，包括各类金融资产（银行信贷、信托受益权、汽车金融、财务公司、金融租赁、消费金融等）和各类非金融企业资产（公募 REITs、类 REITs、CMBS、供应链、物业费、购房尾款、融资租赁、小贷、收费权、票据、知识产权）。为各类金融机构的资产管理产品提供法律服务并积累丰富经验。多次主办金融科技企业的各类项目，也曾代表多家知名私募股权投资基金进行金融科技领域的投资并提供法律服务。参与编著《图解资产证券化：法律实务操作要点与难点》等。2012 年毕业于华东政法大学取得法学学士学位。

林德良

现任全球首只投资于中国内地物业上市房地产信托基金“越秀房产基金”管理人董事会主席、执行董事及行政总裁；历任越秀地产投资开发部、越秀投资（香港地产）、东方酒店集团、兴业地产高管；获香港证监会第 9 类负责人员（RO）、持牌代表（RA）牌照及中国房地产估值师、土地股价师资格；担任暨南大学及香港中文大学（深圳）校外导师，北大光华管理学院及中国人大商学院 MBA 授课老师，国际金融地产联盟常务理事。深谙房地产资管“投融管退”各个领域，曾参与及负责越秀地产多个大型住宅及商业项目投资开发、营销策划及销售，包括中国香港、中国澳门、法国及新加坡等资产管理；致力中国香港上市基金资本运作逾 10 年，负责组织实施广州 IFC、上海、武汉、杭州等一系列重大资本项目，熟悉资产收并购、剥离交易及配置优化。

王洪辉

现任远洋集团执行董事、执行总裁兼远洋资本总经理。历任远洋集团北京地区投资负责人、秘书行政部总经理、投资部总经理、总裁管理中心总经理、资本运营事业部总经理等职务。现任中国房地产业协会副会长、国际金融地产联盟常务理事。拥有房地产经济专业高级经济师及中国注册房地产估价师等专业资格，在不动产投资、股权投资、资本运营等方面拥有丰富经验。持有中国社会科学院区域经济学硕士、中国人民大学房地产经营管理学学士学位，目前就读清华大学五道口金融学院 GFD 全球金融博士。

马麟

中国注册会计师。毕业于中国人民大学，曾就职于安信证券投资银行部、摩根士丹利华鑫证券全球资本市场部，现为渤海汇金证券资管资产证券化业务负责人。作为项目负责人完成了多个类 REITs 和各类资产证券化项目，具有丰富的项目经验。2020 年 7 月，获评“房地产证券化年度风云人物”称号。2021 年 3 月，被聘请为“北京 REITs 产业联盟专家委员”。

谢采含

现任新加坡交易所北京代表处首席代表，负责拓展新加坡交易所证券与债券资本市场在中国的业务。曾任新加坡交易所首席执行长特助 4 年，负责首席执行长事务处的顺利运作，协助首席执行长拟定及推行交易所内部与对外的商业战略，协调交易所各个部门的业务建设。2004 年加入新加坡交易所上市审核与监管部，累积了 10 年的上市监管经验，审核了逾 1 000 起证券和债券上市和再融资申请。在这期间，也加入了新加坡交易所的上市委员会和合规委员会，参与 IPO 申请的批准和上市企业重大合规事项的审批。担任国际金融地产联盟常务理事，持有新加坡南洋理工大学商学院荣誉学士学位。

葛乾达

毕马威中国税务合伙人，中国注册会计师、中国注册税务师。于2004年开始从事税务咨询工作，专长于服务金融客户，包括协助境内外的大型金融机构处理重大交易的税务规划、投资架构设计、日常税务顾问、交易并购税务咨询等。担任山东大学税务专业的兼职硕士导师，民建委员。

王立荣

现任汇丰晋信基金管理公司副总经理。20年金融市场从业经历，长期从事股票、债券、利率和股指期货的投资、交易和研究工作，在长期的金融市场工作中，对宏观经济、货币与财政政策、资产证券化与区块链技术等领域均有研究。

马小峰

同济大学区块链研究院院长、上海区块链技术研究中心主任、中国电子学会区块链分会副主任委员、证标委金融科技专业工作组专家委员、同济大学/巴黎商学院博导、上海财经大学金融科技与金融安全研究中心首席专家、中房协数字科技地产分会区块链应用工作组成员。主笔了《区块链工程技术人员国家职业技术技能标准》和《区块链技术安全通用规范》等多个国家、地方、行业标准。主编了中国科协《区块链导论》等多本国家级区块链教材。

许楠

特许金融分析师，加州大学尔湾分校工商管理硕士。现任天风证券资产证券化与企业金融部总经理，有超过10年的金融行业从业经验，曾就职于远东国际租赁，担任区域总监。在公募REITs、资产证券化和融资租赁等方面具备丰富的项目经验。曾参与编著《中国资产证券化产品投资手册》，参与翻译《全球REITs投资手册》。

宋鑫

中航基金不动产投资部总经理，主导了首钢生物质 REITs 成功发行。多次参与基础设施 REITs 业务规则研讨，参与 REITs、PPP 项目评审。参与北京市 REITs 产业政策十二条制定及配套落地产业政策研究。在不动产证券化领域拥有丰富的实践经验。中国 REITs 50 人论坛专家成员。

李峰

现任戴德梁行高级副董事。全国注册房地产估价师、全国土地估价师、香港地产代理人。擅长房地产金融、司法仲裁、企业 IPO 上市及收购并购等领域内资产尽职调查及价值评估咨询。自 2014 年全程参与完成境内首只类 REITs 产品发行后，陆续参与数十单资产证券化产品的评估工作，为行业内 REITs 评估指引提供了具有参考价值的技术支持。2021 年主导完成境内公募 REITs 首批产品（红土盐田港仓储物流）及第二批产品（建信中关村产业园）的不动产价值的评估、市场调研及工程技术尽职调查工作。在 REITs 领域积攒了丰富的评估实战经验。

赵琳

毕马威华振会计师事务所（特殊普通合伙）上海分所的审计合伙人，有近 20 年的审计从业经验。中国注册会计师，并获得美国注册会计师考试全科合格。具有丰富的公募 REITs 相关经验，并主要负责了上交所首批公募 REITs 之一的中金普洛斯仓储物流封闭式基础设施证券投资基金相关审计工作，全程参与了整个项目设立、实施及募集上市全过程。同时，多次深入参与了相关监管及审批机构的研究和讨论会议，并受发改委的邀请，被推选为代表毕马威的公募 REITs 专家组成员之一，参与政策研讨。对公募 REITs 相关交易安排、政策指引的解读、会计政策的适用、财务与审计重点有非常深入的理解和实践经验，也见证了公募 REITs 从相关政策颁布到首批项目上市交易的全过程。

王鹏理

同济区块链研究院院长助理、特聘讲师；多年区块链领域实战经验；擅长将区块链的优势和传统解决方案结合；参与撰写多份区块链地方标准、区块链产业分析报告规划；深度参与多个金融区块链示点项目设计、开发以及实施。

任春

现任天风证券衍生品产品部总经理，曾任国家开发银行交易助理，具有7年证券从业经验，一直从事人民币债券和衍生品交易工作，在金融产品定价、设计和交易方面具有丰富经验。

陈诣辉

现为联合资信评估股份有限公司债券市场研究部、博士后科研工作站管理办公室主任，研究方向为信用评级、信用风险管理与信用衍生品。清华大学管理学博士，先后在《金融研究》《清华金融评论》《改革》《中国金融》等期刊上发表论文10余篇，曾获得国家自然科学基金课题资助和中国证券业协会优秀课题奖。

荣毅

美国马里兰大学帕克分校金融学硕士，8年信用从业经验，历任联合资信评估股份有限公司分析师、华创证券资产管理部信用研究部副总监，现任天风证券固定收益总部信用研究部副总经理。